이렇게만 준비하면 끝!
한자능력검정시험
2급

이렇게만 준비하면 끝!
한자능력 검정시험 2급

초판 12쇄 | 2014년 2월 20일

편저 | 편집부
발행인 | 김태웅
총괄 | 권혁주
편집 | 오은석
디자인 | 차경숙
마케팅 | 서재욱, 김홍태, 정상석, 장영임,
     김귀찬, 왕성석, 김철영
제작 | 현대순
관리 | 김훈희, 이국희, 김승훈, 최국호

발행처 | 동양북스
등록 | 제 10-806호(1993년 4월 3일)
주소 | 서울시 마포구 동교로 22길 12 (121-842)
전화 | (02)337-1737
팩스 | (02)334-6624
웹사이트 | http://www.dongyangbooks.com

ISBN 978-89-8300-384-7 03710

▶ 본 책은 저작권법에 의해 보호를 받는 저작물이므로 무단 전재와 복제를 금합니다.
▶ 잘못된 책은 구입처에서 교환해 드립니다.

머리말

한글이 창제되기 전, 그리고 그 이후로도 오랫동안 우리 민족은 중국의 한자를 빌어 우리의 사상과 문화를 표현하고 기록하였다. 더불어 반 만 년 역사를 놓고 볼 때 한글이 한자를 대신한 지도 그리 오래된 일이 아니다.

저명한 역사학자 카(E. H. Carr)는 과거를 통해 현재를 본다고 했다. 즉 우리의 현재는 과거를 통해서 존재하는 것이며, 우리의 과거는 거의 대부분이 한자로 기록되어 있다. 이렇게 볼 때 한자를 외면하고는 우리의 현재를 지탱할 수 없는 것이다.

물론 한글은 세계에서 그 유래를 찾아보기 힘든 우수한 문자이다. 하지만 한글로 표기되는 우리말 가운데 70% 이상이 한자어로 되어 있다는 사실은, 한자가 얼마나 중요한지를 여실히 보여주는 예이다.

또한 전세계 인구의 4분의 1에 육박한다는 중국과 세계 양대 경제대국 중 한편을 차지하고 있는 일본이 한자를 사용한다는 사실에서도 한자 교육의 필요성은 아무리 강조해도 지나치지 않을 것이다.

한편 과거 한 때 한자 교육을 외면함으로써 그 부작용의 일면을 경험한 예도 반면교사로 삼을 수 있을 것이다.

이런 여러 가지 이유로 요즘은 학교에서도 한자 교육을 강화하는 실정이고, 대학 입학이나 각종 국가 및 기업체 시험에서도 한자 능력이 유리하게 작용하도록 제도화해 가는 실정이다.

이에 중국어와 일본어 교육의 선두 주자로서 그 동안 우리 나라 한자 교육에 열의를 갖고 좋은 교재 개발에 전념해 온 동양문고에서는 효과적인 한자 학습과 〈한자능력검정시험〉에 유용하도록 급수별 한자 학습 시리즈를 펴내게 되었다. 한자의 기본에서 시험 대비까지 재미있고 알차게 학습할 수 있어 좋은 성과를 거둘 수 있으리라 확신한다.

2004년 6월
동양문고 편집부

2급 구성과 특징

1. 본문 구성 내용

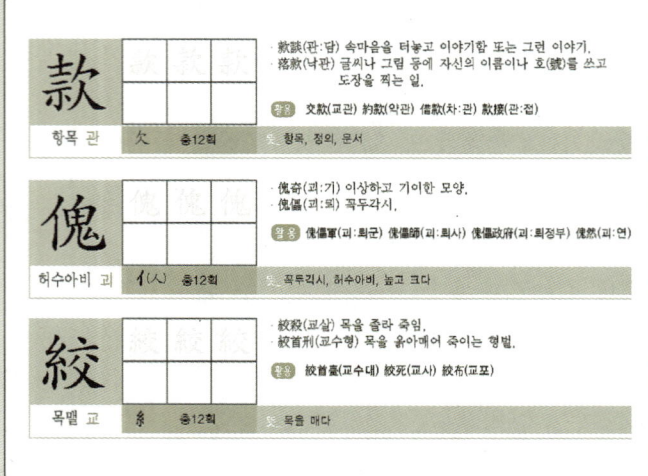

2급 배정한자 188자, 인·지명자 350자를 활용도가 높은 어휘 중심으로 배열하였다.

2. 시험과 직결되는 문제 유형별 부록 구성

可 옳을 가 ↔ 否 아닐 부
可決(가결) ↔ 否決(부결)
均 고를 균 — 等 같을 등

사표 - 辭表 사임하겠다는 뜻을 적어 내는 문서.
　　　 師表 학식과 덕행이 높은 모범적인 인물.

반대자, 반의어, 유의자등 문제 유형별로 부록을 구성하였다.

3. 따라쓰기(8~3급)

暮 저물 모　暮 暮 暮 暮 暮景 成暮

4. 실전모의테스트(5회)

출제되었던 문제들을 면밀히 분석한 예상문제를 통해, 실전에 임했을 때 아무런 두려움없이 문제를 해결할 수 있도록 구성하였다.

목차

- 머리말 — 3
- 구성과 특징 — 4
- 한자능력검정시험에 대해 — 6
- 한자의 3요소, 부수 — 10
- 한자의 육서(六書) — 12
- 자전 찾기 — 14
- 8급~3급 배정한자 복습하기 — 15
- 2급 배정한자 익히기 188자 — 89
- 인·지명자 익히기 350자 — 122
- 반대자(反對字) — 160
- 유의자(類義字) — 180
- 동음이의어(同音異義語) — 188
- 동자이음어(同字異音語) — 218
- 약자(略字) — 224
- 난독한자 — 230
- 장음 — 240
- 사자성어(四字成語) — 258
- 2급 쓰기배정한자 따라쓰기 — 300
- 2급 실전 모의테스트(5회) — 364
- 정답 — 386
- 실전 모의테스트 답안지 — 391

 전국한자능력검정시험이란?

 전국한자능력검정시험(全國漢字能力檢定試驗)은 사단법인 한국어문회가 주관하여 한국한자능력검정회가 1992년 12월 19일 1회 시험을 시행한 이래 매년 2회의 시험을 시행하는 국내 최고의 한자능력검정시험이다.

전국한자능력검정시험은 시행 이래 현재까지 꾸준한 발전을 거듭하였고, 2001년 1월 1일자로 교육인적자원부의 〈국가공인자격증〉으로 인증받음으로써, 한자 학습자의 학습 의욕을 한층 고취시켰다. 전국한자능력검정시험은 개인별 한자능력에 대한 객관적인 급수 평가가 부여될 뿐 아니라 사회적으로도 한자능력 우수 인재를 양성함에 목적이 있다.

전국한자능력검정시험은 8급에서 4급Ⅱ까지를 교육급수로, 4급에서 1급까지를 공인급수로 구분한다. 시험에 합격한 초·중·고 재학생은 그 내용이 수행평가 및 생활기록부에 등재되고, 대학 수시 모집 및 특기자 전형지원, 대입 면접 가산·학점 반영·졸업 인증 등의 혜택이 주어진다. 기업체에서는 입사·승진·인사고과 등에 반영된다.

# 유형별 출제 기준표

문제유형	8급	7급	6급II	6급	5급	4급II	4급	3급II	3급	2급	1급
독 음	24	32	32	33	35	35	30	45	45	**45**	50
훈음쓰기	24	30	29	22	23	22	22	27	27	**27**	32
한자쓰기	0	0	10	20	20	20	20	30	30	**30**	40
장 단 음	0	0	0	0	0	0	5	5	5	**5**	10
반의어/상대어	0	2	2	3	3	3	3	10	10	**10**	10
완 성 형	0	2	2	3	4	5	5	10	10	**10**	15
부 수	0	0	0	0	0	3	3	5	5	**5**	10
동의어/유의어	0	0	0	2	3	3	3	5	5	**5**	10
동음이의어	0	0	0	2	3	3	3	5	5	**5**	10
뜻 풀 이	0	2	2	2	3	3	3	5	5	**5**	10
필 순	2	2	3	3	3	0	0	0	0	**0**	0
약 자	0	0	0	0	3	3	3	3	3	**3**	3
읽기 배정한자수	50	150	300	300	500	750	1,000	1,500	1,817	**2,355**	3,500
쓰기 배정한자수	없음	없음	50	150	300	400	500	750	1,000	**1,817**	2,005

※ 2급의 쓰기 배정한자는 3급의 읽기 배정한자이다.
※ 위의 출제 기준표는 기본지칠자료로서, 출제 의도에 따라 변동이 있을 수 있음.

급수별 합격 기준표

구 분	8급	7급	6급II	6급	5급	4급II	4급	3급II	3급	2급	1급
총 문항수	50	70	80	90	100	100	100	150	150	**150**	200
시험시간(분)	50	50	50	50	50	50	50	60	60	**60**	90
합 격 점	35	49	56	63	70	70	70	105	105	**105**	160

※ 1급은 출제 문항수의 80% 이상, 기타 급수는 70% 이상 득점이면 합격.

전국한자능력검정시험에 대해

급수별 배정한자의 수준 및 특성

구분	급수	수준 및 특성	대상 기준
교육급수	8급	읽기 50자, 쓰기 없음 유치원생이나 초등학생의 학습동기 부여를 위한 급수	초등학교 1학년
	7급	읽기 150자, 쓰기 없음 한자 공부를 처음 시작하는 분을 위한 초급단계	초등학교 2학년
	6급Ⅱ	읽기 300자, 쓰기 50자 한자 쓰기를 시작하는 첫 급수	초등학교 3학년
	6급	읽기 300자, 쓰기 150자 기초 한자 쓰기를 시작하는 급수	초등학교 3학년
	5급	읽기 500자, 쓰기 300자 학습용 한자 쓰기를 시작하는 급수	초등학교 4학년
	4급Ⅱ	읽기 750자, 쓰기 400자 5급과 4급의 격차를 해소하기 위한 급수	초등학교 5학년
	4급	읽기 1,000자, 쓰기 500자 초급에서 중급으로 올라가는 급수	초등학교 6학년
공인급수	3급Ⅱ	읽기 1,500자, 쓰기 750자 4급과 3급의 격차를 해소하기 위한 급수	중학생
	3급	읽기 1,817자, 쓰기 1,000자 신문 또는 일반 교양어를 읽을 수 있는 수준	고등학생
	2급	**읽기 2,355자, 쓰기 1,817자** **상용한자 외에 인명·지명용 한자를 활용할 수 있는 수준**	**대학생·일반인**
	1급	읽기 3,500자, 쓰기 2,005자 국한 혼용문을 불편없이 읽고 한문 원전을 공부할 수 있는 수준	전문가·일반인

우대사항

급수	효력	생활기록부 기재란	관련 규정
1급~4급	국가공인자격증	'자격증'란	교육부 훈령 제616호 11조
4급Ⅱ~8급	민간자격증	'세부사항'란	교육부 훈령 제616호 18조

※ 생활기록부의 '세부사항' 등재(4급Ⅱ~8급)는 교육부 훈령의 권장사항으로, 각급 학교 재량에 따릅니다.

합격기준

구분	1급	2급	3급	3급Ⅱ	4급	4급Ⅱ	5급	6급	6급Ⅱ	7급	8급
출제문항수	200	150	150	150	100	100	100	90	80	70	50
합격문항수	160	105	105	105	70	70	70	63	56	49	35

※ 1급은 출제 문항수의 80% 이상, 2급~8급은 70% 이상 득점하면 합격입니다.

시험시간

구분	1급	2급	3급	3급Ⅱ	4급	4급Ⅱ	5급	6급	6급Ⅱ	7급	8급
시험시간	90분	60분			50분						

※ 응시 후 시험 시간 동안 퇴실 가능 시간의 제한은 없습니다.
※ 시험 시작 20분 전까지 고사실에 입실하여야 합니다.

전국한자능력검정시험에 대해

*2급 漢字 | 한자

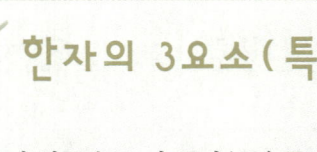

한자의 3요소 (특징)

우리 한글은 소리 글자(표음문자)인 반면, 한자(漢字)는 뜻 글자(표의문자)이다. 이를테면, 우리말은 '나무'란 뜻을 가진 말을 나타낼 때는 '나무'라는 모양으로 쓰고 또 소리도 '나무'라고 읽는다. 그러나, 한자에서는 우선 '木'과 같은 모양으로 쓰고, '목'이라고 읽으며 '나무'란 뜻으로 새긴다.
이처럼 모든 한자는 글자마다 일정한 모양·소리·뜻을 갖추고 있어서 한자 공부라고 하면 이 세 가지를 한 덩어리로 동시에 익히는 일이다.

1 | 한자의 모양(形)

한자가 지닌 일정한 모양으로, 다른 글자와 구별되는 요소이다.
'人'과 '木' 자처럼 '사람'이나 '나무' 모양을 본뜬 그림이 발전하여 일정한 모양을 갖는 글자도 있고, 또한 '人(인 : 사람)'과 '木(목 : 나무)'이 서로 결합하여 '休(휴 : 쉬다)'자와 같이 두 자 이상이 모여 이루어진 글자도 있다.

2 | 한자의 소리(音)

'木'을 어떻게 읽는가 하는 것이 '음'이다. 이 글자는 음이 '목'이고, '나무'란 뜻이다.
한자도 1자 1음이 원칙이기는 하나, 1자 2음, 또는 1자 3음도 있다. 예를 들면 '樂'자를 '락'이라고 읽으면 '즐겁다'는 뜻이지만, '악'이라고 읽으면 '노래'란 뜻이 되고, '요'라고 하면 '좋아하다'의 뜻이 된다.

3 | 한자의 뜻(義)

의(義)를 우리말로는 '뜻'이라고 하고, 이 한자의 뜻을 우리말로 새긴 것을 훈(訓)이라고 한다. 한자는 뜻 글자이기 때문에 제각기 고유한 뜻을 지니고 있는데, 인류의 문화가 날로 발달하고 사회가 복잡해지면서 한자의 뜻도 이에 따라 차츰 그 뜻이 갈려 나가 10여 가지나 되는 것도 있다. 이를테면 '日'자가 어떤 때는 '해'이고, 또 어떤 경우에는 '날'의 뜻이 되는가를 한자어나 한문의 문맥에 따라 그때 그때 익혀야 한다.

한자의 부수(部首)

부수란 자전(字典)이나 옥편(玉篇)에서 글자를 찾는 데 편리하도록 필요한 길잡이 역할을 하는 기본 글자를 말한다.

한자의 부수 글자는 1획에서 17획까지 모두 214자이고, 한 글자의 일정한 위치에만 쓰이는 것도 있고, 여러 자리에 들어가서 쓰이는 것도 있다. 또한 부수가 놓이는 자리에 따라 그 모양이 바뀌는 것도 있다. 예를 들면 '手(손 수)'가 '변'의 자리에 쓰일 경우 '扌(재방변)'으로 바뀌는 따위이다.

변 仁
한자의 왼쪽에 위치한 부수를 '변'이라고 한다.
사람인변(亻), 이수변(冫), 두인변(彳), 심방변(忄), 재방변(扌), 삼수변(氵), 개사슴록변(犭), 좌부변(阝) 등

예) 仁, 冷, 役, 性, 技, 法, 狂, 防 등

방 利
한자의 오른쪽에 위치한 부수를 '방'이라고 한다.
칼도방(刂), 병부절(卩), 우부방(阝) 등

예) 利, 印, 郡 등

머리 冠
한자의 위쪽에 위치한 부수를 '머리'라고 한다.
돼지해머리(亠), 민갓머리(冖), 갓머리(宀), 초두머리(艹), 필발머리(癶), 대죽머리(竹), 비우(雨), 손톱조(爫) 등

예) 交, 冠, 家, 草, 發, 答, 雷, 爭 등

엄 原
한자의 위에서 왼쪽 아래로 걸쳐진 부수를 '엄'이라고 한다.
민엄호(厂), 주검시엄(尸), 엄호(广), 범호엄(虍) 등

예) 原, 居, 店, 虎 등

발 無
한자의 밑에 위치한 부수를 '발'이라고 한다.
어진사람인발(儿), 연화발(灬) 등

예) 兄, 無 등

받침 延
한자의 왼쪽에서 아래로 걸친 부수를 '받침'이라고 한다.
민책받침(廴), 책받침(辶) 등

예) 延, 近 등

에울몸 國
한자 전체를 에워싸고 있는 부수를 '에울몸'이라고 한다.
위튼입구몸(凵), 터진입구몸(匚), 큰입구몸(囗) 등

예) 凶, 區, 國 등

제부수 龍
그 한자의 자체가 부수인 것을 '제부수'라고 한다.
예) 土, 父, 生, 立, 金, 黑, 龍 등

*2급 漢字 | 한자

한자의 육서

일정한 모양·뜻·소리의 세 가지 요소를 지닌 한자는 다양한 모양을 가지고 있지만, 그 다양한 모양은 모두 일정한 원칙하에서 만들어졌다. 이 원칙과 원리를 육서(六書)라고 한다. 한자 학습의 기본이 되므로 주의해서 익히도록 하자. 한자를 육서로 분류한 것은 후한(後漢) 때의 학자 허 신(許愼)이 지은 '설문해자(說文解字)'가 처음이다.

상형(象形)
어떤 사물의 모양을 그린 그림이 발전하여 글자를 이룬 것으로 사물의 형상을 본떠서 만듦.

이것은 태양(해)의 모양을 본뜬 그림이 차츰 발전하여 '日(일:해)'자가 되기까지의 과정을 보인 것인데, 이처럼 사물의 모양을 본뜬 글자를 '상형문자'라 한다.

지사(指事)
그림으로 나타낼 수 없는 것을 점이나 선, 혹은 부호로 그 뜻을 나타낸 것이 발전하여 이루어진 글자.

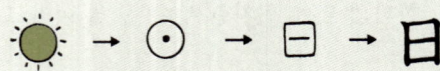

기준이 되는 선 위에 점을 표시하여 위쪽을 나타내게 되었는데, 이와 같이 점이나 선, 혹은 부호로써 그 뜻을 나타낸 글자를 '지사문자'라 한다.

회의(會意)
두 개 이상의 상형자나 지사자를 합하여 새로운 뜻을 나타낸 글자.

회의는 뜻(意)을 모은다(會)라는 의미로써 나무들이 모여 이룬 숲[林], 하늘의 해와 달은 밝다[明], 사람이 나무 밑에서 쉬다[休]와 같이 의미의 결합으로 새로운 뜻을 모은 글자를 '회의문자'라 한다.

한자의 육서

형성(形聲)
이미 있는 글자를 모아서 새로운 뜻의 글자를 만들되, 그 글자의 한쪽은 '뜻'을 나타내고 다른 한쪽은 '음'을 나타내는 글자.

사람의 공적은 힘을 써야 비로소 이루어진다는 생각에서 '力'자를 뜻 부분으로 삼고, '工'을 음부분으로 삼은 것으로, 이와 같은 글자를 '형성문자'라 한다.

工 [장인 공] (음 부분) + 力 [힘 력] (뜻 부분) → 功 [공 공]

전주(轉注)
기존에 있는 글자를 유추, 확대하여 한 글자에 여러 뜻을 갖게 한 글자.

상형·지사·회의·형성의 4가지 원리만으로서는 늘어나는 새로운 뜻을 표현할 수 없으므로, 이미 있는 한자의 뜻을 늘여서 사용하는 방법으로 '惡(악 : 악하다)'한 일은 누구나 싫어한다는 데서 '미워할 오'로 뜻이 바뀌는 글자 등을 말한다.

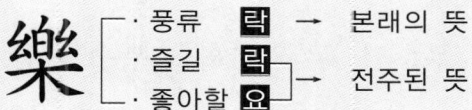

樂 ┌ ·풍류 락 → 본래의 뜻
　 ├ ·즐길 락 ┐
　 └ ·좋아할 요 ┘→ 전주된 뜻

가차(假借)
기존에 있는 글자를 본래의 뜻과 상관없이 비슷한 음의 글자를 임시로 빌려 쓰는 글자.

글자의 뜻과 관계 없이 '음'만 빌어 쓰는 방법이다. 예를 들면 '基督(기독)'은 '그리스도'를 가리키는데, 그 뜻과는 상관없이 음만 빌어 쓴 것이다.

亞細亞 → 아세아　　巴利 → 파리

✱ 자전(字典)에서 한자를 찾는 방법

※ **자전이란 :** 한자를 모아 일정한 순서로 배열하여 그 한 자 한 자의 음(音)·훈(訓) 등을 해설한 책으로 옥편(玉篇)이라고도 한다.

1 음으로 찾기

찾고자 하는 한자의 음(音)을 알고 있을 때는 자음 색인에서 국어사전의 경우처럼 ㄱㄴㄷ…순으로 찾으면 된다.

예 弟(아우 제)의 음인 '제'를 자음 색인에서 찾는다.

2 부수로 찾기

찾고자 하는 한자의 음(音)은 모르고 부수를 알고 있을 때는 그 부수를 획수별로 구분되어 있는 부수 색인에서 찾은 뒤 부수를 제외한 나머지 획수를 세어 찾는다.

예 弟(아우 제)의 부수인 '弓'의 4획을 부수 색인에서 찾는다.

3 총획수로 찾기

찾고자 하는 한자의 음(音)과 부수 모두 모를 경우는 필순의 원칙에 맞게 정확한 총획수를 세어 총획 색인에서 찾는다.

예 弟(아우 제)의 총획수인 7획을 총획 색인에서 찾는다.

(^_^)*

8~3급 배정한자

1817자
복　습　하　기

배정한자의 훈음 뒤에 장음 표기를 하였다.
( )안에 : 표기를 하되 장·단음 두 가지로
발음되는 字는 ∥로 앞쪽은 장음으로, 뒷 쪽
은 단음으로 발음되는 단어를 실었다.

8 급수별 배정 한자

한자	訓音(훈음)	部首	획수	기출예문
校	학교 교(:)	木	10획	校外(교:외) 校長(교:장) 學校(학교)
敎	가르칠 교(:)	攵	11획	敎室(교:실) 敎生(교:생) 敎外(교:외)
九	아홉 구	乙	2획	九門(구문) 九十(구십) 九月(구월)
國	나라 국	口	11획	國民(국민) 國土(국토) 國交(국교)
軍	군사 군	車	9획	軍營(군영) 軍中(군중) 軍人(군인)
金	쇠 금	金	8획	金山(금산) 金先生(김선생) 黃金(황금)
南	남녘 남	十	9획	南北(남북) 南山(남산) 南方(남방)
女	계집 녀	女	3획	女軍(여군) 女人(여인) 父女(부녀)
年	해·나이 년	干	6획	年中(연중) 學年(학년) 年年(연년)
大	큰 대(:)	大	3획	大小(대:소) 大人(대:인) 大腸(대:장)
東	동녘 동	木	8획	東門(동문) 東西(동서) 東國(동국)
六	여섯 륙	八	4획	六十(육십) 六寸(육촌) 六月(유월)
萬	일만 만(:)	艹(艸)	13획	萬民(만:민) 萬事(만:사) 萬國(만:국)
母	어미 모(:)	母	5획	母校(모:교) 母國(모:국) 母女(모:녀)
木	나무 목	木	4획	生木(생목) 土木(토목) 長木(장목)
門	문 문	門	8획	門前(문전) 門中(문중) 門戶(문호)
民	백성 민	氏	5획	民權(민권) 民生(민생) 民主(민주)
白	흰 백	白	5획	白軍(백군) 白水(백수) 白民(백민)
父	아비 부	父	4획	父女(부녀) 父王(부왕) 叔父(숙:부)
北	북녘 북/달아날 배(:)	匕	5획	北門(북문) 南北(남북) ∥ 北反(배:반)
四	넉 사(:)	口	5획	四十(사:십) 四寸(사:촌) 四書(사:서)
山	메 산	山	3획	山中(산중) 靑山(청산) 山川(산천)
三	석 삼	一	3획	三十(삼십) 三三五五(삼삼오오)
生	날 생	生	5획	生日(생일) 生長(생장) 學生(학생)
西	서녘 서	西	6획	西方(서방) 西山(서산) 西大門(서대문)

8 급수별 배정 한자

한자	訓音(훈음)	部首	획수	기출예문
先	먼저 선	儿	6획	先生(선생) 先人(선인) 先大人(선대인)
小	작을 소(:)	小	3획	小生(소:생) 小人(소:인) 小兒(소:아)
水	물 수	水	4획	水生(수생) 水門(수문) 加水(가수)
室	집·방 실	宀	9획	室外(실외) 王室(왕실) 敎室(교:실)
十	열 십	十	2획	十日月(십일월) 十中八九(십중팔구)
五	다섯 오(:)	二	4획	五里(오:리) 五日(오:일) 五車之書(오:거지서)
王	임금 왕	王	4획	王國(왕국) 王子(왕자) 王朝(왕조)
外	바깥 외(:)	夕	5획	外國(외:국) 內外(내:외) 外人(외:인)
月	달 월	月	4획	月出(월출) 月中(월중) 一月(일월)
二	두 이(:)	二	2획	二年生(이:년생) 二十(이:십) 二軍(이:군)
人	사람 인	人	2획	人民(인민) 人生(인생) 白人(백인)
一	한 일	一	1획	一年(일년) 一生(일생) 一代(일대)
日	날 일	日	4획	日月(일월) 日課(일과) 日時(일시)
長	길 장(:)	長	8획	長男(장:남) 長年(장:년) // 長短(장단)
弟	아우 제(:)	弓	7획	女弟(여제) 兄弟(형제) 母弟(모:제)
中	가운데 중	丨	4획	中年(중년) 火中(화:중) 中東(중동)
靑	푸를 청	靑	8획	靑山(청산) 靑年(청년) 靑春(청춘)
寸	마디 촌(:)	寸	3획	寸數(촌:수) 寸陰(촌:음) 四寸(사:촌)
七	일곱 칠	一	2획	七十(칠십) 七八月(칠팔월) 七寸(칠촌)
土	흙 토	土	3획	土山(토산) 東土(동토) 土地(토지)
八	여덟 팔	八	2획	八十(팔십) 八月(팔월) 八寸(팔촌)
學	배울 학	子	16획	學校(학교) 學者(학자) 學生(학생)
韓	나라 한(:)	韋	17획	韓國(한:국) 韓中(한:중) // 韓氏(한씨)
兄	맏 형	儿	5획	大兄(대:형) 長兄(장:형) 學兄(학형)
火	불 화(:)	火	4획	火力(화:력) 火山(화:산) // 火曜日(화요일)

급수별 배정 한자

한자	訓音(훈음)	部首	획수	기출예문
家	집 가	宀	10획	家內(가내) 民家(민가) 家長(가장)
歌	노래 가	欠	14획	歌手(가수) 校歌(교:가) 愛國歌(애:국가)
間	사이 간(:)	門	12획	間食(간:식) 間日(간:일) 間隔(간:격)
江	강 강	氵(水)	6획	江山(강산) 漢江(한:강) 江村(강촌)
車	수레 거/차	車	7획	車馬(거마) 自動車(자동차) 車道(차도)
工	장인 공	工	3획	工夫(공부) 工業(공업) 工場(공장)
空	빌 공	穴	8획	空間(공간) 空軍(공군) 空白(공백)
口	입 구(:)	口	3획	口述(구:술) 口號(구:호) 異口同聲(이:구동성)
旗	기 기	方	14획	國旗(국기) 軍旗(군기) 校旗(교:기)
氣	기운 기	气	10획	氣力(기력) 氣色(기색) 生氣(생기)
記	기록할 기	言	10획	記入(기입) 上記(상:기) 記事(기사)
男	사내 남	田	7획	男女(남녀) 男子(남자) 美男(미:남)
內	안 내(:)	入	4획	內外(내:외) 邑內(읍내) 內面(내:면)
農	농사 농	辰	13획	農夫(농부) 農事(농사) 農土(농토)
答	대답할 답	竹	12획	答電(답전) 直答(직답) 名答(명답)
道	길 도(:)	辶	13획	道內(도:내) 道立(도:립) 道人(도:인)
冬	겨울 동(:)	冫	5획	冬服(동:복) 冬日(동:일) // 冬至(동지)
動	움직일 동(:)	力	11획	動力(동:력) 動心(동:심) 動物(동:물)
同	한가지 동	口	6획	同一(동일) 同字(동자) 同名(동명)
洞	골 동/밝을 통	氵(水)	9획	洞口(동:구) 洞長(동:장) 洞察(통:찰)
登	오를 등	癶	12획	登山(등산) 登場(등장) 登記(등기)
來	올 래(:)	人	8획	來世(내:세) // 來日(내일) 來年(내년)
力	힘 력	力	2획	力道(역도) 力動(역동) 力學(역학)
老	늙을 로(:)	老	6획	老人(노:인) 老母(노:모) 老少(노:소)
里	마을 리(:)	里	7획	里長(이:장) 田里(전리) 十里(십리)

7 급수별 배정 한자

한자	訓音(훈음)	部首	획수	기출예문
林	수풀 림	木	8획	竹林(죽림) 山林(산림) 林木(임목)
立	설 립	立	5획	立場(입장) 立國(입국) 立地(입지)
每	매양 매(:)	母	7획	每事(매:사) 每時間(매:시간) 每日(매:일)
面	낯 면(:)	面	9획	面面(면:면) 面會(면:회) 面前(면:전)
名	이름 명	口	6획	名物(명물) 人名(인명) 名文家(명문가)
命	목숨 명(:)	口	8획	命名(명:명) 生命(생명) 天命(천명)
文	글월 문	文	4획	文字(문자) 名文(명문) 文物(문물)
問	물을 문(:)	口	11획	問答(문:답) 東問西答(동문서답)
物	물건 물	牛	8획	物命(물명) 物色(물색) 萬物(만:물)
方	모 방	方	4획	方面(방면) 方正(방정) 東方(동방)
百	일백 백	白	6획	百萬(백만) 百姓(백성) 百方(백방)
夫	지아비 부	大	4획	夫人(부인) 村夫(촌:부) 有夫女(유:부녀)
不	아닐 불·부	一	4획	不老長生(불로장생) 不知(부지)
事	일 사(:)	亅	8획	事物(사:물) 事前(사:전) 農事(농사)
算	셈 산(:)	竹	14획	算數(산:수) 算出(산:출) 電算(전:산)
上	위 상(:)	一	3획	上下(상:하) 上空(상:공) 上氣(상:기)
色	빛 색	色	6획	色紙(색지) 色色(색색) 顔色(안색)
夕	저녁 석	夕	3획	夕日(석일) 秋夕(추석) 夕刊(석간)
姓	성 성(:)	女	8획	姓名(성:명) 同姓(동성) 萬姓(만:성)
世	인간 세(:)	一	5획	世相(세:상) 世間(세:간) 世子(세:자)
少	적을/젊을 소(:)	小	4획	少年(소:년) 少女(소:녀) 少數(소:수)
所	바 소(:)	戶	8획	所有(소:유) 便所(변소) 住所(주:소)
手	손 수(:)	手	4획	手巾(수:건) ∥ 手足(수족)
數	셈 수(:)	攵	15획	數學(수:학) 數量(수:량) 數萬(수:만)
市	저자 시(:)	巾	5획	市民(시:민) 市長(시:장) 市內(시:내)

7 급수별 배정 한자

한자	訓音(훈음)	部首	획수	기출예문
時	때 시	日	10획	時間(시간) 日時(일시) 時事(시사)
食	밥 식	食	9획	食事(식사) 小食(소:식) 食道(식도)
植	심을 식	木	12획	植木(식목) 植物(식물) 植字(식자)
心	마음 심	心	4획	心動(심동) 心事(심사) 心力(심력)
安	편안할 안	宀	6획	安心(안심) 安全(안전) 安住(안주)
語	말씀 어(:)	言	14획	語文(어:문) 漢語(한:어) 漢字語(한:자어)
然	그럴 연	灬(火)	12획	然後(연후) 自然(자연) 天然色(천연색)
午	낮 오(:)	十	4획	午後(오:후) 正午(정:오) 端午(단오)
右	오른 우(:)	口	5획	右便(우:편) 左右(좌:우) 左右間(좌:우간)
有	있을 유(:)	月(肉)	6획	有口(유:구) 有名(유:명) 有力(유:력)
育	기를 육	肉	8획	育林(육림) 生育(생육) 教育(교:육)
邑	고을 읍	邑	7획	邑長(읍장) 市邑面(시:읍면) 邑內(읍내)
入	들 입	入	2획	入口(입구) 入場(입장) 入門(입문)
子	아들 자	子	3획	子女(자녀) 子母(자모) 長子(장:자)
字	글자 자	子	6획	漢字(한:자) 正字(정:자) 數字(숫:자)
自	스스로 자	自	6획	自力(자력) 自立(자립) 自問(자문)
場	마당 장	土	12획	場所(장소) 市場(시:장) 工場(공장)
全	온전 전	入	6획	全面(전면) 全長(전장) 全校(전교)
前	앞 전	刀	9획	前記(전기) 前後(전후) 生前(생전)
電	번개 전(:)	雨	13획	電氣(전:기) 電力(전:력) 電子(전:자)
正	바를 정(:)	止	5획	正答(정:답) 正直(정:직) // 正月(정월)
祖	할아비 조	示	10획	祖上(조상) 同祖(동:조) 父祖(부조)
足	발 족	足	7획	足足(족족) 不足(부족) 不足分(부족분)
左	왼 좌(:)	工	5획	左手(좌:수) 左便(좌:편) 左中間(좌:중간)
主	주인 주	丶	5획	主語(주어) 主人(주인) 主文(주문)

7 급수별 배정 한자

한자	訓音(훈음)	部首	획수	기출예문
住	살 주(:)	亻(人)	7획	住民(주:민) 住所(주:소) 安住(안주)
重	무거울 중(:)	里	9획	重大(중:대) 重心(중:심) 重力(중:력)
地	땅 지	土	6획	地方(지방) 天地(천지) 地中海(지중해)
紙	종이 지	糸	10획	紙面(지면) 全紙(전지) 紙數(지수)
直	곧을 직	目	8획	直面(직면) 直前(직전) 直人(직인)
千	일천 천	十	3획	千萬(천만) 千字文(천자문) 千萬金(천만금)
天	하늘 천	大	4획	天上(천상) 天命(천명) 天然(천연)
川	내 천	巛	3획	山川(산천) 山川草木(산천초목)
草	풀 초	艹(艸)	10획	草木(초목) 草地(초지) 草紙(초지)
村	마을 촌(:)	木	7획	村民(촌:민) 村長(촌:장) 村老(촌:로)
秋	가을 추	禾	9획	秋水(추수) 立秋(입추) 秋夕(추석)
春	봄 춘	日	9획	春氣(춘기) 春秋(춘추) 春水(춘수)
出	날 출	凵	5획	出動(출동) 出生(출생) 出口(출구)
便	편할 편/오줌 변(:)	亻(人)	9획	便紙(편:지) // 便安(편안) 便所(변소)
平	평평할 평	干	5획	平面(평면) 平生(평생) 平安(평안)
下	아래 하(:)	一	3획	下山(하:산) 上下(상:하) 下旗(하:기)
夏	여름 하(:)	夂	10획	夏冬(하:동) 夏海(하:해) 立夏(입하)
漢	한나라 한(:)	氵(水)	14획	漢江(한:강) 漢文(한:문) 漢人(한:인)
海	바다 해(:)	氵(水)	10획	海上(해:상) 海心(해:심) 海軍(해:군)
花	꽃 화	艹(艸)	8획	花木(화목) 花草(화초) 山花(산화)
話	말씀 화	言	13획	話中(화중) 手話(수화) 小話(소:화)
活	살 활	氵(水)	9획	活力(활력) 生活(생활) 活動(활동)
孝	효도 효(:)	子	7획	孝道(효:도) 孝心(효:심) 孝子(효:자)
後	뒤 후(:)	彳	9획	後世(후:세) 後便(후:편) 後人(후:인)
休	쉴 휴	亻(人)	6획	休日(휴일) 休校(휴교) 休紙(휴지)

6 급수별 배정 한자

한자	訓音(훈음)	部首	획수	기출예문
角	뿔 각	角	7획	角度(각도) 直角(직각) 四角(사:각)
各	각각 각	口	6획	各各(각각) 各自(각자) 各姓(각성)
感	느낄 감(:)	心	13획	感氣(감:기) 感動(감:동) 感情(감:정)
強	강할 강(:)	弓	11획	強行(강:행) // 強者(강자) 強力(강력)
開	열 개	門	12획	開放(개방) 開始(개시) 開場(개장)
京	서울 경	亠	8획	京人(경인) 上京(상:경) 入京(입경)
界	지경 계(:)	田	9획	界面(계:면) 分界(분계) 學界(학계)
計	셀 계(:)	言	9획	計算(계:산) 計數(계:수) 計定(계:정)
高	높을 고	高	10획	高度(고도) 高等(고등) 高空(고공)
苦	쓸 고	⺾(艸)	9획	苦待(고대) 苦心(고심) 病苦(병고)
古	예 고(:)	口	5획	古代(고:대) 古來(고:래) 古語(고:어)
公	공평할 공	八	4획	公開(공개) 公明正大(공명정:대)
功	공 공	力	5획	功名(공명) 功業(공업) 戰功(전:공)
共	함께 공(:)	八	6획	共同(공:동) 共通(공:통) 共有(공:유)
科	과목 과	禾	9획	科目(과목) 分科(분과) 外科(외:과)
果	실과 과(:)	木	8획	果木(과:목) 果然(과:연) 果樹(과:수)
光	빛 광	儿	6획	光明(광명) 光線(광선) 光電話(광전화)
交	사귈 교	亠	6획	交信(교신) 交通(교통) 交代(교대)
球	구슬·공 구	玉	11획	野球(야:구) 地球(지구) 北半球(북반구)
區	구분할 구	匚	11획	區別(구별) 區分(구분) 區民(구민)
郡	고을 군(:)	阝(邑)	10획	郡界(군:계) 郡內(군:내) 郡邑(군:읍)
根	뿌리 근	木	10획	根氣(근기) 根數(근수) 根本(근본)
近	가까울 근(:)	辶	8획	近代(근:대) 近來(근:래) 遠近(원:근)
今	이제 금	人	4획	今年(금년) 昨今(작금) 古今(고:금)
急	급할 급	心	9획	急事(급사) 急信(급신) 火急(화:급)

6 급수별 배정 한자

한자	訓音(훈음)	部首	획수	기출예문
級	등급 급	糸	10획	級長(급장) 等級(등:급) 學級(학급)
多	많을 다	夕	6획	多大(다대) 多少(다소) 多年間(다년간)
短	짧을 단(:)	矢	12획	短命(단:명) 短文(단:문) 短音(단:음)
堂	집 당	土	11획	堂堂(당당) 堂前(당전) 堂上(당상)
代	대신할 대(:)	亻(人)	5획	代案(대:안) 代身(대:신) 時代(시대)
對	대할 대(:)	寸	14획	待合室(대:합실) 對等(대:등) 反對(반:대)
待	기다릴 대(:)	彳	9획	待時(대:시) 等待(등:대) 待人(대:인)
圖	그림 도	囗	14획	圖書室(도서실) 圖上(도상) 地圖(지도)
度	법도 도(:)/헤아릴 탁	广	9획	度數(도:수) 高度(고도) // 度地(탁지)
讀	읽을 독	言	22획	讀書(독서) 句讀(구두) 精讀(정독)
童	아이 동	立	12획	童謠(동:요) 童心(동:심) 童話(동:화)
頭	머리 두	頁	16획	頭角(두각) 書頭(서두) 白頭山(백두산)
等	무리 등	竹(竹)	12획	等高(등:고) 等分(등:분) 同等(동등)
樂	즐길 락/노래 악/좋아할 요	木	15획	娛樂(오락) 農樂(농악) 樂山樂水(요산요수)
例	법식 례(:)	亻(人)	8획	例文(예:문) 例外(예:외) 例題(예:제)
禮	예도 례	示	18획	目禮(목례) 失禮(실례) 禮節(예절)
路	길 로(:)	足	13획	路面(노:면) 路上(노:상) 道路(도:로)
綠	푸를 록	糸	14획	綠色(녹색) 草綠同色(초록동색)
理	다스릴 리(:)	玉(王)	11획	理事(이:사) 理由(이:유) 地理(지리)
利	이로울 리(:)	刂(刀)	7획	利用(이:용) 利子(이:자) 有利(유:리)
李	오얏나무·성 리(:)	木	7획	李下(이:하) 李花(이:화) 桃李(도리)
明	밝을 명	日	8획	明月(명월) 明明白白(명명백백)
目	눈 목	目	5획	目禮(목례) 目前(목전) 科目(과목)
聞	들을 문(:)	耳	14획	聞道(문:도) 所聞(소:문) 風聞(풍문)
米	쌀 미(:)	米	6획	米飮(미:음) // 米食(미식) 中米(중미)

급수별 배정 한자 6

한자	訓音(훈음)	部首	획수	기출예문
美	아름다울 미(:)	羊	9획	美感(미:감) 美物(미:물) // 美國(미국)
朴	순박할·성 박	木	6획	朴氏(박씨) 質朴(질:박) 純朴(순박)
反	돌아올 반(:)	又	4획	反對(반:대) 反面(반:면) 反問(반:문)
半	반 반(:)	十	5획	半農(반:농) 半日(반:일) 半旗(반:기)
班	나눌 반	王	10획	班班(반반) 班別(반별) 班長(반장)
發	필 발	癶	12획	發生(발생) 開發(개발) 出發(출발)
放	놓을 방(:)	攵	8획	放送(방:송) 放火(방:화) // 放學(방학)
番	차례 번	田	12획	番地(번지) 番數(번수) 地番(지번)
別	다를 별	刀	7획	別記(별기) 區別(구별) 分別(분별)
病	병 병(:)	疒	10획	病名(병:명) 問病(문:병) 發病(발병)
服	옷 복	月	8획	服用(복용) 衣服(의복) 夏服(하:복)
本	근본 본	木	5획	本分(본분) 根本(근본) 本人(본인)
部	떼 부	阝(邑)	11획	部門(부문) 部分(부분) 本部(본부)
分	나눌 분(:)	刂(刀)	4획	分量(분:량) // 分明(분명) 分母(분모)
社	모일 사	示	8획	社會(사회) 本社(본사) 公社(공사)
使	부릴 사(:)	人	8획	使者(사:자) 使用(사:용) 特使(특사)
死	죽을 사(:)	歹	6획	死後(사:후) 死藥(사:약) 病死(병:사)
書	글 서	曰	10획	書記(서기) 書式(서식) 文書(문서)
石	돌 석	石	5획	石室(석실) 火石(화:석) 石油(석유)
席	자리 석	巾	10획	席上(석상) 定席(정:석) 特席(특석)
線	줄 선	糸	15획	線路(선로) 有線(유:선) 直線(직선)
雪	눈 설	雨	11획	雪光(설광) 風雪(풍설) 春雪(춘설)
成	이룰 성	戈	7획	成功(성공) 生成(생성) 大成(대:성)
省	살필 성/덜 생	目	9획	省略(생략) 自省(자성) 省墓(성묘)
消	사라질 소	氵(水)	10획	消失(소실) 消火(소화) 消日(소일)

급수별 배정 한자

한자	訓音(훈음)	部首	획수	기출예문
速	빠를 속	辶	11획	速度(속도) 時速(시속) 急速(급속)
孫	손자 손	子	10획	孫子(손자) 子子孫孫(자자손손)
樹	나무 수	木	16획	樹木(수목) 植樹(식수) 果樹(과:수)
術	재주 술	行	11획	術數(술수) 美術(미:술) 話術(화술)
習	익힐 습	羽	11획	習作(습작) 學習(학습) 自習(자습)
勝	이길 승	力	12획	勝利(승리) 勝算(승산) 全勝(전승)
始	비로소 시(:)	女	8획	始作(시:작) 始發(시:발) 始終(시:종)
式	법 식	弋	6획	式場(식장) 別式(별식) 書式(서식)
信	믿을 신(:)	亻(人)	9획	信敎(신:교) 信用(신:용) 自信(자신)
身	몸 신	身	7획	身體(신체) 長身(장신) 身上(신상)
新	새로울 신	斤	13획	新生(신생) 新設(신설) 新出(신출)
神	귀신 신	示	10획	神功(신공) 水神(수신) 神話(신화)
失	잃을 실	大	5획	失時(실시) 失手(실수) 失業者(실업자)
愛	사랑 애(:)	心	13획	愛國(애:국) 愛校(애:교) 親愛(친애)
野	들 야(:)	里	11획	野心(야:심) 分野(분야) 林野(임야)
夜	밤 야(:)	夕	8획	夜光(야:광) 夜學(야:학) 夜食(야:식)
弱	약할 약	弓	10획	弱者(약자) 強弱(강약) 弱小(약소)
藥	약 약	⺾(艸)	19획	藥物(약물) 藥草(약초) 韓藥(한:약)
洋	큰바다 양	氵(水)	9획	洋食(양식) 大洋(대:양) 海洋(해:양)
陽	볕 양	阝(阜)	12획	陽明(양명) 陽地(양지) 太陽(태양)
言	말씀 언	言	7획	言語(언어) 發言(발언) 食言(식언)
業	업 업	木	13획	林業(임업) 作業(작업) 實業(실업)
英	꽃부리 영	⺾(艸)	9획	英語(영어) 英主(영주) 石英(석영)
永	길 영(:)	水	5획	永遠(영:원) 永有(영:유) 永永(영:영)
溫	따뜻할 온	氵(水)	13획	溫氣(온기) 平溫(평온) 體溫(체온)

급수별 배정 한자

한자	訓音(훈음)	部首	획수	기출예문
勇	날랠 용(:)	力	9획	勇氣(용:기) 勇名(용:명) 勇力(용:력)
用	쓸 용(:)	用	5획	用度(용:도) 用語(용:어) 使用(사:용)
運	옮길 운(:)	辶	13획	運動(운:동) 運行(운:행) 運命(운:명)
園	동산 원	囗	13획	園林(원림) 動物園(동:물원) 學園(학원)
遠	멀 원(:)	辶	14획	遠近(원:근) 遠代(원:대) 永遠(영:원)
由	말미암을 유	田	5획	由來(유래) 事由(사:유) 自由(자유)
油	기름 유	氵(水)	8획	油物(유물) 油然(유연) 中油(중유)
銀	은 은	金	14획	銀色(은색) 金銀(금은) 水銀(수은)
音	소리 음	音	9획	音信(음신) 音樂(음악) 半音(반:음)
飮	마실 음(:)	食	13획	飮食(음:식) 飮水(음:수) 飮食物(음:식물)
意	뜻 의	心	13획	意氣(의기) 意外(의외) 同意(동의)
醫	의원 의	酉	18획	醫藥(의약) 名醫(명의) 韓醫(한:의)
衣	옷 의	衣	6획	衣食住(의식주) 外衣(외:의) 下衣(하:의)
者	놈 자	老	9획	使者(사:자) 學者(학자) 王者(왕자)
作	지을 작	亻(人)	7획	作用(작용) 作業(작업) 動作(동:작)
昨	어제 작	日	9획	昨今(작금) 昨日(작일) 昨年(작년)
章	글 장	立	11획	章句(장구) 文章(문장) 正章(정:장)
才	재주 재	手	3획	英才(영재) 才氣(재기) 天才(천재)
在	있을 재(:)	土	6획	在物(재:물) 在校(재:교) 所在(소:재)
戰	싸움 전(:)	戈	16획	戰場(전:장) 戰士(전:사) 力戰(역전)
庭	뜰 정	广	10획	庭園(정원) 家庭(가정) 校庭(교:정)
定	정할 정(:)	宀	8획	定界(정:계) 定立(정:립) 安定(안정)
第	차례 제(:)	𥫗(竹)	11획	第一(제:일) 登第(등제) 落第(낙제)
題	제목 제	頁	18획	題目(제목) 小題目(소:제목) 問題(문:제)
朝	아침 조	月	12획	朝夕(조석) 一朝一夕(일조일석)

6 급수별 배정 한자

한자	訓音(훈음)	部首	획수	기출여문
族	겨레 족	方	11획	民族(민족) 親族(친족) 同族(동족)
注	부을 주(:)	氵(水)	8획	注文(주:문) 注目(주:목) 注入(주:입)
晝	낮 주	日	11획	晝食(주식) 晝夜(주야) 晝行(주행)
集	모을 집	隹	12획	集成(집성) 集會(집회) 文集(문집)
窓	창 창	穴	11획	窓門(창문) 車窓(차창) 學窓(학창)
淸	맑을 청	氵(水)	11획	淸江(청강) 淸明(청명) 淸算(청산)
體	몸 체	骨	23획	體力(체력) 體育(체육) 全體(전체)
親	친할 친	見	16획	親交(친교) 近親(근:친) 先親(선친)
太	클 태	大	4획	太古(태고) 太陽(태양) 太半(태반)
通	통할 통	辶	11획	通計(통계) 通用(통용) 通話(통화)
特	특별할 특	牛	10획	特別(특별) 特定(특정) 英特(영특)
表	겉 표	衣	8획	表面(표면) 表現(표현) 表音(표음)
風	바람 풍	風	9획	風力(풍력) 強風(강풍) 淸風(청풍)
合	합할 합	口	6획	合心(합심) 合一(합일) 合成(합성)
幸	다행 행(:)	干	8획	幸運(행:운) 幸福(행:복) 多幸(다행)
行	다닐 행/항렬 항	行	6획	行動(행동) 行樂(행락) 所行(소:행)
向	향할 향(:)	口	6획	向上(향:상) 方向(방향) 意向(의:향)
現	나타날 현(:)	王	11획	現在(현:재) 現地(현:지) 出現(출현)
形	형상 형	彡	7획	形成(형성) 有形(유:형) 成形(성형)
號	이름 호(:)	虍	13획	號外(호:외) 號數(호:수) // 號角(호각)
和	화할 화	口	8획	和氣(화기) 人和(인화) 平和(평화)
畫	그림 화/그을 획(:)	田	13획	畫家(화:가) 畫工(화:공) 計畫(계:획)
黃	누를 황	黃	12획	黃金(황금) 黃土(황토) 大黃(대:황)
會	모일 회(:)	曰	13획	會同(회:동) 入會(입회) 大會(대:회)
訓	가르칠 훈(:)	言	10획	訓育(훈:육) 敎訓(교:훈) 社訓(사훈)

5 급수별 배정 한자

한자	訓音(훈음)	部首	획수	기출예문
價	값 가	亻(人)	15획	價格(가격) 物價(물가) 原價(원가)
可	옳을 가(:)	口	5획	可決(가:결) 可能(가:능) 可否(가:부)
加	더할 가	力	5획	加減(가감) 加速(가속) 增加(증가)
改	고칠 개(:)	攵	7획	改刊(개:간) 改善(개:선) 改良(개:량)
客	손 객	宀	9획	客觀(객관) 主客(주객) 客體(객체)
擧	들 거(:)	手	18획	擧手(거:수) 擧行(거:행) 選擧(선:거)
去	갈 거(:)	厶	5획	去來(거:래) 去就(거:취) 過去(과:거)
建	세울 건(:)	廴	9획	建物(건:물) 建設(건:설) 建議(건:의)
件	물건 건	亻(人)	6획	件數(건수) 事件(사:건) 條件(조건)
健	튼튼할 건(:)	亻(人)	11획	健實(건:실) 健兒(건:아) 壯健(장:건)
格	격식 격	木	10획	格言(격언) 資格(자격) 性格(성:격)
見	볼 견/뵐 현(:)	見	7획	見聞(견:문) 意見(의:견) 謁見(알현)
決	결단할 결	氵(水)	7획	決心(결심) 決定(결정) 判決(판결)
結	맺을 결	糸	12획	結實(결실) 結草報恩(결초보은)
敬	공경 경(:)	攵	13획	敬禮(경:례) 敬愛(경:애) 恭敬(공경)
景	볕 경(:)	日	12획	景品(경:품) // 景氣(경기) 景致(경치)
輕	가벼울 경	車	14획	輕量(경량) 輕率(경솔) 輕重(경중)
競	다툴 경(:)	立	20획	競技(경:기) 競合(경:합) 競爭(경:쟁)
告	알릴 고(:)	口	7획	告白(고:백) 告示(고:시) 忠告(충고)
考	생각할 고(:)	老	6획	考試(고:시) // 考慮(고려) 考案(고안)
固	굳을 고	口	8획	固有(고유) 固定(고정) 固體(고체)
曲	굽을 곡	日	6획	曲線(곡선) 曲直(곡직) 作曲(작곡)
課	과정 과	言	15획	課目(과목) 課題(과제) 日課(일과)
過	지날 과(:)	辶	13획	過去(과:거) 功過(공:과) 通過(통:과)
關	관계할 관	門	19획	關係(관계) 關心(관심) 聯關(연관)

5 급수별 배정 한자

한자	訓音(훈음)	部首	획수	기출예문
觀	볼 관	見	25획	觀客(관객) 觀察(관찰) 主觀(주관)
廣	넓을 광(:)	广	15획	廣告(광:고) 廣野(광:야) 廣場(광:장)
橋	다리 교	木	16획	橋脚(교각) 架橋(가교) 陸橋(육교)
舊	예 구(:)	臼	18획	舊家(구:가) 舊正(구:정) 親舊(친구)
具	갖출 구(:)	八	8획	具氏(구:씨) // 具現(구현) 具色(구색)
救	구원할 구(:)	攵	11획	救急(구:급) 救命(구:명) 救出(구:출)
局	판 국	尸	7획	局面(국면) 局部(국부) 藥局(약국)
貴	귀할 귀(:)	貝	12획	貴賤(귀:천) 貴中(귀:중) 尊貴(존귀)
規	법 규	見	11획	規格(규격) 規範(규범) 法規(법규)
給	줄 급	糸	12획	給料(급료) 給水(급수) 供給(공:급)
己	여섯째 천간 기	己	3획	己未(기미) 自己(자기) 己身(기신)
基	터 기	土	11획	基本(기본) 基地(기지) 國基(국기)
技	재주 기	扌(手)	7획	技巧(기교) 技術(기술) 特技(특기)
汽	김 기	氵(水)	7획	汽罐(기관) 汽船(기선) 汽車(기차)
期	기약할 기	月	12획	期間(기간) 期約(기약) 學期(학기)
吉	길할 길	口	6획	吉夢(길몽) 吉報(길보) 吉凶(길흉)
念	생각 념:)	心	8획	念頭(염:두) 念願(염:원) 想念(상:념)
能	능할 능	肉	10획	能力(능력) 能通(능통) 才能(재능)
團	둥글 단	囗	14획	團結(단결) 團體(단체) 集團(집단)
壇	단 단	土	16획	壇上(단상) 基壇(기단) 祭壇(제:단)
談	말씀 담	言	15획	談笑(담소) 對談(대:담) 相談(상담)
當	마땅할 당	田	13획	當時(당시) 當然(당연) 相當(상당)
德	덕 덕	彳	15획	德談(덕담) 德望(덕망) 惡德(악덕)
到	이를 도(:)	刂(刀)	8획	到達(도:달) 到着(도:착) 到來(도:래)
島	섬 도	山	10획	島嶼(도서) 獨島(독도) 半島(반:도)

5 급수별 배정 한자

한자	訓音(훈음)	部首	획수	기출예문
都	도읍 도	阝(邑)	12획	都市(도시) 都會(도회) 首都(수도)
獨	홀로 독	犭(犬)	16획	獨立(독립) 獨唱(독창) 孤獨(고독)
落	떨어질 락	艹(艸)	13획	落膽(낙담) 落心千萬(낙심천만) 落花(낙화)
朗	밝을 랑(:)	月	11획	朗讀(낭:독) 朗報(낭:보) 明朗(명랑)
冷	찰 랭(:)	冫	7획	冷淡(냉:담) 冷酷(냉:혹) 寒冷(한랭)
良	어질 량	艮	7획	良識(양식) 良心(양심) 賢良(현량)
量	헤아릴 량	里	12획	量感(양감) 數量(수:량) 分量(분:량)
旅	나그네 려	方	10획	旅客(여객) 行旅(행려) 旅行(여행)
歷	지날 력	止	16획	歷訪(역방) 歷史(역사) 學歷(학력)
練	익힐 련(:)	糸	15획	練磨(연:마) 練習(연:습) 訓練(훈:련)
領	거느릴 령	頁	14획	領導(영도) 領域(영역) 領土(영토)
令	하여금 령(:)	人	5획	令監(영:감) // 令愛(영애) 口令(구:령)
勞	일할 로	力	12획	勞苦(노고) 勞使(노사) 疲勞(피로)
料	헤아릴 료(:)	斗	10획	料金(요:금) // 料量(요량) 料理(요리)
類	무리 류(:)	頁	19획	類別(유:별) 種類(종:류) 人類(인류)
流	흐를 류	氵(水)	10획	流動(유동) 流通(유통) 海流(해:류)
陸	뭍 륙	阝(阜)	11획	陸橋(육교) 陸地(육지) 水陸(수륙)
馬	말 마(:)	馬	10획	馬車(마:차) 馬夫(마:부)
末	끝 말	木	5획	末境(말경) 末端(말단) 終末(종말)
望	바랄 망(:)	月	11획	望雲之情(망:운지정) 望鄕(망:향)
亡	망할 망	亠	3획	亡國(망국) 興亡盛衰(흥망성쇠)
賣	팔 매(:)	貝	15획	賣場(매:장) 賣店(매:점) // 賣買(매매)
買	살 매(:)	貝	12획	買入(매:입) 買收(매:수)
無	없을 무	火	12획	無能(무능) 無料(무료)
倍	곱 배(:)	亻(人)	10획	倍加(배:가) 倍數(배:수) 十倍(십배)

5 급수별 배정 한자

한자	訓音(훈음)	部首	획수	기출예문
法	법 법	氵(水)	8획	法律(법률) 法治(법치) 遵法(준:법)
變	변할 변(:)	言	23획	變更(변:경) 變質(변:질) 異變(이:변)
兵	군사 병	八	7획	兵器(병기) 兵法(병법) 出兵(출병)
福	복 복	示	14획	福德(복덕) 福祉(복지) 幸福(행:복)
奉	받들 봉(:)	大	8획	奉仕(봉:사) 奉養(봉:양) 信奉(신:봉)
比	견줄 비(:)	比	4획	比肩(비:견) 比較(비:교) 對比(대:비)
鼻	코 비(:)	鼻	14획	鼻笑(비:소) 鼻炎(비:염)
費	쓸 비(:)	貝	12획	費用(비:용) 費錢(비:전) 費目(비:목)
氷	얼음 빙	水	5획	氷河(빙하) 氷板(빙판) 薄氷(박빙)
仕	섬길 사(:)	亻(人)	5획	仕官(사:관) 仕進(사:진) 奉仕(봉:사)
士	선비 사:	士	3획	士氣(사:기) 壯士(장:사) 烈士(열사)
史	사기 사:	口	5획	史觀(사:관) 史記(사:기) 歷史(역사)
思	생각할 사(:)	心	9획	思想(사:상) // 思考(사고)
寫	베낄 사	宀	15획	寫生(사생) 寫眞(사진) 複寫(복사)
査	조사할 사	木	9획	査閱(사열) 査定(사정) 調査(조사)
産	낳을 산:	生	11획	産業(산:업) 産災(산:재) 財産(재산)
相	서로 상	目	9획	相對(상대) 相通(상통) 眞相(진상)
商	장사 상	口	11획	商術(상술) 商店(상점) 行商(행상)
賞	상줄 상	貝	15획	賞罰(상벌) 賞春(상춘) 特賞(특상)
序	차례 서:	广	7획	序文(서:문) 序列(서:열) 順序(순:서)
仙	신선 선	亻(人)	5획	仙境(선경) 仙佛(선불) 神仙(신선)
船	배 선	舟	11획	船首(선수) 船員(선원) 商船(상선)
善	착할 선:	口	12획	善惡(선:악) 善行(선:행)
選	가릴 선:	辶	16획	選拔(선:발) 選出(선:출) 再選(재:선)
鮮	고울 선	魚	17획	鮮潔(선결) 鮮明(선명) 新鮮(신선)

5 급수별 배정 한자

한자	訓音(훈음)	部首	획수	기출예문
說	말씀 설/기쁠 열/달랠 세	言	14획	說明(설명) 說往說來(설왕설래)
性	성품 성(:)	忄(心)	8획	性能(성:능) 性品(성:품) 天性(천성)
歲	해 세(:)	止	13획	歲旦(세:단) 歲月(세:월) 萬歲(만:세)
洗	씻을 세(:)	氵(水)	9획	洗練(세:련) 洗手(세:수) 洗禮(세:례)
束	묶을 속	木	7획	束帶(속대) 束縛(속박) 拘束(구속)
首	머리 수	首	9획	首肯(수긍) 首都(수도) 部首(부수)
宿	잘 숙/별자리 수	宀	11획	宿泊(숙박) 宿題(숙제) 星宿(성수)
順	순할 순(:)	頁	12획	順位(순:위) 順應(순:응) 逆順(역순)
示	보일 시(:)	示	5획	示達(시:달) 示範(시:범) 示威(시:위)
識	알 식/기록할 지	言	19획	識別(식별) 識者(식자) 標識(표지)
臣	신하 신	臣	6획	臣下(신하) 忠臣(충신) 小臣(소:신)
實	열매 실	宀	14획	實務(실무) 事實(사:실) 現實(현:실)
兒	아이 아	儿	8획	兒女子(아녀자) 兒童(아동) 男兒(남아)
惡	악할 악/미워할 오	心	12획	惡意(악의) 惡用(악용) 憎惡(증오)
案	책상 안(:)	木	10획	案內(안:내) 案出(안:출) 提案(제안)
約	대략 약	糸	9획	約束(약속) 約婚(약혼) 言約(언약)
養	기를 양(:)	食	15획	養成(양:성) 敎養(교:양) 休養(휴양)
魚	고기 어	魚	11획	魚肉(어육) 魚族(어족) 魚類(어:류)
漁	고기잡을 어	氵(水)	14획	漁民(어민) 漁父之利(어부지리)
億	억 억	亻(人)	15획	億劫(억겁) 億萬(억만)
熱	더울 열	灬(火)	15획	熱氣(열기) 熱望(열망) 地熱(지열)
葉	잎 엽	艹(艸)	13획	葉書(엽서) 葉茶(엽차) 落葉(낙엽)
屋	집 옥	尸	9획	屋舍(옥사) 屋上家屋(옥상가옥)
完	완전할 완	宀	7획	完備(완비) 完遂(완수) 未完(미:완)
要	요긴할 요(:)	襾	9획	要綱(요:강) // 要素(요소) 重要(중:요)

5 급수별 배정 한자

한자	訓音(훈음)	部首	획수	기출여문
曜	빛날 요	日	18획	曜日(요일) 曜魄(요백) 照曜(조:요)
浴	목욕할 욕	氵(水)	10획	浴室(욕실) 浴衣(욕의) 沐浴(목욕)
友	벗 우(:)	又	4획	友愛(우:애) 友情(우:정) 學友(학우)
牛	소 우	牛	4획	牛馬(우마) 牛耳讀經(우이독경)
雨	비 우(:)	雨	8획	雨期(우:기) 雨天(우:천) 雨衣(우:의)
雲	구름 운	雨	12획	雲霧(운무) 雲集(운집) 雲海(운해)
雄	수컷 웅	隹	12획	雄飛(웅비) 雄志(웅지) 英雄(영웅)
元	으뜸 원	儿	4획	元氣(원기) 元祖(원조) 壯元(장:원)
原	언덕 원	厂	10획	原稿(원고) 原因(원인) 始原(시:원)
院	집 원	阝(阜)	10획	院生(원생) 院長(원장) 學院(학원)
願	원할 원(:)	頁	19획	願望(원:망) 願人(원:인) 念願(염:원)
位	자리 위	亻(人)	7획	位階(위계) 位置(위치) 學位(학위)
偉	위대할 위	亻(人)	11획	偉大(위대) 偉力(위력) 偉人(위인)
以	써 이(:)	人	5획	以來(이:래) 以心傳心(이:심전심)
耳	귀 이(:)	耳	6획	耳目(이:목) 耳順(이:순) 耳順(이:순)
因	인할 인	囗	6획	因果(인과) 因習(인습) 要因(요:인)
任	맡길 임(:)	人	6획	任期(임:기) 任用(임:용) 責任(책임)
再	두 재(:)	冂	6획	再建(재:건) 再開(재:개)
材	재목 재	木	7획	材料(재료) 材木(재목) 資材(자재)
災	재앙 재	火	7획	災害(재해) 災患(재환) 人災(인재)
財	재물 재	貝	10획	財團(재단) 財物(재물) 理財(이:재)
爭	다툴 쟁	爫	8획	爭論(쟁론) 爭奪(쟁탈) 戰爭(전:쟁)
貯	쌓을 저(:)	貝	12획	貯金(저:금) 貯藏(저:장) 貯蓄(저:축)
的	과녁 적	白	8획	的否(적부) 的實(적실) 目的(목적)
赤	붉을 적	赤	7획	赤色(적색) 赤外線(적외선)

5 급수별 배정 한자

한자	訓音(훈음)	部首	획수	기출예문
典	법 전(:)	八	8획	典範(전:범) 典型(전:형) 法典(법전)
傳	전할 전	亻(人)	13획	傳說(전설) 傳來(전래) 宣傳(선전)
展	펼 전(:)	尸	10획	展開(전:개) 展示(전:시) 進展(진:전)
切	끊을 절/모두 체	刀	4획	切斷(절단) 切迫(절박) 一切(일체)
節	마디 절	竹	15획	節約(절약) 節次(절차) 貞節(정절)
店	가게 점(:)	广	8획	店員(점:원) 店鋪(점:포) 商店(상점)
停	머무를 정	亻(人)	11획	停留(정류) 停會(정회) 休停(휴정)
情	뜻 정	忄(心)	11획	情交(정교) 情勢(정세) 心情(심정)
調	고를 조	言	15획	調味(조미) 調節(조절) 低調(저:조)
操	잡을 조(:)	扌(手)	16획	操心(조:심) // 操作(조작) 操倖(조행)
卒	군사·마칠 졸	十	8획	卒倒(졸도) 卒業(졸업) 將卒(장:졸)
種	씨 종(:)	禾	14획	種類(종:류) // 種子(종자) 品種(품:종)
終	마칠 종	糸	11획	最終(최:종) 始終如一(시:종여일)
罪	허물 죄(:)	罒	13획	罪狀(죄:상) 罪人(죄:인) 犯罪(범:죄)
州	고을 주	巛	6획	州境(주경) 州都(주도) 諸州(제주)
週	주일 주	辶	12획	週期(주기) 週日(주일) 前週(전주)
止	그칠 지	止	4획	止揚(지양) 終止(종지) 休止(휴지)
知	알 지	矢	8획	知性(지성) 知識(지식) 知面(지면)
質	바탕 질	貝	15획	質問(질문) 本質(본질) 性質(성:질)
着	붙을 착	目	12획	着想(착상) 着眼(착안) 先着(선착)
參	참여할 참/석 삼	厶	11획	參拾(삼십) 參與(참여) 同參(동참)
唱	부를 창(:)	口	11획	唱歌(창:가) 奉唱(봉:창) 主唱(주창)
責	꾸짖을 책	貝	11획	責務(책무) 問責(문:책) 自責(자책)
鐵	쇠 철	金	21획	鐵則(철칙) 寸鐵殺人(촌:철살인)
初	처음 초	刀	7획	初步(초보) 初志一貫(초지일관)

5 급수별 배정 한자

한자	訓音(훈음)	部首	획수	기출예문
最	가장 최(:)	日	12획	最新(최:신) 最終(최:종) 最初(최:초)
祝	빌 축	示	10획	祝願(축원) 祝典(축전) 慶祝(경:축)
充	채울 충	儿	6획	充實(충실) 充血(충혈) 補充(보:충)
致	이를 치(:)	至	10획	致命(치:명) 致富(치:부) 致重(치:중)
則	법칙 칙 / 곧 즉	刂(刀)	9획	校則(교:칙) 規則(규칙) 反則(반:칙)
打	칠 타(:)	手	5획	打球(타:구) 打倒(타:도)
他	다를 타	亻(人)	5획	他方面(타방면) 他處(타처) 他人(타인)
卓	높을 탁	十	8획	卓見(탁견) 卓上空論(탁상공론)
炭	숯 탄(:)	火	9획	炭素(탄:소) 塗炭(도탄) 黑炭(흑탄)
宅	집 택 / 댁 댁	宀	6획	宅配(택배) 宅地(택지) 住宅(주:택)
板	널 판	木	8획	板子(판자) 板材(판재) 鐵板(철판)
敗	패할 패(:)	攵	11획	敗因(패:인) 敗亡(패:망)
品	물건 품(:)	口	9획	品位(품:위) 品回(품:회) 性品(성:품) 食品(식품)
必	반드시 필	心	5획	必至(필지) 必要(필요) 期必(기필)
筆	붓 필	竹	12획	筆者(필자) 筆致(필치) 達筆(달필)
河	물 하	氵(水)	8획	河海(하해) 氷河(빙하) 運河(운:하)
寒	찰 한	宀	12획	寒冷(한랭) 寒心(한심) 惡寒(오한)
害	해할 해(:)	宀	10획	害心(해:심) 利害(이:해) 寒害(한해)
許	허락할 허	言	11획	許容(허용) 許多(허다) 許諾(허락)
湖	호수 호	氵(水)	12획	湖水(호수) 湖心(호심) 江湖(강호)
化	화할 화(:)	匕	4획	化石(화:석) 化身(화:신) ∥ 化粧(화장)
患	근심 환(:)	心	11획	患者(환:자) 病患(병:환) 憂患(우환)
效	본받을 효(:)	攵	10획	效力(효:력) 效用(효:용) 特效(특효)
凶	흉할 흉	凵	4획	凶計(흉계) 凶年(흉년) 凶惡(흉악)
黑	검을 흑	黑	12획	黑白(흑백) 黑心(흑심) 暗黑(암:흑)

급수별 배정 한자 4 II

한자	訓音(훈음)	部首	획수	기출예문
假	거짓 가(:)	亻(人)	11획	假令(가:령) 假名(가:명) 眞假(진가)
街	거리 가(:)	行	12획	街道(가:도) 街頭(가:두) 街路樹(가로수)
監	볼·살필 감	皿	14획	監査(감사) 監視(감시) 監察(감찰)
減	덜 감(:)	水	12획	減點(감:점) 減退(감:퇴) 增減(증감)
康	편안할 강	广	11획	康樂(강락) 健康(건:강) 安康(안강)
講	익힐 강/화해할 구(:)	言	17획	講習(강:습) 講座(강:좌) 講義(강:의)
個	낱 개(:)	亻(人)	10획	個別(개:별) 個體(개:체) 各個(각개)
檢	조사할 검(:)	木	17획	檢定(검:정) 檢印(검:인) 檢討(검:토)
潔	깨끗할 결	氵(水)	15획	簡潔(간결) 高潔(고결) 純潔(순결)
缺	이지러질 결	缶	10획	缺席(결석) 缺員(결원) 缺陷(결함)
經	날·경서 경	糸	13획	經過(경과) 經驗(경험) 政經(정경)
境	지경 경	土	14획	境內(경내) 境地(경지) 逆境(역경)
慶	경사 경(:)	心	15획	慶福(경:복) 慶事(경:사) 慶祝(경:축)
警	경계할 경(:)	言	20획	警覺(경:각) 警戒(경:계) 軍警(군경)
係	맬 계(:)	亻(人)	9획	係數(계:수) 係爭(계:쟁) 關係(관계)
故	까닭 고(:)	攵	9획	故國(고:국) 故意(고:의) // 故鄕(고향)
攻	칠 공(:)	攵	7획	攻究(공:구) 攻勢(공:세) 侵攻(침공)
官	벼슬 관	宀	8획	官界(관계) 官僚(관료) 次官(차관)
求	구할 구	水	7획	求道(구도) 求職(구직) 要求(요:구)
句	글귀 구	口	5획	句節(구절) 名句(명구) 語句(어:구)
究	궁구할 구	穴	7획	究明(구명) 究察(구찰) 探究(탐구)
宮	집 궁	宀	10획	宮合(궁합) 宮中(궁중) 東宮(동궁)
權	권세 권	木	22획	權力(권력) 利權(이:권) 人權(인권)
極	지극할 극	木	13획	極難(극난) 極力(극력) 北極(북극)
禁	금할 금(:)	示	13획	禁忌(금:기) 禁止(금:지) 出禁(출금)

급수별 배정 한자

한자	訓音(훈음)	部首	획수	기출예문
器	그릇 기	口	16획	器量(기량) 器材(기재) 土器(토기)
起	일어날 기	走	10획	起居(기거) 起立(기립) 起動(기동)
暖	따뜻할 난(:)	日	13획	暖氣(난:기) 溫暖(온난) 寒暖(한난)
難	어려울 난(:)	隹	19획	難色(난:색) // 難局(난국) 患難(환:난)
努	힘쓸 노	力	7획	努力(노력) 努目(노목) 努肉(노육)
怒	성낼 노(:)	心	9획	怒濤(노:도) 憤怒(분:노) 激怒(격노)
斷	끊을 단(:)	斤	18획	斷面(단:면) 分斷(분단) 中斷(중단)
端	끝·바를 단	立	14획	端午(단오) 端的(단적) 末端(말단)
單	홑 단	口	12획	單獨(단독) 單純(단순) 名單(명단)
檀	박달나무 단	木	17획	檀君(단군) 檀紀(단기) 檀徒(단도)
達	통달할 달	辶	13획	達觀(달관) 達成(달성) 通達(통달)
擔	멜·맡을 담	扌(手)	16획	擔當(담당) 擔保(담보) 擔任(담임)
黨	무리 당	黑	20획	黨論(당론) 黨類(당류) 野黨(야:당)
帶	띠 대(:)	巾	11획	帶同(대:동) 帶電(대:전) 寒帶(한대)
隊	무리 대	阝(阜)	12획	隊員(대원) 入隊(입대) 編隊(편대)
導	이끌 도(:)	寸	16획	導線(도:선) 導入(도:입) 引導(인도)
督	살펴볼 독	目	13획	督戰(독전) 監督(감독) 提督(제독)
毒	독할 독	毋	8획	毒性(독성) 毒藥(독약) 解毒(해:독)
銅	구리 동	金	14획	銅鏡(동경) 銅錢(동전) 銅鑛(동광)
豆	콩 두	豆	7획	豆腐(두부) 綠豆(녹두) 大豆(대:두)
斗	말 두	斗	4획	斗屋(두옥) 斗星(두성) 斗護(두호)
得	얻을 득	彳	11획	得道(득도) 習得(습득) 取得(취:득)
燈	등잔 등	火	16획	燈明(등명) 燈火(등화) 法燈(법등)
羅	벌일·돌 라	罒	19획	羅衫(나삼) 羅列(나열) 網羅(망라)
兩	두 량/양 냥(:)	入	8획	兩家(양:가) 兩立(양:립) 兩面(양:면)

급수별 배정 한자

한자	訓音(훈음)	部首	획수	기출예문
麗	고울 려/붙을 리	鹿	19획	麗色(여색) 美麗(미:려) 華麗(화려)
連	이을 련	辶	11획	連結(연결) 連續(연속) 連絡(연락)
列	벌일 렬	刂(刀)	6획	列傳(열전) 序列(서:열) 行列(행렬)
錄	기록할 록	金	16획	記錄(기록) 目錄(목록) 錄音(녹음)
論	논의할 론	言	15획	論文(논문) 論議(논의) 討論(토:론)
留	머무를 류	田	10획	留意(유의) 留宿(유숙) 留置(유치)
律	법률	彳	9획	規律(규율) 紀律(기율) 法律(법률)
滿	찰 만(ː)	氵(水)	14획	滿開(만:개) ∥ 滿期(만기) 充滿(충만)
脈	맥 맥	肉	10획	脈結(맥결) 脈博(맥박) 山脈(산맥)
毛	털 모	毛	4획	毛織(모직) 毛皮(모피) 脫毛(탈모)
牧	칠 목	牛	8획	牧歌(목가) 牧畜(목축) 放牧(방:목)
武	호반 무(ː)	止	8획	武功(무:공) 武德(무:덕) 鍊武(연무)
務	힘쓸 무(ː)	力	11획	公務(공무) 業務(업무) 任務(임:무)
味	맛 미	口	8획	味覺(미각) 味神經(미신경) 吟味(음미)
未	아닐 미(ː)	木	5획	未決(미:결) 未滿(미:만) ∥ 未安(미안)
密	빽빽할 밀	宀	11획	密談(밀담) 密約(밀약) 情密(정밀)
博	넓을 박	十	12획	博愛(박애) 名博(명박) 該博(해박)
房	방 방	戶	8획	房內(방내) 房門(방문) 山房(산방)
防	막을·둑 방	阜	7획	防守(방수) 防止(방지) 攻防(공:방)
訪	찾을 방(ː)	言	11획	訪問(방:문) 訪韓(방:한) 探訪(탐방)
拜	절 배(ː)	手	9획	拜謁(배:알) 拜金(배:금) 崇拜(숭배)
背	등 배(ː)	肉	9획	背反(배:반) 背恩忘德(배:은망덕)
配	짝 배(ː)	酉	10획	配達(배:달) 配合(배:합) 支配(지배)
伐	칠 벌	亻(人)	6획	伐草(벌초) 征伐(정벌) 討伐(토벌)
罰	벌 벌	罒	14획	罰酒(벌주) 賞罰(상벌) 體罰(체벌)

급수별 배정 한자 4ⅠI

한자	訓音(훈음)	部首	획수	기출예문
壁	벽 벽	土	16획	壁報(벽보)　壁土(벽토)　外壁(외:벽)
邊	가 변	辶	19획	邊境(변경)　邊利(변리)　江邊(강변)
保	지킬 보(:)	亻(人)	9획	保證(보:증)　保護(보:호) // 保證(보증)
寶	보배 보(:)	宀	20획	寶物(보:물)　家寶(가보)　國寶(국보)
報	갚을 보(:)	土	12획	報答(보:답)　情報(정브)　通報(통:보)
步	걸음 보(:)	止	7획	步道(보:도)　步幅(보:폭)　進步(진:보)
婦	며느리 부	女	11획	婦功(부공)　婦德(부덕)　主婦(주부)
副	버금 부(:)	刂(刀)	11획	副敎材(부교재)　副賞(부:상)　正副(정부)
富	가멸 부(:)	宀	12획	富强(부:강)　富貴(부:귀)　富裕(부:우)
復	다시 부/회복할 복(:)	彳	12획	復活(부:활)　復興(부:흥) // 復元(복원)
府	마을 부(:)	广	8획	府庫(부:고)　府君(부:군)　政府(정부)
佛	부처 불	亻(人)	7획	佛供(불공)　佛塔(불탑)　成佛(성불)
備	갖출 비(:)	亻(人)	12획	備蓄(비:축)　備品(비:품)　具備(구비)
悲	슬플 비(:)	心	12획	悲觀(비:관)　悲痛(비:통)　喜悲(희비)
非	아닐 비(:)	非	8획	非難(비:난)　非理(비:리)　非凡(비:범)
飛	날 비	飛	9획	飛報(비보)　飛躍(비약)　雄飛(웅비)
貧	가난할 빈	貝	11획	貧困(빈곤)　貧富(빈부)　貧弱(빈약)
寺	절 사/내시 시	寸	6획	寺刹(사찰)　寺塔(사탑)　本寺(본사)
師	스승 사	巾	10획	師表(사표)　恩師(은사)　醫師(의사)
舍	집 사	舌	8획	舍監(사감)　客舍(객사)　廳舍(청사)
謝	사례할 사(:)	言	17획	謝過(사:과)　謝恩(사:은)　感謝(감:사)
殺	죽일 살/감할 쇄(:)	殳	11획	殺氣(살기)　殺伐(살벌) // 殺到(쇄:도)
常	항상 상	巾	11획	常綠(상록)　常識(상식)　非常(비:상)
床	평상 상	广	7획	床褓(상보)　床石(상석)　平床(평상)
狀	형상 상/문서 장	犬	8획	狀態(상태)　狀況(상황)　狀頭(장:두)

급수별 배정 한자

한자	訓音(훈음)	部首	획수	기출예문
想	생각할 상(:)	心	13획	想起(상:기) 想念(상:념) 想像(상:상)
設	베풀 설	言	11획	設置(설치) 設立(설립) 創設(창:설)
城	성 성	土	10획	城門(성문) 山城(산성) 長城(장:성)
星	별 성	日	9획	星宿(성수) 星座(성좌) 星霜(성상)
盛	성할·담을 성(:)	皿	12획	盛德(성:덕) 盛行(성:행) 昌盛(창성)
聖	성인 성(:)	耳	13획	聖火(성:화) 聖經(성:경) 神聖(신성)
聲	소리 성	耳	17획	聲明(성명) 聲樂(성악) 音聲(음성)
誠	정성 성	言	14획	誠力(성력) 誠心(성심) 誠意(성의)
勢	기세 세(:)	力	13획	勢客(세:객) 勢道(세:도) 大勢(대:세)
稅	구실 세(:)	禾	12획	稅務(세:무) 課稅(과세) 收稅(수세)
細	가늘 세(:)	糸	11획	細心(세:심) 細雨(세:우) 詳細(상세)
掃	쓸 소(:)	手	11획	掃除(소:제)∥掃射(소사) 淸掃(청소)
笑	웃을 소(:)	竹	10획	笑劇(소:극) 談笑(담소) 微笑(미소)
素	흴 소(:)	糸	10획	素服(소:복)∥素質(소질) 平素(평소)
俗	풍속 속	亻(人)	9획	俗界(속계) 俗語(속어) 民俗(민속)
續	이을 속	糸	21획	續講(속강) 續開(속개) 永續(영:속)
送	보낼 송(:)	辶	10획	送年(송:년) 發送(발송) 放送(방:송)
修	닦을 수	亻(人)	10획	修練(수련) 修業(수업) 硏修(연:수)
受	받을 수	又	8획	受業(수업) 收受(수수) 傳受(전수)
守	지킬 수	宀	6획	守門(수문) 死守(사:수) 嚴守(엄수)
收	거둘·길을 수	攵	6획	收拾(수습) 領收(영수) 接收(접수)
授	줄 수	扌(手)	11획	授業(수업) 授與(수여) 敎授(교:수)
純	순수할 순	糸	10획	純金(순금) 純朴(순박) 淸純(청순)
承	이을 승	扌(手)	8획	承繼(승계) 承諾(승낙) 傳承(전승)
視	볼 시(:)	見	12획	視覺(시:각) 視線(시:선) 監視(감시)

급수별 배정 한자 4II

한자	訓音(훈음)	部首	획수	기출예문
試	시험할 시(:)	言	13획	試食(시:식) // 試驗(시험) 入試(입시)
詩	시 시	言	13획	詩歌(시가) 詩想(시상) 詩興(시흥)
施	베풀 시/옮길 이(:)	方	9획	施賞(시:상) 施行(시:행) 實施(실시)
是	옳을 시(:)	日	9획	是非(시:비) 是認(시:인) 是正(시:정)
息	숨쉴 식	心	10획	息錢(식전) 息止(식지) 休息(휴식)
申	납·펼 신	田	5획	申告(신고) 申報(신보) 具申(구신)
深	깊을 심	氵(水)	11획	深刻(심각) 深思熟考(심사숙고)
眼	눈 안(:)	目	11획	眼界(안:계) 眼光(안:광) 千里眼(천리안)
暗	어두울 암(:)	日	13획	暗記(암:기) 暗澹(암:담) 明暗(명암)
壓	누를 압	土	17획	壓卷(압권) 外壓(외:압) 暴壓(폭압)
液	진 액/담글 석	氵(水)	11획	液狀(액상) 液體(액체) 血液(혈액)
羊	양 양	羊	6획	羊毛(양모) 羊腸(양장) 牛羊(우양)
餘	남을 여	食	16획	餘談(여담) 餘白(여백) 殘餘(잔여)
如	같을 여	女	6획	如是(여시) 如何間(여하간) 如此(여차)
逆	거스를 역	辶	10획	逆流(역류) 逆說(역설) 逆情(역정)
煙	연기 연	火	13획	煙霞(연하) 禁煙(금:연) 煤煙(매연)
演	펼 연(:)	水	14획	演劇(연:극) 演出(연:출) 公演(공연)
硏	갈·벼루 연(:)	石	11획	硏究(연:구) 硏磨(연:마) 硏修(연:수)
榮	영화 영	木	14획	榮光(영광) 榮貴(영귀) 榮達(영달)
藝	재주 예(:)	艹(艸)	19획	藝能(예:능) 武藝(무:예) 手藝(수예)
誤	그르칠 오(:)	言	14획	誤算(오:산) 誤審(오:심) 正誤(정:오)
玉	구슬 옥	玉	5획	玉稿(옥고) 玉容(옥용) 珠玉(주옥)
往	갈·향할 왕(:)	彳	8획	往年(왕:년) 往復(왕:복) 來往(내:왕)
謠	노래 요	言	17획	童謠(동:요) 民謠(민요) 俗謠(속요)
容	얼굴 용	宀	10획	容納(용납) 容易(용이) 內容(내:용)

급수별 배정 한자

한자	訓音(훈음)	部首	획수	기출예문
員	인원 원	口	10획	要員(요:원) 議員(의:원) 會員(회:원)
圓	둥글 원	口	13획	圓滿(원만) 圓滑(원활) 大團圓(대:단원)
爲	할 위(:)	爪	12획	爲人(위:인) // 爲始(위시) 營爲(영위)
衛	지킬 위	行	16획	衛兵(위병) 衛星(위성) 護衛(호:위)
肉	고기 육	肉	6획	肉類(육류) 肉身(육신) 肉味(육미)
恩	은혜 은	心	10획	恩師(은사) 恩惠(은혜) 報恩(보:은)
陰	그늘 음	阜	11획	陰德(음덕) 陰謀(음모) 寸陰(촌:음)
應	응할 응(:)	心	17획	應答(응:답) 應用(응:용) 應當(응:당)
義	옳을 의(:)	羊	13획	義務(의:무) 意義(의:의) 正義(정:의)
議	의논할 의(:)	言	20획	議決(의:결) 論議(논의) 協議(협의)
移	옮길 이	禾	11획	移徙(이사) 移任(이임) 轉移(전:이)
益	더할 익	皿	10획	益甚(익심) 益友(익우) 利益(이:익)
印	도장 인	卩	6획	印刻(인각) 印章(인장) 調印(조인)
引	끌 인	弓	4획	引導(인도) 引下(인하) 誘引(유인)
認	인정할 인	言	14획	認可(인가) 認定(인정) 確認(확인)
將	장수 장(:)	寸	11획	將校(장:교) // 將來(장래)
障	막을 장	阝(阜)	14획	障壁(장벽) 障害(장해) 保障(보:장)
低	낮을 저(:)	亻(人)	7획	低空(저:공) 低姿勢(저:자세) 低價(저:가)
敵	원수 적	攵	15획	敵情(적정) 公敵(공적) 政敵(정적)
田	밭 전	田	5획	田畓(전답) 田園(전원) 田地(전지)
絶	끊을 절	糸	12획	絶對(절대) 絶緣(절연) 絶頂(절정)
接	사귈 접	扌(手)	11획	接待(접대) 接受(접수) 接着(접착)
政	정사·구실 정	攵	9획	國政(국정) 善政(선:정) 仁政(인정)
程	법·법도 정	禾	12획	工程(공정) 規程(규정) 路程(노:정)
精	정밀할 정	米	14획	精誠(정성) 精神(정신) 精通(정통)

급수별 배정 한자 4 II

한자	訓音(훈음)	部首	획수	기출예문
制	마를·법도 제(:)	刂(刀)	8획	制止(제:지) 制定(제:정) 抑制(억제)
提	끌 제	扌(手)	12획	提起(제기) 提案(제안) 提供(제공)
祭	제사 제(:)	示	11획	祭典(제:전) 祭天(제:천) 祝祭(축제)
製	지을 제(:)	衣	14획	製鍊(제:련) 製造(제:조) 調製(조제)
濟	건널 제(:)	氵(水)	17획	濟度(제:도) 濟世安民(제:세안민)
際	사이 제(:)	阜	14획	際限(제:한) 實際(실제) 國際(국제)
除	덜 제	阜	10획	除去(제거) 除名(제명) 控除(공:제)
助	도울 조(:)	力	7획	助長(조:장) 共助(공:조) 補助(보:조)
早	이를 조(:)	日	6획	早急(조:급) 早期(조:기) 尙早(상:조)
造	지을 조(:)	辶	11획	造林(조:림) 改造(개:조) 創造(창:조)
鳥	새 조	鳥	11획	鳥銃(조총) 白鳥(백조) 花鳥(화조)
尊	높을 존/술통 준	寸	12획	尊貴(존귀) 自尊(자존) 尊俎(존조)
宗	마루 종	宀	8획	宗敎(종교) 宗親(종친) 大宗(대:종)
走	달릴 주	走	7획	走力(주력) 走破(주파) 走行(주행)
竹	대 죽	竹	6획	竹器(죽기) 竹馬故友(죽마고우)
準	준할 준(:)	氵(水)	13획	準據(준:거) 基準(기준) 標準(표준)
衆	무리 중(:)	血	12획	衆論(중:론) 衆智(중:지) 大衆(대:중)
增	더할 증	土	15획	增加(증가) 增額(증액) 增減(증감)
至	이를 지	至	6획	至當(지당) 至尊(지존) 至極(지극)
志	뜻 지	心	7획	志願(지원) 志向(지향) 同志(동지)
支	가지 지	支	4획	支給(지급) 支援(지원) 支出(지출)
指	가리킬 지	扌(手)	9획	指導(지도) 指示(지시) 指定(지정)
職	벼슬 직	耳	18획	職責(직책) 就職(취:직) 休職(휴직)
眞	참 진	目	10획	眞談(진담) 眞理(진리) 眞情(진정)
進	나아갈 진(:)	辶	12획	進路(진:로) 進學(진:학) 進化(진:화)

급수별 배정 한자 4 II

한자	訓音(훈음)	部首	획수	기출예문
次	버금 차	欠	6획	次序(차서) 目次(목차) 漸次(점:차)
察	살필 찰	宀	14획	觀察(관찰) 視察(시:찰) 洞察(통:찰)
創	비롯할 창(:)	刂(刀)	12획	創刊(창:간) 創造(창:조) 獨創(독창)
處	곳 처(:)	虍	11획	處世(처:세) 居處(거처) 出處(출처)
請	청할 청	言	15획	請託(청탁) 強請(강청) 要請(요:청)
銃	총 총	金	14획	銃口(총구) 銃彈(총탄) 拳銃(권총)
總	거느릴 총(:)	糸	17획	總理(총:리) 總計(총:계) 總和(총:화)
築	쌓을 축	竹	16획	築城(축성) 築造(축조) 建築(건:축)
蓄	모을 축	艹(艸)	14획	蓄積(축적) 蓄資(축자) 貯蓄(저:축)
蟲	벌레 충	虫	18획	蟲類(충류) 蟲齒(충치) 害蟲(해:충)
忠	충성 충	心	8획	忠誠(충성) 忠直(충직) 不忠(불충)
取	취할 취(:)	又	8획	取扱(취:급) 取得(취:득) 受取(수취)
測	잴 측	氵(水)	12획	測深(측심) 測候(측후) 推測(추측)
置	둘 치(:)	罒	13획	置重(치:중) 置換(치:환) 處置(처:치)
齒	이 치	齒	15획	齒科(치과) 齒列(치열) 齒痛(치통)
治	다스릴 치	氵(水)	8획	治世(치세) 治安(치안) 統治(통:치)
侵	침노할 침	亻(人)	9획	侵犯(침범) 侵奪(침탈) 侵略(침략)
快	쾌할 쾌	心	7획	快擧(쾌거) 快樂(쾌락) 明快(명쾌)
態	모양 태(:)	心	14획	態度(태:도) 態勢(태:세) 形態(형태)
統	거느릴 통(:)	糸	12획	統計(통:계) 統合(통:합) 傳統(전통)
退	물러날 퇴(:)	辶	10획	退却(퇴:각) 退治(퇴:치) 後退(후:퇴)
波	물결 파/방죽 피	氵(水)	8획	波高(파고) 波動(파동) 波瀾(파란)
破	깨뜨릴 파/무너질 비(:)	石	10획	破鏡(파:경) 破棄(파:기) 破産(파:산)
包	쌀 포(:)	勹	5획	包括(포:괄) ∥ 包袋(포대) 內包(내:포)
布	베·펼 포(:)	巾	5획	布告(포:고) ∥ 布木商(포목상) 公布(공포)

급수별 배정 한자 4II

한자	訓音(훈음)	部首	획수	기출예문
砲	대포 포(:)	石	10획	砲擊(포:격) 砲彈(포:탄) 發砲(발포)
暴	사나울 포/폭	日	15획	行暴(행포) 暴露(폭로) 亂暴(난:폭)
票	쪽지 표	示	11획	得票(득표) 車票(차표) 投票(투표)
豊	풍년 풍	豆	13획	豊年(풍년) 豊富(풍부) 豊足(풍족)
限	한정 한(:)	阝(阜)	9획	限度(한:도) 限界(한:계) 期限(기한)
港	항구 항(:)	氵(水)	12획	港口(항:구) 開港(개항) 空港(공항)
航	건널 항(:)	舟	10획	航空(항:공) 航路(항:로) 出航(출항)
解	풀 해(:)	角	13획	解決(해:결) 解消(해:소) 解答(해:답)
香	향기 향	香	9획	香料(향료) 香燭(향촉) 暗香(암:향)
鄕	시골 향	阝(邑)	13획	鄕愁(향수) 故鄕(고향) 鄕土色(향토색)
虛	빌 허	虍	12획	謙虛(겸허) 虛張聲勢(허장성세)
驗	증험할 험(:)	馬	23획	驗算(험:산) 經驗(경험) 效驗(효:험)
賢	어질 현	貝	15획	賢達(현달) 賢明(현명) 聖賢(성:현)
血	피 혈	血	6획	血氣(혈기) 血肉(혈육) 出血(출혈)
協	화할 협	十	8획	協贊(협찬) 農協(농협) 妥協(타협)
惠	은혜 혜(:)	心	12획	惠澤(혜:택) 惠存(혜:존) 恩惠(은혜)
呼	부를 호	口	8획	呼價(호가) 呼吸(호흡) 歡呼(환호)
戶	지게 호(:)	戶	4획	戶口(호:구) 戶當(호:당) 戶別(호:별)
護	보호할 호(:)	言	21획	護身(호:신) 救護(구:호) 保護(보호)
貨	재화 화(:)	貝	11획	貨物(화:물) 財貨(재화) 通貨(통화)
確	굳을 확	石	15획	確信(확신) 確認(확인) 正確(정:확)
回	돌아올 회	囗	6획	回顧(회고) 回送(회송) 回避(회피)
吸	숨들이쉴 흡	口	7획	吸煙(흡연) 吸引(흡인) 吸着(흡착)
興	일 흥(:)	臼	16획	興味(흥:미) // 興行(흥행)
希	바랄 희	巾	7획	希望(희망) 希求(희구) 幾希(기희)

급수별 배정 한자

한자	訓音(훈음)	部首	획수	기출예문
暇	겨를 가(:)	日	13획	暇隙(가:극) 閑暇(한가) 休暇(휴가)
刻	새길 각	刂(刀)	8획	刻薄(각박) 刻骨難忘(각골난망)
覺	깨달을 각	見	20획	覺悟(각오) 視覺(시:각) 聽覺(청각)
干	방패 간	干	3획	干滿(간만) 干潟地(간석지) 干涉(간섭)
看	볼 간	目	9획	看過(간과) 看護(간호) 看守(간수)
簡	편지 간	竹	18획	簡易(간이) 簡單(간단) 書簡(서간)
甘	달 감	甘	5획	甘味(감미) 甘言利說(감언이설)
敢	감히 감(:)	攵	12획	敢行(감:행) 敢言(감:언) 勇敢(용:감)
甲	갑옷 갑	田	5획	甲富(갑부) 甲第(갑제) 甲板(갑판)
降	내릴 강(:)/항복할 항	阝(阜)	9획	降雪(강:설) 降雨(강:우) 降神(강:신)
巨	클 거(:)	工	5획	巨物(거:물) 巨視的(거:시적) 巨匠(거:장)
拒	막을 거(:)	扌(手)	8획	拒否(거:부) 拒逆(거:역) 抗拒(항:거)
據	근거 거	扌(手)	16획	依據(의거) 占據(점거) 準據(준:거)
居	살 거	尸	8획	居留(거류) 居住(거주) 居室(거실)
傑	뛰어날 걸	亻(人)	12획	傑出(걸출) 英傑(영걸) 豪傑(호걸)
儉	검소할 검(:)	亻(人)	15획	儉約(검:약) 恭儉(공검) 勤儉(근:검)
擊	칠 격	手	17획	擊沈(격침) 擊退(격퇴) 攻擊(공:격)
激	격할 격	氵(水)	16획	激動(격동) 激增(격증) 激勵(격려)
堅	굳을 견	土	11획	堅固(견고) 堅持(견지) 堅實(견실)
犬	개 견	犬	4획	犬羊(견양) 犬馬之勞(견마지로)
傾	기울 경	亻(人)	13획	傾倒(경도) 傾注(경주) 傾向(경향)
更	고칠 경/다시 갱(:)	曰	7획	更正(경정) // 更生(갱:생)
鏡	거울 경(:)	金	19획	鏡臺(경:대) 望遠鏡(망:원경) 眼鏡(안:경)
驚	놀랄 경	馬	23획	驚歎(경탄) 驚天動地(경천동지)
系	이을 계	糸	7획	系列(계:열) 系統(계:통) 體系(체계)

4 급수별 배정 한자

한자	訓音(훈음)	部首	획수	기출예문
季	끝·계절 계(:)	子	8획	季節(계:절) 夏季(하:계) 四季(사:계)
戒	경계할 계(:)	戈	7획	戒懼(계:구) 破戒(파:계) 訓戒(훈:계)
階	섬돌 계	阝(阜)	12획	階段(계단) 階層(계층) 段階(단계)
繼	이을 계(:)	糸	20획	繼續(계:속) 繼統(계:통) 後繼(후:계)
鷄	닭 계	鳥	21획	養鷄(양:계) 群鷄一鶴(군계일학)
孤	외로울 고	子	8획	孤獨(고독) 孤軍奮鬪(고군분투)
庫	곳집 고	广	10획	庫舍(고사) 庫稅(고세) 倉庫(창고)
穀	곡식 곡	禾	15획	穀食(곡식) 穀倉(곡창) 穀類(곡류)
困	곤할 곤(:)	口	7획	困辱(곤:욕) 困惑(곤:혹) 疲困(피곤)
骨	뼈 골	骨	10획	骨格(골격) 骨子(골자) 骨彫(골조)
孔	구멍 공	子	4획	孔門(공:문) 方孔(방공) 眼孔(안:공)
管	대롱·집관	竹	14획	管守(관수) 管掌(관장) 管制(관제)
鑛	쇳돌 광(:)	金	23획	鑛山(광:산) 金鑛(금광) 炭鑛(탄:광)
構	얽을 구	木	14획	構想(구상) 構成(구성) 虛構(허구)
君	임금 군	口	7획	君子(군자) 君主(군주) 聖君(성:군)
群	무리 군	羊	13획	群衆(군중) 群雄割據(군웅할거)
屈	굽을 굴	尸	8획	屈伸(굴신) 屈折(굴절) 屈指(굴지)
窮	다할 궁	穴	15획	窮極(궁극) 窮乏(궁핍) 無窮(무궁)
券	문서 권	刀	8획	券帖(권첩) 株券(주권) 割引券(할인권)
卷	책 권	㔾	8획	卷煙(권련) 卷帙(권질) 席卷(석권)
勸	권할 권(:)	力	20획	勸戒(권:계) 勸勉(권:면) 勸誘(권:유)
歸	돌아갈 귀(:)	止	18획	歸結(귀:결) 歸鄕(귀:향) 復歸(복귀)
均	고를 균	土	7획	均霑(균점) 均衡(균형) 平均(평균)
劇	심할 극	刀	15획	劇性(극성) 演劇(연:극) 戲劇(희극)
筋	힘줄 근	竹	12획	筋力(근력) 筋脈(근맥) 鐵筋(철근)

급수별 배정 한자

한자	訓音(훈음)	部首	획수	기출예문
勤	부지런할 근(:)	力	13획	勤勉(근:면) 勤務(근:무) ∥ 勤苦(근고)
奇	기이할 기	大	8획	奇異(기이) 奇妙(기묘) 奇人(기인)
機	틀 기	木	16획	機密(기밀) 機會(기회) 天機(천기)
紀	벼리 기	糸	9획	紀念(기념) 紀律(기율) 紀行文(기행문)
寄	부칠 기	宀	11획	寄生(기생) 寄與(기여) 寄贈(기증)
納	들일 납	糸	10획	納入(납입) 完納(완납) 出納(출납)
段	층계 단	殳	9획	段步(단보) 分段(분단) 手段(수단)
徒	무리 도	彳	10획	信徒(신:도) 徒勞無益(도로무익)
盜	도둑 도	皿	12획	盜用(도용) 盜聽(도청) 強盜(강:도)
逃	달아날 도	辶	10획	逃亡(도망) 逃避(도피) 逃走(도주)
亂	어지러울 란(:)	乙	13획	亂局(난:국) 亂氣流(난:기류) 混亂(혼:란)
卵	알 란	卩	7획	産卵(산:란) 鷄卵有骨(계란유골)
覽	볼 람	見	21획	觀覽(관람) 便覽(편람) 回覽(회람)
略	간략할 략	田	11획	略式(약식) 大略(대:략) 省略(생략)
糧	양식 량	米	18획	糧米(양미) 糧政(양정) 軍糧(군량)
慮	생각할 려	心	15획	念慮(염:려) 憂慮(우려) 考慮(고려)
烈	세찰 렬	灬(火)	10획	烈火(열화) 熱烈(열렬) 強烈(강렬)
龍	용 룡	龍	16획	臥龍(와:룡) 龍頭蛇尾(용두사미)
柳	버들 류(:)	木	9획	楊柳(양류) 花柳(화류) 柳器(유:기)
輪	바퀴 륜	車	15획	輪番(윤번) 輪轉(윤전) 輪廻(윤회)
離	떠날 리	隹	19획	離別(이:별) 離職(이:직) 分離(분리)
妹	손아랫누이 매	女	8획	妹弟(매제) 妹兄(매형) 男妹(남매)
勉	힘쓸 면(:)	力	9획	勉強(면:강) 勸勉(권:면) 勤勉(근:면)
鳴	울 명	鳥	14획	鳴動(명동) 鷄鳴(계명) 悲鳴(비:명)
模	법 모	木	15획	模寫(모사) 模造(모조) 規模(규모)

4 급수별 배정 한자

한자	訓音(훈음)	部首	획수	기출예문
妙	묘할 묘(:)	女	7획	妙案(묘:안) 妙策(묘:책) 妙味(묘:미)
墓	무덤 묘(:)	土	14획	墓碑(묘:비) 墓域(묘:역) 省墓(성묘)
舞	춤출 무(:)	舛	14획	舞臺(무:대) 舞踊(무:용) 輪舞(윤무)
拍	칠 박	扌(手)	8획	拍手(박수) 拍車(박차) 拍子(박자)
髮	터럭 발	髟	15획	毛髮(모발) 亂髮(난:발) 理髮(이:발)
妨	방해할 방	女	7획	妨害(방해) 無妨(무방)
犯	범할 범(:)	犭	5획	犯行(범:행) 防犯(방범) 侵犯(침범)
範	법 범(:)	竹	15획	範圍(범:위) 範疇(범:주) 示範(시:범)
辯	말잘할 변(:)	辛	21획	辯士(변:사) 達辯(달변) 雄辯(웅변)
普	넓을 보(:)	日	12획	普選(보:선) 普天(보:천) 普遍(보:편)
伏	엎드릴 복	亻(人)	6획	屈伏(굴복) 降伏(항복) 伏線(복선)
複	겹칠 복	衤	14획	複式(복식) 複雜(복잡) 重複(중:복)
否	아닐 부/막힐 비(:)	口	7획	否決(부:결) 否定(부:정) 否色(비:색)
負	짐질 부(:)	貝	9획	負傷(부:상) 勝負(승부) 抱負(포:부)
憤	분할 분	忄(心)	15획	憤怒(분:노) 憤敗(분:패) 憤痛(분:통)
粉	가루 분	米	10획	粉塵(분진) 粉筆(분필) 花粉(화분)
批	비평할 비(:)	扌(手)	7획	批判(비:판) 批准(비:준) 批評(비:평)
秘	숨길 비(:)	禾	10획	秘訣(비:결) 秘竟(비:경) 秘密(비:밀)
碑	비석 비	石	13획	碑面(비면) 碑身(비신) 口碑(구:비)
射	쏠 사	寸	10획	射擊(사격) 射殺(사살) 發射(발사)
私	사사 사	禾	7획	公平無私(공평무사) 公私(공사)
絲	실 사	糸	12획	絲桐(사동) 絲笠(사립) 原絲(원사)
辭	말·말씀 사	辛	19획	辭意(사의) 辭典(사전) 辭職(사직)
散	흩어질 산(:)	攵	12획	散漫(산:만) 散策(산:책) 閑散(한산)
象	코끼리 상	豕	12획	現象(현:상) 象牙塔(상아탑) 對象(대:상)

한자능력검정시험 2급

급수별 배정 한자

한자	訓音(훈음)	部首	획수	기출예문
傷	다칠 상	亻(人)	13획	傷處(상처) 傷害(상해) 損傷(손:상)
宣	베풀 선	宀	9획	宣敎(선교) 宣明(선명) 宣布(선포)
舌	혀 설	舌	6획	舌禍(설화) 毒舌(독설) 辯舌(변:설)
屬	붙을 속/부탁할 촉	尸	21획	屬地(속지) 屬望(촉망) 附屬(부:속)
損	덜 손(:)	扌(手)	13획	損害(손:해) 破損(파:손) 毀損(훼:손)
松	소나무 송	木	8획	松林(송림) 松竹(송죽) 老松(노:송)
頌	기릴 송(:)	頁	13획	頌德(송:덕) 詠頌(영:송) 稱頌(칭송)
秀	빼어날 수	禾	7획	秀麗(수려) 優秀(우수) 特秀(특수)
叔	아재비 숙	又	8획	叔父(숙부) 叔姪(숙질) 堂叔(당숙)
肅	엄숙할 숙	聿	12획	肅然(숙연) 嚴肅(엄숙) 靜肅(정숙)
崇	높을 숭	山	11획	崇高(숭고) 崇佛(숭불) 崇仰(숭앙)
氏	각시 씨/나라 이름 지	氏	4획	氏譜(씨보) 氏族(씨족) 宗氏(종씨)
額	이마 액	頁	18획	額數(액수) 額子(액자) 總額(총:액)
樣	모양 양	木	15획	樣相(양상) 樣姿(양자) 貌樣(모양)
嚴	엄할 엄	口	20획	嚴肅(엄숙) 嚴格(엄격) 峻嚴(준엄)
與	줄 여(:)	臼	14획	與件(여:건) 與否(여:부) 與奪(여:탈)
易	바꿀 역/쉬울 이	日	8획	易理(역리) 平易(평이) // 易行(이행)
域	지경 역	土	11획	域內(역내) 區域(구역) 聖域(성:역)
延	늘일 연	廴	7획	延命(연명) 延長(연장) 延着(연착)
緣	인연 연	糸	15획	緣分(연분) 緣故(연고) 因緣(인연)
鉛	납 연	金	13획	鉛鑛(연광) 鉛毒(연독) 亞鉛(아연)
燃	사를 연	火	16획	燃料(연료) 燃燒(연소) 可燃性(가:연성)
營	경영할 영	火	17획	營造(영조) 經營(경영) 野營(야:영)
迎	맞을 영	辶	8획	迎接(영접) 迎合(영합) 歡迎(환영)
映	비칠 영(:)	日	9획	映窓(영:창) 映像(영상) 反映(반:영)

4 급수별 배정 한자

한자	訓音(훈음)	部首	획수	기출예쿤
豫	미리 예(:)	豕	16획	豫備(예:비) 豫約(예:약) 豫測(예:측)
優	넉넉할 우	亻(人)	17획	優待(우대) 優秀(우수) 優等(우등)
遇	만날 우	辶	13획	不遇(불우) 遭遇(조우) 知遇(지우)
郵	우편 우	阝(邑)	11획	郵送(우송) 郵遞夫(우체부) 郵票(우표)
怨	원망할 원(:)	心	9획	怨溝(원:구) 怨恨(원:한) 宿怨(숙원)
援	도울 원(:)	扌(手)	12획	援助(원:조) 孤立無援(고립무원)
源	근원 원	氵(水)	13획	根源(근원) 起源(기원) 發源(발원)
危	위태할 위	卩	6획	危急(위급) 危殆(위태) 危難(위난)
圍	둘레 위	囗	12획	範圍(범:위) 周圍(주위) 包圍(포:위)
委	맡길 위	女	8획	委任(위임) 委囑(위촉) 委託(위탁)
威	위엄 위	女	9획	威勢(위세) 威嚴(위엄) 威脅(위협)
慰	위로할 위	心	15획	慰勞(위로) 慰問(위문) 安慰(안위)
乳	젖 유	乙	8획	乳菓(유과) 乳母(유모) 乳兒(유아)
遊	놀 유	辶	13획	遊離(유리) 遊說(유세) 遊戱(유희)
遺	남길 유/따를 수	辶	16획	遺物(유물) 遺族(유족) 遺傳(유전)
儒	선비 유	亻(人)	16획	儒生(유생) 儒臣(유신) 儒鄕(유향)
隱	숨을 은	阝(阜)	17획	隱匿(은닉) 隱遁(은둔) 隱退(은퇴)
依	의지할 의	亻(人)	8획	依支(의지) 依託(의탁) 歸依(귀:의)
儀	거동 의	亻(人)	15획	儀式(의식) 禮儀凡節(예의범절)
疑	의심할 의	疋	14획	疑問(의문) 疑惑(의혹) 懷疑(회의)
異	다를 이(:)	田	11획	異常(이:상) 異口同聲(이:구동성)
仁	어질 인	亻(人)	4획	仁政(인정) 仁德(인덕) 仁者無敵(인자무적)
姉	손위누이 자	女	8획	姉兄(자형) 兄弟姉妹(형제자매)
姿	맵시 자(:)	女	9획	姿勢(자:세) 姿質(자:질) 雄姿(웅자)
資	재물 자	貝	13획	資格(자격) 資本(자본) 減資(감:자)

급수별 배정 한자 4

한자	訓音(훈음)	部首	획수	기출예문
殘	남을 잔	歹	12획	殘餘(잔여) 殘忍(잔인) 消殘(소잔)
雜	섞일 잡	隹	18획	雜念(잡념) 雜談(잡담) 亂雜(난:잡)
壯	씩씩할 장(:)	士	7획	壯觀(장:관) 壯士(장:사) 健壯(건:장)
奬	권면할 장(:)	大	14획	勸奬(권:장) 奬學(장:학)
帳	휘장 장	巾	11획	帳簿(장부) 計帳(계장) 記帳(기장)
張	베풀 장	弓	11획	擴張(확장) 張三李四(장삼이사)
腸	창자 장	肉	13획	腸癌(장암) 斷腸(단:장) 盲腸(맹장)
裝	꾸밀 장	衣	13획	裝着(장착) 端裝(단장) 服裝(복장)
底	밑 저(:)	广	8획	底流(저:류) 底意(저:의) 徹底(철저)
積	쌓을 적	禾	16획	積立(적립) 積載(적재) 蓄積(축적)
籍	문서 적	竹	20획	國籍(국적) 黨籍(당적) 戶籍(호:적)
績	길쌈 적	糸	17획	業績(업적) 集積(집적) 治績(치적)
賊	도둑 적	貝	13획	賊地(적지) 賊反荷杖(적반하장)
適	맞을 적	辶	15획	適當(적당) 適切(적절) 適期(적기)
專	오로지 전	寸	11획	專決(전결) 專擔(전담) 專用(전용)
轉	구를·돌릴 전(:)	車	18획	轉流(전:류) 轉移(전:이) 轉送(전:송)
錢	돈 전(:)	金	16획	錢主(전:주) 金錢(금전) 換錢(환:전)
折	꺾을 절	扌(手)	7획	折半(절반) 挫折(좌:절) 骨折(골절)
點	점 점(:)	黑	17획	點心(점:심) ∥ 點火(점화) 短點(단:점)
占	차지할 점	卜	5획	占領(점령) 占用(점용) 占有(점유)
丁	넷째 천간 정	一	2획	丁巳(정사) 丁夜(정야) 壯丁(장:정)
整	가지런할 정(:)	攵	16획	整頓(정:돈) 整備(정:비) 調整(조정)
靜	고요할 정	靑	16획	靜觀(정관) 靜止(정지) 鎭靜(진:정)
帝	임금 제(:)	巾	9획	帝國(제:국) 帝王(제:왕) 帝政(제:정)
條	가지 조	木	11획	條例(조례) 信條(신:조) 約條(약조)

4 급수별 배정 한자

한자	訓音(훈음)	部首	획수	기출예문
組	짤 조	糸	11획	組閣(조각) 組織(조직) 組合(조합)
潮	조수 조	氵(水)	15획	潮流(조류) 潮水(조수) 風潮(풍조)
存	있을 존	子	6획	存廢(존폐) 共存(공:존) 保存(보:존)
從	좇을 종(:)	彳	11획	從兄(종:형) 從事(종사) 追從(추종)
鐘	쇠북 종	金	20획	鐘銘(종명) 警鐘(경:종) 打鐘(타:종)
座	자리 좌(:)	广	10획	座右銘(좌:우명) 座標(좌:표) 座中(좌:중)
周	두루 주	口	8획	周圍(주위) 用意周到(용:의주도)
朱	붉을 주	木	6획	朱色(주색) 朱杖(주장) 印朱(인주)
酒	술 주	酉	10획	酒客(주객) 酒案床(주안상) 酒量(주량)
證	증거 증	言	19획	證券(증권) 證驗(증험) 反證(반:증)
智	슬기 지	日	12획	智德(지덕) 智慧(지혜) 衆智(중:지)
持	가질 지	扌(手)	9획	持論(지론) 持續(지속) 維持(유지)
誌	기록할 지	言	14획	誌齡(지령) 雜誌(잡지) 會誌(회:지)
織	짤 직	糸	18획	織機(직기) 紡織(방직) 組織(조직)
盡	다할 진(:)	皿	14획	盡力(진:력) 盡言(진:언) 盡心(진:심)
珍	보배 진	王	9획	珍貴(진귀) 珍奇(진기) 珍味(진미)
陣	진칠 진	阝(阜)	10획	陣營(진영) 陣容(진용) 陣痛(진통)
差	다를 차	工	10획	差減(차감) 差異(차이) 差別(차별)
讚	기릴 찬(:)	言	26획	讚揚(찬:양) 讚嘆(찬:탄) 稱讚(칭찬)
採	캘 채(:)	扌(手)	11획	採用(채:용) 採錄(채:록) 採擇(채:택)
冊	책 책	冂	5획	冊欌(책장) 別冊(별책) 書冊(서책)
泉	샘 천	水	9획	泉水(천수) 深泉(심:천) 源泉(원천)
聽	들을 청	耳	22획	聽覺(청각) 聽衆(청중) 視聽覺(시:청각)
廳	관청 청	广	25획	廳上(청상) 大廳(대:청) 官廳(관청)
招	부를 초	扌(手)	8획	招來(초래) 招聘(초빙) 招請(초청)

급수별 배정 한자

한자	訓音(훈음)	部首	획수	기출예문
推	옮길 추/밀 퇴	扌(手)	11획	推想(추상) 推仰(추앙) 推測(추측)
縮	오그라들 축	糸	17획	縮圖(축도) 縮約(축약) 收縮(수축)
就	이룰 취(:)	尢	12획	就任(취:임) 就職(취:직) 成就(성취)
趣	달릴 취/재촉할 촉(:)	走	15획	趣味(취:미) 趣向(취:향) 情趣(정취)
層	층 층	尸	15획	層階(층계) 層臺(층대) 單層(단층)
寢	잠잘 침(:)	宀	14획	寢臺(침:대) 寢室(침:실) 寢具(침:구)
針	바늘 침(:)	金	10획	針線(침:선) // 針葉樹(침엽수) 方針(방침)
稱	일컬을 칭	禾	14획	稱號(칭호) 尊稱(존칭) 總稱(총:칭)
彈	탄알 탄(:)	弓	15획	彈琴(탄:금) 彈皮(탄:피) 指彈(지탄)
歎	탄식할 탄(:)	欠	15획	歎辭(탄:사) 歎息(탄:식) 歎願書(탄:원서)
脫	벗을 탈	月(肉)	11획	脫退(탈퇴) 脫皮(탈피) 逸脫(일탈)
探	찾을 탐	扌(手)	11획	探問(탐문) 探訪(탐방) 探索(탐색)
擇	가릴 택	扌(手)	16획	擇人(택인) 擇日(택일) 採擇(채:택)
討	칠 토(:)	言	10획	討議(토:의) // 討滅(토멸) 討伐(토벌)
痛	아플 통(:)	疒	12획	痛快(통:쾌) 痛歎(통:탄) 哀痛(애통)
鬪	싸움 투	鬥	20획	鬪牛(투우) 鬪爭(투쟁) 決鬪(결투)
投	던질 투	扌(手)	7획	投影(투영) 投票(투표) 投合(투합)
派	갈래 파	氵(水)	9획	派遣(파견) 派兵(파병) 分派(분파)
判	판별할 판	刂(刀)	7획	判斷(판단) 判定(판정) 決判(결판)
篇	책 편	竹	15획	長篇(장편) 千篇一律(천편일률)
評	평할 평(:)	言	12획	評說(평:설) 評議(평:의) 評判(평:판)
閉	닫을 폐(:)	門	11획	閉幕(폐:막) 閉鎖(폐:쇄) 開閉(개폐)
胞	태보 포	肉	9획	胞衣(포의) 胞子(포자) 細胞(세:포)
爆	터질 폭/포	火	19획	爆發(폭발) 爆音(폭음) 爆笑(폭소)
標	표할 표	木	15획	標示(표시) 標識(표지) 目標(목표)

급수별 배정 한자 4

한자	訓音(훈음)	部首	획수	기출예문
疲	피곤할 피	疒	10획	疲困(피곤) 疲弊(피폐) 疲勞(피로)
避	피할 피(:)	辶	17획	避亂(피:난) 避身(피:신) 忌避(기피)
恨	한할 한(:)	忄(心)	9획	哀恨(애한) 痛恨(통:한) 悔恨(회:한)
閑	한가할 한	門	12획	閑暇(한가) 閑寂(한적) 閑散(한산)
抗	막을 항(:)	扌(手)	7획	抗告(항:고) 抗命(항:명) 對抗(대:항)
核	씨 핵	木	10획	核武器(핵무기) 實核(실핵) 綜核(종핵)
憲	법 헌(:)	心	16획	憲章(헌:장) 制憲(제:헌) 護憲(호:헌)
險	험할 험(:)	阝(阜)	16획	險惡(험:악) 險峻(험:준) 冒險(모:험)
革	가죽 혁	革	9획	革新(혁신) 革命(혁명) 改革(개:혁)
顯	나타날 현(:)	頁	23획	顯明(현:명) 顯著(현:저) 顯忠(현:충)
刑	형벌 형	刂(刀)	6획	刑罰(형벌) 刑事(형사) 體刑(체형)
好	좋을 호(:)	女	6획	好感(호:감) 好戰的(호:전적) 愛好(애:호)
或	혹 혹	戈	8획	或時(혹시) 或者(혹자) 設或(설혹)
混	섞을 혼(:)	氵(水)	11획	混用(혼:용) 混濁(혼:탁) 混合(혼:합)
婚	혼인할 혼	女	11획	婚禮(혼례) 結婚(결혼) 約婚(약혼)
紅	붉을 홍	糸	9획	紅淚(홍루) 紅絹(홍견) 紫紅色(자:홍색)
華	빛날 화	⺿(艸)	12획	華麗(화려) 華婚(화혼) 精華(정화)
環	고리 환	王	17획	環境(환경) 循環(순환) 環狀(환상)
歡	기뻐할 환	欠	22획	歡談(환담) 歡樂(환락) 歡喜(환희)
況	하물며 황(:)	氵(水)	8획	狀況(상황) 情況(정황) 好況(호:황)
灰	재 회	火	6획	灰分(회분) 灰色(회색) 冷灰(냉:회)
候	철 후(:)	亻(人)	10획	候鳥(후:조) 問候(문:후) 徵候(징후)
厚	두터울 후(:)	厂	9획	厚德(후:덕) 利用厚生(이:용후생)
揮	휘두를 휘	扌(手)	12획	揮帳(휘장) 揮毫(휘호) 發揮(발휘)
喜	기쁠 희	口	12획	喜悲(희비) 喜捨(희사) 喜悅(희열)

급수별 배정 한자

한자	訓音(훈음)	部首	획수	기출예문
架	시렁 가(:)	木	9획	架空(가:공) 架橋(가:교) 架設(가:설)
佳	아름다울 가(:)	亻(人)	8획	佳客(가:객) 佳人薄命(가:인박명) 佳約(가:약)
脚	다리 각	月(肉)	11획	脚光(각광) 脚本(각본) 脚色(각색)
閣	집 각	門	14획	改閣(개:각) 鐘閣(종각) 內閣(내:각)
刊	새길 간	刂(刀)	5획	刊行(간행) 夕刊(석간) 創刊(창:간)
肝	간 간(:)	月(肉)	7획	肝腸(간:장) // 肝要(간요) 九曲肝腸(구곡간장)
幹	줄기 간	干	13획	幹部(간부) 幹事(간사) 根幹(근간)
懇	간절할 간(:)	心	17획	懇曲(간:곡) 懇求(간:구) 懇切(간:절)
鑑	거울 감	金	22획	鑑別(감별) 鑑賞(감상) 鑑定(감정)
鋼	강철 강	金	16획	鋼管(강관) 鋼板(강판) 鋼鐵(강철)
剛	굳셀 강	刂(刀)	10획	剛健(강건) 剛斷(강단) 剛直(강직)
綱	벼리 강	糹	14획	綱領(강령) 紀綱(기강) 要綱(요:강)
介	끼일 개(:)	人	4획	介入(개:입) 紹介(소개) 媒介(매개)
槪	대개 개(:)	木	15획	槪觀(개:관) 槪念(개:념) 槪論(개:론)
蓋	덮을 개(:)	艹(艸)	14획	蓋世(개:세) 蓋然(개:연) 大蓋(대:개)
距	떨어질 거(:)	足	12획	距躍(거:약) 距離(거:리) 短距離(단:거리)
乾	하늘 건	乙	11획	乾畓(건답) 乾燥(건조) 乾草(건초)
劍	칼 검(:)	刂(刀)	15획	劍客(검:객) 劍術(검:술) 劍舞(검:무)
隔	사이뜰 격	阝(阜)	13획	隔年(격년) 隔離(격리) 隔世(격세)
訣	헤어질 결	言	11획	訣別(결별) 秘訣(비:결)
兼	겸할 겸	八	10획	兼用(겸용) 才德兼備(재덕겸비) 兼任(겸임)
謙	겸손할 겸	言	17획	謙讓(겸양) 謙虛(겸허) 謙辭(겸사)
硬	굳을 경	石	12획	硬度(경도) 硬直(경직) 硬化(경화)
耕	밭갈 경	耒	10획	耕作(경작) 晝耕夜讀(주경야독) 農耕(농경)
頃	이랑 경	頁	11획	頃刻(경각) 頃田(경전) 頃日(경일)

3급 II 급수별 배정 한자

한자	訓音(훈음)	部首	획수	기출예문
徑	지름길·길 경	彳	10획	徑道(경도) 徑路(경로) 直徑(직경)
桂	계수나무 계(:)	木	10획	桂林(계:림) 桂皮(계:피) // 月桂冠(월계관)
契	맺을 계	大	9획	契機(계기) 契約(계약) 金蘭之契(금란지계)
啓	열 계(:)	口	11획	啓告(계:고) 啓發(계:발) 啓蒙(계:몽)
械	형틀 계	木	11획	械器(계기) 機械(기계) 器械(기계)
溪	시내 계	氵(水)	13획	溪谷(계곡) 溪流(계류) 碧溪(벽계)
姑	시어머니 고	女	8획	姑婦(고부) 姑息之計(고식지계) 姑母(고모)
鼓	북 고	鼓	13획	鼓動(고동) 鼓舞(고무) 鼓手(고수)
稿	볏짚 고(:)	禾	15획	稿料(고:료) 原稿(원고) 脫稿(탈고)
谷	골 곡	谷	7획	谷風(곡풍) 幽谷(유곡) 溪谷(계곡)
哭	울 곡	口	10획	哭聲(곡성) 哭泣(곡읍) 大聲痛哭(대:성통곡)
供	이바지할 공(:)	亻(人)	8획	供給(공:급) 供物(공:물) 供養(공:양)
恭	공손할 공	忄(心)	10획	恭敬(공경) 恭遜(공손) 恭待(공대)
貢	바칠 공(:)	貝	10획	貢納(공:납) 貢物(공:물) 貢獻(공:헌)
恐	두려울 공(:)	心	10획	恐怖(공:포) 恐慌(공:황) 可恐(가:공)
誇	자랑할 과(:)	言	13획	誇大(과:대) 誇示(과:시) 誇張(과:장)
寡	적을 과(:)	宀	14획	衆寡不敵(중과부적) 寡默(과:묵) 寡婦(과:부)
冠	갓 관	冖	9획	冠帶(관대) 冠禮(관례) 冠婚(관혼)
貫	꿸 관(:)	貝	11획	貫珠(관:주) // 貫徹(관철) 貫通(관통)
寬	너그러울 관	宀	15획	寬大(관대) 寬待(관대) 寬容(관용)
慣	버릇 관	忄(心)	14획	慣例(관례) 慣用語(관용어) 慣行(관행)
館	객사 관	食	17획	館舍(관사) 館員(관원) 別館(별관)
狂	미칠 광	犭(犬)	7획	狂氣(광기) 狂亂(광란) 狂奔(광분)
怪	괴이할 괴(:)	忄(心)	8획	怪奇(괴:기) 怪談(괴:담) // 怪異(괴이)
壞	무너질 괴(:)	土	19획	壞滅(괴:멸) 崩壞(붕괴) 破壞(파:괴)

급수별 배정 한자

한자	訓音(훈음)	部首	획수	기출예문
巧	공교할 교	工	5획	巧言令色(교언영색) 技巧(기교) 精巧(정교)
較	견줄 교	車	13획	較著(교저) 比較(비:교) 年較差(연교차)
丘	언덕 구	一	5획	丘陵(구릉) 丘墓(구묘) 丘山(구산)
久	오랠 구(:)	丿	3획	久遠(구:원) 耐久性(내:구성) 永久(영:구)
拘	잡을 구	扌(手)	8획	拘禁(구금) 拘束(구속) 拘引(구인)
菊	국화 국	⺿(艸)	12획	梅蘭菊竹(매란국죽) 菊花(국화)
弓	활 궁	弓	3획	弓手(궁수) 弓術(궁술) 洋弓(양궁)
拳	주먹 권(:)	手	10획	拳鬪(권:투) 拳銃(권:총) 空拳(공권)
菌	버섯 균	⺿(艸)	12획	菌根(균근) 菌絲(균사) 殺菌(살균)
鬼	귀신 귀(:)	鬼	10획	鬼神(귀:신) 鬼才(귀:재) 雜鬼(잡귀)
克	이길 극	儿	7획	克己(극기) 克己復禮(극기복례) 克服(극복)
禽	날짐승 금	禸	13획	禽獸(금수) 禽鳥(금조) 家禽(가금)
琴	거문고 금	王(玉)	12획	琴道(금도) 對牛彈琴(대:우탄금) 心琴(심금)
錦	비단 금(:)	金	16획	錦上添花(금:상첨화) 錦衣還鄉(금:의환향)
及	미칠 급	又	4획	及其也(급기야) 及第(급제) 言及(언급)
企	꾀할 기	人	6획	企待(기대) 企業(기업) 企劃(기획)
其	그 기	八	8획	不知其數(부지기수) 其間(기간) 其他(기타)
騎	말탈 기	馬	18획	騎士(기사) 騎手(기수) 騎虎之勢(기호지세)
祈	빌 기	示	9획	祈年(기년) 祈雨祭(기우제) 祈願(기원)
畿	경기 기	田	15획	畿內(기내) 京畿(경기) 近畿(근:기)
緊	긴할 긴	糸	14획	緊急(긴급) 緊密(긴밀) 緊迫(긴박)
諾	허락할 낙	言	16획	受諾(수락) 承諾(승낙) 許諾(허락)
娘	소녀 낭	女	10획	娘細胞(낭세포) 娘子(낭자) 娘子軍(낭자군)
耐	견딜 내(:)	而	9획	耐久力(내:구력) 堪耐(감내) 忍耐(인내)
寧	편안 녕	宀	14획	壽福康寧(수복강녕) 安寧(안녕) 丁寧(정녕)

3 II 급수별 배정 한자

한자	訓音(훈음)	部首	획수	기출예문
奴	종 노	女	5획	奴婢(노비) 奴役(노역) 官奴(관노)
腦	골 뇌	月(肉)	14획	腦裏(뇌리) 腦貧血(뇌빈혈) 首腦(수뇌)
泥	진흙 니	氵(水)	8획	泥丘(이구) 泥醉(이취) 泥土(이토)
茶	차 다(차)	艹(艸)	10획	茶菓(다과) 茶食(다식) 茶園(다원)
丹	붉을 단	丶	4획	丹田(단전) 丹靑(단청) 一片丹心(일편단심)
旦	아침 단	日	5획	元旦(원단) 早旦(조:단) 明旦(명단)
但	다만 단(:)	亻(人)	7획	但書(단 서) 但只(근:지) 非但(비:단)
淡	싱거울 담	氵(水)	11획	淡淡(담담) 淡白(담백) 淸淡(청담)
踏	밟을 답	足	15획	踏步(답보) 踏査(답사) 踏襲(답습)
唐	당나라·당황할 당	口	15획	唐突(당돌) 唐時(당시) 荒唐(황당)
糖	사탕 당	米	16획	糖尿(당뇨) 糖類(당류) 果糖(과:당)
臺	대 대	至	14획	臺詞(대사) 臺帳(대장) 鏡臺(경:대)
貸	빌릴 대(:)	貝	12획	貸金(대:금) 貸付(대:부) 賃貸(임:대)
渡	건널 도	氵(水)	12획	渡來(도래) 讓渡(양:도) 過渡(과:도)
刀	칼 도	刀	2획	果刀(과:도) 軍刀(군도) 單刀直入(단도직입)
途	길 도(:)	辶	11획	方途(방도) 別途(별:도) 途中(도:중)
倒	넘어질 도(:)	亻(人)	10획	到産(도:산) 倒錯(도:착) 打倒(타:도)
陶	질그릇도, 따를 요	阝(阜)	11획	陶器(도기) 陶醉(도취) 陶陶(요요)
桃	복숭아나무 도	木	10획	武陵桃源(무:릉도원) 桃花(도화) 黃桃(황도)
突	부딪칠 돌	穴	9획	突擊(돌격) 突發(돌발) 突破(돌파)
凍	얼 동(:)	冫	10획	凍結(동:결) 凍氷寒雪(동:빙한설) 凍傷(동:상)
絡	두를 락	糸	12획	經絡(경락) 脈絡(맥락) 連絡(연락)
欄	난간 란	木	21획	欄干(난간) 欄邊(난변) 空欄(공란)
蘭	난초 란	艹(艸)	21획	蘭香(난향) 蘭草(난초) 金蘭之交(금란지교)
浪	물결 랑(:)	氵(水)	10획	激浪(격랑) 風浪(풍랑) 浪費(낭:비)

3급수별 배정 한자

한자	訓音(훈음)	部首	획수	기출예문
郎	사내 랑	阝(邑)	10획	郎君(낭군) 郎子(낭자) 新郎(신랑)
廊	복도 랑	广	10획	廊下(낭하) 畵廊(화:랑) 回廊(회랑)
梁	들보·돌다리 량	木	11획	梁上君子(양상군자) 棟梁材(동량재) 橋梁(교량)
凉	서늘할 량	冫	10획	納凉(납량) 炎凉(염량) 淸凉(청량)
勵	힘쓸 려(:)	力	17획	激勵(격려) 督勵(독려) 奬勵(장:려)
曆	책력 력	日	16획	曆法(역법) 曆學(역학) 太陽曆(태양력)
戀	사모할 련(:)	心	23획	戀慕(연:모) 戀情(연:정) 悲戀(비:련)
鍊	불릴 련	金	17획	鍊磨(연마) 洗鍊(세:련) 修鍊(수련)
蓮	연꽃 련	艹(艸)	15획	蓮莖(연경) 蓮根(연근) 木蓮(목련)
聯	잇달 련	耳	17획	聯盟(연맹) 聯邦(연방) 聯想(연상)
裂	찢어질 렬	衣	12획	裂傷(열상) 決裂(결렬) 分裂(분열)
嶺	재 령	山	17획	嶺上(영상) 竹嶺(죽령) 大關嶺(대:관령)
靈	신령 령	雨	24획	靈物(영물) 靈長(영장) 靈魂(영혼)
露	이슬 로	雨	20획	露骨(노골) 露宿(노숙) 露天(노천)
爐	화로 로	火	20획	煖爐(난:로) 風爐(풍로) 火爐(화:로)
祿	녹 록	示	13획	祿米(녹미) 祿俸(녹봉) 福祿(복록)
弄	희롱할 롱(:)	廾	7획	弄奸(농:간) 吟風弄月(음풍농월) 戱弄(희롱)
雷	우레 뢰	雨	13획	雷管(뇌관) 落雷(낙뢰) 附和雷同(부:화뇌동)
賴	힘입을 뢰	貝	16획	無賴漢(무뢰한) 信賴(신:뢰) 依賴(의뢰)
樓	다락 루	木	8획	樓閣(누각) 樓上(누상) 望樓(망:루)
累	포갤 루(:)	糸	11획	累加(누:가) 累計(누:계) 累卵之勢(누:란지세)
漏	샐 루(:)	氵(水)	14획	漏落(누:락) 漏水(누:수) 漏出(누:출)
倫	인륜 륜	亻(人)	6획	倫理(윤리) 五倫(오:륜) 人倫(인:륜)
栗	밤나무 률	木	10획	栗烈(율렬) 戰栗(전율) 生栗(생률)
率	거느릴솔/비율률(율)	玄	11획	率軍(솔군) 率先(솔선) 能率(능률)

3 II 급수별 배정 한자

한자	訓音(훈음)	部首	획수	기출예문
隆	클 륭	阝(阜)	12획	隆起(융기) 隆盛(융성) 隆崇(융숭)
陵	큰 언덕 릉	阝(阜)	11획	陵墓(능묘) 陵碑(능비) 陵辱(능욕)
吏	벼슬아치 리(:)	口	6획	吏讀(이:두) 吏屬(이:속) 官吏(관리)
履	신 리(:)	尸	15획	履歷(이:력) 履修(이:수) 履氷(이:빙)
裏	속 리(:)	衣	13획	裏面(이:면) 裏書(이:서) 腦裏(뇌리)
臨	임할 림	臣	17획	臨機應變(임기응변) 臨戰無退(임전무퇴)
磨	갈 마	石	16획	磨滅(마멸) 磨耗(마모) 硏磨(연:마)
麻	삼 마(:)	麻	11획	麻雀(마 작) // 麻藥(마약) 麻布(마포)
漠	사막 막	氵(水)	14획	漠漠(막막) 漠然(막연) 沙漠(사막)
莫	없을 막	⺾(艸)	11획	莫論(막론) 莫上莫下(막상막하) 莫大(막대)
幕	장막 막	巾	14획	幕舍(막사) 帳幕(장막) 開幕(개막)
晩	늦을 만(:)	日	11획	晩年(만:년) 大器晩成(대:기만성) 晩學(만:학)
妄	망녕될 망(:)	女	6획	妄念(망:념) 妄發(망:발) 妄想(망:상)
梅	매화나무 매	木	11획	梅實(매실) 梅花(매화) 梅香(매향)
媒	중매 매	女	12획	媒介(매개) 媒婆(매파) 溶媒(용매)
麥	보리 맥	麥	11획	麥嶺(맥령) 麥飯(맥반) 麥酒(맥주)
孟	맏 맹(:)	子	8획	孟浪(맹:랑) 孟母斷機(맹:모단기) 孟夏(맹:하)
盟	맹세할 맹	皿	13획	盟邦(맹방) 同盟(동맹) 聯盟(연맹)
猛	사나울 맹(:)	犭(犬)	11획	猛烈(맹:렬) 猛獸(맹:수) 猛威(맹:위)
盲	소경 맹	目	8획	盲目的(맹목적) 盲信(맹신) 盲從(맹종)
免	면할 면(:)	儿	7획	免稅(면:세) 免疫(면:역) 免罪(면:죄)
綿	솜 면	糸	14획	綿密(면밀) 綿絲(면사) 綿織物(면직물)
眠	잠잘 면	目	10획	眠食(면식) 冬眠(동:면) 熟眠(숙면)
滅	멸망할 멸	氵(水)	13획	滅族(멸족) 滅種(멸종) 滅亡(멸망)
銘	새길 명	金	10획	銘心(명심) 感銘(감:명) 碑銘(비명)

한자	訓音(훈음)	部首	획수	기출예문
慕	그리워할 모(:)	小(心)	15획	追慕(추모) 思慕(사모) 戀慕(연:모)
謀	꾀 모	言	16획	謀略(모략) 謀事(모사) 謀陷(모함)
貌	얼굴 모	豸	14획	貌樣(모양) 面貌(면:모) 容貌(용모)
睦	화목할 목	目	13획	親睦(친목) 和睦(화목)
沒	가라앉을 몰	氵(水)	7획	沒頭(몰두) 沒落(몰락) 沒入(몰입)
夢	꿈 몽	夕	14획	夢想(몽상) 夢遊病(몽유병) 夢幻(몽환)
蒙	어두울 몽	⺿(艸)	14획	蒙古(몽고) 蒙利(몽리) 啓蒙(계:몽)
茂	우거질 무(:)	⺿(艸)	9획	茂林(무:림) 茂盛(무:성) 茂蔭(무:음)
貿	바꿀 무(:)	貝	12획	貿易(무:역) 貿易風(무:역풍) 貿易商(무:역상)
墨	먹 묵	土	15획	墨香(묵향) 墨畫(묵화) 淡墨(담:묵)
默	묵묵할 묵	黑	16획	默默不答(묵묵부답) 默過(묵과) 默念(묵념)
紋	무늬 문	糸	10획	紋樣(문양) 紋片(문편) 指紋(지문)
勿	말 물	勹	4획	勿驚(물경) 勿論(물론) 四勿(사:물)
尾	꼬리 미	尸	7획	尾生之信(미생지신) 尾行(미행) 語尾(어:미)
微	작을 미	彳	13획	微動(미동) 微妙(미묘) 微力(미력)
薄	엷을 박	⺿(艸)	17획	薄福(박복) 薄情(박정) 刻薄(각박)
迫	닥칠 박	辶	9획	迫力(박력) 迫不得已(박부득이) 迫害(박해)
般	돌 반	舟	10획	般若(반야) 全般(전반) 一般(일반)
飯	밥 반	食	13획	飯床器(반상기) 茶飯(다반) 素飯(소:반)
盤	소반 반	皿	15획	盤石(반석) 鍵盤(건:반) 銀盤(은반)
拔	뽑을 발	扌(手)	8획	拔群(발군) 拔本塞源(발본색원) 選拔(선:발)
芳	꽃다울 방	⺿(艸)	8획	芳年(방년) 芳名(방명) 芳香(방향)
輩	무리 배(:)	車	15획	輩出(배:출) 同輩(동배) 後輩(후:배)
排	밀칠 배	扌(手)	11획	排擊(배격) 排氣(배기) 排置(배치)
培	북돋울 배(:)	土	11획	培養(배:양) 培植(배:식) 栽培(재:배)

3 급수별 배정 한자

한자	訓音(훈음)	部首	획수	기출예문
伯	맏 백	亻(人)	7획	伯叔(백숙) 伯仲(백중) 伯仲之勢(백중지세)
繁	많을 번	糸	17획	繁盛(번성) 繁榮(번영) 繁昌(번창)
凡	무릇 범(:)	几	3획	凡例(범:례) 凡事(범:사) // 凡節(범절)
碧	푸를 벽	石	14획	碧溪水(벽계수) 碧空(벽공) 碧梧桐(벽오동)
丙	셋째 천간 병	一	5획	丙方(병방) 丙夜(병야) 丙子(병자)
補	기울 보( )	衤(衣)	12획	補缺(보:결) 補給(보:급) 補償(보:상)
譜	적을 보(:)	言	19획	譜牒(보:첩) 系譜(계보) 樂譜(악보)
腹	배 복	月(肉)	13획	腹膜(복막) 腹式呼吸(복식호흡) 腹中(복중)
峯	산봉우리 봉	山	10획	峯頭(봉두) 峯勢(봉세) 最高峯(최고봉)
封	봉할 봉	寸	9획	封建(봉건) 封鎖(봉쇄) 封印(봉인)
逢	만날 봉(:)	辶	11획	逢變(봉변) 逢着(봉착) 相逢(상봉)
鳳	새 봉(:)	鳥	14획	鳳德(봉:덕) 鳳枕(봉:침) 鳳凰(봉:황)
扶	도울 부	扌(手)	7획	扶養(부양) 扶助(부조) 相扶(상부)
浮	뜰 부	氵(水)	10획	浮動(부동) 浮浪(부랑) 浮力(부력)
簿	장부 부(:)	竹	19획	簿記(부:기) 名簿(명부) 出席簿(출석부)
付	부칠 부(:)	人	5획	付着(부:착) 付託(부:탁) 納付(납부)
符	부신 부(:)	竹	11획	符籍(부:적) 符號(부:호) // 符同(부동)
附	붙을 부(:)	阝(阜)	8획	附設(부:설) 附隨(부:수) // 附加(부가)
賦	줄 부(:)	貝	14획	賦課(부:과) 賦役(부:역) // 割賦(할부)
腐	썩을 부(:)	月(肉)	14획	腐木(부:목) 腐蝕(부:식) 腐敗(부:패)
覆	덮을 부/엎어질 복	襾	18획	覆載(부재) 覆面(복면) 覆蓋(복개)
奔	달릴 분	大	9획	奔放(분방) 奔走(분주) 奔散(분산)
奮	떨칠 분(:)	大	16획	奮起(분:기) 奮發(분:발) // 激奮(격분)
紛	어지러울 분	糸	10획	紛糾(분규) 紛雜(분잡) 紛爭(분쟁)
拂	털 불	扌(手)	8획	拂逆(불역) 拂入(불입) 完拂(완불)

급수별 배정 한자

한자	訓音(훈음)	部首	획수	기출예문
婢	계집종 비	女	11획	婢僕(비복)　侍婢(시비)　奴婢(노비)
卑	낮을 비(:)	十	8획	卑怯(비:겁)　卑屈(비:굴)　卑劣(비:열)
肥	살찔 비	月(肉)	8획	肥大(비대)　肥肉(비육)　天高馬肥(천고마비)
妃	왕비 비	女	6획	妃嬪(비빈)　大妃(대:비)　王妃(왕비)
邪	간사할 사/어조사 야	阝(邑)	7획	邪見(사견)　邪心(사심)　其正色邪(기정색야)
蛇	긴뱀 사	虫	11획	蛇足(사족)　蛇行(사행)　毒蛇(독사)
詞	말·글 사	言	12획	歌詞(가사)　臺詞(대사)　品詞(품:사)
司	맡을 사	口	5획	司令(사령)　司會(사회)　司法府(사법부)
沙	모래 사	氵(水)	7획	沙門(사문)　沙上樓閣(사상누각)　沙器(사기)
斜	비낄 사	斗	11획	斜面(사면)　斜線(사선)　斜陽(사양)
祀	제사 사	示	8획	祭祀(제:사)　告祀(고:사)
削	깎을 삭	刂(刀)	9획	削減(삭감)　削髮(삭발)　削除(삭제)
森	나무빽빽할 삼	木	12획	森羅萬象(삼라만상)　森林(삼림)　森嚴(삼엄)
償	갚을 상	亻(人)	17획	償金(상금)　償還(상환)　辨償(변:상)
像	꼴 상	亻(人)	14획	假像(가:상)　群像(군상)　想像(상:상)
桑	뽕나무 상	木	10획	桑田(상전)　桑田碧海(상전벽해)　扶桑(부상)
尙	오히려 상(:)	小	8획	尙古(상:고)　尙武(상:무) // 尙宮(상궁)
霜	서리 상	雨	17획	霜降(상강)　霜露(상로)　雪上加霜(설상가상)
喪	죽을 상(:)	口	12획	喪妻(상:처) // 喪禮(상례)　喪心(상심)
詳	자세할 상(:)	言	13획	詳論(상론)　詳細(상세)　詳述(상술)
裳	치마 상	衣	14획	衣裳(의상)　紅裳(홍상)
塞	막을 색/변방 새	土	13획	塞源(색원)　塞翁之馬(새옹지마)　要塞(요새)
索	찾을 색/새끼줄 삭	糸	10획	索莫(삭막)　索引(색인)　摸索(모색)
署	관청 서(:)	罒	8획	署理(서:리)　署名(서:명)　官署(관서)
緖	실마리 서(:)	糸	15획	緖論(서:론)　端緖(단서)　頭緖(두서)

3ⅠⅠ 급수별 배정 한자

한자	訓音(훈음)	部首	획수	기출예문
恕	용서할 서(:)	心	10획	恕免(서:면) 寬恕(관서) 容恕(용서)
徐	천천할 서(:)	彳	10획	徐行(서:행) 緩徐(완:서)
惜	아낄 석	忄(心)	11획	惜別(석별) 惜敗(석패) 哀惜(애석)
釋	풀 석	釆	20획	註釋(주석) 釋放(석방) 手不釋卷(수불석권)
旋	돌 선	方	11획	旋風(선풍) 旋回(선회) 回旋(회선)
禪	선 선	示	17획	禪道(선도) 禪房(선방) 禪宗(선종)
燒	사를 소(:)	火	16획	燒紙(소 지) // 燒却(소각) 燒滅(소멸)
疏	트일 소	疋	12획	疏通(소통) 疏忽(소홀) 疏遠(소원)
蘇	깨어날 소	艹(艸)	20획	蘇復(소복) 蘇生(소생) 蘇鐵(소철)
訴	송사할 소	言	12획	訴狀(소장) 公訴(공소) 呼訴(호소)
訟	송사할 송(:)	言	11획	訟事(송:사) 訟廷(송:정) 訴訟(소송)
鎖	쇠사슬 쇄(:)	金	18획	鎖骨(쇄:골) 封鎖(봉쇄) 連鎖(연쇄)
刷	닦을 쇄( )	刂(刀)	8획	刷新(쇄:신) 印刷(인쇄) 增刷(증쇄)
衰	쇠할 쇠	衣	10획	衰骨(쇠골) 衰亡(쇠망) 衰殘(쇠잔)
愁	근심 수	心	13획	愁眉(수미) 愁心(수심) 憂愁(우수)
殊	다를 수	歹	10획	殊功(수공) 殊常(수상) 殊品(수품)
隨	따를 수	阝(阜)	16획	隨伴(수반) 隨想(수상) 隨時(수시)
垂	드리울 수	土	8획	垂楊(수양) 垂直線(수직선) 垂訓(수훈)
壽	목숨 수	土	14획	壽具(수구) 壽命(수명) 壽福康寧(수복강녕)
輸	보낼 수	車	16획	輸出(수출) 輸血(수혈) 運輸(운:수)
需	구할 수	雨	14획	需給(수급) 軍需(군수) 內需(내:수)
帥	장수 수	巾	9획	元帥(원수) 將帥(장수) 總帥(총:수)
獸	짐승 수	犬	19획	獸性(수성) 怪獸(괴:수) 猛獸(맹:수)
淑	맑을 숙	氵(水)	11획	淑女(숙녀) 私淑(사숙) 貞淑(정숙)
熟	익을 숙	灬(火)	15획	熟考(숙고) 熟練(숙련) 熟成(숙성)

한자	訓音(훈음)	部首	획수	기출예문
瞬	눈깜짝일 순	目	17획	瞬間(순간) 一瞬(일순) 瞬息間(순식간)
巡	돌·순행할 순	辶	7획	巡訪(순방) 巡察(순찰) 巡航(순항)
旬	열흘 순	日	6획	旬報(순보) 旬葬(순장) 上旬(상:순)
述	말할 술	辶	9획	述懷(술회) 論述(논술) 敍述(서:술)
拾	주울 습/열 십	扌(手)	9획	拾得(습득) 收拾(수습) 拾萬(십만)
襲	엄습할 습	衣	22획	襲擊(습격) 攻襲(공:습) 踏襲(답습)
濕	축축할 습	氵(水)	17획	濕氣(습기) 濕度(습도) 濕地(습지)
昇	오를 승	日	8획	昇降(승강) 昇格(승격) 昇華(승화)
僧	중 승	亻(人)	14획	僧侶(승려) 僧堂(승당) 僧舞(승무)
乘	탈 승	丿	10획	加減乘除(가감승제) 乘務員(승무원)
侍	모실 시(:)	亻(人)	8획	侍女(시:녀) 侍醫(시:의) 侍從(시:종)
飾	꾸밀 식	食	14획	虛禮虛飾(허례허식) 服飾(복식)
愼	삼갈 신(:)	忄(心)	13획	愼慮(신:려) 愼言(신:언) 愼重(신:중)
審	살필 심	宀	15획	審理(심리) 審問(심문) 審査(심사)
甚	심할 심(:)	甘	9획	甚難(심:난) 甚至於(심:지어) // 極甚(극심)
雙	쌍 쌍	隹	18획	雙曲線(쌍곡선) 雙方(쌍방) 無雙(무쌍)
我	나 아(:)	戈	7획	我軍(아:군) 我執(아:집) 無我之境(무아지경)
雅	맑을 아(:)	隹	12획	雅量(아:량) 雅樂(아:악) 溫雅(온아)
亞	버금 아(:)	二	8획	亞流(아:류) 亞熱帶(아:열대) // 亞洲(아주)
芽	싹 아	艹(艸)	8획	芽生(아생) 麥芽(맥아) 發芽(발아)
牙	어금니 아	牙	4획	牙城(아성) 牙箏(아쟁) 齒牙(치아)
阿	언덕 아	阝(阜)	8획	阿附(아부) 阿片(아편) 曲學阿世(곡학아세)
顔	얼굴 안(:)	頁	18획	顔面(안:면) 顔面不知(안:면부지) 顔色(안:색)
岸	언덕 안(:)	山	8획	岸曲(안:곡) 岸壁(안:벽) 沿岸(연안)
巖	바위 암	山	23획	巖盤水(암반수) 巖壁(암벽) 巖穴之士(암혈지사)

급수별 배정 한자 3II

한자	訓音(훈음)	部首	획수	기출예문
央	가운데 앙	大	6획	中央(중앙) 中央統制(중앙통제)
仰	우러를 앙(:)	亻(人)	6획	仰角(앙각) 仰望不及(앙:망불급) 信仰(신:앙)
哀	슬퍼할 애	口	9획	哀慕(애모) 哀惜(애석) 哀願(애원)
若	같을 약/반야 야	艹(艸)	19획	若干(약간) 若年(약년) 萬若(만:약)
揚	날릴 양	扌(手)	12획	揚名(양명) 激揚(격양) 高揚(고양)
讓	사양할 양(:)	言	24획	讓渡(양:도) 讓步(양:보) ∥ 辭讓(사양)
壤	흙 양(:)	土	20획	壤土(양토) 土壤(토양)
御	모실 어(:)	彳	11획	御命(어:명) 御史(어:사) 制御(제:어)
抑	누를 억	扌(手)	7획	抑留(억류) 抑何心情(억하심정) 抑壓(억압)
憶	생각할 억	忄(心)	16획	憶念(억념) 記憶(기억) 追憶(추억)
亦	또 역	亠	6획	亦是(역시) 亦然(역연)
譯	번역할 역	言	20획	譯書(역서) 譯者(역자) 通譯(통역)
役	부릴 역	彳	7획	役軍(역군) 役事(역사) 役割(역할)
驛	역말 역	馬	23획	驛路(역로) 驛馬(역마) 驛使(역사)
疫	염병 역	疒	9획	疫痢(역리) 疫病(역병) 檢疫(검:역)
沿	따를 연(:)	氵(水)	8획	沿革(연:혁) ∥ 沿岸(연안) 沿海(연해)
軟	연할 연(:)	車	11획	軟骨(연:골) 軟性(연:성) 軟弱(연:약)
宴	잔치 연(:)	宀	10획	宴禮(연:례) 宴席(연:석) 宴會(연:회)
燕	제비 연(:)	灬(火)	16획	燕雀(연:작) 燕尾服(연:미복)
悅	기쁠 열	忄(心)	10획	悅樂(열락) 悟悅(오:열) 喜悅(희열)
染	물들일 염(:)	木	9획	染料(염:료) 染色(염:색) 感染(감:염)
炎	불꽃 염	火	8획	炎凉(염량) 炎署(염서) 炎症(염증)
鹽	소금 염	鹵	24획	鹽基(염기) 鹽分(염분) 鹽田(염전)
影	그림자 영(:)	彡	15획	影像(영:상) 影響(영:향) 陰影(음영)
譽	기릴 예(:)	言	21획	譽聲(예:성) 譽言(예:언) 名譽(명예)

3급수별 배정 한자

한자	訓音(훈음)	部首	획수	기출예문
烏	까마귀 오	灬(火)	10획	烏飛梨落(오비이락) 烏竹(오죽) 烏合之卒(오합지졸)
悟	깨달을 오(:)	忄(心)	10획	悟道(오:도) 悟性(오:성) 悟悅(오:열)
獄	우리 옥	犭(犬)	14획	獄苦(옥고) 獄事(옥사) 投獄(투옥)
瓦	기와 와(:)	瓦	5획	瓦屋(와:옥) 瓦雀(와:작) 瓦解(와:해)
緩	느릴 완(:)	糸	15획	緩曲(완:곡) 緩急(완:급) 緩慢(완:만)
辱	욕될 욕	辰	10획	辱說(욕설) 困辱(곤:욕) 屈辱(굴욕)
慾	욕심 욕	心	15획	過慾(과:욕) 食慾(식욕) 貪慾(탐욕)
羽	깃 우(:)	羽	6획	羽毛(우:모) 羽衣(우:의) 羽翼(우:익)
欲	하고자할 욕	欠	11획	欲求(욕구) 欲望(욕망) 欲心(욕심)
憂	근심 우	心	15획	憂苦(우고) 憂慮(우려) 憂愁(우수)
愚	어리석을 우	心	13획	愚見(우견) 愚公移山(우공이산) 愚鈍(우둔)
宇	집 우(:)	宀	6획	宇內(우:내) 宇宙(우:주) 氣宇(기우)
偶	짝 우(:)	亻(人)	11획	偶發(우:발) 偶像(우:상) // 偶然(우연)
韻	음운 운(:)	音	19획	韻文(운:문) 韻律(운:율) 韻致(운:치)
越	넘을 월	走	12획	越冬(월동) 越等(월등) 吳越同舟(오월동주)
僞	거짓 위	亻(人)	14획	僞計(위계) 僞善(위선) 僞裝(위장)
胃	밥통 위	月(肉)	9획	胃酸(위산) 胃液(위액) 胃臟(위장)
謂	이를 위	言	16획	可謂(가:위) 所謂(소:위) 云謂(운위)
幽	그윽할 유	幺	9획	幽谷(유곡) 幽靈(유령) 幽宅(유택)
誘	꾈 유	言	14획	誘發(유발) 誘引(유인) 誘致(유치)
裕	넉넉할 유(:)	衤(衣)	12획	裕福(유:복) 富裕(부:유) 餘裕(여유)
悠	멀 유	心	11획	悠久(유구) 悠然(유연) 悠悠自適(유유자적)
維	벼리 유	糸	14획	維新(유신) 維持(유지)
柔	부드러울 유	木	9획	柔道(유도) 柔順(유순) 柔弱(유약)
幼	어릴 유	幺	5획	幼年(유년) 幼兒(유아) 幼稚(유치)

3 급수별 배정 한자

한자	訓音(훈음)	部首	획수	기출예문
猶	오히려 유	犭(犬)	12획	猶孫(유손) 猶豫(유예) 猶太敎(유태교)
潤	윤택할 윤(:)	氵(水)	12획	潤氣(윤:기) 潤澤(윤:택) 利潤(이:윤)
乙	새 을	乙	1획	乙科(을과) 乙方(을방) 乙夜(을야)
淫	음란할 음	氵(水)	11획	淫談悖說(음담패설) 淫亂(음란)
已	이미 이(:)	已	3획	已甚(이:심) 已往(이:왕) 已知(이:지)
翼	날개 익	羽	17획	左翼(좌익) 羽翼(우:익) // 鳥翼(조익)
忍	참을 인	心	7획	忍苦(인고) 忍耐(인내) 忍辱(인욕)
逸	편안할 일	辶	12획	逸居(일거) 逸群(일군) 逸脫(일탈)
壬	북방 임(:)	士	4획	壬方(임:방) 壬寅(임:인) 壬午軍亂(임:오군란)
賃	품팔이할 임(:)	貝	13획	賃金(임:금) 賃貸(임:대) 運賃(운:임)
慈	사랑 자	心	13획	慈堂(자당) 慈悲(자:비) 慈善(자선)
紫	자주빛 자(:)	糸	11획	紫色(자:색) 紫水晶(자:수정) 紫外線(자:외선)
刺	찌를 자(:)/척	刀	8획	刺客(자:객) 刺戟(자:극) // 刺殺(척살)
潛	잠길 잠	氵(水)	15획	潛伏(잠복) 潛水(잠수) 潛行(잠행)
暫	잠시 잠(:)	日	15획	暫時(잠:시) // 暫留(잠류) 暫定(잠정)
藏	감출 장(:)	艹(艸)	18획	藏書(장:서) 所藏(소:장) 貯藏(저:장)
粧	꾸밀 장	米	12획	粧飾(장식) 盛粧(성:장) 治粧(치장)
掌	손바닥 장(:)	手	12획	掌握(장:악) 管掌(관장) 分掌(분장)
莊	씩씩할 장	艹(艸)	11획	莊嚴(장엄) 莊重(장중) 別莊(별장)
丈	어른 장(:)	一	3획	丈夫(장:부) 丈尺(장:척) 老丈(노:장)
臟	오장 장(:)	月(肉)	22획	臟器(장:기) 內臟(내:장) 心臟(심장)
葬	장사지낼 장(:)	艹(艸)	18획	葬禮式(장:례식) 葬地(장:지) 火葬(화:장)
載	실을 재(:)	車	13획	載積(재:적) 揭載(게:재) 記載(기재)
栽	심을 재(:)	木	10획	栽培(재:배) 栽植(재:식) 盆栽(분재)
裁	마를 재	衣	12획	裁斷(재단) 裁量(재량) 決裁(결재)

한자	訓音(훈음)	部首	획수	기출예문
著	나타날 저(ː)	⺿(艸)	13획	著名(저ː명) 著書(저ː서) 著者(저ː자)
抵	닿을 저(ː)	扌(手)	8획	抵當(저ː당) 抵觸(저ː촉) 抵抗(저ː항)
寂	고요할 적	宀	11획	寂寞(적막) 寂寂(적적) 閑寂(한적)
摘	딸 적	扌(手)	14획	摘發(적발) 摘示(적시) 摘載(적재)
跡	발자취 적	足	13획	遺跡(유적) 追跡(추적) 足跡(족적)
蹟	자취 적	足	18획	古蹟(고ː적) 奇蹟(기적) 行蹟(행적)
笛	피리 적	竹	11획	警笛(경ː적) 鼓笛(고적) 汽笛(기적)
殿	큰집 전(ː)	殳	13획	殿堂(전ː당) 殿下(전ː하) 宮殿(궁전)
漸	차차 점(ː)	氵(水)	14획	漸移(점ː이) 漸入佳境(점ː입가경) 漸進(점ː진)
貞	곧을 정	貝	9획	貞潔(정결) 貞淑(정숙) 貞節(정절)
淨	깨끗할 정	氵(水)	11획	淨潔(정결) 淨水(정수) 淨濟(정제)
井	우물 정	二	4획	井底之蛙(정저지와) 井華水(정화수) 市井(시ː정)
頂	정수리 정	頁	11획	頂門(정문) 頂門一針(정문일침) 頂上(정상)
亭	정자 정	亠	9획	亭子(정자) 亭亭(정정) 八角亭(팔각정)
廷	조정 정	廴	7획	廷論(정론) 廷爭(정쟁) 法廷(법정)
征	칠 정	彳	8획	征伐(정벌) 征服(정복) 遠征(원ː정)
齊	가지런할 제	齊	14획	齊家(제가) 齊盟(제맹) 齊唱(제창)
諸	모두 제	言	6획	諸君(제군) 諸島(제도) 諸般(제반)
照	비칠 조(ː)	灬(火)	13획	照鑑(조ː감) 照度(조ː도) 照明(조ː명)
兆	억조 조	儿	6획	兆京(조경) 吉兆(길조) 前兆(전조)
租	세금 조	禾	10획	租稅(조세) 租借(조차) 免租(면ː조)
縱	세로 종	糹	17획	縱斷(종단) 縱隊(종대) 縱列(종렬)
坐	앉을 좌(ː)	土	7획	坐骨(좌ː골) 坐不安席(좌ː불안석) 坐定(좌ː정)
柱	기둥 주	木	9획	柱石(주석) 電柱(전ː주) 支柱(지주)
奏	아뢸 주	大	9획	奏樂(주ː악) 奏請(주ː청) 伴奏(반ː주)

한자	訓音(훈음)	部首	획수	기출예문
株	그루터기 주	木	10획	株價(주가) 株券(주권) 株式(주식)
珠	구슬 주	王(玉)	10획	珠簾(주렴) 珠玉(주옥) 明珠(명주)
鑄	부어 만들 주(ː)	舟	22획	鑄物(주ː물) 鑄字(주ː자) 鑄型(주ː형)
洲	모래톱 주	氵(水)	9획	滿洲(만주) 砂洲(사주) 三角洲(삼각주)
宙	집 주(ː)	宀	8획	宇宙(우ː주) 小宇宙(소ː우주)
仲	버금 중(ː)	亻(人)	6획	仲兄(중ː형) // 仲介(중개) 仲媒(중매)
卽	곧 즉	卩	9획	卽刻(즉각) 卽決(즉결) 卽位(즉위)
憎	미워할 증	忄(心)	15획	憎惡(증오) 可憎(가ː증) 愛憎(애ː증)
曾	일찍 증	曰	12획	曾孫(증손) 曾祖(증조) 未曾有(미ː증유)
症	증세 증(ː)	疒	10획	症狀(증ː상) 症候群(증후군) 渴症(갈증)
蒸	찔 증	艹(艸)	14획	蒸氣(증기) 蒸溜水(증류수) 蒸發(증발)
之	갈 지	丿	4획	之次(지차) 易地思之(역지사지)
枝	가지 지	木	8획	枝葉(지엽) 枝節(지절) 幹枝(간지)
池	못 지	氵(水)	6획	乾電池(건전지) 城池(성지) 貯水池(저ː수지)
振	떨칠 진(ː)	扌(手)	10획	振動(진ː동) 振子(진ː자) 振幅(진ː폭)
陳	베풀 진(ː)	阝(阜)	11획	陳列(진ː열) 陳述(진ː술) // 陳腐(진부)
震	우레 진(ː)	雨	15획	震恐(진ː공) 震怒(진ː노) 震動(진ː동)
辰	별 진/ 때 신	辰	7획	辰星(진성) 生辰(생신) 星辰(성신)
鎭	누를 진(ː)	金	18획	鎭壓(진ː압) 鎭痛劑(진ː통제) // 鎭靜(진정)
疾	병 질	疒	10획	疾病(질병) 疾視(질시) 疾走(질주)
秩	차례 질	禾	10획	秩序(질서) 品秩(품ː질)
執	잡을 집	土	11획	執權(집권) 執念(집념) 執務(집무)
徵	부를 징	彳	15획	徵兵(징병) 徵候(징후) 象徵(상징)
借	빌 차(ː)	亻(人)	10획	借款(차ː관) 借名(차ː명) 借用(차ː용)
此	이 차	止	6획	此日彼日(차일피일) 此後(차후) 彼此(피ː차)

한자	訓音(훈음)	部首	획수	기출예문
錯	어긋날 착	金	16획	錯覺(착각)　錯亂(착란)　錯視(착시)
贊	도울 찬(:)	貝	19획	贊同(찬:동)　贊成(찬:성)　贊助(찬:조)
倉	곳집 창(:)	人	10획	倉庫(창고)　官倉(관창)　穀倉(곡창)
昌	창성할 창(:)	日	8획	昌盛(창:성) ∥ 昌運(창운)　昌平(창평)
蒼	푸를 창	⺾(艸)	14획	蒼空(창공)　蒼白(창백)　古色蒼然(고:색창연)
菜	나물 채(:)	⺾(艸)	12획	菜飯(채:반)　菜食(채:식)　菜園(채:원)
彩	무늬 채(:)	彡	11획	彩色(채:색)　光彩(광채)　色彩(색채)
債	빚 채(:)	亻(人)	13획	債務(채:무)　公債(공채)　負債(부:채)
策	꾀 책	竹	12획	策動(책동)　政策(정책)　對策(대:책)
妻	아내 처	女	8획	妻家(처가)　賢母良妻(현모양처)
拓	넓힐 척	扌(手)	8획	干拓(간척)　開拓(개척)
尺	자 척	尸	4획	尺度(척도)　尺寸(척촌)　越尺(월척)
戚	겨레 척	戈	11획	外戚(외:척)　姻戚(인척)　親戚(친척)
踐	밟을 천(:)	足	15획	踐履(천:리)　踐行(천:행)　實踐(실천)
淺	얕을 천(:)	氵(水)	11획	淺見(천:견)　淺近(천:근)　淺薄(천:박)
遷	옮길 천(:)	辶	16획	遷客(천:객)　遷都(천:도)　改過遷善(개:과천선)
賤	천할 천(:)	貝	15획	賤待(천:대)　賤民(천:민)　賤視(천:시)
哲	밝을 철	口	10획	哲人(철인)　哲學(철학)　明哲(명철)
徹	뚫을 철	彳	15획	徹頭徹尾(철두철미)　徹夜(철야)　觀徹(관철)
滯	막힐 체	氵(水)	14획	滯症(체증)　遲滯(지체)　沈滯(침체)
肖	닮을 초	月(肉)	7획	肖像(초상)　不肖(불초)
超	뛰어넘을 초	走	12획	超過(초과)　超克(초극)　超越(초월)
礎	주춧돌 초	石	18획	礎石(초석)　礎業(초업)　基礎(기초)
促	재촉할 촉	亻(人)	9획	促求(촉구)　促迫(촉박)　促進(촉진)
觸	닿을 촉	角	20획	觸覺(촉각)　觸媒(촉매)　一觸卽發(일촉즉발)

3 급수별 배정 한자

한자	訓音(훈음)	部首	획수	기출예군
催	재촉할 최(:)	亻(人)	13획	催眠(최:면) 催淚(최:루) 開催(개최)
追	쫓을·따를 추	辶	10획	追加(추가) 追求(추구) 追憶(추억)
畜	기를 축	田	10획	畜舍(축사) 畜産(축산) 畜生(축생)
衝	부딪힐 충	行	15획	衝擊(충격) 衝突(충돌) 要衝(요:충)
吹	불 취(:)	口	7획	吹奏(취:주) 吹笛(취:적) 鼓吹(고취)
醉	취할 취(:)	酉	15획	醉氣(취:기) 醉興(취:흥) 滿醉(만:취)
側	곁 측	亻(人)	11획	側近(측근) 側面(측면) 側室(측실)
値	값 치	亻(人)	10획	價値(가치) 數値(수:치) 加重値(가중치)
恥	부끄러울 치	心	10획	恥部(치부) 恥辱(치욕) 羞恥(수치)
稚	어릴 치	禾	13획	稚氣(치기) 稚筍(치순) 稚魚(치어)
漆	옻 칠	氵(水)	14획	漆工(칠공) 漆器(칠기) 漆木(칠목)
浸	담글 침(:)	氵(水)	10획	浸水(침:수) 浸濕(침:습) 浸蝕(침:식)
沈	잠길 침	氵(水)	7획	沈降(침강) 沈沒(침몰) 沈着(침착)
奪	빼앗을 탈	大	14획	奪取(탈취) 奪還(탈환) 換骨奪胎(환:골탈태)
塔	탑 탑	土	13획	燈塔(등탑) 石塔(석탑) 寺塔(사탑)
湯	끓일 탕(:)	氵(水)	12획	湯藥(탕:약) 重湯(중:탕) 冷湯(냉:탕)
殆	위태로울 태	歹	9획	殆半(태반) 殆無(태무) 危殆(위태)
泰	클 태	氺(水)	10획	泰斗(태두) 泰山(태산) 泰然(태연)
澤	못 택	氵(水)	16획	光澤(광택) 德澤(덕택) 潤澤(윤:택)
兎	토끼 토	儿	7획	兎影(토영) 養兎(양:토) 玉兎(옥토)
吐	토할 토(:)	口	6획	吐露(토로) 吐說(토:설) 吐血(토:혈)
透	통할 투	辶	11획	透過(투과) 透視(투시) 透映(투영)
版	찍을 판	片	8획	版權(판권) 版木(판목) 版畵(판화)
偏	치우칠 편	亻(人)	11획	偏見(편견) 偏重(편중) 偏頗(편파)
編	엮을 편	糸	15획	編成(편성) 編入(편입) 編著(편저)

급수별 배정 한자

한자	訓音(훈음)	部首	획수	기출예문
片	조각 편(:)	片	4획	片紙(편:지) // 片面(편면) 片月(편월)
弊	폐단·해질 폐(:)	廾	15획	弊端(폐:단) 弊習(폐:습) 弊害(폐:해)
廢	폐할 폐(:)	广	15획	廢刊(폐:간) 廢校(폐:교) 廢水(폐:수)
肺	허파 폐(:)	月(肉)	8획	肺結核(폐:결핵) 肺炎(폐:렴) 心肺(심폐)
浦	물가 포	氵(水)	10획	浦口(포구) 浦民(포민) 浦港(포항)
捕	잡을 포(:)	扌(手)	10획	捕縛(포:박) 捕手(포:수) 捕捉(포:착)
楓	단풍나무 풍	木	13획	楓林(풍림) 楓嶽山(풍악산) 丹楓(단풍)
皮	가죽 피	皮	5획	皮骨相接(피골상접) 皮相(피상) 脫皮(탈피)
被	입을 피(:)	衤(衣)	10획	被告(피:고) 被疑者(피:의자) 被害(피:해)
彼	저 피(:)	彳	8획	彼我(피:아) 彼此(피:차) 知彼知己(지피지기)
畢	마칠 필	田	11획	畢竟(필경) 畢納(필납) 筆生(필생)
荷	멜 하	艹(艸)	11획	荷役(하:역) // 荷重(하중) 負荷(부:하)
何	어찌 하	亻(人)	7획	何等(하등) 何如間(하여간) 何必(하필)
賀	하례할 하(:)	貝	12획	賀客(하:객) 賀禮(하:례) 慶賀(경:하)
鶴	학 학	鳥	21획	鶴首苦待(학수고대) 鶴舞(학무) 仙鶴(선학)
汗	땀 한(:)	氵(水)	6획	汗蒸幕(한:증막) 冷汗(냉:한) // 不汗黨(불한당)
割	나눌 할	刂(刀)	12획	群雄割據(군웅할거) 割當(할당) 役割(역할)
含	머금을 함	口	7획	含量(함량) 含有(함유) 含蓄(함축)
陷	빠질 함(:)	阝(阜)	11획	陷落(함:락) 陷沒(함:몰) 缺陷(결함)
項	목 항(:)	頁	12획	項目(항:목) 別項(별항) 事項(사:항)
恒	항상 항	忄(心)	9획	恒茶飯事(항다반사) 恒心(항심) 恒常(항상)
響	울릴 향(:)	音	22획	響應(향:응) 反響(반:향) 影響(영향)
獻	드릴 헌(:)	犬	20획	獻金(헌:금) 獻納(헌:납) 貢獻(공:헌)
玄	검을 현	玄	5획	玄關(현관) 玄談(현담) 玄德(현덕)
懸	달 현(:)	心	20획	懸隔(현:격) 懸賞金(현:상금) 懸案(현:안)

3ll 급수별 배정 한자

한자	訓音(훈음)	部首	획수	기출예군
穴	굴 혈	穴	5획	穴居(혈거) 穴見(혈견) 孔穴(공:혈)
脅	위협할 협	月(肉)	10획	脅迫(협박) 脅約(협약) 威脅(위협)
衡	저울대 형	行	16획	衡度(형조) 衡平(형평) 均衡(균형)
慧	슬기로울 혜(:)	心	15획	慧敏(혜:민) 慧眼(혜:안) 智慧(지혜)
浩	넓을 호(:)	氵(水)	10획	浩氣(호:기) 浩然之氣(호:연지기)
胡	오랑캐 호	月(肉)	9획	胡瓜(호과) 胡桃(호도) 胡蝶之夢(호접지몽)
虎	범 호(:)	虍	8획	虎口(호:구) 猛虎(맹:호) // 虎班(호반)
豪	호걸 호	豕	14획	豪言壯談(호언장담) 豪雨(호우) 豪華(호화)
惑	미혹할 혹	心	12획	惑星(혹성) 惑世誣民(혹세무민) 迷惑(미혹)
魂	넋 혼	鬼	14획	魂靈(혼령) 魂飛魄散(혼비백산) 鎭魂(진:혼)
忽	문득 홀	心	8획	忽待(홀대) 忽然(홀연) 疎忽(소홀)
洪	넓을 홍	氵(水)	9획	洪量(홍량) 洪水(홍수)
禍	재화 화(:)	示	14획	禍根(화:근) 禍福(화:복) 災禍(재화)
還	돌아올 환	辶	17획	還給(환급) 還元(환원) 返還(반:환)
換	바꿀 환(:)	扌(手)	12획	換算(환:산) 換言(환:언) 換節期(환:절기)
荒	거칠 황	艹(艸)	10획	荒唐無稽(황당무계) 荒凉(황량) 荒野(황야)
皇	임금 황	白	9획	皇國(황국) 皇妃(황비) 敎皇(교:황)
悔	뉘우칠 회(:)	忄(心)	10획	悔改(회:개) 悔心(호:심) 悔恨(회:한)
懷	품을 회	忄(心)	19획	懷古(회고) 懷柔(회유) 感懷(감:회)
劃	그을 획	刂(刀)	14획	劃期的(획기적) 劃一(획일) 計劃(계:획)
獲	얻을 획	犭(犬)	17획	獲得(획득) 濫獲(남획) 漁獲(어획)
橫	가로 횡	木	16획	橫斷(횡단) 橫領(횡령) 橫財(횡재)
胸	가슴 흉	月(肉)	10획	胸背(흉배) 胸部(흉부) 胸像(흉상)
戲	놀이 희	戈	16획	戲曲(희곡) 戲弄(희롱) 戲畵(희화)
稀	드물 희	禾	12획	稀薄(희박) 稀釋(희석) 稀少(희소)

3 급수별 배정 한자

한자	訓音(훈음)	部首	획수	기출예문
却	물리칠 각	卩	7획	却說(각설) 却下(각하) 棄却(기각)
姦	간사할 간(:)	女	9획	姦通(간:통) // 姦臣(간신)
渴	목마를 갈	氵(水)	12획	渴求(갈구) 渴望(갈망) 渴症(갈증)
皆	다 개	白	9획	皆勤(개근) 皆旣日蝕(개기일식) 擧皆(거:개)
慨	분개할 개(:)	忄(心)	14획	慨世(개:세) 慨嘆(개:탄) 感慨(감:개)
乞	빌 걸	乙	3획	乞客(걸객) 乞神(걸신) 求乞(구걸)
遣	보낼 견(:)	辶	14획	遣歸(견:귀) 發遣(발견) 派遣(파견)
絹	비단 견	糸	13획	絹絲(견사) 絹織物(견직물) 生絹(생견)
肩	어깨 견	月(肉)	8획	肩胛骨(견갑골) 肩章(견장) 比肩(비:견)
牽	끌 견	牛	11획	牽强(견강) 牽引(견인) 牽制(견제)
竟	마침내 경	立	11획	究竟(구경) 畢竟(필경)
卿	벼슬 경	卩	12획	九卿(구경) 上卿(상:경) 公卿大夫(공경대부)
庚	일곱째 천간 경	广	8획	庚癸(경계) 庚方(경방) 庚時(경시)
癸	열째 천간 계(:)	癶	9획	癸方(계:방) 癸時(계:시)
繫	맬 계(:)	糸	19획	繫留(계:류) 繫辭(계:사) 繫獄(계:옥)
顧	돌아볼 고	頁	21획	顧客(고객) 顧慮(고려) 三顧草廬(삼고초려)
枯	마를 고	木	9획	枯渴(고갈) 枯淡(고담) 枯木(고목)
坤	땅 곤	土	8획	坤宮(곤궁) 坤方(곤방) 乾坤(건곤)
郭	성곽 곽	阝(邑)	11획	郭內(곽내) 內廓(내:곽) 城郭(성곽)
掛	걸 괘	扌(手)	11획	掛念(괘념) 掛圖(괘도) 掛鐘(괘종)
愧	부끄러워할 괴(:)	忄(心)	13획	愧奇(괴:기) 愧色(괴:색) 愧心(괴:심)
塊	흙덩이 괴	土	13획	塊根(괴근) 塊石(괴석) 金塊(금괴)
郊	성밖 교	阝(邑)	13획	郊祀(교사) 郊外(교외) 近郊(근:교)
矯	바로잡을 교(:)	矢	17획	矯角殺牛(교:각살우) 矯殺(교:살) 矯衛(교:위)
鷗	갈매기 구	鳥	22획	鷗盟(구맹) 白鷗(백구) 海鷗(해:구)

3 급수별 배정 한자

한자	訓音(훈음)	部首	획수	기출예문
狗	개 구	犭(犬)	8획	狗盜(구도) 狗馬之心(구마지심) 狗吠(구폐)
苟	구차할 구	艹(艸)	9획	苟命徒生(구명도생) 苟安(구:안) 苟延歲月(구연세월)
懼	두려워할 구	忄(心)	21획	敬懼(경:구) 恐懼(공:구) 悚懼(송:구)
俱	함께 구	亻(人)	10획	俱沒(구몰) 俱全(구전) 俱備(구비)
龜	거북 귀(구)/터질 균	龜	16획	龜鑑(귀감) 龜尾(구미) 龜裂(균열)
厥	그 궐	厂	12획	厥女(궐녀) 厥者(궐자) 厥後(궐후)
軌	바퀴자국 궤(:)	車	9획	軌範(궤:범) 軌跡(궤:적) 常軌(상궤)
叫	부르짖을 규	口	5획	叫天子(규천자) 叫號(규호) 阿鼻叫喚(아비규환)
糾	얽힐 규	糸	8획	糾明(규명) 糾彈(규탄) 糾合(규합)
僅	겨우 근(:)	亻(人)	13획	僅僅(근:근) 僅少(근:소)
斤	도끼 근	斤	4획	斤量(근량) 斤秤(근칭) 斤數(근수)
謹	삼갈 근(:)	言	18획	謹啓(근:계) 謹身(근:신) // 謹呈(근정)
肯	옳이여길 긍(:)	月(肉)	8획	肯諾(긍:낙) 肯定(긍:정) 肯志(긍:지)
忌	꺼릴 기	心	7획	忌日(기일) 忌祭祀(기제사) 忌憚(기탄)
幾	몇 기	幺	12획	幾度(기도) 幾微(기미) 幾日(기일)
棄	버릴 기	木	12획	棄却(기각) 棄權(기권) 棄兒(기아)
欺	속일 기	欠	12획	欺瞞(기만) 欺弄(기롱) 欺情(기정)
豈	어찌 기/즐거울 개	豆	10획	豈敢(기감) 豈不(기불)
旣	이미 기	无	11획	旣得(기득) 旣成(기성) 旣往(기왕)
飢	주릴 기	食	11획	飢渴(기갈) 飢饉(기근) 飢餓(기아)
那	어찌 나(:)	阝(邑)	7획	邦落(나:락) 任那(임나) 刹那(찰나)
乃	이에 내(:)	丿	2획	乃父(내:부) 乃至(내:지) 乃兄(내:형)
奈	어찌 내/나를 나	大	8획	奈何(내하) 莫無可奈(막무가내) 奈落(나락)
惱	괴로워할 뇌	忄(心)	12획	苦惱(고뇌) 惱亂(뇌란) 百八煩惱(백팔번뇌)
畓	논 답	田	9획	畓結(답결) 畓穀(답곡) 畓主(답주)

3 급수별 배정 한자

한자	訓音(훈음)	部首	획수	기출예문
塗	칠할 도	土	13획	塗料(도료) 塗裝(도장) 塗色(도색)
挑	돋울 도	扌(手)	9획	挑發(도발) 挑戰(도전) 挑出(도출)
跳	뛸 도	足	13획	跳梁(도량) 跳躍(도약) 跳驅(도구)
稻	벼 도	禾	15획	稻熱病(도열병) 稻作(도작) 稻田(도전)
篤	도타울 독	竹	16획	篤老侍下(독로시하) 篤實(독실) 篤志(독지)
豚	돼지 돈	豕	11획	豚舍(돈사) 豚肉(돈육) 養豚(양:돈)
敦	도타울 돈	攵	12획	敦篤(돈독) 敦睦(돈목) 敦厚(돈후)
屯	진칠 둔	屮	4획	屯兵(둔병) 屯營(둔영) 屯田(둔전)
鈍	무딜 둔	金	12획	鈍感(둔감) 鈍器(둔기) 鈍才(둔재)
騰	오를 등	馬	20획	騰貴(등귀) 騰落(등락) 急騰(급등)
濫	넘칠 람(:)	氵(水)	17획	濫讀(남:독) 濫發(남:발) 濫用(남:용)
掠	노략질할 략	扌(手)	11획	掠奪(약탈) 擄掠(노략) 侵掠(침략)
諒	살필 량	言	15획	諒知(양지) 諒察(양찰) 諒解(양해)
憐	불쌍히여길 련	忄(心)	15획	憐憫(연민) 可憐(가:련) 同病相憐(동병상련)
劣	못할 렬	力	6획	劣等(열등) 劣性(열성) 優劣(우열)
廉	청렴할 렴	广	13획	廉價(염가) 廉賣(염매) 廉恥(염치)
獵	사냥 렵	犭(犬)	18획	獵犬(엽견) 獵銃(엽총) 狩獵(수렵)
零	떨어질 령	雨	13획	零落(영락) 零細(영세) 零下(영하)
隷	종 례	隶	16획	隷屬(예속) 奴隷(노예) 僕隷(복예)
鹿	사슴 록	鹿	11획	鹿角(녹각) 鹿皮(녹피)
了	마칠 료	亅	2획	了結(요결) 修了(수료) 終了(종료)
僚	동료 료	亻(人)	14획	閣僚(각료) 官僚(관료) 僚船(요선)
淚	눈물 루(:)	氵(水)	11획	淚眼(누:안) 落淚(낙루) 血淚(혈루)
屢	자주 루(:)	尸	14획	屢屢(누:누) 屢報(누:보)
梨	배나무 리	木	11획	梨花(이화) 梨園(이원) 山梨(산리)

3 급수별 배정 한자

한자	訓音(훈음)	部首	획수	기출예문
隣	이웃 린	阝(阜)	15획	隣近(인근)　隣接(인접)　近隣(근:린)
慢	게으를 만(:)	忄(心)	14획	慢性(만:성)　自慢(자만)　怠慢(태만)
漫	질펀할 만(:)	氵(水)	14획	漫談(만:담)　漫然(만:연)　漫評(만:평)
茫	아득할 망	艹(艸)	10획	茫漠(망막)　茫茫大海(망망대해)　茫然(망연)
忙	바쁠 망	忄(心)	6획	多忙(다망)　奔忙(분망)　慌忙(황망)
罔	그물 망(:)	四	8획	罔極(망:극)　罔極之恩(망:극지은)　罔測(망:측)
忘	잊을 망	心	7획	忘却(망각)　健忘症(건:망증)　勿忘草(물망초)
埋	묻을 매	土	10획	埋立(매립)　埋沒(매몰)　埋伏(매복)
冥	어두울 명	冖	10획	冥福(명복)　冥府(명부)　冥想(명상)
募	모을 모	力	13획	募金(모금)　募集(모집)　公募(공모)
某	아무 모(:)	木	9획	某某(모:모)　某日(모:일)　某氏(모:씨)
侮	업신여길 모	亻(人)	9획	侮蔑(모:멸)　侮辱(모:욕)　受侮(수모)
冒	무릅쓸 모(:)	冂	9획	冒年(모:년)　冒險(모:험)　冒頭(모:두)
暮	저물 모(:)	日	15획	暮景(모:경)　暮色(모:색)　歲暮(세:모)
苗	모 묘(:)	艹(艸)	9획	苗木(묘:목)　苗板(묘:판)　種苗(종묘)
廟	사당 묘(:)	广	15획	廟堂(묘:당)　廟謁(묘:알)　宗廟(종묘)
卯	넷째 지지 묘(:)	卩	5획	卯方(묘:방)　卯時(묘:시)　卯酒(묘:주)
霧	안개 무(:)	雨	19획	霧散(무:산)　濃霧(농무)　雲霧(운무)
戊	다섯째 천간 무(:)	戈	5획	戊方(무:방)　戊夜(무:야)　戊午士禍(무:오사화)
眉	눈썹 미	目	9획	眉間(미간)　眉壽(미수)　焦眉(초미)
迷	헤맬 미(:)	辶	10획	迷宮(미:궁)　迷路(미:로)//迷兒(미아)
憫	근심할 민	忄(心)	15획	憫忙(민망)　憐憫(연민)
敏	민첩할 민	攵	11획	敏感(민감)　敏腕(민완)　過敏(과:민)
蜜	꿀 밀	虫	14획	蜜柑(밀감)　蜜蜂(밀봉)　蜂蜜(봉밀)
泊	배댈 박	氵(水)	8획	民泊(민박)　宿泊(숙박)　淳泊(정박)

3 급수별 배정 한자

한자	訓音(훈음)	部首	획수	기출예문
返	돌이킬 반(:)	辶	8획	返納(반:납) 返品(반:품) 返還(반:환)
伴	짝 반	亻(人)	7획	伴侶者(반:려자) 伴隨(반:수) 伴奏(반:주)
叛	배반할 반(:)	又	9획	叛軍(반:군) 叛亂(반:란) 背叛(배:반)
傍	곁 방	亻(人)	12획	傍觀(방관) 傍白(방백) 傍若無人(방약무인)
邦	나라 방	阝(邑)	7획	邦語(방어) 萬邦(만:방) 友邦(우:방)
倣	본뜰 방(:)	亻(人)	10획	倣刻(방:각) 倣效(방:효) 模倣(모방)
杯	잔 배	木	8획	乾杯(건배) 苦杯(고배) 祝杯(축배)
煩	번거로울 번	火	13획	煩惱(번뇌) 煩悶(번민) 煩雜(번잡)
飜	날 번	飛	21획	飜覆(번복) 飜案(번안) 飜譯(번역)
辨	분별할 변(:)	辛	16획	辨明(변:명) 辨別(변:별) 辨證(변:증)
竝	나란히 병	立	10획	竝記(병기) 竝列(병렬) 竝立(병립)
屛	병풍 병	尸	11획	屛居(병거) 屛風(병풍)
卜	점 복	卜	2획	卜居(복거) 卜馬(복마) 卜債(복채)
蜂	벌 봉	虫	13획	蜂起(봉기) 蜂蜜(봉밀) 養蜂(양:봉)
赴	다다를 부(:)	走	9획	赴援(부:원) 赴任(부:임)
墳	무덤 분	土	15획	墳墓(분묘) 古墳(고:분) 封墳(봉분)
崩	무너질 붕	山	11획	崩壞(붕괴) 崩落(붕락) 崩御(붕어)
朋	벗 붕	月	8획	朋黨(붕당) 朋僚(붕료) 朋友有信(붕우유신)
賓	손님 빈	貝	14획	賓客(빈객) 國賓(국빈) 內賓(내:빈)
頻	자주 빈	頁	16획	頻度(빈도) 頻發(빈발) 頻繁(빈번)
聘	부를 빙	耳	13획	聘母(빙모) 聘丈(빙장) 招聘(초빙)
似	닮을 사	亻(人)	7획	似而非(사:이비) 近似(근:사) 類似(유:사)
巳	여섯째 지지 사(:)	己	3획	巳方(사:방) 巳時(사:시)
捨	버릴 사	扌(手)	11획	取捨(취:사) 喜捨(희:사)
詐	속일 사	言	12획	詐欺(사기) 詐取(사취) 奸詐(간사)

3 급수별 배정 한자

한자	訓音(훈음)	部首	획수	기출예문
斯	이 사	斤	12획	斯道(사도) 斯學(사학) 如斯(여사)
賜	줄 사(:)	貝	15획	賜死(사:사) 賜額(사:액) 恩賜(은사)
朔	초하루 삭	月	10획	朔望(삭망) 朔方(삭방) 朔月(삭월)
嘗	맛볼 상	口	14획	嘗味(상미) 臥薪嘗膽(와:신상담) 奉嘗(봉:상)
祥	상서로울 상	示	11획	祥氣(상기) 祥雲(상운) 發祥地(발상지)
暑	더울 서(:)	日	13획	暑中(서 중) 暑炎(서:염) 避暑(피:서)
庶	여러 서(:)	广	11획	庶女(서 녀) 庶務(서:무) 庶民(서:민)
敍	펼 서(:)	攴	11획	敍事(서 사) 敍述(서:술) 自敍傳(자서전)
逝	갈 서(:)	辶	11획	逝去(서:거) 逝川(서:천) 急逝(급서)
誓	맹세할 서(:)	言	14획	誓文(서:문) 誓言(서:언) 誓約(서:약)
昔	예 석	日	8획	昔年(석년) 昔日(석일) 今昔(금석)
析	쪼갤 석	木	8획	析出(석출) 剖析(부석) 分析(분석)
涉	건널 섭	氵(水)	10획	涉歷(섭력) 涉外(섭외) 干涉(간섭)
攝	당길 섭	扌(手)	21획	攝理(섭리) 攝氏(섭씨) 攝取(섭취)
蔬	푸성귀 소	艹(艸)	15획	蔬飯(소반) 蔬食(소식) 菜蔬(채:소)
騷	떠들 소	馬	20획	騷動(소동) 騷亂(소란) 騷擾(소요)
昭	밝을 소	日	9획	昭光(소광) 昭明(소명) 昭詳(소상)
召	부를 소	口	5획	召命(소명) 召集(소집) 召還(소환)
粟	조 속	米	12획	粟粒(속립) 粟米(속미) 米粟(미:속)
誦	욀 송(:)	言	14획	誦讀(송:독) 誦詠(송:영) 暗誦(암:송)
搜	찾을 수	扌(手)	13획	搜査(수사) 搜所聞(수소문) 搜索(수색)
囚	가둘 수	囗	5획	囚衣(수의) 囚人(수인) 罪囚(죄:수)
誰	누구 수	言	15획	誰某(수모) 誰怨誰咎(수원수구) 誰何(수하)
遂	이룰 수	辶	13획	遂成(수성) 遂行(수행) 未遂(미:수)
須	모름지기 수	頁	12획	須知(수지) 必須(필수)

3 급수별 배정 한자

한자	訓音(훈음)	部首	획수	기출예문
雖	비록 수	隹	17획	雖然(수연)
睡	잘 수	目	13획	睡魔(수마) 睡眠(수면) 午睡(오:수)
孰	누구 숙	子	11획	孰誰(숙수) 孰若(숙약)
循	좇을 순	彳	12획	循俗(순속) 循行(순행) 循環(순환)
殉	따라죽을 순	歹	10획	殉敎(순교) 殉國(순국) 殉死(순사)
脣	입술 순	月(肉)	11획	脣亡齒寒(순망치한) 脣音(순음) 脣齒(순치)
戌	열한번째 지지 술	戈	6획	戌方(술방) 戌時(술시)
矢	화살 시(:)	矢	5획	矢石(시:석) 矢心(시:심) 弓矢(궁시)
辛	매울 신	辛	7획	辛苦(신고) 辛辣(신랄) 香辛料(향신료)
晨	새벽 신	日	11획	晨星(신성) 晨鐘(신종) 昏定晨省(혼정신성)
伸	펼 신	亻(人)	7획	伸張(신장) 伸縮(신축) 屈伸(굴신)
尋	찾을 심	寸	12획	尋訪(심방) 尋常(심상) 尋幽(심유)
餓	주릴 아(:)	食	16획	餓鬼(아:귀) 餓死(아:사) 飢餓(기아)
岳	큰산 악	山	8획	岳頭(악두) 岳母(악모) 山岳(산악)
雁	기러기 안(:)	隹	12획	雁夫(안:부) 雁柱(안:주) 孤雁(고안)
謁	뵐 알	言	16획	謁聖(알성) 謁見(알현) 拜謁(배:알)
押	누를 압	扌(手)	8획	押收(압수) 押韻(압운) 押留(압류)
殃	재앙 앙	歹	9획	殃及池魚(앙급지어) 殃禍(앙화) 災殃(재앙)
涯	물가 애	氵(水)	11획	涯岸(애안) 涯限(애한) 生涯(생애)
厄	액 액	厂	4획	厄難(액난) 厄年(액년) 災厄(재액)
也	어조사 야(:)	乙	3획	及其也(급기야) 也帶(야:대)
耶	어조사 야	耳	9획	有耶無耶(유야무야) 耶蘇(야소)
躍	뛸 약	足	21획	跳躍(도약) 躍動(약동) 躍進(약진)
楊	버들 양	木	13획	楊柳(양류) 楊枝(양지) 水楊(수양)
於	어조사 어/탄식할 오	方	8획	於中間(어중간) 甚至於(심:지어) 於乎(오호)

3 급수별 배정 한자

한자	訓音(훈음)	部首	획수	기출예문
焉	어찌 언	灬(火)	11획	焉敢(언감) 焉敢生心(언감생심) 終焉(종언)
予	줄 여	亅	4획	予小子(여소자) 予一人(여일인) 予奪(여탈)
余	나 여	人	7획	余等(여등) 余輩(여배) 余月(여월)
汝	너 여(ː)	氵(水)	6획	汝等(여ː등) 汝輩(여ː배)
輿	수레 여(ː)	車	17획	輿論(여ː론) 輿望(여ː망) 輿地(여ː지)
閱	검열할 열	門	15획	閱覽(열람) 檢閱(검ː열) 校閱(교ː열)
詠	읊을 영(ː)	言	12획	詠歌(영ː가) 詠歎(영ː탄) 誦詠(송ː영)
泳	헤엄칠 영	氵(水)	8획	泳法(영법) 水泳(수영) 遊泳(유영)
銳	날카로울 예(ː)	金	15획	銳角(예ː각) 銳利(예ː리) 銳敏(예ː민)
傲	거만할 오(ː)	亻(人)	13획	傲氣(오ː기) 傲慢(오ː만) 傲然(오ː연)
吾	나 오	口	7획	吾等(오등) 吾鼻三尺(오비삼척) 吾兄(오형)
汚	더러울 오(ː)	氵(水)	6획	汚名(오ː명) 汚物(오ː물) 汚染(오ː염)
嗚	슬플 오	口	13획	嗚咽(오열) 嗚呼(오호)
娛	즐길 오	女	10획	娛樂(오락) 娛遊(오유) 歡娛(환오)
擁	안을 옹(ː)	扌(手)	16획	擁衛(옹ː위) 擁護(옹ː호) 擁立(옹ː립)
翁	늙은이 옹	羽	10획	翁姑(옹고) 老翁(노ː옹) 村翁(촌ː옹)
臥	누울 와(ː)	臣	8획	臥龍(와ː룡) 臥病(와ː병) 臥薪嘗膽(와ː신상담)
曰	가로 왈	曰	4획	曰可曰否(왈가왈부) 曰牌(왈패) 曰兄曰弟(왈형왈제)
畏	두려워할 외(ː)	田	9획	畏敬(외ː경) 畏懼(외ː구) 畏縮(외ː축)
遙	멀 요	辶	14획	遙望(요망) 遙昔(요석) 遙遠(요원)
腰	허리 요	月(肉)	13획	腰帶(요대) 腰折(요절) 腰痛(요통)
搖	흔들 요	扌(手)	13획	搖動(요동) 搖亂(요란) 搖之不動(요지부동)
庸	떳떳할 용	广	11획	庸劣(용렬) 庸常(용상) 中庸(중용)
尤	더욱 우	尢	4획	尤極(우극) 尤妙(우묘) 怨尤(원ː우)
又	또 우(ː)	又	2획	又重之(우ː중지) 又況(우ː황) 一又(일우)

3 급수별 배정 한자

한자	訓音(훈음)	部首	획수	기출예문
于	어조사 우	二	3획	于今(우금) 于先(우선)
云	이를 운	二	4획	云云(운운) 云爲(운위) 云謂(운위)
緯	씨 위	糸	15획	緯度(위도) 經緯(경위) 北緯(북위)
違	어긋날 위	辶	13획	違期(위기) 違反(위반) 違法(위법)
愈	더욱 유	心	13획	快愈(쾌유) 愈愈(유유)
酉	열번째 지지 유	酉	7획	酉方(유방) 酉時(유시) 酉月(유월)
惟	생각할 유	忄(心)	11획	惟獨(유독) 惟一(유일) 思惟(사유)
唯	오직 유	口	11획	唯物論(유물론) 唯我獨尊(유아독존) 唯一無二(유일무이)
閏	윤달 윤(:)	門	12획	閏年(윤:년) 閏月(윤:월) 閏集(윤:집)
吟	읊을 음	口	7획	吟味(음미) 吟遊(음유) 吟風詠月(음풍영월)
泣	울 읍	氵(水)	8획	泣哭(읍곡) 泣訴(읍소) 泣斬馬謖(읍참마속)
凝	엉길 응(:)	冫	16획	凝結(응:결) 凝固(응:고) 凝視(응:시)
宜	마땅 의	宀	8획	宜當(의당) 宜乎(의호) 宜兄宜弟(의형의제)
矣	어조사 의	矢	7획	萬事休矣(만:사휴의)
而	말이을 이(:)	而	6획	而今以後(이:금이후) 而立(이:립) 似而非(사:이비)
夷	오랑캐 이	大	6획	夷滅(이멸) 東夷(동이) 征夷(정이)
寅	셋째 지지 인	宀	11획	寅方(인방) 寅時(인시) 寅月(인월)
姻	혼인할 인	女	9획	姻家(인가) 姻戚(인척) 婚姻(혼인)
恣	방자할 자(:)	心	10획	恣意(자:의) 恣行(자:행) 放恣(방자)
玆	이 자	玄	10획	今玆(금자) 來玆(내자)
爵	벼슬 작	爪	18획	爵位(작위) 爵土(작토) 公爵(공작)
酌	따를 작	酉	10획	酌定(작정) 獨酌(독작) 斟酌(짐작)
墻	담 장	土	16획	墻垣(장원) 墻壁(장벽) 土墻(토장)
宰	재상 재(:)	宀	10획	宰相(재:상) 守宰(수재) 主宰(주재)
哉	어조사 재	口	9획	哀哉(애재) 快哉(쾌재)

3 급수별 배정 한자

한자	訓音(훈음)	部首	획수	기출예문
滴	물방울 적	氵(水)	14획	滴露(적르)　點滴(점적)　硯滴(연적)
竊	훔칠 절	穴	22획	竊盜(절도)　竊笑(절소)　剽竊(표절)
蝶	나비 접	虫	15획	蝶舞(접무)　蝶泳(접영)　胡蝶之夢(호접지몽)
訂	바로잡을 정	言	9획	訂正(정정)　訂定(정정)　改訂(개:정)
堤	둑 제	土	12획	堤防(제방)　防波堤(방파제)
弔	조문할 조(:)	弓	4획	弔歌(조:가)　弔客(조:객)　弔文(조:문)
燥	마를 조	火	17획	燥渴(조갈)　燥症(조증)　焦燥(초조)
拙	졸할 졸	扌(手)	8획	拙劣(졸렬)　拙速(졸속)　拙作(졸작)
佐	도울 좌(:)	亻(人)	7획	補佐(보:좌)　上佐(상:좌)　王佐(왕좌)
舟	배 주	舟	6획	舟遊(주유)　方舟(방주)　舟中敵國(주중적국)
遵	좇을 준(:)	辶	16획	遵據(준:거)　遵法(준:법)　遵守(준:수)
俊	준걸 준(:)	亻(人)	9획	俊傑(준:걸)　俊秀(즌:수)　俊嚴(준:엄)
贈	줄 증	貝	19획	贈答(증답)　贈與(증여)　贈呈(증정)
只	다만 지	口	5획	只今(지금)　但只(단:지)
遲	더딜 지	辶	16획	遲刻(지각)　遲久(지구)　遲延(지연)
姪	조카 질	女	9획	姪婦(질부)　姪壻(질서)　甥姪(생질)
懲	벌줄 징	心	19획	懲戒(징계)　懲罰(징벌)　勸善懲惡(권:선징악)
且	또 차(:)	一	5획	且月(차:월)　苟且(구:차)　重且大(중:차대)
捉	잡을 착	扌(手)	10획	捉送(착송)　捕捉(포:착)　把捉(파:착)
慚	부끄러울 참	心	15획	慚愧(참괴)　慚德(참덕)　慚悔(참회)
慘	참혹할 참	忄(心)	14획	慘劇(참극)　慘變(참변)　慘事(참사)
暢	화창할 창	日	14획	暢達(창달)　暢茂(창무)　流暢(유창)
斥	칠 척	斤	5획	斥力(척력)　斥賣(척매)　排斥(배척)
薦	천거할 천(:)	艹(艸)	17획	薦擧(천:거)　薦新(천:신)　公薦(공천)
添	더할 첨	氵(水)	11획	添加(첨가)　添附(첨부)　添削(첨삭)

3 급수별 배정 한자

한자	訓音(훈음)	部首	획수	기출예문
尖	뾰족할 첨	小	6획	尖端(첨단) 尖尾(첨미) 尖兵(첨병)
妾	첩 첩	女	8획	妾室(첩실) 妾子(첩자) 妻妾(처첩)
晴	갤 청	日	12획	晴天(청천) 晴天霹靂(청천벽력) 快晴(쾌청)
替	바꿀 체	日	12획	交替(교체) 代替(대:체) 改替(개:체)
逮	잡을 체	辶	12획	逮繫(체계) 逮捕(체포) 連逮(연체)
遞	갈릴 체	辶	14획	遞信(체신) 郵遞(우체) 遞減(체감)
抄	베낄 초	手	7획	抄錄(초록) 抄本(초본) 抄譯(초역)
秒	단위 초	禾	9획	秒速(초속) 秒針(초침) 分秒(분초)
燭	촛불 촉	火	17획	燭光(촉광) 燭淚(촉루) 燈燭(등촉)
聰	귀밝을 총	耳	17획	聰氣(총기) 聰明(총명) 聰敏(총민)
抽	뽑을 추	扌(手)	8획	抽象(추상) 抽出(추출)
醜	추할 추	酉	17획	醜聞(추문) 醜惡(추악) 美醜(미:추)
丑	둘째 지지 축	一	4획	丑方(축방) 丑時(축시) 丑月(축월)
逐	쫓을 축	辶	11획	逐年(축년) 逐出(축출) 角逐(각축)
臭	냄새 취(:)	自	10획	臭氣(취:기) 口臭(구:취) 惡臭(악취)
枕	베개 침	木	8획	枕木(침:목) 枕上(침:상) 木枕(목침)
墮	떨어질 타(:)	土	15획	墮落(타:락) 墮胎(타:태)
妥	온당할 타(:)	女	7획	妥結(타:결) 妥當(타:당) 妥協(타:협)
托	맡길 탁	扌(手)	6획	托鉢僧(탁발승) 托生(탁생) 依托(의탁)
濯	씻을 탁	氵(水)	17획	濯足(탁족) 濯枝雨(탁지우) 洗濯(세:탁)
濁	흐릴 탁	氵(水)	16획	濁流(탁류) 濁世(탁세) 濁酒(탁주)
誕	낳을 탄(:)	言	14획	誕生(탄:생) 誕辰(탄:신) 誕言(탄:언)
貪	탐할 탐	貝	11획	貪官汚吏(탐관오리) 貪心(탐심) 貪慾(탐욕)
怠	게으를 태	心	9획	怠慢(태만) 怠業(태업) 倦怠(권:태)
把	잡을 파(:)	扌(手)	7획	把守兵(파:수병) 把握(파:악) 把持(파:지)

3 급수별 배정 한자

한자	訓音(훈음)	部首	획수	기출예문
罷	마칠 파(:)	罒	15획	罷免(파:면) 罷市(파:시) 罷業(파:업)
播	뿌릴 파(:)	扌(手)	15획	播種(파:종) 播遷(파:천) 播多(파다)
頗	자못 파	頁	14획	頗多(파다) 偏頗(편파)
販	팔 판	貝	11획	販路(판로) 販賣(판매) 販促(판촉)
貝	조개 패(:)	貝	7획	貝殼(패:각) 貝類(패:류) 貝物(패:물)
遍	두루 편	辶	13획	遍歷(편력) 遍散(편산) 遍在(편재)
蔽	가릴 폐(:)	艹(艸)	16획	蔽遮(폐:차) 蔽一言(폐:일언) 隱蔽(은폐)
幣	폐백 폐(:)	巾	15획	幣物(폐:물) 幣帛(폐:백) 貨幣(화:폐)
飽	배부를 포(:)	食	14획	飽滿(포:만) 飽食(포:식) 飽和(포:화)
抱	안을 포(:)	扌(手)	8획	抱腹絕倒(포:복절도) 抱負(포:부) 抱合(포:합)
幅	너비 폭	巾	12획	江幅(강폭) 步幅(보:폭) 畫幅(화:폭)
漂	뜰 표	氵(水)	14획	漂流(표류) 漂浪(표랑) 漂白(표백)
匹	짝 필	匚	4획	匹馬單騎(필마단기) 匹夫匹婦(필부필부) 匹敵(필적)
旱	가물 한(:)	(艸)	7획	旱稻(한:도) 旱害(한:해) 旱災(한:재)
咸	다 함	口	9획	咸池(함지) 咸興差使(함흥차사)
巷	골목 항(:)	己	9획	巷間(항:간) 巷說(항:설) 巷議(항:의)
該	모두 해	言	13획	該當(해당) 該博(해박) 該掌(해장)
亥	열두번째 지지 해(:)	亠	6획	亥方(해:방) 亥時(해:시)
奚	어찌 해	大	10획	奚琴(해금) 奚必(해필) 小奚(소:해)
享	누릴 향(:)	亠	8획	享年(향:년) 享樂(향:락) 享有(향:유)
軒	난간 헌	車	10획	軒擧(헌거) 軒燈(헌등) 烏竹軒(오죽헌)
縣	고을 현(:)	糸	16획	縣監(현:감) 縣令(현령) 郡縣(군:현)
絃	줄 현	糸	11획	絃樂(현악) 絃樂器(현악기) 管絃(관현)
嫌	싫어할 혐	女	13획	嫌忌(혐기) 嫌棄(혐기) 嫌惡感(혐오감)
螢	반딧불 형	虫	16획	螢光(형광) 螢雪之功(형설지공) 螢火(형호-)

3 급수별 배정 한자

한자	訓音(훈음)	部首	획수	기출예문
亨	형통할 형	亠	7획	亨通(형통) 萬事亨通(만:사형통)
兮	어조사 혜	八	4획	兮呀(혜하)
乎	어조사 호	丿	5획	乎哉(호재) 斷乎(단:호)
互	서로 호(:)	二	4획	互流(호:류) 互惠(호:혜) 互換(호:환)
毫	터럭 호	毛	11획	毫端(호단) 毫髮(호발) 秋毫(추호)
昏	어두울 혼	日	8획	昏倒(혼도) 昏迷(혼미) 昏定晨省(혼정신성)
鴻	큰기러기 홍	鳥	17획	鴻鵠之志(홍곡지지) 鴻圖(홍도) 鴻毛(홍모)
弘	넓을 홍	弓	5획	弘大(홍대) 弘道(홍도) 弘報(홍보)
禾	벼 화	禾	5획	禾穀(화곡) 禾利(화리) 嘉禾(가화)
穫	거둘 확	禾	19획	耕穫(경확) 收穫(수확) 秋穫(추확)
擴	넓힐 확	扌(手)	18획	擴大(확대) 擴散(확산) 擴充(확충)
丸	탄알 환	丶	3획	丸泥(환니) 丸藥(환약) 丸劑(환제)
曉	새벽 효(:)	日	16획	曉鷄(효:계) 曉達(효:달) 曉頭(효:두)
侯	제후 후	亻(人)	9획	侯爵(후작) 君侯(군후) 王侯(왕후)
毁	헐 훼(:)	殳	13획	毁事(훼:사) 毁損(훼:손) 毁言(훼:언)
輝	빛날 휘	車	15획	輝耀(휘요) 輝煌(휘황) 光輝(광휘)
携	가질 휴	扌(手)	13획	携帶(휴대) 携手(휴수) 携行(휴행)

(^-^)*

2급배정한자익히기

188자

한자능력검정시험 2급

| 葛 | 칡 갈 | ⺾(艸) | 총13획 |

- 葛根(갈근) 칡뿌리.
- 葛藤(갈등) 목표나 이해관계가 달라 서로 적대시하거나 불화를 일으키는 상태.

활용 葛布(갈포) 葛巾野服(갈건야복) 葛湯(갈탕) 葛粉(갈분)

뜻_ 칡, 콩과의 다년생 만초 이름

| 憾 | 한할 감 | 忄(心) | 총16획 |

- 憾情(감:정) 원망하거나 성내는 마음.
- 遺憾(유감) 마음에 차지 아니하여 섭섭하거나 불만스럽게 남아 있는 느낌.

활용 憾悔(감:회) 私憾(사감)

뜻_ 한하다, 섭섭하다

| 坑 | 구덩이 갱 | 土 | 총7획 |

- 坑道(갱도) 광산에서 갱 안에 뚫어 놓은 길.
- 坑夫(갱부) 광산에서 채굴 작업에 종사하는 인부.

활용 坑木(갱목) 焚書坑儒(분서갱유) 坑內(갱내) 坑口(갱구) 金坑(금갱) 坑井(갱정)

뜻_ 구덩이, 묻다, 갱도

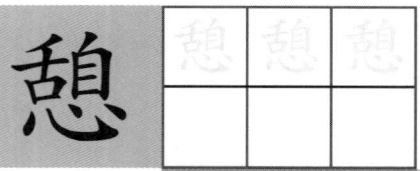

| 憩 | 쉴 게 | 心 | 총16획 |

- 憩息(게:식) 쉼. 휴식.
- 休憩室(휴게실) 잠깐 쉬게 마련한 방.

활용 憩泊(게:박) 休憩(휴게) 憩潮(게:조)

뜻_ 쉬다, 휴식하다

| 揭 | 높이들·걸 게 | 扌(手) | 총12획 |

- 揭示板(게:시판) 게시사항을 쓰는 판.
- 揭載(게:재) 글이나 그림 등을 신문이나 잡지 따위에 실음.

활용 揭揚(게:양) 揭示物(게:시물) 國旗揭揚(국기게:양)

뜻_ 높이 들다, 걸다

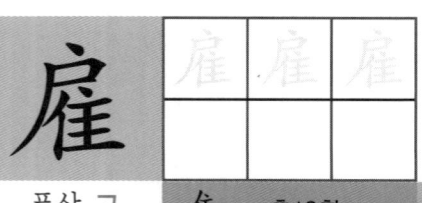

| 雇 | 품살 고 | 隹 | 총12획 |

- 雇兵(고병) 보수를 주고 병사를 고용하는 일 또는 그 병사.
- 雇用(고용) 삯을 주고 사람을 부림.

활용 解:雇(해:고) 雇傭(고용) 整理解雇(정리해:고) 雇用主(고용주)

뜻_ 품을 사다

배정 한자 익히기

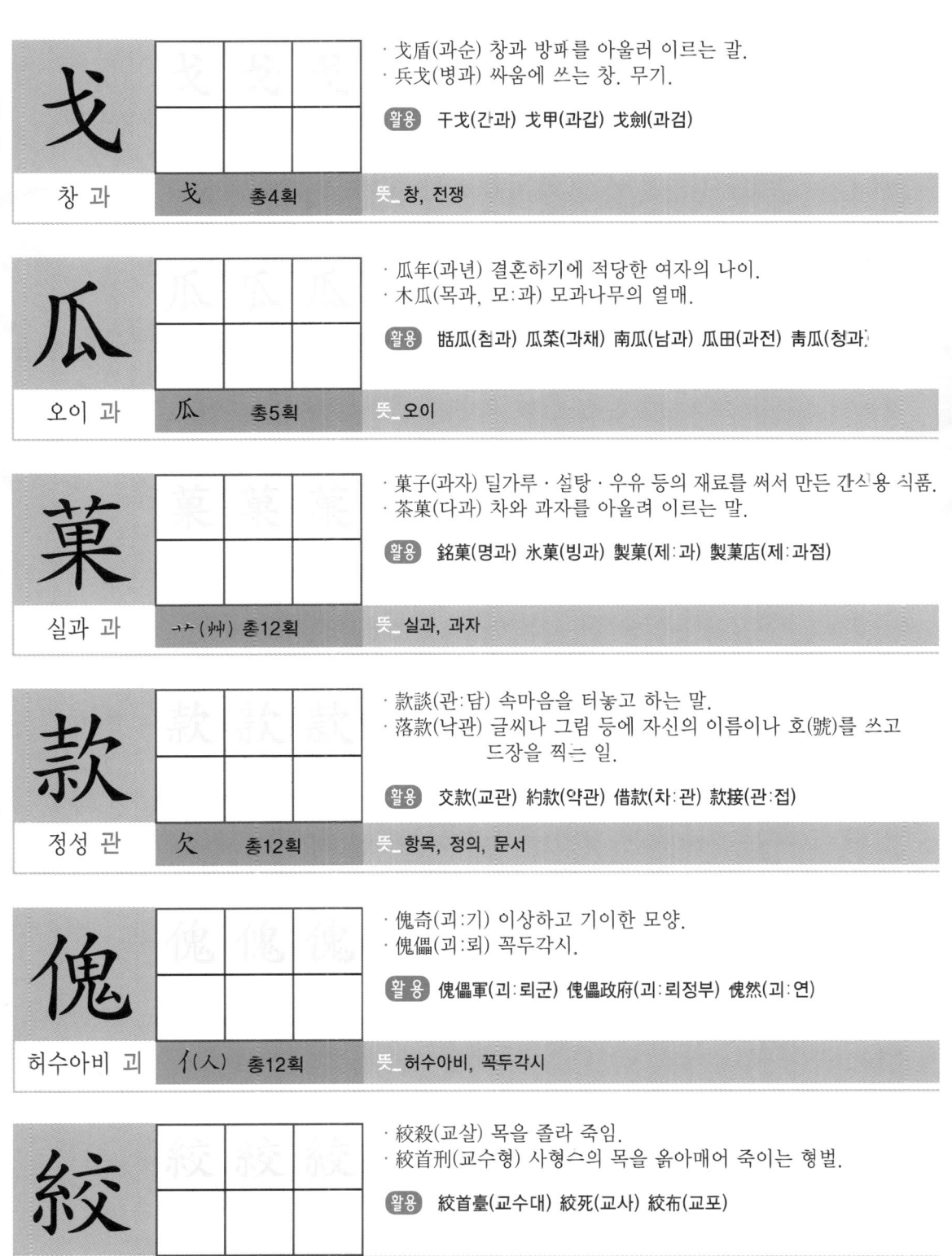

戈 창 과 | 戈 | 총4획
- 戈盾(과순) 창과 방패를 아울러 이르는 말.
- 兵戈(병과) 싸움에 쓰는 창. 무기.
- 활용: 干戈(간과) 戈甲(과갑) 戈劍(과검)
- 뜻_ 창, 전쟁

瓜 오이 과 | 瓜 | 총5획
- 瓜年(과년) 결혼하기에 적당한 여자의 나이.
- 木瓜(목과, 모:과) 모과나무의 열매.
- 활용: 甛瓜(첨과) 瓜菜(과채) 南瓜(남과) 瓜田(과전) 靑瓜(청과)
- 뜻_ 오이

菓 실과 과 | ⺾(艸) | 총12획
- 菓子(과자) 밀가루·설탕·우유 등의 재료를 써서 만든 간식용 식품.
- 茶菓(다과) 차와 과자를 아울러 이르는 말.
- 활용: 銘菓(명과) 氷菓(빙과) 製菓(제:과) 製菓店(제:과점)
- 뜻_ 실과, 과자

款 정성 관 | 欠 | 총12획
- 款談(관:담) 속마음을 터놓고 하는 말.
- 落款(낙관) 글씨나 그림 등에 자신의 이름이나 호(號)를 쓰고 도장을 찍는 일.
- 활용: 交款(교관) 約款(약관) 借款(차:관) 款接(관:접)
- 뜻_ 항목, 정의, 문서

傀 허수아비 괴 | 亻(人) | 총12획
- 傀奇(괴:기) 이상하고 기이한 모양.
- 傀儡(괴:뢰) 꼭두각시.
- 활용: 傀儡軍(괴:뢰군) 傀儡政府(괴:뢰정부) 傀然(괴:연)
- 뜻_ 허수아비, 꼭두각시

絞 목맬 교 | 糸 | 총12획
- 絞殺(교살) 목을 졸라 죽임.
- 絞首刑(교수형) 사형수의 목을 옭아매어 죽이는 형벌.
- 활용: 絞首臺(교수대) 絞死(교사) 絞布(교포)
- 뜻_ 목매다

한자능력검정시험 2급 91

배정 한자 익히기

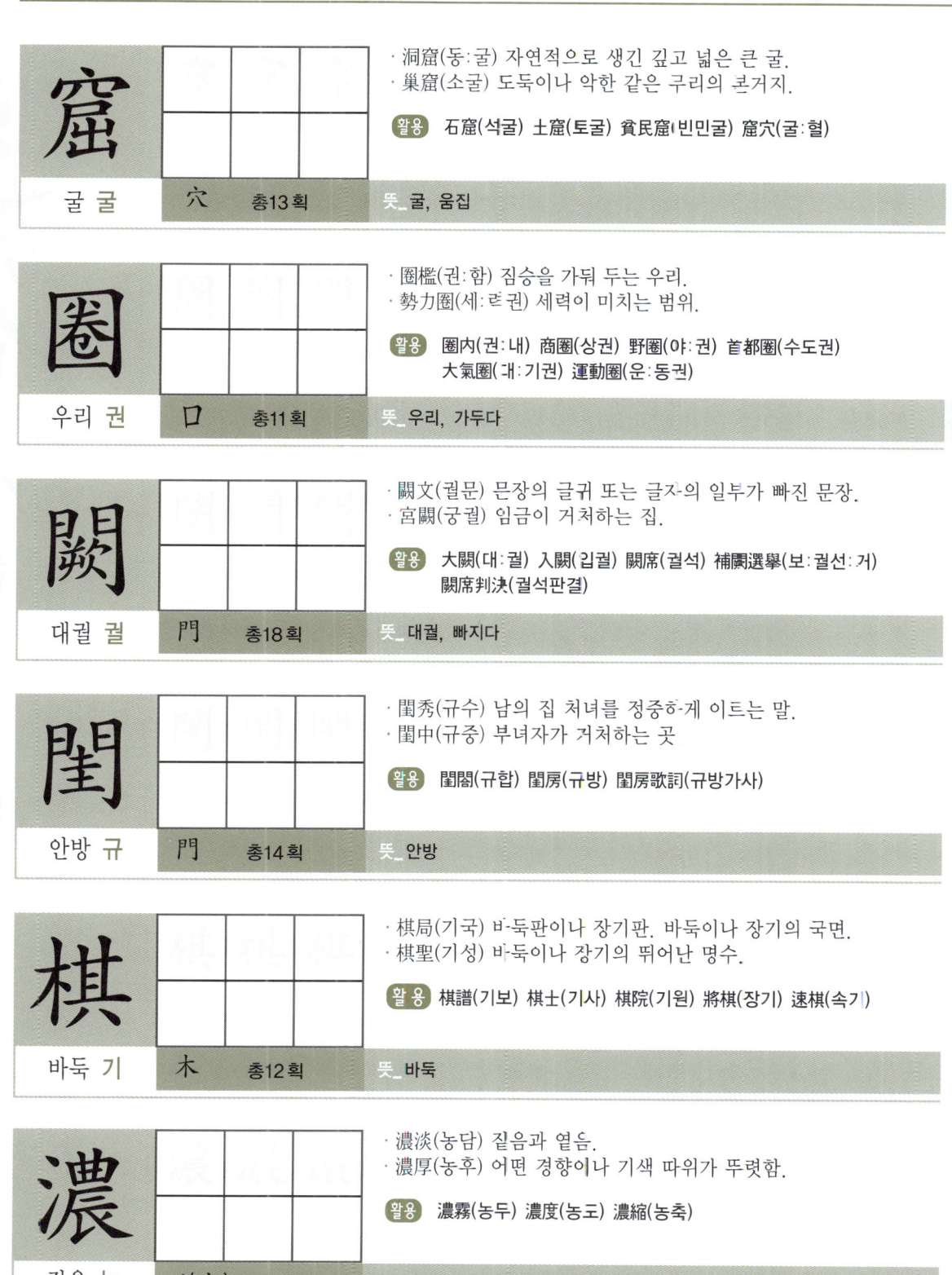

窟				· 洞窟(동:굴) 자연적으로 생긴 깊고 넓은 큰 굴. · 巢窟(소굴) 도둑이나 악한 같은 구리의 본거지. **활용** 石窟(석굴) 土窟(토굴) 貧民窟(빈민굴) 窟穴(굴:혈)
굴 굴	穴	총13획		뜻_굴, 움집

圈				· 圈檻(권:함) 짐승을 가둬 두는 우리. · 勢力圈(세:력권) 세력이 미치는 범위. **활용** 圈內(권:내) 商圈(상권) 野圈(야:권) 首都圈(수도권) 大氣圈(대:기권) 運動圈(운:동권)
우리 권	囗	총11획		뜻_우리, 가두다

闕				· 闕文(궐문) 문장의 글귀 또는 글자의 일부가 빠진 문장. · 宮闕(궁궐) 임금이 거처하는 집. **활용** 大闕(대:궐) 入闕(입궐) 闕席(궐석) 補闕選擧(보:궐선:거) 闕席判決(궐석판결)
대궐 궐	門	총18획		뜻_대궐, 빠지다

閨				· 閨秀(규수) 남의 집 처녀를 정중하게 이르는 말. · 閨中(규중) 부녀자가 거처하는 곳 **활용** 閨閤(규합) 閨房(규방) 閨房歌詞(규방가사)
안방 규	門	총14획		뜻_안방

棋				· 棋局(기국) 바둑판이나 장기판. 바둑이나 장기의 국면. · 棋聖(기성) 바둑이나 장기의 뛰어난 명수. **활용** 棋譜(기보) 棋士(기사) 棋院(기원) 將棋(장기) 速棋(속기)
바둑 기	木	총12획		뜻_바둑

濃				· 濃淡(농담) 짙음과 옅음. · 濃厚(농후) 어떤 경향이나 기색 따위가 뚜렷함. **활용** 濃霧(농무) 濃度(농도) 濃縮(농축)
짙을 농	氵(水)	총16획		뜻_짙다, 진하고 맛이 좋다

배정 한자 익히기

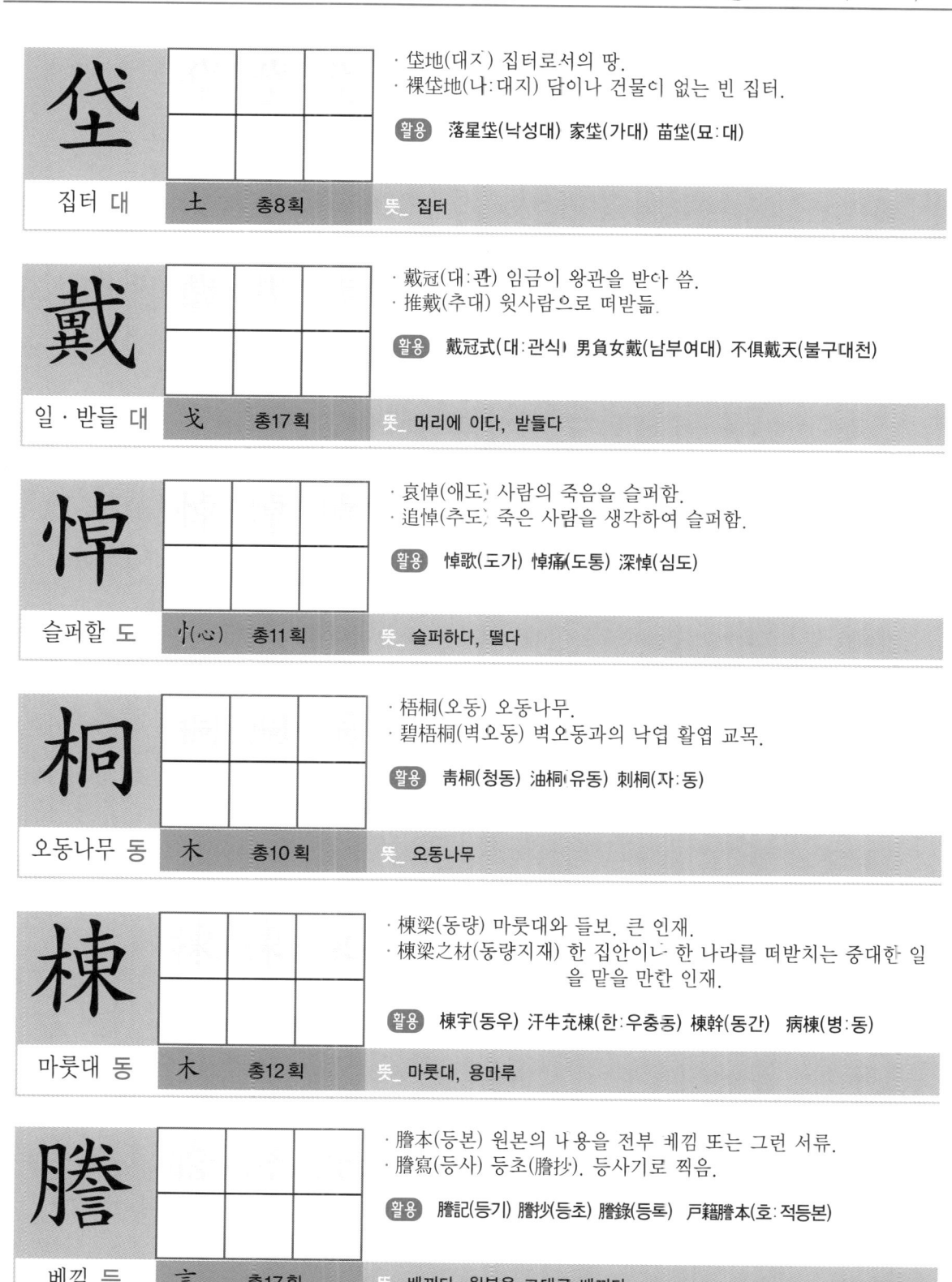

垈 집터 대 | 土 | 총8획
- 垈地(대지) 집터로서의 땅.
- 裸垈地(나:대지) 담이나 건물이 없는 빈 집터.
- 활용 落星垈(낙성대) 家垈(가대) 苗垈(묘:대)
- 뜻_ 집터

戴 일·받들 대 | 戈 | 총17획
- 戴冠(대:관) 임금이 왕관을 받아 씀.
- 推戴(추대) 윗사람으로 떠받듦.
- 활용 戴冠式(대:관식) 男負女戴(남부여대) 不俱戴天(불구대천)
- 뜻_ 머리에 이다, 받들다

悼 슬퍼할 도 | 忄(心) | 총11획
- 哀悼(애도) 사람의 죽음을 슬퍼함.
- 追悼(추도) 죽은 사람을 생각하여 슬퍼함.
- 활용 悼歌(도가) 悼痛(도통) 深悼(심도)
- 뜻_ 슬퍼하다, 떨다

桐 오동나무 동 | 木 | 총10획
- 梧桐(오동) 오동나무.
- 碧梧桐(벽오동) 벽오동과의 낙엽 활엽 교목.
- 활용 靑桐(청동) 油桐(유동) 刺桐(자:동)
- 뜻_ 오동나무

棟 마룻대 동 | 木 | 총12획
- 棟梁(동량) 마룻대와 들보. 큰 인재.
- 棟梁之材(동량지재) 한 집안이나 한 나라를 떠받치는 중대한 일을 맡을 만한 인재.
- 활용 棟宇(동우) 汗牛充棟(한:우충동) 棟幹(동간) 病棟(병:동)
- 뜻_ 마룻대, 용마루

謄 베낄 등 | 言 | 총17획
- 謄本(등본) 원본의 내용을 전부 베낌 또는 그런 서류.
- 謄寫(등사) 등초(謄抄). 등사기로 찍음.
- 활용 謄記(등기) 謄抄(등초) 謄錄(등록) 戶籍謄本(호:적등본)
- 뜻_ 베끼다, 원본을 그대로 베끼다

한자능력검정시험 2급

藤
등나무 **등** | ⺾(艸) 총19획

- 藤架(등가) 기둥을 세우고 그 위에 나무를 걸쳐 등나무 덩굴을 올리게 된 것.
- 藤蘿(등라) 덩굴. 등나무의 덩굴.

활용 藤紙(등지) 葛藤(갈등)

뜻 등나무

裸
벌거숭이 **라** | 衤(衣) 총13획

- 裸身(나:신) 알몸.
- 赤裸裸(적나라) 부끄럽거나 욕되거나 추한 것까지 있는 그대로 다 드러내어 숨김이 없음.

활용 裸像(나:상) 裸體(나:체) 半裸(반:라) 全裸(전라)

뜻 벌거숭이, 벗거벗다, 알몸

洛
강이름 **락** | 氵(水) 총9획

- 洛東江(낙동강) 강원도 함백산에서 시작하여 남해로 흐르는 강.
- 洛陽(낙양) 중국의 후한·당 등의 도읍지였던 곳.

활용 京洛(경락) 上洛(상:락) 洛誦(낙송) 洛花(낙화) 入洛(입락)

뜻 물 이름, 강 이름

爛
문드러질 **란** | 火 총21획

- 爛開(난:개) 꽃이 한창 만발함.
- 絢爛(현:란) 눈이 부시도록 찬란함.

활용 爛漫(난:만) 爛熟(난:숙) 天眞爛漫(천진난만) 能手能爛(능수능란) 豪華燦爛(호화찬란)

뜻 문드러지다, 빛나다

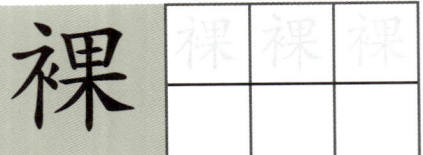
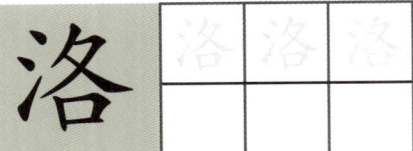
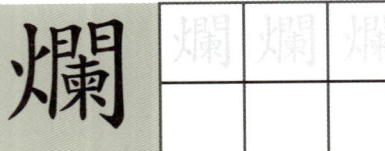

藍
쪽 **람** | ⺾(艸) 총18획

- 藍色(남색) 남빛. 쪽빛.
- 藍實(남실) 쪽의 씨. 약재로 씀.
- 靑出於藍(청출어람) 쪽에서 뽑아낸 푸른 물감이 쪽보다 더 푸름.

활용 甘藍(감람) 靑於藍(청어람) 伽藍(가람)

뜻 쪽, 쪽빛

拉
끌고갈 **랍** | 扌(手) 총8획

- 拉致(납치) 강제로 끌고 감.
- 被拉(피:랍) 납치를 당함.

활용 拉北(납북) 拉殺(납살)

뜻 끌고가다, 꺾다, 끌다

96 이렇게만 준비하면 끝!

한자능력검정시험 2급

摩

摩	摩	摩

문지를 마 · 手 · 총15획

- 摩擦(마찰) 이해나 의견이 서로 다른 사람이나 집단이 충돌함.
- 撫摩(무마) 분쟁이나 사건 따위를 어물어물 덮어 버림.

활용 按摩(안:마) 摩耶夫人(마야부인) 摩天樓(마천루)

뜻_ 비비다, 갈다, 만지다

魔

魔	魔	魔

마귀 마 · 鬼 · 총21획

- 魔力(마력) 요술, 마술의 힘. 이상한 힘
- 好事多魔(호:사다마) 좋은 일에는 흔히 방해되는 일이 많음.

활용 魔手(마수) 魔術(마술) 病魔(병:마) 惡魔(악마) 魔鬼(마귀)

뜻_ 마귀

痲

痲	痲	痲

저릴 마 · 疒 · 총13획

- 痲痺(마비) 신경이나 근육이 형태의 변화 없이 기능을 잃어버리는 상태.
- 痲醉(마취) 약물 따위를 이용하여 얼마 동안 의식이나 감각을 잃게 함.

활용 痲藥(마약) 痲疹(마진) 痲醉劑(마취제)

뜻_ 저리다

膜

膜	膜	膜

막·꺼풀 막 · 月(肉) · 총15획

- 膜骨(막골) 척추 동물의 경골.
- 肋膜炎(늑막염) 외상이나 결핵균의 감염 따위로 늑막에 생기는 염증.

활용 粘膜(점막) 角膜(각막) 鼓膜(고막) 網膜(망막) 結膜炎(결막염) 腹膜炎(복막염)

뜻_ 막, 물질의 겉을 싸고 있는 얇은 꺼풀

灣

 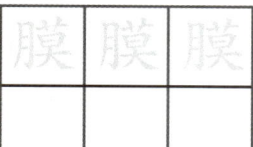

물굽이 만 · 氵(水) · 총25획

- 灣商(만상) 조선 시대 평안북도 의주의 용만(龍灣)에서 중국과 교역을 하던 상인.
- 港灣(항:만) 해안에 방파제나 부두 등의 시설을 갖춘 곳.

활용 臺灣(대만) 灣流(만류) 灣入(만입) 牙山灣(아산만)

뜻_ 물굽이

蠻

오랑캐 만 · 虫 · 총25획

- 蠻勇(만용) 분별없이 함부로 날뛰는 용맹.
- 野蠻(야:만) 미개하여 문화 수준이 낮은 상태.

활용 南蠻(남만) 蠻行(만행) 野蠻人(야:만인)

뜻_ 오랑캐, 미개하다

배정 한자 익히기

娩 낳을 만 | 女 | 총10획
- 娩痛(만:통) 해산할 때의 진통.
- 分娩(분만) 해산. 아이를 낳음.

활용 分娩室(분만실) 娩澤(만:택) 娩息(만:식)

뜻_ 해산하다, 아이를 낳다

網 그물 망 | 糸 | 총14획
- 網羅(망라) 물고기나 새를 잡는 그물이라는 뜻으로, 널리 받아들여 모두 포함함.
- 投網(투망) 그물을 던지는 일.

활용 網狀(망상) 道路網(도:로망) 聯絡網(연락망) 包圍網(포:위망)

뜻_ 그물, 그물질하다

魅 매혹할 매 | 鬼 | 총15획
- 魅力(매력) 사람의 마음을 사로잡아 끄는 힘.
- 魅惑(매혹) 매력으로 사람의 마음을 흐림.

활용 魅了(매료) 木魅(목매) 野魅(야:매)

뜻_ 매혹하다, 도깨비

枚 낱 매 | 木 | 총8획
- 枚擧(매:거) 하나하나 들어서 갈함.
- 枚數(매:수) 종이나 유리 따위의 장으로 셀 수 있는 물건의 수효.

활용 枚陳(매:진) 十枚(십매) 百枚(백매) 銜枚(함매)

뜻_ 낱, 낱낱이, 줄기

蔑 업신여길 멸 | ⺿(艸) | 총15획
- 蔑視(멸시) 업신여기거나 하찮게 여겨 깔봄.
- 凌蔑(능멸) 업신여겨 깔봄.

활용 輕蔑(경멸) 侮蔑(모:멸) 蔑如(멸여)

뜻_ 업신여기다, 깔보다

矛 창 모 | 矛 | 총5획
- 矛盾(모순) 창과 방패.

활용 矛盾槪念(모순개:념) 矛盾關係(모순관계) 矛戈(모과)

뜻_ 자루가 긴 창

한자능력검정시험 2급

帽	
	· 帽子(모자) 머리에 쓰는 물건. · 紗帽冠帶(사:모관대) 구식결혼식의 정장 차림을 일컬음. **활용** 軍帽(군모) 校帽(교:모) 着帽(착모) 脫帽(탈모)
모자 **모** 巾 총12획	**뜻** 모자

沐	
	· 沐浴(목욕) 머리를 감으며 온몸을 씻는 일. · 沐雨(목우) 목욕을 한 것처럼 비를 흠뻑 맞음. **활용** 洗沐(세:목) 沐帳(목후) 沐浴湯(목욕탕)
머리감을 **목** 氵(水) 총7획	**뜻** 머리를 감다, 씻다, 혜택을 받다

紊	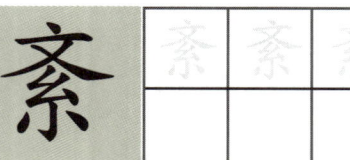
	· 紊亂(문:란) 도덕, 질서, 규범 따위가 어지러움. · 紊緒(문서) 어지러운 실마리. **활용** 散紊(산:문) 妨紊(방문)
어지러울 **문** 糸 총10획	**뜻** 어지럽다, 어지럽히다

舶	
	· 舶物(박물) 외국에서 수입해온 물품. · 船舶(선박) 배. **활용** 大舶(대:박) 舶來品(박래품) 舶賈(박고) 商舶(상박)
큰배 **박** 舟 총11획	**뜻** 큰배

搬	
	· 搬入(반입) 운반하여 들어옴. · 運搬(운:반) 물건을 옮겨 나르는 일. **활용** 搬移(반이) 搬出(반출) 搬運(반운)
옮길 **반** 扌(手) 총13획	**뜻** 옮기다, 운반하다

紡	
	· 紡績(방적) 동식물의 섬유를 가공하여 실을 뽑는 일. · 紡織(방직) 실을 뽑아서 천을 짬. 실을 뽑고 천을 짜고 물을 들이는 일을 통틀어 이르는 말. **활용** 混紡(혼:방) 綿紡績(면방적) 紡毛(방모)
길쌈 **방** 糸 총10획	**뜻** 길쌈하다, 실을 잣다

배정 한자 익히기

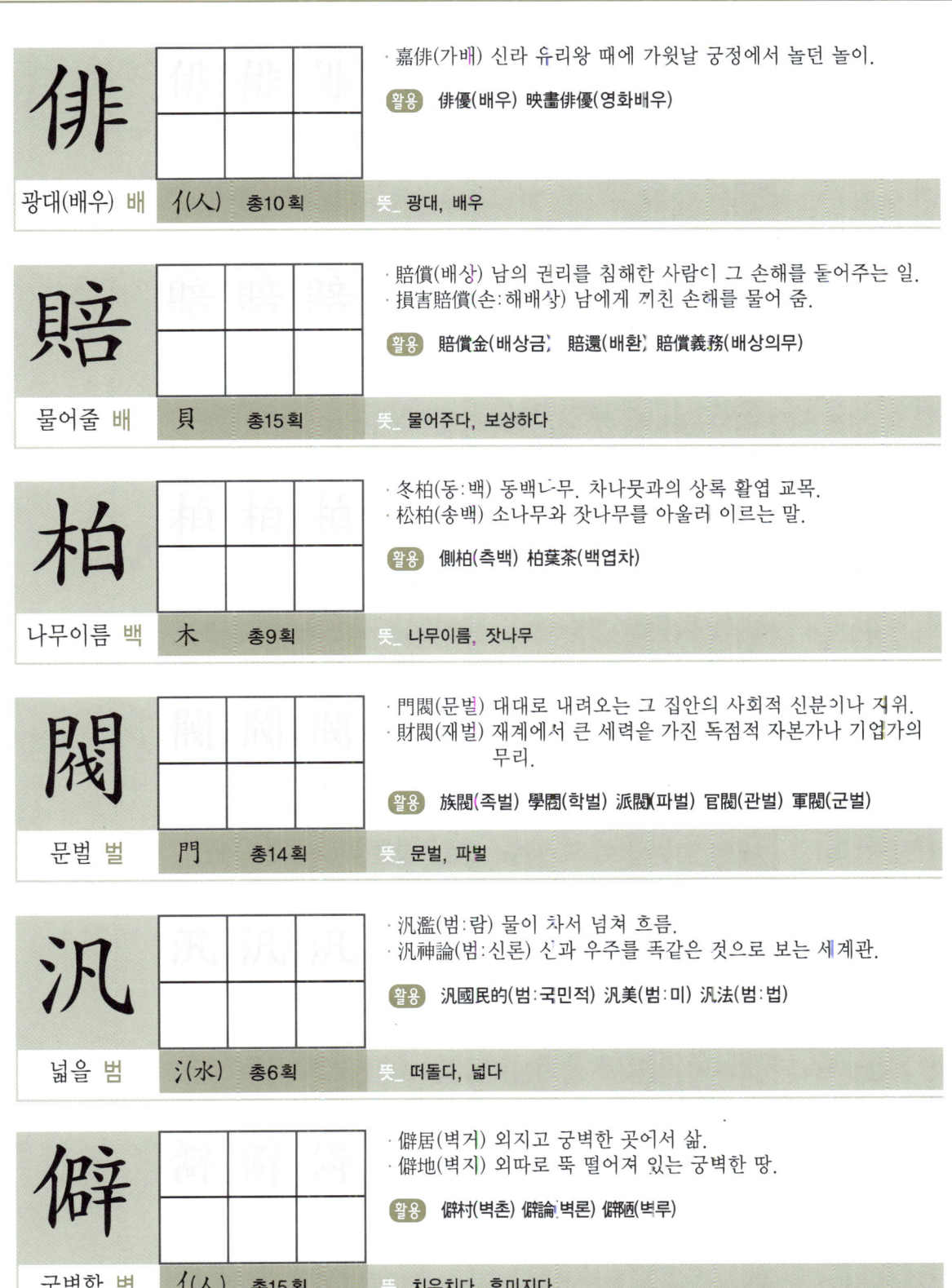

한자능력검정시험 2급

- 倂用(병:용) 아울러 같이 씀.
- 倂合(병:합) 통합, 합병.

활용 倂記(병:기) 倂發(병:발) 倂置(병:치) 合倂症(합병증) 倂殺打(병:살타)

아우를 병 | 亻(人) 총10획 | **뜻** 나란히하다, 아우르다, 모두

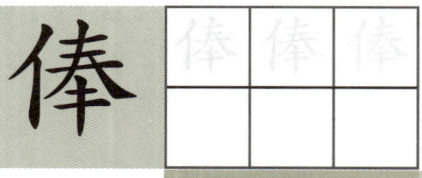

- 俸給(봉:급) 일정한 업무에 계속 근무하는 데에 대한 대가로 받는 보수.
- 薄俸(박봉) 적은 월급.

활용 減俸(감:봉) 年俸(연봉) 初俸(초봉) 號俸(호:봉)

녹 봉 | 亻(人) 총10획 | **뜻** 관리의 급료, 녹봉, 봉직하다

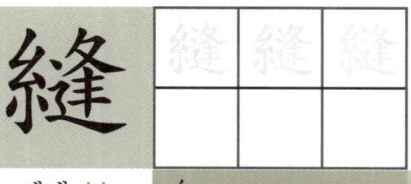

- 縫製(봉제) 재봉틀 따위로 박아서 만듦.
- 彌縫策(미봉책) 눈가림만 하는 일시적인 대책.

활용 裁縫(재봉) 縫合(봉합) 裁縫師(재봉사) 天衣無縫(천의무봉)

꿰맬 봉 | 糸 총17획 | **뜻** 꿰매다, 솔기

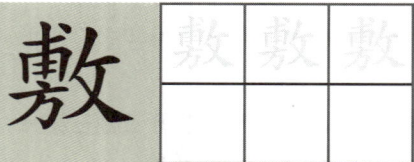

- 敷設(부:설) 다리, 철도, 지뢰 따위를 설치함.
- 敷衍 / 敷演(부:연) 이해하기 쉽도록 설명을 덧붙여 자세히 말함. 늘려서 널리 폄.

활용 敷地(부:지) 高水敷地(고수부지) 敷土(부:토)

펼 부 | 攵 총15획 | **뜻** 펴다, 퍼지다, 나누다

- 髮膚(발부) 머리털과 피부를 아울러 이르는 말.
- 皮膚(피부) 척추동물의 몸을 싸고 있는 조직.

활용 膚淺(부천) 身體髮膚(신체발부) 膚見(부견)

살갗 부 | 月(肉) 총15획 | **뜻** 살갗, 겉껍질

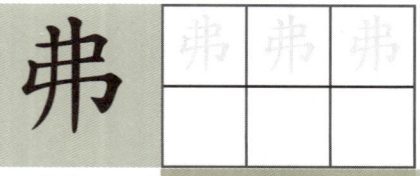

- 弗素(불소) 할로겐 원소의 하나로 자극적인 냄새가 나는 연한 황록색의 기체.
- 弗貨(불화) 달러를 단위로 하는 화폐.

활용 百萬弗(백만불) 千萬弗(천만불) 弗治(불치)

아닐 불 | 弓 총5획 | **뜻** 아니다

배정 한자 익히기

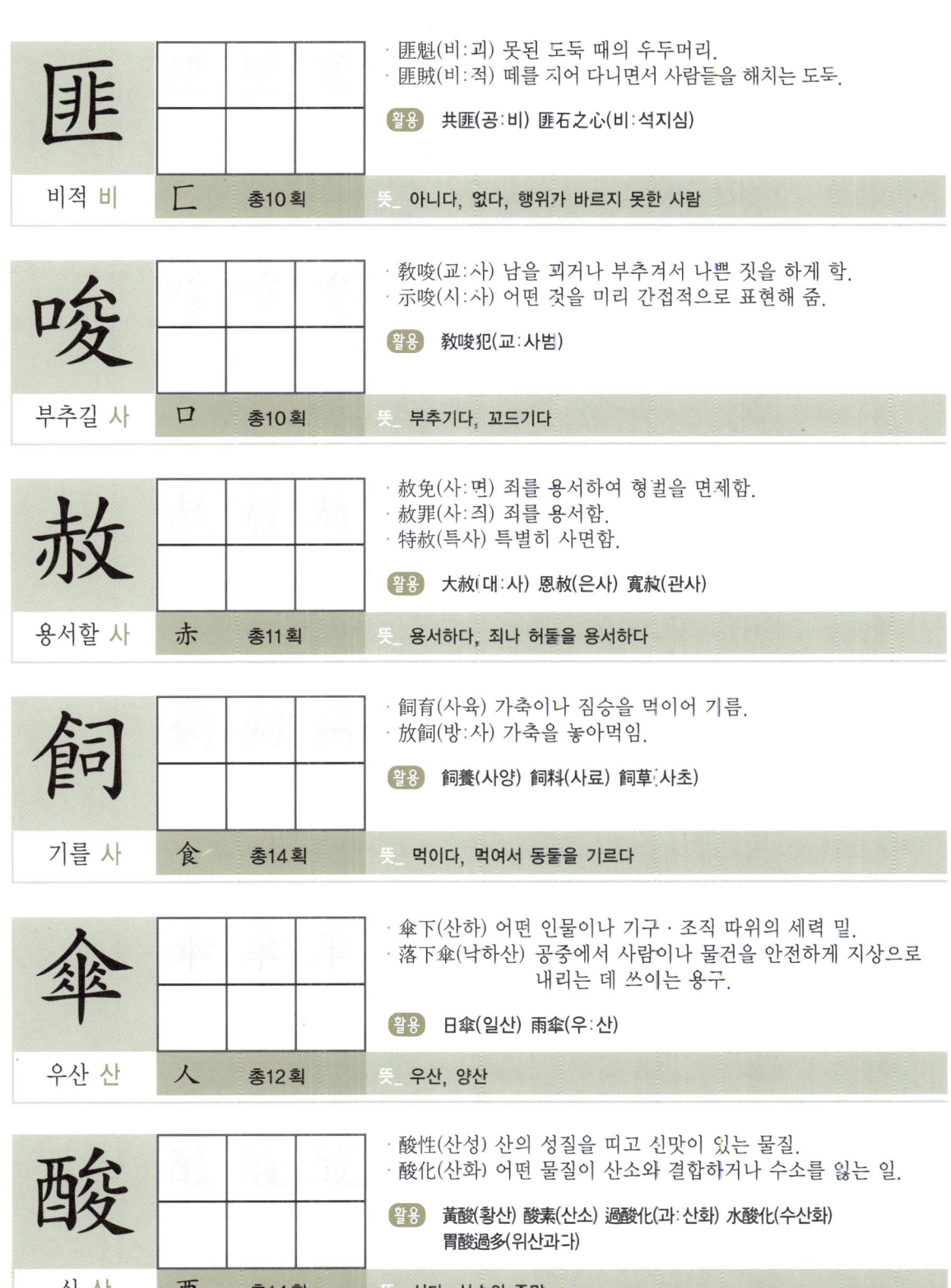

匪
비적 비 | 匚 | 총10획
- 匪魁(비:괴) 못된 도둑 때의 우두머리.
- 匪賊(비:적) 떼를 지어 다니면서 사람들을 해치는 도둑.
- 활용 共匪(공:비) 匪石之心(비:석지심)
- 뜻_ 아니다, 없다, 행위가 바르지 못한 사람

唆
부추길 사 | 口 | 총10획
- 敎唆(교:사) 남을 꾀거나 부추겨서 나쁜 짓을 하게 함.
- 示唆(시:사) 어떤 것을 미리 간접적으로 표현해 줌.
- 활용 敎唆犯(교:사범)
- 뜻_ 부추기다, 꼬드기다

赦
용서할 사 | 赤 | 총11획
- 赦免(사:면) 죄를 용서하여 형벌을 면제함.
- 赦罪(사:죄) 죄를 용서함.
- 特赦(특사) 특별히 사면함.
- 활용 大赦(대:사) 恩赦(은사) 寬赦(관사)
- 뜻_ 용서하다, 죄나 허물을 용서하다

飼
기를 사 | 食 | 총14획
- 飼育(사육) 가축이나 짐승을 먹이어 기름.
- 放飼(방:사) 가축을 놓아먹임.
- 활용 飼養(사양) 飼料(사료) 飼草(사초)
- 뜻_ 먹이다, 먹여서 동물을 기르다

傘
우산 산 | 人 | 총12획
- 傘下(산하) 어떤 인물이나 기구·조직 따위의 세력 밑.
- 落下傘(낙하산) 공중에서 사람이나 물건을 안전하게 지상으로 내리는 데 쓰이는 용구.
- 활용 日傘(일산) 雨傘(우:산)
- 뜻_ 우산, 양산

酸
실 산 | 酉 | 총14획
- 酸性(산성) 산의 성질을 띠고 신맛이 있는 물질.
- 酸化(산화) 어떤 물질이 산소와 결합하거나 수소를 잃는 일.
- 활용 黃酸(황산) 酸素(산소) 過酸化(과:산화) 水酸化(수산화) 胃酸過多(위산과다)
- 뜻_ 시다, 산소의 준말

한자능력검정시험 2급

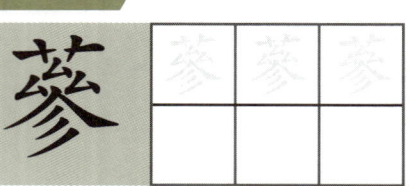

- 紅蔘(홍삼) 수삼을 쪄서 말린 붉은 빛깔의 인삼.

활용 乾蔘(건삼) 蔘茸(삼용) 蔘圃(삼포) 人蔘(인삼) 海蔘(해:삼) 蔘鷄湯(삼계탕)

| 삼 삼 | ⺾(艸) 총15획 | 뜻_ 인삼 |

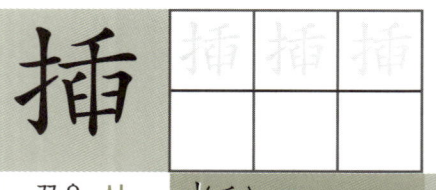

- 揷入(삽입) 틈이나 구멍 사이에 다른 물체를 끼워 넣음. 글 따위에 다른 내용을 끼워 넣음.
- 揷畵(삽화) 서적, 신문 등에서 기사의 이해를 돕기 위하여 넣는 그림.

활용 揷木(삽목) 揷匙(삽시) 揷樹(삽수)

| 꽂을 삽 | 扌(手) 총12획 | 뜻_ 꽂다, 박아 세우다 |

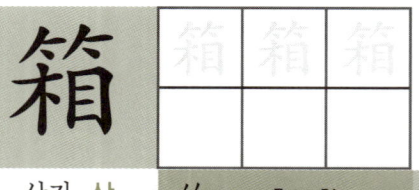

- 箱子(상자) 물건을 담는 용기.

활용 箱房(상방) 巾箱(건상) 合箱(합상)

| 상자 상 | 竹 총15획 | 뜻_ 상자 |

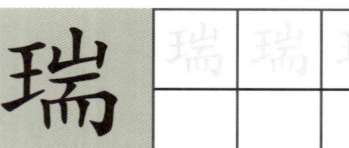

- 瑞光(서:광) 상서로운 빛.
- 瑞雲(서:운) 상서로운 구름.

활용 吉瑞(길서) 瑞雪(서:설) 瑞氣(서:기)

| 상서로울 서 | 王(玉) 총13획 | 뜻_ 상서롭다 |

- 碩學(석학) 학식이 많고 깊은 사람.
- 碩老(석로) 덕이 높은 노인.

활용 碩士(석사) 碩座敎授(석좌교수) 碩望(석망)

| 클 석 | 石 총14획 | 뜻_ 크다, 학식이 많다 |

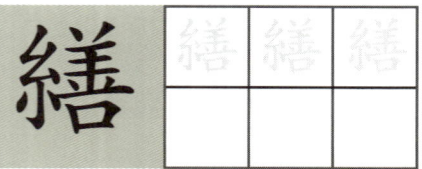

- 修繕(수선) 낡거나 헌 물건을 고침.
- 營繕(영선) 건축물 따위를 새로 짓거나 수리하는 일.

활용 興繕(흥선) 繕補(선:보) 繕寫(선:사) 補繕(보:선)

| 기울 선 | 糸 총18획 | 뜻_ 깁다, 수리하다 |

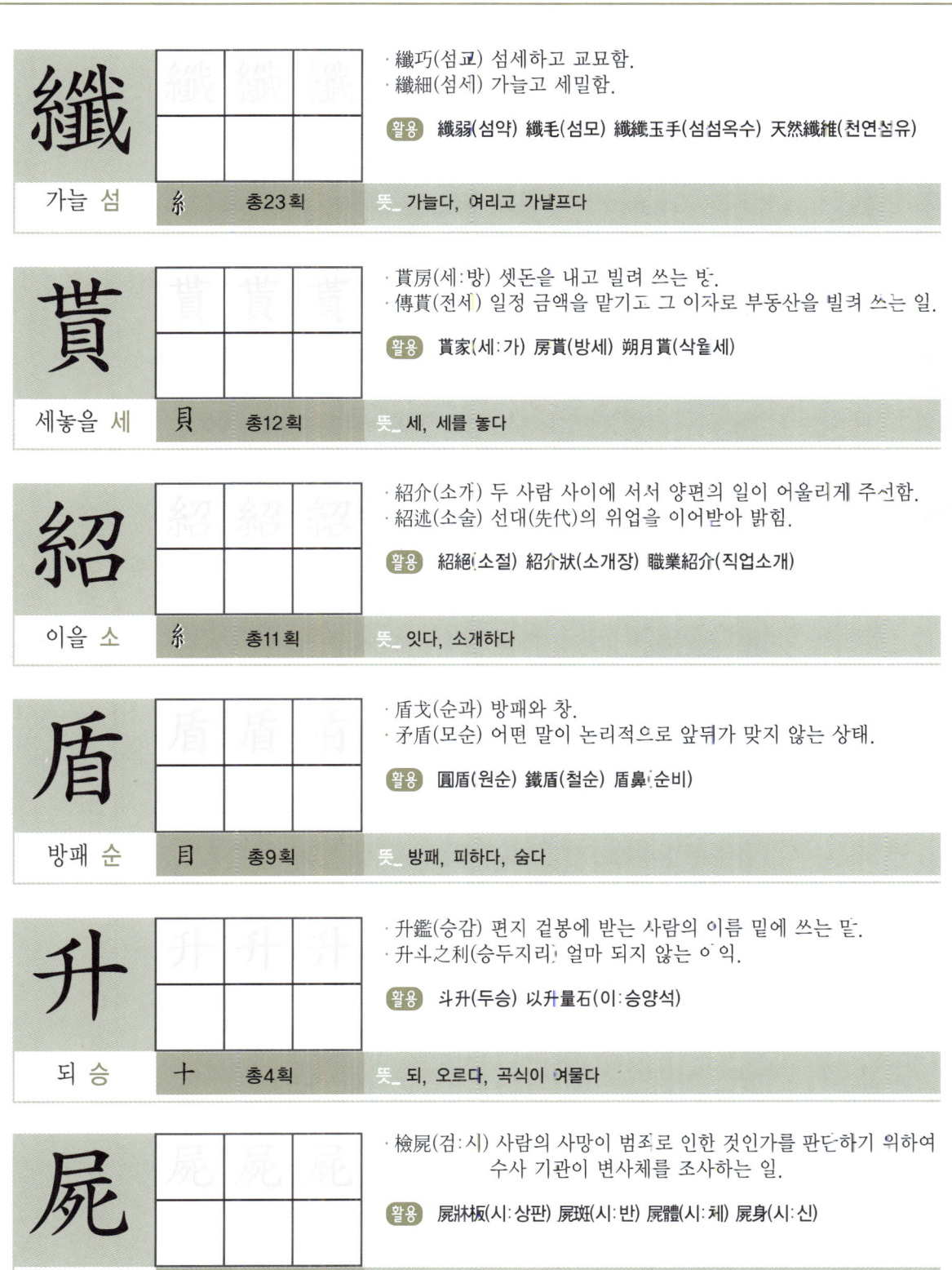

한자능력검정시험 2급

殖 | 불릴 식 | 歹 | 총12획
- 利殖(이:식) 재물이 점점 늘어 감.
- 繁殖(번식) 붇고 늘어서 많이 퍼짐.
- 활용 增殖(증식) 殖産(식산) 養殖(양:식) 生殖器(생식기)
- 뜻_ 심다, 번성하다, 불어나다

紳 | 띠 신 | 糸 | 총11획
- 紳士(신:사) 사람됨이나 몸가짐이 점잖고 교양이 있으며 예의 바른 남자.
- 紳商(신:상) 점잖은 상류층 상인.
- 활용 薦紳(천:신) 高紳(고신) 紳士協定(신:사협정)
- 뜻_ 큰띠, 신분이 높은 사람이 예복 차림에 띠던 띠.

腎 | 콩팥 신 | 月(肉) | 총12획
- 腎熱(신:열) 신수(腎水)가 부족하여 생기는 열.
- 腎臟(신:장) 콩팥.
- 활용 腎盂(신:우) 腎管(신:관) 內腎(내:신) 腎不全(신:부전)
- 뜻_ 콩팥, 신장

握 | 쥘 악 | 扌(手) | 총12획
- 握手(악수) 인사, 감사, 친애, 화해의 뜻으로 두 사람이 각자 한 손을 마주내어 잡는 일.
- 掌握(장:악) 손안에 잡아 쥔다는 뜻으로, 무엇을 마음대로 할 수 있게 됨을 이르는 말.
- 활용 握卷(악권) 握力(악력) 握月擔風(악월담풍)
- 뜻_ 쥐다, 주먹

癌 | 암 암 | 疒 | 총17획
- 肝癌(간:암) 간에 생기는 암.
- 發癌(발암) 암이 생김 또는 암이 생기게 함.
- 활용 胃癌(위암) 肺癌(폐:암) 抗癌(항:암) 癌細胞(암:세포)
- 뜻_ 암

碍 | 거리낄 애 | 石 | 총13획
- 障碍(장애) 막아서 거치적거림.
- 碍人耳目(애인이목) 다른 사람의 귀와 눈에 거슬림.
- 활용 拘碍(구애) 碍眼(애안) 碍産(애산)
- 뜻_ 거리끼다

배정 한자 익히기

惹
- 惹起(야:기) 일이나 사건 따위를 끌어 일으킴.
- 惹端(야:단) 매우 떠들썩하게 일을 벌이거나 부산하게 법석거림.
- 활용 惹出(야:출) 惹鬧(야:뇨)

이끌 야 | 心 | 총13획 | 뜻 끌어당기다, 이끌다

孃
- 野孃(야:양) 시골 처녀.
- 令孃(영양) 영애(令愛). 남의 딸을 높여 이르는 말.
- 활용 貴孃(귀:양) 村孃(촌:양) 老孃(노:양)

아가씨 양 | 女 | 총20획 | 뜻 소녀, 아가씨

硯
- 硯滴(연:적) 벼루에 먹을 갈 때 물을 담아 두는 그릇.
- 紙筆硯墨(지필연묵) 종이와 붓과 벼루와 먹을 아울러 이르는 말.
- 활용 硯石(연:석) 端溪硯(단계연) 硯床(연:상) 硯海(연:해)

벼루 연 | 石 | 총12획 | 뜻 벼루

厭
- 厭世(염:세) 세상을 괴롭고 귀찮은 것으로 여겨 비관함.
- 厭忌(염:기) 싫어하고 꺼림.
- 활용 厭症(염:증) 厭足(염:족) 厭勝(염:승)

싫어할 염 | 厂 | 총14획 | 뜻 싫증을 내다, 미워하다, 만족하다

預
- 預金(예:금) 일정한 계약에 의하여 은행이나 우체국 따위에 돈을 맡기는 일.
- 預備(예:비) 필요할 때 쓰기 위하여 미리 마련하거나 갖추어 놓음.
- 활용 預置(예:치) 預託(예:탁) 預置金(예:치금) 別段預金(별단예:금)

맡길 · 미리 예 | 頁 | 총13획 | 뜻 미리, 참견하다

梧
- 梧桐(오동) 오동나무.
- 梧桐一葉(오동일엽) 오동나무 잎이 떨어지는 것을 보고 가을이 온 것을 안다는 말.
- 활용 梧月(오월) 碧梧桐(벽오동) 梧葉(오엽) 梧桐秋夜(오동추야)

오동 오 | 木 | 총11획 | 뜻 오동나무

한자능력검정시험 2급

妊 | 아이밸 임 | 女 | 총7획
- 妊娠(임:신) 아이나 새끼를 뱀.
- 妊産婦(임:산부) '임부(姙婦)'와 '산부(産婦)'를 아울러 이르는 말.
- 활용 避姙(피:임) 懷妊(회임) 胎妊(태임)
- 뜻_ 아이를 가지다, 아이를 배다

磁 | 자석 자 | 石 | 총14획
- 磁氣(자:기) 자석이 철을 끌어당기는 작용.
- 磁石(자:석) 자성(磁性)을 가진 천연의 광석.
- 활용 磁性(자:성) 磁極(자:극) 磁場(자:장) 磁針(자:침)
- 뜻_ 자석, 지남철, 자기

諮 | 물을 자 | 言 | 총16획
- 諮問(자:문) 전문가에게 의견을 물음.
- 諮議(자:의) 남에게 의견을 물어 논의하는 일.
- 활용 諮問機關(자:문기관) 諮謀(자:모)
- 뜻_ 묻다, 상의하다

雌 | 암컷 자 | 隹 | 총13획
- 雌伏(자복) 남에게 스스로 복종함.
- 雌雄(자웅) 암컷과 수컷.
- 활용 雌花(자화) 雌性(자성) 雌雄同體(자웅동체)
- 뜻_ 암컷, 생물의 암컷.

蠶 | 누에 잠 | 虫 | 총24획
- 養蠶(양:잠) 누에를 기름 또는 그 일.
- 蠶食(잠식) 누에가 뽕잎을 먹듯이 점차 조금씩 침략하여 먹어 들어감
- 활용 蠶具(잠구) 蠶業(잠업) 春蠶(춘잠) 蠶農(잠농) 蠶室(잠실) 蠶絲(잠사)
- 뜻_ 누에, 누에나방의 유충

沮 | 막을 저 | 氵(水) | 총8획
- 沮止(저:지) 막아서 못하게 함.
- 沮害(저:해) 막아서 못하게 하여 해침.
- 활용 沮止線(저:지선) 沮害要因(저:해요인) 沮氣(저:기)
- 뜻_ 막다, 그치다

배정 한자 익히기

呈 드릴 정 — 口 총7획
- 贈呈(증정) 어떤 물건 따위를 성의 표시나 축하 인사로 줌.
- 獻呈(헌:정) 주로 책 따위를 남에게 줄 때 씀.

활용 呈上(정상) 進呈(진:정) 贈呈本(증정본)

뜻_ 드러나다, 나타내다, 바치다

偵 염탐할 정 — 亻(人) 총11획
- 偵察(정찰) 살피어 알아냄.
- 偵探(정탐) 드러나지 않은 사정을 몰래 살펴 알아냄.

활용 探偵(탐정) 密偵(밀정) 偵客(정객) 偵諜(정첩)

뜻_ 정탐꾼, 염탐하다, 묻다

艇 거룻배 정 — 舟 총13획
- 競艇(경:정) 작은 모터보트를 타고 속도로 승부를 겨루는 경기.
- 艦艇(함:정) 크고 작은 군함을 통틀어 이르는 말.

활용 短艇(단:정) 釣艇(조:정) 舟艇(주정) 救命艇(구:명정) 快速艇(쾌속정)

뜻_ 거룻배, 간편한 작은 배

劑 약제 제 — 刂(刀) 총16획
- 藥劑(약제) 의료용으로 조제한 약.
- 調劑(조제) 여러 가지 약품을 적절히 조합하여 약을 지음. 또는 그런 일.

활용 湯劑(탕:제) 洗劑(세:제) 營養劑(영양제) 解熱劑(해:열제)

뜻_ 자르다, 조제하다

措 둘 조 — 扌(手) 총11획
- 措語(조어) 글자로 말의 뜻을 얽구어 만듦.
- 措置(조치) 제기된 문제나 사태를 잘 살펴서 필요한 대책을 세움.

활용 措處(조처) 措辭(조사) 緊急措置(긴급조치)

뜻_ 놓다, 두다, 베풀다

釣 낚을 · 낚시 조 — 金 총11획
- 釣竿(조:간) 낚시대.
- 釣鉤(조:구) 낚시바늘.
- 釣魚(조:어) 물고기를 낚음.

활용 釣臺(조:대) 釣船(조:선) 釣況(조:황)

뜻_ 낚시, 낚다

배정 한자 익히기

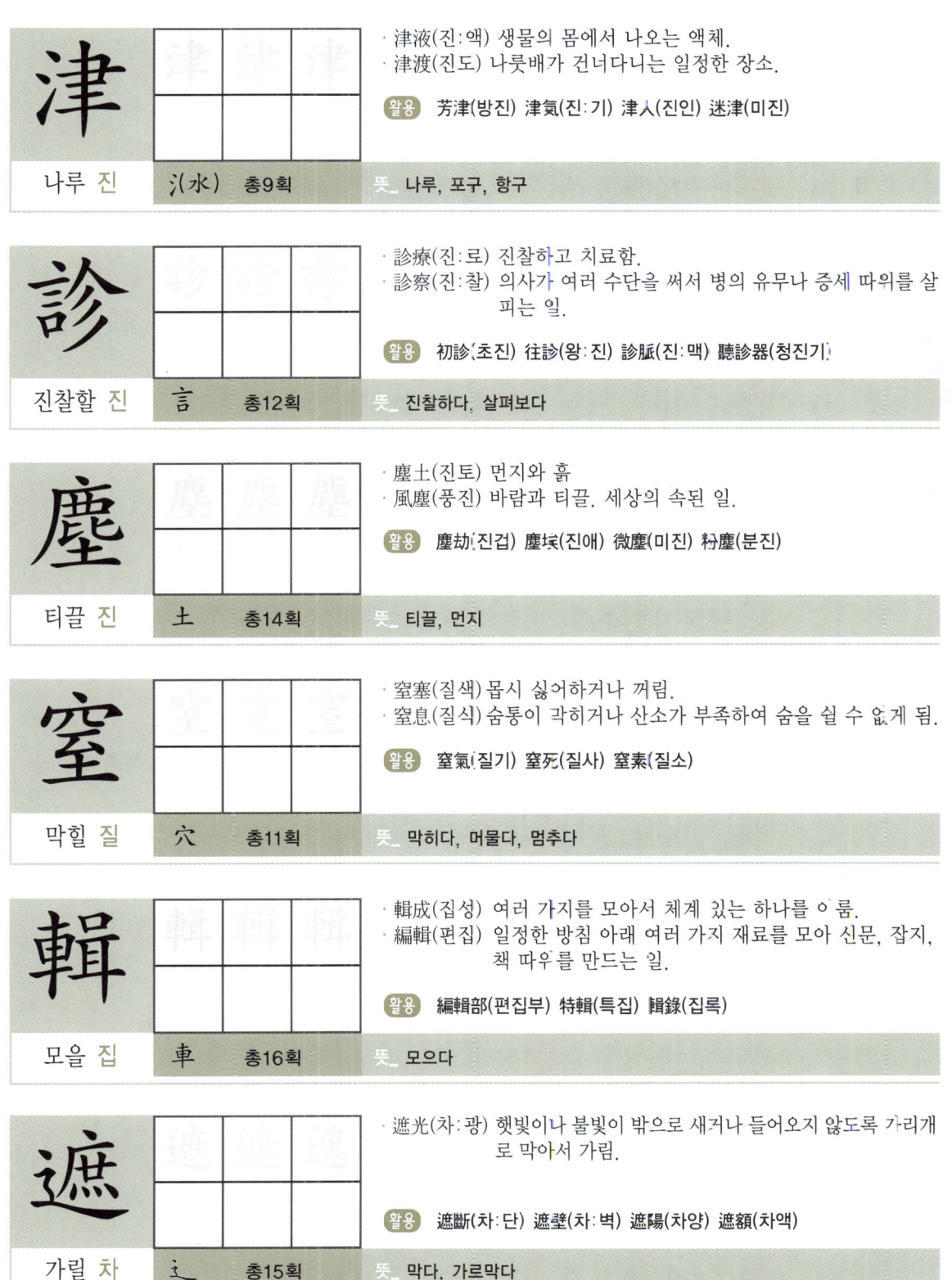

한자능력검정시험 2급

餐 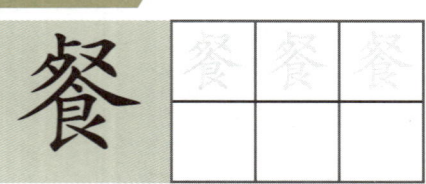	· 餐然(찬연) 산뜻하고 조촐함. · 晚餐(만:찬) 저녁 식사. 활용 常餐(상찬) 夜餐(야:찬) 午餐(오:찬) 早餐(조:찬)
밥 찬 ／ 食 ／ 총16획	뜻_ 식사, 밥, 음식물

札 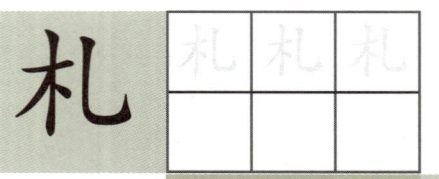	· 名札(명찰) 이름표. · 現札(현:찰) 현금. 활용 書札(서찰) 落札(낙찰) 芳札(방찰) 鑑札(감찰) 應札(응:찰) 改札口(개:찰구)
편지 찰 ／ 木 ／ 총5획	뜻_ 글씨를 쓰는 작은 조각

刹 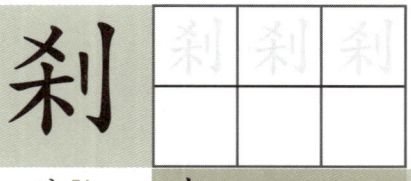	· 寺刹(사찰) 절. · 刹那(찰나) 지극히 짧은 순간. 활용 古刹(고:찰) 名刹(명찰) 佛刹(불찰)
절 찰 ／ 刂(刀) ／ 총8획	뜻_ 절

斬 	· 斬首(참:수) 목을 벰. · 斬新(참신) 새롭고 산뜻함. 활용 斬刑(참:형) 斬屍(참:시) 陵遲處斬(능지처참) 腰斬(요참)
벨 참 ／ 斤 ／ 총11획	뜻_ 베다

滄 	 · 滄波(창파) 넓고 큰 바다의 맑고 푸른 물결. · 滄海(창해) 넓고 큰 바다. 활용 滄海一粟(창해일속) 滄浪(창랑) 滄茫(창망)
큰바다 창 ／ 氵(水) ／ 총13획	뜻_ 차갑다, 푸르다

彰 	· 彰往察來(창왕찰래) 과거를 밝히며 미래의 득실을 살핌. · 表彰(표창) 훌륭한 일을 한 사람에게 세상에 드러내어 상을 줌. 활용 彰德(창덕) 表彰狀(표창장) 彰明(창:명) 彰善(창:선)
드러날 창 ／ 彡 ／ 총14획	뜻_ 밝다, 드러나다, 무늬

한자능력검정시험 2급

焦	焦 焦 焦	· 焦燥(초조) 애가 타서 마음이 조마조마함. · 焦點(초점) 사물의 가장 중요한 부분. 활용 焦土(초토) 勞心焦思(노심초사) 焦眉(초미) 焦眉之急(초미지급)
탈 초	灬(火) 총12획	뜻_ 그슬리다, 타다

趨	趨 趨 趨	· 趨勢(추세) 어떤 현상이 일정한 방향으로 나아가는 경향. · 歸趨(귀:추) 일이 되어가는 형편. 귀착하는 곳. 활용 趨進(추진) 趨步(추보) 趨向(추향)
달아날 추	走 총17획	뜻_ 붙쫓다, 달리다

軸	軸 軸 軸	· 機軸(기축) 기관이나 바퀴 따위의 굴대. 어떤 활동의 중심이 되는 중요한 부분. · 車軸(차축) 차바퀴의 굴대. 활용 天方地軸(천방지축) 軸距(축거) 截軸(절축) 回轉軸(회전축)
굴대 축	車 총12획	뜻_ 굴대, 두루마리

蹴	蹴 蹴 蹴	· 一蹴(일축) 단번에 물리침. · 蹴踏(축답) 발로 차고 짓밟음 활용 怒蹴(노축) 蹴球(축구)
찰 축	足 총19획	뜻_ 차다, 발로 차다

衷	衷 衷 衷	· 衷心(충심) 마음속에서 우러나는 참된 마음. · 折衷(절충) 서로 의견이나 관점을 알맞게 조절하여 잘 어울리게 함. 활용 衷懇(충간) 衷曲(충곡) 衷情(충정) 衷懷(충회) 聖衷(성:충)
속마음 충	衣 총10획	뜻_ 속마음, 참마음

炊	炊 炊 炊	· 炊事(취:사) 끼니로 먹을 음식 따위를 만드는 일. · 炊煙(취:연) 밥 짓는 연기. 활용 自炊(자취) 炊湯(취:탕) 蒸炊(증취) 炊事兵(취:사병) 炊事道具(취:사도구)
불땔 취	火 총8획	뜻_ 불을 때다, 밥을 짓다

배정 한자 익히기

託 부탁할 탁 | 言 | 총10획
- 寄託(기탁) 어떤 물건을 부탁하여 맡겨 둠.
- 付託(부:탁) 어떤 일을 해 달라고 청하거나 맡김.
- 활용: 受託(수탁) 信託(신:탁) 豫託(예:탁) 委託(위탁) 託兒所(탁아소)
- 뜻_ 부탁하다, 의탁하다

琢 다듬을 탁 | 王(玉) | 총12획
- 琢飾(탁식) 갈고 다듬어 꾸밈. 수식함.
- 切磋琢磨(절차탁마) 부지런히 학문과 덕행을 닦음을 이르는 말.
- 활용: 琢器(탁기) 採託(채:탁) 琢磨(탁마)
- 뜻_ 옥을 다듬다, 수양하다

胎 아이밸 태 | 月(肉) | 총9획
- 胎敎(태교) 태아에게 좋은 영향을 주기 위해 마음을 바르게 하는 일.
- 胎夢(태몽) 잉태할 조짐을 보인 꿈.
- 활용: 胎盤(태반) 胎兒(태아) 胎動(태동) 落胎(낙태) 換骨奪胎(환:골탈태)
- 뜻_ 아이를 배다, 태아

颱 태풍 태 | 風 | 총14획
- 颱風(태풍) 북태평양 남서부에서 발생하여 아시아 대륙 동부로 불어오는 폭풍우를 수반한 맹렬한 열대 저기압.
- 颱風眼(태풍안) 태풍의 눈.
- 활용: 颱風被害(태풍피해)
- 뜻_ 태풍

覇 으뜸 패 | 西 | 총19획
- 覇氣(패:기) 어떤 어려운 일이라도 해내려는 굳센 기상이나 정신.
- 制覇(제:패) 패권을 잡음. 경기에서 우승함.
- 활용: 覇權(패:권) 覇王(패:왕) 連覇(연패) 爭覇(쟁패) 覇權主義(패:권주의) 覇氣滿滿(패:기만만)
- 뜻_ 우두머리, 제후의 맹자가 되다

坪 들 평 | 土 | 총8획
- 坪當(평당) 한 평에 대한 비율.
- 建坪(건:평) 건물이 차지한 밑바닥의 평수.
- 활용: 坪數(평수) 延建坪(연건평) 坪當價格(평당가격)
- 뜻_ 땅, 건물을 나타내는 재래식 단위

한자능력검정시험 2급

抛

- 抛棄(포:기) 하려던 일을 도중에 그만두어 버림.
- 抛物線(포:물선) 물체가 반원 모양을 그리며 날아가는 선.

활용 抛擲(포:척)

던질 포 | 扌(手) | 총8획 | 뜻_ 버리다, 던지다

怖

- 恐怖(공포) 두렵고 무서움.
- 怖伏(포복) 무서워서 엎드림.

활용 怖苦發心(포고발심) 怖畏(포외) 怖悸(포계) 畏怖(외:포) 恐怖心(공:포심)

두려워할 포 | 忄(心) | 총8획 | 뜻_ 두려워하다, 두렵다

鋪

- 店鋪(점:포) 물건을 늘어놓고 파는 곳.
- 典當鋪(전:당포) 물건을 잡고 돈을 빌려 주어 이익을 취하는 곳.

활용 鋪道(포도) 鋪裝(포장) 紙物鋪(지물포) 鋪裝道路(포장도로)

펼·가게 포 | 金 | 총15획 | 뜻_ 가게, 상점

虐

- 虐待(학대) 몹시 괴롭히거나 가혹하게 대우함.
- 殘虐(잔학) 잔인하고 포악함.

활용 虐殺(학살) 虐政(학정) 自虐(자학) 兒童虐待(아동학대) 暴虐無道(포:학무도)

모질 학 | 虍 | 총9획 | 뜻_ 모질다, 포악하다

翰

- 翰林(한:림) 신라 때 임금의 말과 명령을 글로 짓는 일을 맡아 하던 벼슬.
- 翰墨(한:묵) 글을 짓거나 쓰는 것을 이르는 말.

활용 翰飛(한:비) 翰林別曲(한:림별곡) 翰毛(한:모) 翰藻(한:조)

편지 한 | 羽 | 총16획 | 뜻_ 글, 문장

艦

- 艦隊(함:대) 군함 두 척 이상으로 편성한 해군 부대.
- 艦艇(함:정) 크거나 작은 군사용 배를 통틀어 이르는 말.

활용 艦長(함:장) 艦上(함:상) 驅逐艦(구축함) 巡洋艦(순양함) 潛水艦(잠수함) 軍艦(군함)

큰배 함 | 舟 | 총20획 | 뜻_ 배, 큰 전함

배정 한자 익히기

한자능력검정시험 2급

幻	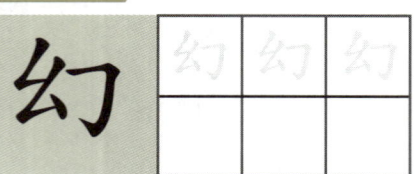	· 幻想(환:상) 현실적인 기초나 가능성이 없는 헛된 생각이나 공상. · 幻影(환:영) 눈앞에 없는 것이 있는 것처럼 보이는 것. **활용** 幻覺(환:각) 幻聽(환:청) 幻滅(환:멸) 幻想(환:상) 幻覺劑(환:각제)
헛보일 환	幺 총4획	**뜻** 변하다, 미혹하다

滑	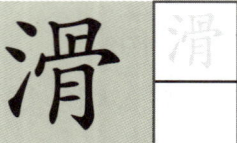 滑 滑	· 滑降(활강) 비탈진 곳을 미끄러져 내려오거나 내려감. · 滑稽(골계) 익살. 해학. **활용** 圓滑(원활) 潤滑油(윤:활유) 滑走路(활주로)
미끄러울 활/ 익살스러울 골	氵(水) 총13획	**뜻** 미끄럽다, 미끄럽게 하다, 익살스럽다

廻	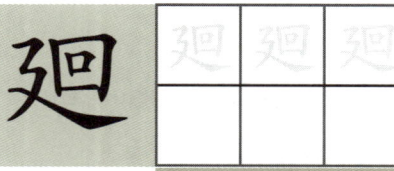	· 廻轉(회전) 어떤 것을 축으로 물체 자체가 빙빙 돎. · 巡廻(순회) 여러 곳을 돌아다님. **활용** 輪廻(윤회) 迂廻(우회) 廻禮(회례) 出廻(출회) 下廻(하:회)
돌 회	廴 총9획	**뜻** 돌다, 돌리다, 피하다

喉	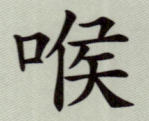 	· 結喉(결후) 후두의 연골이 약간 튀어 나온 부분. · 咽喉(인후) 식도와 기도를 통하는 입속 깊숙한 곳. **활용** 喉骨(후골) 喉頭(후두) 喉門(후문) 喉舌(후설) 喉音(후음) 喉頭炎(후두염)
목구멍 후	口 총12획	**뜻** 목구멍

勳		· 功勳(공훈) 나라나 회사를 위하여 두드러지게 세운 공로. · 勳章(훈장) 나라에 공훈이 있는 사람에게 내려주는 휘장. **활용** 報勳處(보훈처) 勳戚(훈척) 武勳(무:훈) 敍勳(서:훈) 首勳(수훈)
공 훈	力 총16획	**뜻** 국가나 임금을 위해 세운 공로나 등급

熙		· 熙皓(희호) 백성이 화락(和樂)함. · 廣熙(광:희) 조선 시대 장악원에 속하여 궁중 음악에 종사하던 벼슬. **활용** 熙熙壤壤(희희양양) 熙朝(희조) 熙笑(희소)
빛날 희	灬(火) 총13획	**뜻** 빛나다

배정 한자 익히기

噫				· 噫嗚(희오) 탄식하는 모양. · 噫氣(애기) 내쉬는 입김. **활용** 噫欠(애흠) 噫喜(희희)
한숨쉴 희/하품 애	口	총16획	뜻_ 한숨쉬다, 탄식하다	

姬				· 佳姬(가:희) 아리따운 젊은 여자. · 舞姬(무:희) 춤추는 것을 직업으로 하는 여자. **활용** 妖姬(요희) 美姬(미:희) 姬妾(희첩)
계집 희	女	총9획	뜻_ 아씨, 계집아이	

(^-^)*

인·지명자익히기

350자

伽 절 가
亻(人)　총7획

뜻_ 절, 범어 gha의 음역자
- 伽藍(가람) 중이 살면서 불도를 닦는 곳. 승가람마.
- 伽倻(가야) 우리나라의 고대 부족 국가.
- 伽倻琴(가야금) 우리나라 고유 현악기의 하나.

珏 쌍옥 각
王(玉)　총9획

뜻_ 한 쌍의 옥
- 崔珏圭(최각규) 경제·정치계 인물.
- 朴勝珏(박승각) 독립운동가.

柯 가지 가
木　총9획

뜻_ 가지, 도끼 자루
- 柯亭(가정) 중국 절강성 회계 땅.
- 柯葉(가엽) 가지와 잎.　· 交柯(교가)
- 南柯一夢(남가일몽)　· 柯條(가조)

杆 몽둥이 간
木　총7획

뜻_ 몽둥이, 막대기
- 杆菌(간:균) 콜레라, 결핵균 등과 같이 막대 모양으로 생긴 분열균.
- 杆棒(간:봉) 몽둥이.
- 杆城(간성) 강원도 지명.

軻 수레·사람이름 가
車　총12획

뜻_ 높다, 굴대, 힘들다, 때를 못 만나다, 맹자이름
- 軻峨(가아) 높은 모양.
- 孟軻(맹가) 맹자의 이름.

艮 괘이름 간
艮　총6획

뜻_ 그치다, 한정하다, 괘 이름, 간괘
- 艮卦(간:괘) 8괘의 하나.
- 艮峴(간:현) 강원도 원주에 있는 유원지.
- 艮方(간:방)

賈 성 가 / 장사 고
貝　총13획

뜻_ 장사, 장사하다, 사다, 값, 성씨
- 賈逵(가규) 후한전기의 유학자.
- 賈船(고선) 장삿배.
- 賈竪(고수) 장사를 하는 사람.

鞨 오랑캐이름 갈
革　총18획

뜻_ 말갈, 종족이름
- 靺鞨(말갈) 만주 동북지방에 있던 퉁구스계의 일족.
- 鞨鼓(갈고) 말갈족이 사용하는 북.

迦 부처이름 가
　총9획

뜻_ 석가의 이름
- 迦藍(가람) 승려가 기거하며 불도를 닦는 곳.
- 釋迦牟尼(석가모니)　· 迦葉(가섭)

邯 사람이름 감 / 趙나라서울 한
阝(邑)　총8획

뜻_ 땅 이름, 강 이름, 현(縣) 이름
- 姜邯贊(강감찬) 고려시대의 명장.
- 邯鄲(한단) 전국시대 조나라의 서울.
- 邯鄲之夢(한단지몽) 인생과 영화의 덧없음을 이르는 말.

인명자 · 지명자 익히기

岬 곶 갑
山　　총8획

뜻_ 산옆구리, 곶, 이어지다
- 岬角(갑각) 갑. 바다 안으로 깊이 들어간 육지. 바다 쪽으로, 부리 모양으로 뾰족하게 뻗은 육지.
- 龍臺岬(용대갑) · 岬城(갑성)

崗 언덕 강
山　　총11획

뜻_ 산등성이, 산등성 다루, 구릉, 언덕, 岡의 俗字
- 花崗巖(화강암) 석영, 운모, 장석 등을 주성분으로 하는 화성암의 한가지.
- 崗阜(강부) · 毛宗崗(모종강)

鉀 갑옷 갑
金　　총13획

뜻_ 갑옷
- 鉀衣(갑의) 갑옷.
- 尹在鉀(윤재갑)

岡 산등성이 강
山　　총8획

뜻_ 산등성이, 언덕
- 岡陵(강릉) 언덕이나 작은 산.
- 福岡(복강) 일본 규슈 북부에 있는 현.
- 高岡(고강) · 天岡(천강)

姜 성 강
女　　총9획

뜻_ 성씨, 신농씨(神農氏)의 성.
- 姜太公(강태공) 낚시질을 유난히 좋아하는 사람을 비유하여 이르는 말.
- 姜希顔(강희안) 조선 초기의 문신. 화가.

价 클 개
亻(人)　　총6획

뜻_ 착하다, 크다, 하인, 사령
- 价川郡(개:천군) 평남에 있는 시.
- 价人(가:인) · 使价(사개)

彊 굳셀 강
弓　　총16획

뜻_ 굳세다, 사납다, 뻣뻣하다
- 彊食自愛(강식자애) 입맛이 없어도 억지로 음식을 먹어 스스로 몸을 아낌.
- 自彊(자강) 스스로 힘써 몸과 마음을 가다듬음.

塏 높은 땅 개
土　　총13획

뜻_ 높고 시원한 땅
- 塏塏(개:개) 언덕 따위가 높은 모양.
- 李塏(이개) 조선 단종 때의 사육신.

疆 지경 강
田　　총19획

뜻_ 지경, 굳세다, 변방, 끝
- 疆域(강역) 국경 안. 또는 영토의 구역.
- 疆土(강토) 나라의 경계 안에 있는 땅.
- 邊疆(변강) · 萬壽無疆(만:수무강)

鍵 열쇠 · 자물쇠 건
金　　총17획

뜻_ 열쇠, 빗장, 건반
- 關鍵(관건) 문빗장과 자물쇠를 아울러 이르는 말. 어떤 사물이나 문제해결의 가장 중요한 부분.
- 金汝鍵(김여건) 조선후기의 문신.

杰 뛰어날 걸
木　　총8획

뜻_ 뛰어나다, 뛰어난 사람, 傑의 俗字.
- 杰句(걸구) 썩 잘 지은 시구.
- 金邦杰(김방걸) 조선후기의 문신.

桀 夏王이름 걸
木　　총10획

뜻_ 걸임금, 포악하다
- 桀紂(걸주) 중국 하나라의 걸왕(桀王)과 은나라의 주왕(紂王)을 아울러 이르는 말.
- 桀王(걸왕)

甄 질그릇 견
瓦　　총14획

뜻_ 질그릇, 살피다, 표하다
- 甄拔(견발) 재능이 있는지 없는지를 잘 헤아려서 인재를 뽑아 씀.
- 甄萱(견훤) 후백제의 시조.
- 甄別(견별)　· 甄表(견표)

儆 경계할 경
亻(人)　　총15획

뜻_ 경계하다
- 儆儆(경:경) 경계하여 조심하는 모양.
- 趙儆(조경) 조선 시대의 무신.
- 儆新學校(경신학교)

瓊 구슬 경
王(玉)　　총19획

뜻_ 붉은 옥, 아름다운 옥
- 瓊海(경해) 중국 해남도의 도시.
- 瓊音(경:음) 맑고 고운 소리.　· 瓊團(경:단)

炅 빛날 경
火　　총8획

뜻_ 빛나다
- 趙炅(조경) 중국 송나라 제2대 황제.
- 申炅(신경) 조선 중기의 문신.

璟 옥빛 경
王(玉)　　총16획

뜻_ 옥빛, 사람 이름
- 沈璟(심경) 중국 명대의 극작가.
- 順璟(순경) 신라 중기의 승려.

皐 언덕 고
白　　총11획

뜻_ 언덕, 부르다, 완만하다, 높다
- 皐皐(고고) 완고하고 무식한 모양.
- 皐復(고복) 초혼하고 발상(發喪)하는 의식.
- 皐蘭寺(고란사)

串 꿸 관 / 땅이름 곶
丨　　총7획

뜻_ 꿰다, 꼬치, 곶
- 串(곶) 바다 쪽으로 좁고 길게 뻗어 있는 육지의 한 부분.
- 長山串(장산곶) 황해도 장연군의 반도 남쪽 끝 지역.
- 石串洞(석관동)

琯 옥피리 관
王(玉)　　총12획

뜻_ 옥피리, 옥통소
- 玉琯(옥관) 옥피리.
- 李琯(이관) 조선 중기의 학자.

인명자 · 지명자 익히기

槐 회화나무·느티나무 괴
木　　　총14획

뜻_ 회화나무
- 槐安夢(괴안몽) 남가일몽. 인생무상을 이르는 말.
- 槐山郡(괴산군) 충청북도의 중앙부에 있는 군.
- 槐鼎(괴정) · 槐花(괴화) · 台槐(태괴)

邱 언덕 구
阝(邑)　　　총8획

뜻_ 언덕, 땅 이름
- 大邱(대구) 영남 지방의 중앙부에 있는 광역시.
- 靑邱(청구) 중국에서 우리나라를 이르던 말.
- 首邱初心(수구초심)

玖 옥돌 구
王(玉)　　　총7획

뜻_ 검은 옥돌, 검은 옥.
- 玖馬(구마) 쿠바. Cuba 의 음격.
- 李玖(이구) 고려 후기의 문신

鞠 성·굽힐 국
革　　　총17획

뜻_ 공, 차다, 기르다, 굽히다, 국문하다
- 鞠躬(국궁) 윗사람이나 위패(位牌) 앞에서 존경하는 뜻으로 몸을 굽힘.
- 鞠問(국문) 국청(鞠廳)에서 형장을 가하여 중죄인을 신문하던 일.

奎 별이름 규
大　　　총9획

뜻_ 문물을 관장하는 별
- 奎章閣(규장각) 조선 정조 원년에 설치한 왕실 도서관.
- 李奎報(이규보) 고려 중기의 문신
- 奎星(규성)

圭 홀 규
土　　　총6획

뜻_ 홀, 용량단위
- 圭角(규각) 모나 귀퉁이의 뾰족한 곳.
- 圭表(규표) 예전에 쓰던, 천문 관측 기계의 하나.
- 圭復(규복)　· 圭瓚(규찬)

揆 헤아릴 규
扌(手)　　　총12획

뜻_ 헤아리다, 법도
- 揆地(규지) 의정(議政)의 지위.
- 端揆(단규) 재상(宰相). 우의정.
- 度揆(탁규) · 百揆(백규) · 一揆(일규)

珪 홀 규
王(玉)　　　총10획

뜻_ 서옥, 탄소 이름
- 朴珪壽(박규수) 조선 후기의 문신, 개화사상가.
- 珪素(규소) 비금속인 탄소족 원소의 하나.
- 珪幣(규폐) 신에게 바치는 구한 예물. 옥폐(玉幣).

槿 무궁화 근
木　　　총15획

뜻_ 무궁화, 무궁화나무
- 槿域(근역) 무궁화가 많은 땅이라는뜻으로 '우리나라'를 이르는 말.
- 木槿(목근) 무궁화.
- 朝槿(조근) '무궁화'를 달리 이르는 말.

瑾 아름다운옥 근
王(玉)　　　총15획

뜻_ 아름다운 옥, 붉은 옥
- 柳瑾(유근) 언론인, 대국계몽운동가.
- 趙瑾(조근) 조선 전기의 문신.

兢 떨릴 긍
儿　　총14획

뜻_ 삼가다, 공경하다, 굳세다, 두렵다
- 兢戒(긍:계) 삼가고 조심함.
- 兢懼(긍:구) 삼가고 두려워함.
- 戰戰兢兢(전:전궁궁)

岐 갈림길 기
山　　총7획

뜻_ 두 갈래, 높다
- 岐嶇(기구) 팔자가 사납고 험함. 산이 험한 모양.
- 岐路(기로) 갈림길.
- 燕岐郡(연기군) · 多岐亡羊(다기망양)

麒 기린 기
鹿　　총19획

뜻_ 기린, 수기린
- 麒麟(기린) 하루에 천 리를 달린다는 말.
- 麒麟兒(기린아) 지혜와 재주가 썩 뛰어난 사람.

耆 늙을 기
老　　총10획

뜻_ 늙은이, 스승, 어른, 60세
- 耆年(기:년) 60세가 넘은 나이. 노인.
- 耆德(기:덕) 덕망이 높은 노인.
- 耆老(기:로)

淇 물이름 기
氵(水)　　총11획

뜻_ 물 이름, 땅 이름
- 淇水(기수) 황하(黃河)의 지류.
- 劉秉淇(유병기) 독립운동가.

沂 물이름 기
氵(水)　　총7획

뜻_ 물 이름, 언덕, 피리, 그릇의 가
- 沂水(기수) 중국 산동성에 있는 강.
- 沂山(기산) 산이름.

冀 바랄 기
八　　총16획

뜻_ 바라다, 원하다, 하고자 하다, 이름
- 冀圖(기도) 바라는 것을 이루려고 꾀함.
- 冀望(기망) 희망.
- 希冀(희기) · 冀願(기원)

璣 별이름 기
王(玉)　　총16획

뜻_ 잔 구슬, 천구의, 별 이름
- 珠璣(주기) 온갖 구슬을 다 이르는 말.
- 璇璣玉衡(선기옥형) 천체의 운행 · 관측기계

琪 아름다운 옥 기
王(玉)　　총12획

뜻_ 옥 이름, 아름답다
- 琪樹(기수) 옥같이 아름다운 나무. 눈이 많이 쌓인 나무의 모양.
- 琪花瑤草(기화요초) · 琪花(기화)

琦 옥이름 기
王(玉)　　총12획

뜻_ 기이하다, 옥 이름, 크다
- 柳琦諄(유기정) 경제인.
- 琦珍(기진) 진귀한 것.

인명자·지명자 익히기

騏 준마 기
馬　　총18획
뜻_ 검푸른 빛, 얼룩말, 기린
- 騏驥(기기) 하루에 천 리를 달린다는 명마. 현인(賢人)을 비유적으로 이르는 말.
- 騏峯集(기봉집) 조선 효종 때의 시문집.

悳 큰 덕
心　　총12획
뜻_ 덕, 선행, 선심, 德의 古字.
- 權秉悳(권병덕) 독립운동가. 민족 대표 33인 중의 한 사람.
- 悳大(덕대) 광산주와 계약을 맺고 채광하는 사람.

驥 천리마 기
馬　　총27획
뜻_ 천리마
- 驥服鹽車(기복염거) 유능한 사람이 천한 일에 종사함을 비유적으로 이르는 말.
- 驥足(기족)　· 理驥(이기)

燾 비칠 도
灬(火)　　총18획
뜻_ 비치다, 덮다
- 燾育(도육) 잘 보호하여 기름.
- 宋相燾(송상도) 학자-, 애국지사.

箕 키 기
竹　　총14획
뜻_ 키, 바람의 신, 다리를 펴고 앉다
- 箕子(기자) 고조선시대 기자조선의 시조.
- 箕踞(기거) 두 다리를 쭉 뻗고 편한 자세로 앉은 모양.
- 箕伯(기백)

惇 도타울 돈
忄(心)　　총11획
뜻_ 도탑다, 인정이 많다, 정성
- 惇德(돈덕) 도타운 덕행(德行).
- 惇惇(돈돈) 어질고 순후한 모양.
- 惇信(돈신) 두텁게 믿음.

湍 여울 단
氵(水)　　총12획
뜻_ 여울, 소용돌이치다, 빠르다
- 長湍(장단) 경기도에 있는 지명.
- 湍流(단류) 급하고 세차게 흐르는 물.
- 激湍(격단)　· 急湍(급단)

燉 불빛 돈
灬(火)　　총16획
뜻_ 불빛, 이글이글 타오르다
- 燉燉(돈돈) 불이 성한 모양.
- 朱有燉(주유돈) 중국 명나라의 희곡작가.

塘 못 당
土　　총13획
뜻_ 못, 방축
- 盆塘(분당) 경기도 성남시의 지명.
- 芳塘(방당) 꽃 피는 둑, 특히 연못의 둑.
- 堤塘(제당) 제방.

頓 조아릴 돈
頁　　총13획
뜻_ 조아리다, 주둔하다, 패하다, 고치다, 갑자기
- 異次頓(이차돈) 신라의 승려, 한국의 불교사상 최초의 순교자
- 頓死(돈:사) 갑자기 죽음.
- 頓首(돈:수)

乭 이름 돌
乙 총6획 人

뜻_ 돌, 이름
- 乭釗(돌쇠) 어린아이를 돌같이 튼튼하게 자라라고 부르는 아명.
- 申乭石(신돌석) 한말의 평민출신 의병장.

亮 밝을 량
亠 총9획 人

뜻_ 알다, 밝다, 명석하다, 돕다
- 亮直(양직) 마음이 밝고 곧음.
- 亮察(양찰) 다른 사람의 사정 따위를 밝게 살핌.
- 諸葛亮(제갈량) 중국 삼국시대 촉한의 정치가, 전략가.

董 바를 동
艹(艸) 총13획 姓

뜻_ 바르다, 감독하다, 갈무리하다, 골동품
- 董卓(동탁) 중국 후한 말기의 무장.
- 董督(동:독) 감시하며 독촉하고 격려함.
- 董率(동:솔) 감독하여 거느림.

樑 들보 량
木 총15획 姓

뜻_ 들보, 대들보, 梁의 俗字
- 棟樑(동량) 기둥과 들보를 아울러 이르는 말.
- 朴汝樑(박여량) 조선 중기의 문신.

杜 막을 두
木 총7획 姓

뜻_ 막다, 아가위나무, 향초 이름
- 杜甫(두보) 중국 당나라 때의 시인.
- 杜門不出(두문불출) · 杜康(두강)

呂 성·법칙 려
口 총7획 姓

뜻_ 풍류, 음률, 척추, 성씨
- 呂宋煙(여:송연) 필리핀의 루손(Luzon) 섬에서 나는 엽궐련.
- 呂氏春秋(여:씨춘추) 중국 춘추 시대의 시사(時事) 등을 논술하여 펴낸 책.
- 呂運亨(여운형) 해방 후 정치지도자.

鄧 나라이름 등
阝(邑) 총15획

뜻_ 나라 이름, 땅 이름, 성씨
- 鄧小平(등소평) 1900년대 말의 정치가. 중국을 현대화로 개혁시킨 실권자.
- 鄧牧(등목) 중국의 문인.

廬 농막집 려
广 총19획 地

뜻_ 농막, 초가, 주막
- 廬山(여산) 중국 강서성에 있는 명산.
- 結廬(결려) 여막(廬幕)을 지음. 집을 지음.
- 三顧草廬(삼고초려)

萊 명아주 래
艹(艸) 총12획 地

뜻_ 쑥, 밭을 묵히다
- 蓬萊山(봉래산) 중국 전설에서 나타나는 가상적 영산(靈山)인 삼신산(三神山) 가운데 하나.
- 東萊區(동래구) 부산.

驪 나귀 려
馬 총29획

뜻_ 당나귀
- 驪馬(여마) 당나귀.
- 驪州(여주) 경기도에 있는 지명.

인명자 · 지명자 익히기

礪 숫돌 려
石   총20획

뜻_ 숫돌, 갈다
· 礪石(여:석) 숫돌.
· 礪山(여:산) 전북에 있는 지명.

漣 잔물결 련
氵(水)   총14획

뜻_ 잔물결치다, 눈물을 흘리다
· 漣川(연천) 경기도의 군 이름.
· 流漣(유련) · 淸漣(청련)

濂 물이름 렴
氵(水)   총16획

뜻_ 경박하다, 물 이름
· 濂溪(염계) 북송(北宋)의 학자· 주돈이의 호(號).
· 宋濂(송염) 중국 문인 · 정치가.

玲 옥소리 령
王(玉)   총9획

뜻_ 옥소리, 아롱아롱하다, 정교하다, 선명하다
· 玲琅(영랑) 옥이나 쇠붙이가 쟁그렁거리며 울리는 영롱한 소리.
· 玲玲(영령) 옥이 울리는 소리. 곱고 투명한 모양.
· 玉玲(옥령)

醴 단술 례
酉   총20획

뜻_ 단술, 고을 이름
· 醴酒(예:주) 감주(甘酒).
· 醴泉(예:천) 경상북도 예천군에 있는 읍.

魯 노나라 · 노둔할 로
魚   총15획

뜻_ 둔하다, 어리석다, 노나라
· 魯迅(노신) 중국의 문학가, 사상가.
· 魯國(노국) 공자가 태어난 나라.
· 魯鈍(노둔) · 魯陽之戈(노양지과) · 愚魯(우로)

盧 성 로
皿   총16획

뜻_ 검다, 둥글다, 눈동자, 성씨
· 盧天命(노천명) '사슴의 시인'으로 애칭되는 시인.
· 盧生之夢(노생지몽) 인생과 영화의 덧없음을 이르는 말.
· 盧子(노자)

蘆 갈대 로
艹(艸)   총20획

뜻_ 갈대, 꼭두서니
· 蘆原區(노원구) 서울에 있는 지명.
· 蘆岸(노안) 갈대가 무성한 둔치의 언덕.
· 蘆笛(노적) · 蘆汀(노정) · 蘆頭(노두)

鷺 백로 · 해오라기 로
鳥   총23획

뜻_ 백로, 해오라기, 따오기
· 鷺梁津(노량진) 서울 동작구에 있는 부도심의 하나.
· 白鷺(백로) 왜가릿과의 새를 통칭하는 말.

遼 멀 료
辶   총16획

뜻_ 멀다, 강 이름, 땅 이름
· 遼東市(요동시) 중국 요하의 동쪽지방.
· 遼遠(요원) 까마득함.
· 遼賀(요하)

劉
죽일·묘금도 **류**　ㅣ(刀)　총15획　姓

뜻_ 죽이다, 베풀다, 이기다, 이겨내다
- 劉備(유비) 중국 삼국 시대 촉나라 제1대 황제.
- 劉聰(유총) 한(漢)나라 3대 황제.

崙
산이름 **륜**　山　총11획　地

뜻_ 산 이름
- 崑崙(곤륜) 중국의 전설에서 멀리 서쪽에 있어 황허(黃河)의 발원점으로 믿어지는 성산(聖山).

楞
모·네모질 **릉**　木　총13획　人

뜻_ 네모지다
- 楞角(능각) 물체의 뾰족한 모서리. 사람의 성격이 꼿꼿하고 모가 남을 이르는 말.
- 楞嚴經(능엄경) 불경의 하나. 선종(禪宗)의 주요 경전.

麟
기린 **린**　鹿　총23획　人

뜻_ 기린, 암기린
- 麟角(인각) '기린의 뿔'이라는 뜻으로, 지극히 드문 사물을 비유적으로 이르는 말.
- 麟經(인경) 공자가 지은 춘추를 딴 이름.
- 章炳麟(장병린)

靺
말갈 **말**　革　총14획　人

뜻_ 붉은 끈, 종족 이름, 말갈족
- 靺鞨族(말갈족) 퉁구스계의 한 갈래로 동북지방에 거주한 유목민.

貊
맥국 **맥**　豸　총13획　部

뜻_ 나라 이름, 동북방 민족, 고요하다
- 蠻貊(만맥) 예전에, 중국인이 중국의 남쪽과 북쪽에 살던 민족을 낮잡아 이르던 말.
- 濊貊(예맥) 우리 나라 북쪽 지방에 살던 부족.

覓
찾을 **멱**　見　총11획　山

뜻_ 찾다, 찾아 얻다, 구하다, 종족 이름
- 木覓山(목멱산) '남산(南山)'의 옛 이름.
- 覓句(멱구)　覓去(멱거)

冕
면류관 **면**　冂　총11획　人

뜻_ 면류관
- 冕旒冠(면:류관) 제왕(帝王)의 정복(正服)에 갖추어 쓰던 관.
- 冕服(면:복) 면류관과 곤룡포를 아울러 이르던 말.

沔
물이름·빠질 **면**　氵(水)　총7획　地

뜻_ 물그득히 흐르다, 물 이름
- 沔川(면:천) 충남 당진에 있는 지명.
- 沔水(면:수)

俛
힘쓸·구푸릴 **면**　亻(人)　총9획　

뜻_ 머리 숙이다, 힘쓰다
- 俛仰亭歌(면:앙정가) 조선 중종 때 송순이 지은 가사(歌辭).
- 俛仰亭(면:앙정) 전남 담양에 있는 정자.

인명자 · 지명자 익히기

牟 성·보리 모
牛　　총6획

뜻_ 크다, 보리, 탐내다, 소가 울다, 갑절, 눈동자, 투구
· 釋迦牟尼(석가모니) 부처님(싯타르타).
· 牟利(모리) 도덕과 의리는 생각하지 않고 오직 부정한 이익만을 꾀함.

汶 물이름 문
氵(水)　　총7획

뜻_ 더럽히다, 물 이름
· 汶山(문산) 경기도 파주시 북서부에 있는 읍.
· 波汶(파문)

茅 띠 모
艹(艸)　　총9획

뜻_ 띠, 표기
· 茅山(모산) 중국 강소성에 있는 산.
· 茅根(모근) 띠의 뿌리를 한방에서 이르는 말.
· 茅舍(모사) 모옥(茅屋) 자기 집을 낮추어 이르는 말.

彌 미륵·오랠 미
弓　　총17획

뜻_ 두루, 널리, 꿰매다, 오래다, 그치다
· 彌阿里(미아리) 서울에 있는 지명.
· 彌久(미구) 동안이 매우 오래 됨.
· 彌勒(미륵)　· 彌縫策(미봉책)

謨 꾀 모
言　　총18획

뜻_ 자모, 꾀하다, 꾀
· 謨訓(모훈) 국가의 대계. 뒤의 임금에게 계(戒)가 되는 가르침.
· 聖謨(성모) 임금이 통치하는 방책이나 규모(規模)를 높여 이르는 말.

旻 하늘 민
日　　총8획

뜻_ 어진 하늘, 가을 하늘
· 旻天(민천) 가을의 하늘.
· 九旻(구민) 가을 하늘.
· 秋旻(추민)

穆 화목할 목
禾　　총16획

뜻_ 온화하다, 공경하다, 편안하다
· 穆穆曲(목목곡) 목목장에 맞추어 아뢰는 풍류의 곡조.
· 穆宗(목종) 고려 제7대 왕.

旼 화할 민
日　　총8획

뜻_ 화락하다, 하늘
· 和旼(화민) 화평하고 온화함.
· 洪吉旼(홍길민) 고려말·조선초의 문신.

昴 별이름 묘
日　　총9획

뜻_ 별 이름
· 昴宿(묘:수) 이십팔수(二十八宿)의 열여덟째 별자리의 별들. 묘성(昴星).

玟 아름다운 돌 민
王(玉)　　총8획

뜻_ 옥돌
· 安玟英(안민영) 조선 후기의 가객.
· 玟塊(민괴)

珉 옥돌 민
王(玉)　총9획

뜻_ 옥돌, 옥 다음가는 아름다운 돌, 玟과 同字
- 徐珉濠(서민호) 정치가.
- 刻珉(각민) · 堅珉(견민)

渤 바다이름 발
氵(水)　총12획

뜻_ 바다, 안개가 자욱하다, 나라 이름
- 勃然(발연) 버럭 성을 내는 모양. 벌떡 일어나는 모양.
- 渤海(발해) 만주 동부 한반도 북부에 걸쳐 있던 나라.

閔 성 민
門　총12획

뜻_ 힘쓰다, 근심하다, 우환, 가엾게 여기다
- 閔妃(민비) 명성황후.
- 閔泳煥(민영환) 한말의 문신, 순국지사.
- 閔然(민연) 가련한 모양.

旁 곁 방
方　총10획

뜻_ 곁, 넓다, 크다, 두 갈래
- 旁求(방구) 널리 찾아 구함.
- 旁牌(방패) 전쟁 때에 적의 칼, 창, 화살 따위 막는 데에 쓰던 무기.
- 旁通(방통) · 旁側(방측)

磻 반계 반/번
石　총17획

뜻_ 반계, 돌살촉
- 磻溪(반계) 조선조 실학자 柳馨遠(유형원)의 호(號).
- 碌磻洞(녹번동) 서울 은평구에 있는 동(洞) 이름.
- 磻石(반석)

龐 높은집 방
龍　총19획

뜻_ 크다, 높은 집, 어수선하다, 차다, 충실하다, 살찌다
- 龐錯(방착) 뒤섞임. 난잡함.
- 龐眉皓髮(방미호발) '눈썹이 크고 머리가 희다' 는 뜻으로 노인을 일컬음.

潘 성 반
氵(水)　총15획

뜻_ 쌀뜨물, 물 이름, 성씨
- 潘岳(반악) 진나라 때의 문인.
- 潘沐(반목)
- 潘楊之好(반양지호)

裵 성 배
衣　총14획

뜻_ 긴 옷, 치렁치렁하다, 어정거리다, 성씨, 裴의 本字
- 裵克廉(배극렴) 조선조 개국 공신.
- 裵仲孫(배중손) 고려 중기의 무장, 삼별초의 반란 지도자.
- 裵航(배항) · 裵回(배회)

鉢 바리때 발
金　총13획

뜻_ 바리때, 주발, 사발, 화분
- 夫鉢(부발) 경기도 이천군의 지명.
- 鉢器(발기) 비구(比丘)의 밥그릇.
- 銅鉢(동발) · 衣鉢(의발) · 托鉢(탁발)

筏 뗏목 벌
⺮(竹)　총12획

뜻_ 떼, 뗏목, 큰 배
- 筏橋(벌교) 전라남도 보성군에 있는 지명.
- 筏夫(벌부) 뗏목에 물건을 실어 나르는 인부.
- 舟筏(주벌) · 津筏(진벌)

인명자·지명자 익히기

范　성 범
艹(艸)　총9획

뜻_ 법, 주형, 성, 벌, 풀 이름
- 范麗(범:려) 춘추시대 초(楚)나라사람.
- 范鎔(범:용)　· 范睢(범:수)

卞　성 변
卜　총4획

뜻_ 조급하다, 손뼉치다, 법, 성씨
- 卞急(변:급) 조급함.
- 卞正(변:정) 옳고 그른 것을 따지어 바로잡음.
- 卞季良(변계량) 고려 말·조선 초의 문신.

弁　고깔 변
廾　총5획

뜻_ 고깔, 관, 즐거움
- 弁韓(변:한) 우리나라 고대 삼한(三韓) 중의 하나.
- 弁言(변:언)

昞　밝을 병
日　총9획

뜻_ 밝다, 빛나다
- 昞月(병:월) 밝은 달.
- 昞錫(병:석)

昺　밝을 병
日　총9획

뜻_ 밝다, 빛나다, 昞와 同字
- 邢昺(형병) 중국 송나라 때 제음사람.
- 昺日(병:일) 밝은 날.

柄　자루 병
木　총9획

뜻_ 자루, 손잡이, 권세, 잡다
- 柄臣(병:신) 권신(權臣).
- 國柄(국병) 나라를 통치하는 권력.
- 權柄(권병)　· 斗柄(두병)

炳　불꽃 병
火　총9획

뜻_ 밝다, 빛나다, 나타나다
- 趙炳玉(조병옥) 일제 강점기 때 활동한 독립운동가, 정치가.
- 炳如日星(병:여일성) 해와 별처럼 밝고 빛남.
- 炳然(병:연)　· 炳煜(병:욱)

秉　잡을 병
禾　총8획

뜻_ 잡다, 자루
- 李秉喆(이병철) 호암. 경제인.
- 秉權(병:권) 권력을 잡음.
- 秉鉞(병:월) 무장이 병권을 잡음.

甫　클 보
用　총7획

뜻_ 크다, 많다, 비로소, 겨우, 아무개
- 甫甫(보보) 큰 모양. 많은 모양.
- 甫田(보전) 큰 밭. 『시경』의 편명(篇名).
- 杜甫(두보)

潽　물넓을 보
氵(水)　총15획

뜻_ 끓다
- 尹潽善(윤보선) 대한민국 제4대 대통령.

輔 도울 보
車　총14획

뜻_ 돕다, 광대뼈, 협골, 수레덧방나무

- 輔國安民(보:국안민) 나랏일을 돕고 백성을 편안하게 함.
- 輔佐(보:좌) 상관을 도와 일을 처리함.
- 輔導(보:도)　· 輔弼(보:필)

傅 스승 부
亻(人)　총12획

뜻_ 스승, 이르다, 가깝다, 베풀다

- 傅儀(부:의) 청(淸)의 마지막 황제 푸이.
- 傅生之論(부:생지론) 이미 내린 사형 선고에 대하여 다른 의견이 있을 때에 감형을 주장하는 변론.

馥 향기 복
香　총18획

뜻_ 향기, 향기롭다, 향

- 馥郁(복욱) 풍기는 향기가 그윽함.
- 香馥(향복)　· 芳馥(방복)

芬 향기 분
艹(艸)　총8획

뜻_ 향기, 어지럽다, 이름나다

- 芬蘭(분란) '핀란드'의 음역어.
- 芬皇寺(분황사) 경상북도 경주시 구황동에 있는 절.
- 芬芳(분방)

蓬 쑥 봉
艹(艸)　총15획

뜻_ 쑥, 무성하다, 엉키다, 봉래(신선이 산다는 곳)

- 蓬萊山(봉래산) 여름철 금강산의 다른 이름.
- 蓬頭歷齒(봉두역치) 노인의 용모를 비유적으로 이르는 말.
- 蓬廬(봉려)　· 蓬笠(봉립)

鵬 새 붕
鳥　총19획

뜻_ 붕새(날개 길이가 3천 리이고 한번에 9만리를 난다는 새)

- 周世鵬(주세붕) 조선 중기의 문신, 학자.
- 鵬圖(붕도) 한없이 큰 포부.
- 鵬翼(붕익)　· 鵬程(붕정)

阜 언덕 부
阜　총8획

뜻_ 언덕, 크다, 성하다, 두텁다

- 岡阜(강부) 언덕.
- 高阜(고부) 높은 언덕.
- 曲阜(곡부)　· 丘阜(구부)

丕 클 비
一　총5획

뜻_ 크다, 으뜸, 맏, 받들다

- 曹丕(조비) 삼국시대 위나라의 초대 황제.
- 丕基(비기) 임금 대대로 내려오는 기업(基業).
- 丕圖(비도)　· 丕績(비적)　· 丕顯(비현)

釜 가마 부
金　총10획

뜻_ 가마솥, 솥

- 釜鼎之屬(부정지속) 솥, 가마, 냄비 따위의 부엌에서 쓰는 그릇들을 통틀어 이르는 말.
- 釜山(부산)　· 京釜線(경부선)　· 釜中魚(부중어)

毘 도울 비
比　총9획

뜻_ 돕다, 밝다, 두텁다, 毗와 同字

- 毘盧峯(비로봉) 금강산의 최고봉.
- 毘益(비익) 보익(補益).
- 茶毘(다비)

인명자 · 지명자 익히기

毖 삼갈 비
比 총9획

뜻_ 삼가다, 수고롭다, 샘이 흐르다
- 懲毖(징비) 애써 삼감.
- 懲毖錄(징비록) 조선 선조(宣祖) 때 유성룡이 쓴 임진왜란 야사(野史).

奭 쌍백 석 / 클 혁
大 총15획

뜻_ 크다, 성하다, 붉다, 붉은 모양
- 李範奭(이범석) 독립 운동가.
- 奭奭(혁혁) 빛나는 모양, 열기가 대단한 모양.

彬 빛날 빈
彡 총11획

뜻_ 빛나다, 밝다, 무늬가 또렷하다
- 彬彬(빈빈) 문채와 바탕이 잘 갖춰져 훌륭함.
- 洪彬(홍빈) 고려의 문신.
- 彬蔚(빈울)

晳 밝을 석
日 총12획

뜻_ 밝다, 분명한 모양
- 南宮晳(남궁석) 제5대 정통부 장관.
- 明晳(명석) 생각이나 판단력이 분명하고 똑똑함.

泗 물이름 사
氵(水) 총8획

뜻_ 물이름, 콧물
- 泗川省(사:천성) 중국의 성 이름.
- 泗泚(사:비) 부여의 옛 이름.
- 泗水(사:수) 중국 산둥성에 있는 강 이름.

錫 주석 석
金 총16획

뜻_ 주석, 주다, 하사하다, 가는 베
- 朱錫(주석) 탄소족 원소의 하나.
- 羅錫疇(나석주) 한말의 독립운동가.
- 錫杖(석장)

庠 학교 상
广 총9획

뜻_ 밝다, 빛나다
- 庠序(상서) 향리의 학교.
- 金庠基(김상기) 일제 시대의 사학자.
- 庠學(상학) 옛날 5백 가구의 읍에 설치한 학교.

瑄 도리옥 선
王(玉) 총13획

뜻_ 도리옥, 여섯치의 든 옥
- 李瑄根(이선근) 교육자. 사학자.
- 瑄玉(선옥) 여섯치의 큰 옥.

舒 펼 서
舌 총12획

뜻_ 펴다, 펴지다, 열리다, 흩어지다
- 舒川(서:천) 충청남도 서천군에 있는 읍. 장
- 舒遲(서:지) · 振舒(진서)

璇 옥 선
王(玉) 총15획

뜻_ 아름다운 옥, 별 이름
- 璇室(선실) 옥(玉)으로 꾸민 방.
- 璇閨(선구) · 璇珠(선주)

璿 구슬 선
王(玉)　총18획　人

뜻_ 아름다운 옥
- 璿璣玉衡(선기옥형) 혼천의. 고대 중국에서 천체의 운행과 위치를 관측하던 장치.
- 璿宮(선궁) 옥으로 장식한 궁전.

暹 햇살치밀·나라 이름 섬
日　총16획　地

뜻_ 해가 돋다, 햇살이 비치다, 나라 이름
- 暹羅(섬라) 태국의 1939년 이전의 국호인 '샴'의 한자음 표기.

卨 사람 이름 설
卜　총11획　人

뜻_ 사람 이름
- 李相卨(이상설) 독립운동가. 고종이 헤이그 밀사로 파견한 사람.

燮 불꽃 섭
火　총17획　人

뜻_ 불꽃, 화하다, 익히다, 삶다
- 李仲燮(이중섭) 서양화가.
- 燮曜(섭요) 온화하게 비춤.
- 燮和(섭화)

薛 성 설
艹(艸)　총17획　姓

뜻_ 맑은 대쑥, 향부자, 주나라의 제후
- 薛聰(설총) 원효대사의 아들. 이두 문자를 집대성한 신라의 학자.

晟 밝을 성
日　총11획　人

뜻_ 밝다, 환하다, 성하다
- 李晟(이성) 고려시대의 문신.
- 晟氣(성기) 밝은 기운.

陝 땅이름 섬
阝(阜)　총10획　地

뜻_ 고을 이름, 섬서성의 약칭
- 陝西省(섬서성) 중국 중서부에 있는 성.

巢 새집 소
巛　총11획　地

뜻_ 집, 깃들이다, 보금자리를 짓다, 모이다
- 巢窟(소굴) 나쁜 짓을 하는 도둑이나 악한 따위의 무리가 활동의 본거지로 삼고 있는 곳.
- 歸巢性(귀소성) 귀소본능.
- 卵巢(난소)

蟾 두꺼비 섬
虫　총19획　地

뜻_ 두꺼비, 달, 달빛
- 蟾津江(섬진강) 전라북도의 강이름.
- 蟾宮(섬궁)　· 蟾土(섬토)

沼 못·늪 소
氵(水)　총8획　地

뜻_ 돕다, 맑다, 두텁다
- 德沼(덕소) 경기 남양주시 와부읍 소재지.
- 龍沼(용소) 폭포수가 떨어지는 바로 밑에 있는 깊은 웅덩이.
- 沼澤地(소택지)

인명자 · 지명자 익히기

邵 땅이름·성 소
阝(邑) 총8획

뜻_ 고을 이름
· 邵台輔(소태보) 고려시대의 문신.
· 邵邑(소읍) 지금의 하남성 제원현의 서촌 땅.

洵 참으로 순
氵(水) 총9획

뜻_ 참으로, 진실로, 소리없이 눈물을 흘리다
· 洵美(순미) 진실로 아름다움
· 洵涕(순체)

宋 성 송
宀 총7획

뜻_ 송나라
· 宋時烈(송시열) 조선시대 정치가.
· 宋書(송:서) · 宋朝(송:조)

淳 순박할 순
氵(水) 총11획

뜻_ 순박하다, 인정이 두텁다, 물을 대다
· 淳昌(순창) 전라북도의 지역경.
· 淳朴(순박) · 淳厚(순후)

洙 물가 수
氵(水) 총9획

뜻_ 강이름, 사수(泗水)의 지류
· 洙泗(수사) 중국 산동성에 있는 두 강.
· 金性洙(김성수) 한국의 정치가, 교육자, 언론인.

珣 옥이름 순
王(玉) 총10획

뜻_ 옥 이름, 옥 그릇
· 珣玉(순옥) 옥 이름.
· 李珣(이순) 고려시대의 무신.

銖 저울눈 수
金 총14획

뜻_ 무게의 단위
· 銖寸(수촌) 조금. 극히 적음.
· 銖兩(수량) 아주 적은 분량.
· 銖積寸累(수적촌루)

舜 순임금 순
舛 총12획

뜻_ 순임금, 뛰어나다, 무궁화
· 李舜臣(이순신) 조선 시대의 명장.
· 堯舜(요순) 고대 중국의 요(堯)임금과 순(舜)임금을 아울러 이르는 말.

隋 수나라 수
阝(阜) 총12획

뜻_ 수나라, 묻다, 떨어지다
· 隋(수) 옛날 중국의 나라 이름.
· 隋書(수서) 수나라의 역사를 기록한 정사.

荀 풀이름 순
艹(艸) 총10획

뜻_ 풀 이름, 주(周)의 제후의 이름
· 荀子(순자) 중국 전국시대의 학자.
· 荀悅(순열) 중국의 학자.

瑟 큰거문고 슬
王(玉)　총13획

뜻_ 큰 거문고, 많은 모양, 엄숙하다
- 瑟韻(슬운) 큰 거문고 소리.
- 琴瑟(금슬) 膠柱鼓瑟(교주고슬)

潘 즙낼·물이름 심
氵(水)　총18획

뜻_ 즙, 강 이름, 지명
- 潘陽(심:양) 중국 동북 지방에 있는 지명.
- 潘安鐵道(심:안철도)

繩 노끈 승
糸　총19획

뜻_ 줄, 새끼, 먹줄, 법도
- 捕繩(포승) 죄인을 잡아 묶는 노끈.
- 自繩自縛(자승자박) 자기의 줄로 자기 몸을 옭아 묶는 다는 뜻.

閼 막을 알
門　총16획

뜻_ 가로막다, 그치다, 멈추게 하다
- 金閼智(김알지) 경주 김씨의 시조.
- 單閼(단알) 갑자(古甲子)에서, 천간(天干)의 넷째. 묘(卯)와 같음.

柴 섶 시
木　총9획

뜻_ 섶, 거칠다, 꾸밈이 없다
- 柴門(시문) 사립문.
- 柴糧(시량)　· 柴扉(시비)　· 柴炭(시탄)

鴨 오리 압
鳥　총16획

뜻_ 오리, 하비, 여종
- 鴨綠江(압록강) 우리나라와 중국과의 경계를 이루는 강.
- 鴨爐(압로)　· 家鴨(가압)

湜 물맑을 식
氵(水)　총12획

뜻_ 물이 맑다, 엄정하다
- 湜湜(식식) 물이 맑아 물밑까지 환히 보이는 모양.
- 金湜(김식) 조선 중종 때의 주자학자.

埃 티끌 애
土　총10획

뜻_ 티끌, 먼지, 세속
- 埃及(애급) '이집트'의 음역어.
- 塵埃(진애)

軾 수레가로나무 식
車　총13획

뜻_ 수레가로나무
- 蘇軾(소식) 당송(唐宋) 팔대가의 한 사람.
- 金富軾(김부식) 고려 시대의 문신.

艾 쑥 애
艹(艸)　총6획

뜻_ 쑥, 쑥빛, 창백한 빛깔, 뜸쑥
- 艾人(애인) 쑥으로 만든 인형.
- 艾年(애년) 나이 50을 이르는 말.
- 艾葉(애엽)　· 艾安(애안)

인명자・지명자 익히기

伽 가야 야
亻(人)　총11획　[山]

뜻_ 땅 이름, 나라 이름
- 伽倻山(가야산) 경상북도 성주군과 경상남도 합천군 사이에 있는 산.
- 大伽倻(대가야)

衍 넓을 연
行　총9획　[人]

뜻_ 넘치다, 흐르다, 가다, 순행하다
- 衍沃(연:옥) 넓고 기름진 땅.
- 摩訶衍(마하연) 강원도 회양군 내금강면 장연리 금강산에 있는 절.

襄 도울 양
衣　총17획　[地]

뜻_ 돕다, 조력하다, 오르다, 높은 곳으로 기다
- 襄陽(양:양) 강원도 양양군에 있는 읍. 근청 소재지.
- 襄禮(양:례)

閻 마을 염
門　총16획　[地]

뜻_ 이문(里門), 한길, 번화한 거리, 열다
- 閻錫山(염석산) 중국 군인 이름.
- 閻羅(염라)　・閻閻(여염)

彦 선비 언
彡　총9획　[人]

뜻_ 선비
- 李彦迪(이언적) 조선 중종 때의 학자.
- 彦陽面(언:양면)

燁 빛날 엽
火　총16획　[人]

뜻_ 빛나다, 번쩍번쩍하다
- 燁然(엽연) 아름답게 빛나는 모양.
- 盛茂燁(성무엽) 중국의 문인화가.

妍 고울 연
女　총9획　[人]

뜻_ 곱다, 갈다
- 妍粧(연:장) 곱게 단장함.
- 妍人(연:인)　・妍華(연:화)　・妍芳(연:방)

暎 비칠 영
日　총13획　[人]

뜻_ 비치다, 덮다, 덮어 가리다, 映과 同字
- 暎奪(영탈) 눈이 부심.
- 黃晳暎(황석영) 소설가.
- 張志暎(장지영) 한글학자.

淵 못 연
氵(水)　총12획　[人]

뜻_ 못, 소, 깊다
- 淵蓋蘇文(연개소문) 고구려 때의 명장.
- 淵源(연원)　・深淵(심연)

瑛 옥빛 영
王(玉)　총13획　[人]

뜻_ 옥빛, 투명한 옥, 수정
- 瑛瑤(영요) 옥처럼 아름다운 덕을 갖춘 사람.
- 金瑛(김영) 조선 중기의 문신.

瑩   옥돌 영/밝을 형
王(玉)   총15획   人

뜻_ 밝다, 맑다, 빛나다
- 崔瑩(최영) 고려말의 명장.
- 瑩鏡(영경) · 瑩澤(영택)

吳   성 오
口   총7획   姓

뜻_ 나라 이름, 떠들썩하다
- 吳世昌(오세창) 민족대표 33인 중의 한 사람.
- 吳吟(오음) · 吳越同舟(오월동주)

盈   찰 영
皿   총9획   地

뜻_ 차다, 그릇에 가득차다, 가득차 넘치다
- 盈德(영덕) 영덕군 중부에 있는 읍.
- 盈月(영월) · 盈虛(영허)

墺   물가 오
土   총16획   國

뜻_ 물가, 육지
- 墺地利(오:지리) '오스트리아'의 음역어.

芮   성 예
艹(艸)   총8획   姓

뜻_ 풀이 뾰족뾰족하다, 작은 모양
- 芮芮(예예) 풀이 나서 뾰족뾰족하게 자란 모양.
- 芮宗錫(예종석) 일제 때의 친일 자본가.

沃   기름질 옥
氵(水)   총7획   地

뜻_ 물대다, 관개하다, 기름지다
- 沃川(옥천) 충청북도 옥천군에 있는 읍.
- 沃土(옥토) · 肥沃(비옥)

睿   슬기 예
目   총14획   人

뜻_ 깊고 밝다, 통하다, 임금, 성인
- 睿宗(예:종) 조선조 8대왕.
- 睿智(예:지) · 睿德(예:덕)

鈺   보배 옥
金   총13획   人

뜻_ 보배, 보물, 쇠
- 金承鈺(김승옥) 한국의 소설가.
- 鈺石(옥석) 진귀한 돌. 보배.

濊   종족이름 예
氵(水)   총16획   部

뜻_ 깊다, 물이 많은 모양, 막히다, 깊고 넓다, 흐리다
- 濊貊(예:맥) 한족(韓族)을 형성한 예족과 맥족을 통틀어 이르는 말.
- 汚濊(오예)

邕   막힐 옹
邑   총10획   姓

뜻_ 화하다, 화목하다, 막다
- 邕熙(옹희) 위나라가 평화롭게 다스려짐을 노래한 것.
- 邕邕(옹옹)

인명자 · 지명자 익히기

雍 화할 옹
隹 　 총13획
뜻_ 누그러지다, 온화해지다, 기뻐하다, 막다, 메우다
· 雍閼(옹알) 막음.
· 雍正帝(옹정제) 중국 청조의 제3대 황제.
· 雍和(옹화)

甕 독 옹
瓦 　 총18획
뜻_ 독, 단지, 옹기 두레박
· 甕津(옹:진) 황해도 옹진군에 있는 읍.
· 甕井(옹:정) · 甕算(옹:산)

莞 왕골 완
⺾(艸) 　 총11획
뜻_ 왕골, 골풀, 자리, 웃다
· 莞島(완도) 전라남도 완도군에 있는 읍. 전라남도 남해쪽. 완도군에 속하는 섬.
· 莞爾(완:이) 빙그레 웃는 모양.

旺 왕성할 왕
日 　 총8획
뜻_ 성하다, 세력이나 기운이 왕성한 모양
· 儀旺(의왕) 경기도 동남쪽에 있는 시.
· 旺盛(왕:성) · 旺運(왕:운)

汪 넓을 왕
氵(水) 　 총7획
뜻_ 넓다, 많다, 넓고 깊은 모양, 못
· 汪兆銘(왕조명) 중국의 정치가.
· 汪洋(왕:양) · 汪茫(왕:망)

倭 왜나라 왜
亻(人) 　 총10획
뜻_ 왜국, 순한 모양, 두르다, 뻥 돌다
· 倭寇(왜구) 우리나라나 중국에서 일본을 일컫던 명칭.
· 倭國(왜국) · 倭風(왜풍)

堯 요임금 요
土 　 총12획
뜻_ 요임금, 높다, 멀다
· 堯王(요왕) 중국 고대 전설상의 임금. 성덕을 갖춘 이상적인 군주.
· 堯堯(요요) · 堯舜(요순)

姚 예쁠 요
女 　 총9획
뜻_ 예쁘다 멀다, 성(姓)
· 姚姚(요요) 아주 이쁨.
· 姚克一(요극일) 신라시대의 명필.
· 姚冶(요야)

耀 빛날 요
羽 　 총20획
뜻_ 빛나다, 빛내다
· 耀耀(요요) 빛나는 모양.
· 金耀燮(김요섭) 한국의 시인, 아동문학가.

溶 질펀히흐를 용
氵(水) 　 총13획
뜻_ 질펀히 흐르다, 성한 모양, 둘이 조용히 흐르다
· 溶液(용액) 두 가지 이상의 물질이 섞여서 균질하게 되어 있는 액체.
· 溶解(용허) · 溶媒(용매)

瑢 패옥소리 용
王(玉)　　총14획

뜻_ 패옥소리
- 瑢音(용음) 패옥소리.
- 金瑢俊(김용준) 미술평론가, 미술사학자.

鎔 쇠녹일 용
金　　총18획

뜻_ 쇠를 녹이다, 거푸집, 붓다, 주조하다
- 李埈鎔(이준용) 흥선대원군의 손자.
- 鎔範(용범)　· 鎔巖(용암)　· 鎔接(용접)

鏞 쇠북 용
金　　총19획

뜻_ 종, 큰 종, 서국(西國)의 음악
- 鏞鼓(용고) 종과 북.
- 白禹鏞(백우용) 한국 최초의 지휘자.

佑 도울 우
亻(人)　　총7획

뜻_ 돕다, 도움
- 佑命(우:명) 하늘이 도와주는 운수.
- 金佑明(김우명) 조선 중기의 문신.
- 天佑神助(천우신조)

祐 복 우
示　　총10획

뜻_ 돕다, 복, 행복, 천지신명의 도움
- 祐福(우:복) 하늘이 주는 복.
- 金祐鎭(김우진) 극작가.
- 祐助(우:조)

禹 성 우
内　　총9획

뜻_ 하우씨, 벌레, 돕다
- 禹王(우:왕) 중국 고대의 제왕.
- 禹貢(우:공) 조선 전기의 무신.

旭 아침해 욱
日　　총6획

뜻_ 아침 해, 돋는 해, 해가 뜨다
- 旭日(욱일) 아침에 떠오르는 밝은 해.
- 旭光(욱광)　· 旭日昇天(욱일승천)

頊 삼갈 욱
頁　　총13획

뜻_ 삼가다, 머리를 숙여 삼가는 모양
- 頊頊(욱욱) 정신이 빠진 것 같은 모양.
- 許頊(허욱) 조선 중기의 문신.

昱 햇빛밝을 욱
日　　총9획

뜻_ 빛나다, 햇빛이 빛나다
- 昱昱(욱욱) 빛이 매우 밝음.
- 鄭炳昱(정병욱) 국문학자.

煜 빛날 욱
火　　총13획

뜻_ 빛나다, 빛나는 모양
- 煜煜(욱욱) 빛나서 환함.
- 李煜(이욱) 중국의 시인, 남당의 최후 통치자.

인명자·지명자 익히기

郁 성할 욱
阝(邑)　　총9획

뜻_ 성하다, 향기롭다, 문채가 다른 모양
- 郁郁靑靑(욱욱청청) 향기가 굉장히 좋고 나무가 우거져 푸르름.
- 李鍾郁(이종욱) 승려, 독립운동가.

瑗 구슬 원
王(玉)　　총13획

뜻_ 패옥, 옥고리
- 趙瑗(조원) 조선 중기의 문신.
- 瑗玉(원옥) 구멍이 큰 옥.

芸 운향 운
艹(艸)　　총8획

뜻_ 운향, 김매다, 많다
- 芸香(운향) 향초의 하나.
- 林芸(임운)　· 芸芸(운운)

袁 성 원
衣　　총10획

뜻_ 옷이 길다
- 袁世凱(원세개) 중국 청나라 말기의 정치가.
- 袁枚(원매) 중국 청나라 때의 문신.

蔚 고을이름 울
艹(艸)　　총15획

뜻_ 풀 이름, 성하다, 고을 이름 숲, 무늬
- 蔚山(울산) 경상남도 동북쪽에 있는 광역시.
- 蔚珍郡(울진군)　· 蔚然(울연)

渭 물이름 위
氵(水)　　총12획

뜻_ 물 이름
- 渭水(위수) 중국의 강이름.
- 渭陽丈(위양장)　· 渭川面(위천면)

熊 곰 웅
灬(火)　　총14획

뜻_ 곰, 빛나는 모양, 성(姓)
- 熊津(웅진) 공주(公州)의 옛 이름.
- 熊膽(웅담)　· 熊掌(웅장)

韋 가죽 위
韋　　총9획

뜻_ 가죽, 부드러운 것, 어기다
- 韋編三絶(위편삼절) 공자가 주역을 즐겨 읽어 책의 가죽 끈이 세 번이나 끊어졌다는 뜻으로, 책을 열심히 읽음을 이르는 말.

媛 계집 원
女　　총12획

뜻_ 미인, 우아한 여자, 예쁘다, 궁녀
- 才媛(재원) 재주가 뛰어난 젊은 여자.
- 媛女(원녀)　· 淑媛(숙원)

魏 성 위
鬼　　총18획

뜻_ 나라 이름, 대궐, 높다
- 魏(위) 중국 전국시대의 나라 이름.
- 魏伯珪(위백규) 조선 후기의 실학자, 문인.
- 魏晉南北朝(위진남북조)

庾	곳집·노적가리 유		尹	성 윤	
	广　　　총12획	人		尸　　　총4획	姓

뜻_ 곳집, 노적가리
· 金庾信(김유신) 삼국통일을 이룬 신라의 명장.
· 庾積(유적)

뜻_ 다스리다, 벼슬아치
· 令尹(영윤) 중국 주대(周代) 초나라의 관직 이름. 중국의 지방 장관을 달리 이르던 말.
· 尹瓘(윤:관) 고려 시대의 명신.　· 尹奉吉(윤봉길)

俞	대답할·인월도 유		胤	자손 윤	
	入　　　총9획	姓		月(肉)　　　총9획	人

뜻_ 점점, 그러하다, 대답하다
· 俞應孚(유응부) 조선 단종 때의 충신.
· 俞泓(유홍) 조선 중기의 문신.

뜻_ 잇다, 자손이 조상의 대를 잇다, 핏줄, 혈통
· 胤嗣(윤사) 대(代)를 이을 자손.
· 李胤永(이윤영) 조선 후기의 문인.
· 胤子(윤자)　· 胤玉(윤옥)

楡	느릅나무 유		鈗	창 윤	
	木　　　총13획	人地		金　　　총12획	人

뜻_ 느릅나무, 옮기다, 흔들다
· 楡岾寺(유점사) 강원도(북한) 금강군(金剛郡) 금강산에 있는 절.
· 楡柳(유류)　· 楡塞(유새)

뜻_ 병기 이름, 창의 일종
· 鈗器(윤기) 주로 임금을 가까이서 모시는 신하가 가지는 무기.
· 金鈗(김윤) 기업가.

踰	넘을 유		殷	은나라 은	
	足　　　총16획	地		殳　　　총10획	姓

뜻_ 넘다, 지나가다, 건너다, 이기다
· 水踰里(수유리) 서울 강북구에 있는 지명.
· 踰年(유년)　· 踰越(유월)　· 踰侈(유치)

뜻_ 성하다, 많다, 크다
· 殷墟(은허) 중국 은나라 때의 유적.
· 殷盛(은성)　· 殷昌(은창)

允	맏 윤		垠	지경 은	
	儿　　　총4획	人		土　　　총9획	人

뜻_ 진실로
· 允當(윤:당) 진실로 마땅함.
· 允許(윤:허)　· 允友(윤:우)　· 允恭(윤:공)

뜻_ 끝, 땅끝, 벼랑, 낭떠러지
· 垠界(은계) 지경, 경계
· 李垠(이은) 대한제국의 마지막 황태자.
· 垠際(은제)

인명자 · 지명자 익히기

誾 향기 은
言 총15획
뜻_ 온화하다, 향기가 가득찬 모양
· 南誾(남은) 조선의 개국공신.
· 誾誾(은은)

翊 도울 익
羽 총11획
뜻_ 돕다, 나는 모양, 다음 날
· 翊成(익성) 도와서 이루게 함.
· 翊戴功臣(익대공신) · 翊贊(익찬)

鷹 매 응
鳥 총24획
뜻_ 매, 송골매
· 鷹岩洞(응암동) 서울시 은평구에 있는 지명.
· 鷹犬(응견) · 鷹視(응시)

鎰 무게이름 일
金 총18획
뜻_ 중량, 무게 단위, 스무냥
· 二十兩爲鎰(이십량위일) 스무냥을 말함.
· 張鎰(장일) 고려 때의 名臣.

伊 저 이
亻(人) 총6획
뜻_ 저, 그, 이, 어조사
· 伊太利(이태리) '이탈리아'의 음역어.
· 伊吾(이오) · 伊時(이시)

佾 줄춤 일
亻(人) 총8획
뜻_ 춤
· 八佾(팔일) 논어(論語)의 편명(篇名).
· 八佾舞(팔일무) · 佾舞(일무)

珥 귀고리 이
王(玉) 총10획
뜻_ 귀엣고리, 귀걸이
· 李珥(이이) 조선 선조 때의 학자. 율곡의 이름.

滋 불을 자
氵(水) 총12획
뜻_ 붇다, 번식하다, 더하다
· 滋生(자생) 더욱 더 생겨남.
· 滋味(자미) · 滋甚(자심) · 滋養劑(자양제)

怡 기쁠 이
忄(心) 총8획
뜻_ 기쁘다, 기뻐하다
· 南怡(남이) 조선 세종 때의 장수.
· 怡神(이신) · 怡顔(이안)

庄 전장 장
广 총6획
뜻_ 농막, 전장, 평평하다, 莊의 俗字.
· 田庄(전장) 소유하는 논밭.
· 庄河市(장하시) 중국 요녕성에 있는 시.

璋 홀 장
王(玉) 총15획 〔人〕

뜻_ 반쪽 홀, 구기, 밝다
· 朱元璋(주원장) 중국 명나라의 초대 황제.
· 弄璋之慶(농장지경) 장으로 만든 구기를 갖고 노는 경사란 뜻으로 아들을 낳은 즐거움.

晶 맑을 정
日 총12획 〔人〕

뜻_ 밝다, 환하다, 빛, 투명하다
· 晶耀(정요) 밝고 빛남.
· 結晶(결정) · 水晶體(수정체) · 液晶畫面(액정화면)

蔣 성 장
艹(艸) 총15획 〔姓〕

뜻_ 줄, 진고, 격려하다, 깔개, 자리
· 蔣介石(장개석) 중국의 정치가.
· 蔣茅(장:모) · 蔣席(장:석)

珽 옥이름 정
王(玉) 총11획 〔人〕

뜻_ 옥 이름
· 玉珽(옥정) 옥홀(玉笏). 옥으로 만든 홀.
· 安珽(안정) 조선시대의 문신이며 서화가.

樟 녹나무 장
木 총15획 〔人〕

뜻_ 녹나무
· 樟木(장목) 녹나무. 장뇌나무.
· 樟腦(장뇌) 녹나무에서 얻은 백색 방향성 결정체.
· 樟木魚(장목어)

旌 기 정
方 총11획 〔地〕

뜻_ 아침 해, 돋는 해, 해가 뜨다
· 旌善(정선) 강원도 정선군 서남부에 있는 읍.
· 旌門(정문) · 銘旌(명정)

甸 경기 전
田 총7획 〔地〕

뜻_ 경기, 교외, 옛날 왕성 주위 오백 리 이내의 지역
· 畿甸(기전) 기내(畿內). 나라의 수도를 중심으로 하여 사방으로 뻗어 나간 가까운 행정 구역의 안.
· 甸服(전복) · 甸獵(전렵)

楨 광나무 정
木 총13획 〔人〕

뜻_ 광나무, 기둥, 근본, 의지가 되는 사람이나 사물
· 楨木(정목) 물푸레나뭇과의 상록 관목. 광나무.
· 楨幹(정간) · 國楨(국정)

鄭 나라 정
阝(邑) 총15획 〔姓〕

뜻_ 나라 이름
· 鄭夢周(정몽주) 고려 말의 충신.
· 鄭聲(정:성) · 鄭重(정:중)

汀 물가 정
氵(水) 총5획 〔人〕

뜻_ 물가, 모래섬
· 汀沙(정사) 물가의 모래톱.
· 莘夕汀(신석정) 시인.
· 汀線(정선)

인명자·지명자 익히기

禎 상서로울 정
示　　총14획

뜻_ 상서, 복, 행복, 바르다
- 孫基禎(손기정) 제 11 회 올림픽 마라톤에서 1위를 차지함.
- 禎祥(정상)

琮 옥홀 종
王(玉)　　총12획

뜻_ 옥홀, 서옥 이름, 부신(符信)
- 琮箏(종쟁) 옥이나 돌이 부딪쳐 내는 소리.
- 琮花(종화) 아름다운 꽃.

鼎 솥 정
鼎　　총13획

뜻_ 솥, 존귀하다, 바야흐로
- 鼎談(정담) 세 사람이 솥발처럼 벌려 다주 앉아서 하는 이야기.
- 鼎立(정립)　· 鼎足之世(정족지세)

疇 이랑 주
田　　총19획

뜻_ 밭두둑, 밭, 경계
- 疇類(주류) 같은 무리.
- 羅錫疇(나석주) 한말의 독립 운동가.
- 疇輩(주배)

趙 나라 조
走　　총14획

뜻_ 나라 이름, 뛰어 넘다, 넘다
- 趙光祖(조광조) 조선 중기 문신. 성리학자.
- 趙治勳(조치훈) 바둑기사.

埈 높을 준
土　　총10획

뜻_ 가파르다, 높이 솟다, 험하다
- 埈險(준:험) 산·고개 따위가 높고 험함.
- 李埈鎔(이준용) 흥선대원군의 손자.

曺 성 조
曰　　총10획

뜻_ 성(姓)
- 曺植(조식) 조선 중기 학자.
- 曺奉岩(조봉암) 독립운동가. 정치가.

峻 높을·준엄할 준
山　　총10획

뜻_ 높다, 엄하다, 길다
- 峻嚴(준:엄) 매우 엄격함.
- 峻拒(준:거)　· 險峻(험준)

祚 복 조
示　　총10획

뜻_ 복, 복을 내리다, 천자의 자리
- 溫祚王(온조왕) 백제의 시조왕.
- 祚命(조명)　· 祚胤(조윤)

晙 밝을 준
日　　총11획

뜻_ 밝다, 이르다
- 晙早(준:조) 늦지 않음.
- 安東晙(안동준) 조선 후기의 문신.

浚 깊게할 준
氵(水) 총10획

뜻_ 깊다, 치다, 빼앗다
· 浚渫(준:설) 못이나 개울 따위의 밑바닥을 파내어 바닥을 깊게 하는 일.
· 許浚(허준) 조선 중기의 의학자.

濬 깊을 준
氵(水) 총17획

뜻_ 치다, 깊다, 심오하다
· 濬哲(준:철) 뛰어나게 지혜가 깊음 또는 그런 사람.
· 濬川(준:천) · 濬池(준:지)

駿 준마 준
馬 총17획

뜻_ 준마, 뛰어난 사람, 빼어나다, 뛰어나다
· 駿足(준:족) 발이 빠른 좋은 말.
· 朴騏駿(박기준) 조선 후기의 화가.
· 駿馬(준:마) · 駿敏(준:민)

址 터 지
土 총7획

뜻_ 터
· 故址(고지) 옛날에 집이나 성(城) 따위가 있던 터 또는 그 자취.
· 址臺(지대) · 城址(성지) · 寺址(사지)

芝 지초 지
艹(艸) 총8획

뜻_ 지초
· 芝宇(지우) 남의 몸가짐이나 차린 모습을 높여 이르는 말.
· 鄭芝溶(정지용) 한국의 시인.
· 芝蘭之交(지란지교)

稙 올벼 직
禾 총13획

뜻_ 일찍 심은 벼, 올벼, 이르다
· 稙禾(직화) 일찍 심은 벼.
· 李耕稙(이경직) 한말의 문신.

稷 피 직
禾 총15획

뜻_ 기장, 오곡의 신, 농관
· 稷山(직산) 충청남도 천안시에 있는 지명.
· 宗廟社稷(종묘사직) · 稷神(직신)

秦 성 진
禾 총10획

뜻_ 벼 이름, 나라 이름, 왕조 이름
· 秦鏡(진경) 선악을 꿰뚫어 보는 사람의 안목과 식견을 이르는 말.
· 秦始皇(진시황) 중국 최초의 중앙집권적 통일제국인 진(秦)나라를 건설한 전제군주.

晉 진나라 진
日 총10획

뜻_ 나아가다, 억누르다, 억제하다, 꽂다, 진나라
· 속자 – 晋.
· 晉州(진:주) 경상남도 남서부에 있는 시.
· 郭少晉(곽소진) 교육자.

燦 빛날 찬
火 총17획

뜻_ 빛나다, 번쩍번쩍하다
· 燦然(찬:연) 해나 물체가 눈부시게 빛나는 상태에 있음.
· 豪華燦爛(호화찬란)

인명자 · 지명자 익히기

鑽 뚫을 찬
金　　총27획

뜻_ 끌, 뚫다, 자르다, 구멍내다
· 鑽研(찬연) 깊이 연구하는 것.
· 鑽木(찬목) · 研鑽會(연찬회)

璨 옥빛 찬
王(玉)　　총17획

뜻_ 빛나다, 아름다운 옥, 옥의 빛
· 璨瑳(찬:차) 깨끗한 모양. 돋고 흰 모양.
· 璨幽(찬:유) 신라 말, 고려 초의 승려.

瓚 옥잔 찬
王(玉)　　총23획

뜻_ 제기, 술 그릇, 옥잔
· 玉瓚(옥찬) 조선 시대에, 종묘나 문묘 다위의 나라 제사에서 강신할 때에 쓰던 술잔.
· 崔瓚植(최찬식) 신소설의 작가.

敞 시원할 창
攵　　총12획

뜻_ 높다, 드러내다, 드러나다, 널직한 모양
· 高敞(고창) 전라북도 고창군에 있는 읍.
· 劉敞(유창) 고려 말 · 조선 초의 문신.

昶 해길 창
日　　총9획

뜻_ 밝다, 환하다, 통하다, 해가 길다
· 金基昶(김기창) 화가.
· 和昶(화창) 환하다.

采 풍채 채
釆　　총8획

뜻_ 캐다, 가리다, 채색 무늬, 일, 벼슬
· 采色(채:색) 풍채와 안색을 아울러 이르는 말.
· 拍手喝采(박수갈채)
· 風采(풍채)

埰 사패지 채
土　　총11획

뜻_ 영지, 무덤
· 朴玄埰(박현채) 경제학자.
· 埰地(채:지) 나라에서 준 땅.

蔡 성 채
艹(艸)　　총15획

뜻_ 거북, 점치는 데 쓰는 큰 거북, 티끌
· 蔡濟恭(채제공) 조선시대 때의 재상.
· 蔡萬植(채만식) 소설가.

陟 오를 척
阝(阜)　　총10획

뜻_ 오르다, 올리다, 추천하다, 나아가다
· 三陟市(삼척시) 강원도의 도시명.
· 陟降(척강) · 進陟(진척)

釧 팔찌 천
金　　총11획

뜻_ 팔찌, 팔가락지
· 玉釧(옥천) 옥으로 단든 팔찌.
· 寶釧(보천) · 銀釧(은천)

喆 밝을·쌍길 철
口　　총12획

뜻_ 밝다, 총명하다, 알다, 분명히 하다, 哲과 同字.
- 羅喆(나철) 대종교의 교조.
- 喆聖(철성) 재덕을 겸비한 성인.

崔 성·높을 최
山　　총11획

뜻_ 높다, 성, 섞이다
- 崔致遠(최치원) 신라 말기의 학자.
- 崔秉烈(최병렬) 정치가.

澈 맑을 철
氵(水)　　총15획

뜻_ 물이 맑다
- 鄭澈(정철) 조선 선조 때의 정치가이자 시인.
- 申琦澈(신기철) 국어학자.

楸 가래나무 추
木　　총13획

뜻_ 개오동나무, 가래나무
- 楸木(추목) 가래나무.
- 楸子(추자) 가래나무의 열매.

瞻 볼 첨
目　　총18획

뜻_ 보다, 쳐다보다, 우러러보다, 굽어보다
- 瞻星臺(첨성대) 경주에 있는 신라 시대의 천문 관측대.
- 姜民瞻(강민첨) 고려 시대의 장군.

鄒 추나라 추
阝(邑)　　총13획

뜻_ 나라 이름
- 鄒魯之鄕(추로지향) 공자와 맹자의 고향이라는 뜻.
- 鄒衍(추연) 중국 전국 시대의 사상가.

楚 초나라 초
木　　총13획

뜻_ 매(질하다), 회초리, 아프다, 곱다, 우거지다, 초(나라)
- 楚(초) 중국 주(周)나라 제후국이자 전국칠웅(戰國七雄)의 하나.
- 楚漢(초한) · 苦楚(고초) · 四面楚歌(사면초가)

椿 참죽나무 춘
木　　총13획

뜻_ 참죽나무, 아버지, 부친
- 椿府丈(춘부장) 남의 아버지를 높여 이르는 말.
- 林椿(임춘) 고려시대의 문인.
- 椿堂(춘당)

蜀 나라이름 촉
虫　　총13획

뜻_ 촉나라, 제기
- 後蜀(후촉) 중국의 5대 10국.
- 蜀漢(촉한)

沖 빌 충
氵(水)　　총7획

뜻_ 빌다, 온화하다
- 崔沖(최충) 고려시대의 문신. 학자.
- 沖氣(충기)

인명자 · 지명자 익히기

聚 모을 취
耳　　　총14획

뜻_ 모이다, 모으다, 무리
· 聚斂(취:렴) 재물을 탐내어 다구 거두어들임.
· 聚落(취:락) · 聚合(취:합)

峙 언덕 치
山　　　총9획

뜻_ 우뚝솟다, 언덕, 쌓다
· 大峙洞(대치동) 서울시 강남구의 동(洞).
· 對峙(대치) 서로 맞서서 버팀.
· 八良峙(팔량치)

雉 꿩 치
隹　　　총13획

뜻_ 꿩, 담, 장원
· 雉岳山(치악산) 강원도 원주시 횡성군 및 영월군에 걸쳐 있는 산.
· 春雉自鳴(춘치자명)

灘 여울 탄
氵(水)　　　총22획

뜻_ 여울, 물가, 소금밭
· 新灘津(신탄진) 충남 대덕군에 있는 지명.
· 玄海灘(현해탄) 일본 규슈(九州) 북서부에 펼쳐져 있는 해역.
· 漢灘江(한탄강)

耽 즐길 탐
耳　　　총10획

뜻_ 즐기다, 기쁨을 누리다
· 耽羅(탐라) 제주도의 옛 이름.
· 耽溺(탐닉) · 耽讀(탐독)

兌 바꿀 태
儿　　　총7획

뜻_ 바꾸다, 기뻐하다, 모이다
· 李兌榮(이태영) 한국 최초의 여성 변호사. 여성운동가.
· 兌換(태환) 지폐를 정화(正貨)와 바꿈.

台 별 태
口　　　총5획

뜻_ 나, 기뻐하다, 자기
· 台臨(타림) 지체 높은 어른이 출타함.
· 台鼎(타정) 삼정승.
· 天台宗(천태종) 대승 불교의 한 종파.

坡 언덕 파
土　　　총8획

뜻_ 고개, 비탈, 제방
· 坡洲(파주) 경기도에 있는 지명.
· 坡岸(파안) · 坡平面(파평면)

阪 언덕 판
阝(阜)　　　총7획

뜻_ 비탈, 둑, 제방, 산골짜기
· 阪上走丸(판상주환) 언덕 위에서 공을 굴린다는 뜻.
· 阪田(판전) · 峻阪(준판)
· 大阪(대판) 일본에 있는 지명.

彭 성 팽
彡　　　총12획

뜻_ 성, 나라 이름, 지명
· 彭排(팽패) 조선 시대 호분위에 속한, 방패를 무기로 쓰던 병종(兵種).
· 彭紹升(팽소승) 청나라 학자.

扁 작을 편
戶　　총9획　姓

뜻_ 넓적하다, 납작하다, 액자, 낮고 얇은 모양
- 扁鵲(편작) 중국 전국시대 명의.
- 扁額(편액) · 扁舟(편주)
- 扁桃腺(편도선) · 扁題(편제)

弼 도울 필
弓　　총12획　姓

뜻_ 돕다, 돕는 사람, 도지개
- 輔弼(보:필) 윗사람의 일을 도움 또는 그런 사람.
- 弼導(필도) 돌보아 인도함.
- 徐載弼(서재필) 독립 운동가.

葡 포도 포
艹(艸)　　총13획　人國

뜻_ 포도, 포르투갈의 약칭, 갖추다
- 葡萄牙(포도아) '포르투갈'의 음역어.
- 葡萄糖(포도당)

泌 스며흐릴 필 / 분비할 비
氵(水)　　총8획　人

뜻_ 샘물 흐르는 모양, 스미다
- 分泌物(분비물) 분비샘에서 나오는 물질. 침, 위액(胃液), 땀, 젖 따위가 있다.
- 泌尿器科(비:뇨기과)

鮑 절인물고기 포
魚　　총16획　地

뜻_ 절인물고기, 전복
- 鮑石亭(포석정) 경상북도 경주시 배동에 있는 통일 신라 때의 석구(石溝).
- 管鮑之交(관포지교) 아주 친한 친구 사이의 사귐.

陝 땅이름 합 / 좁을 협
阝(阜)　　총10획　地

뜻_ 땅 이름, 좁다, 산골짜기
- 陝川(합천) 경상남도 합천군에 있는 읍. 군청 소재지.
- 陝谷(협곡) 좁은 계곡.

杓 북두자루 표
木　　총7획　人

뜻_ 자루, 별 이름, 당기다
- 元斗杓(원두표) 조선 중기의 문신.
- 杓端(표단) 북두칠성의 자루위 끝.

亢 높을 항
亠　　총4획　人

뜻_ 목, 목구멍, 오르다
- 亢秩(항질) 최고의 품계.
- 亢羅(항라) · 亢進(항진)

馮 성 풍 / 탈 빙
馬　　총12획　姓

뜻_ 성, 타다, 오르다, 넘보다, 업신여기다
- 馮夷(풍이) 물 속에 있는 귀신.
- 馮國璋(풍국장) 중국의 군인, 정치가.
- 馮虛(빙허)

沆 넓을 항
氵(水)　　총7획　人

뜻_ 넓다, 흐르다, 물이 흐르는 모양
- 沆茫(항망) 수면이 넓고 넓은 모양.
- 崔沆(최항) 고려 무인.

인명자 · 지명자 익히기

杏 살구 행
木　　총7획

뜻_ 살구, 살구나무, 은행나무
- 杏堂洞(행:당동) 서울시 중구에 있는 지명.
- 銀杏(은행)
- 杏林(행:림)　· 杏花(행:화)

赫 빛날 혁
赤　　총14획

뜻_ 붉다, 붉은 모양, 붉은 빛, 빛나는 모양
- 朴赫居世(박혁거세) 신라의 시조.
- 赫怒(혁노)

爀 불빛 혁
火　　총18획

뜻_ 붉다, 불빛이 붉은 모양
爀火(혁화) 불빛.
閔命爀(민명혁) 조선 후기의 문신.

峴 고개 현
山　　총10획

뜻_ 재, 고개, 산 이름
- 阿峴洞(아현동) 서울 마포구에 있는 지명.
- 葛峴(갈현) 충북 영동군에 있는 고개.

炫 밝을 현
火　　총9획

뜻_ 빛나다, 비추다, 자랑하다
- 炫怪(현:괴) 기괴한 일을 하여 사람들의 눈에 띔.
- 炫燿(현:요)　· 炫惑(현:혹)

鉉 솥귀 현
金　　총13획

뜻_ 솥귀, 삼공의 지위, 활시위
- 崔鉉培(최현배) 한글학자.
- 鉉台(현태) 三公(3 정승)을 달함.

炯 빛날 형
火　　총9획

뜻_ 빛나다, 밝다, 불이 밝다
- 炯眼(형안) 빛나는 눈 또는 날카로운 눈매. 사물에 대한 뛰어난 관찰력.
- 楊炯(양형) 중국의 시인.　· 炯然(형연)

邢 성 형
阝(阜)　　총7획

뜻_ 나라 이름, 성, 땅 이름
- 邢臺縣(형대현) 지금의 하북성 현(縣) 이름.
- 邢泰根(형태근) 기업 경영가.

瀅 물맑을 형
氵(水)　　총18획

뜻_ 물맑다
- 瀅滎(형영) 졸졸 흐르는 시내.
- 金基瀅(김기형) 독립운동가.
- 汀瀅(정형)

馨 꽃다울 형
香　　총20획

뜻_ 향기, 향기가 나다
- 馨香(형향) 방향.
- 柳馨遠(유형원) 조선 중기 실학자.

昊 하늘 호
日 　　　총8획
뜻_ 하늘, 큰 모양
· 昊天罔極(호:천망극) 어버이의 은혜가 넓고 큰 하늘과 같이 다함이 없음을 이르는 말.
· 金炳昊(김병호) 가야금의 명인.

扈 따를 호
戶 　　　총11획
뜻_ 뒤따르다, 넓다, 만연하다, 퍼지다
· 扈從(호:종) 임금이 탄 수레를 호위하여 따르던 일 또는 그런 사람.
· 扈衛(호:위) · 修扈(수호)

晧 밝을 호
日 　　　총11획
뜻_ 빛밝다, 나다, 해뜨는 모양
· 黃一晧(황일호) 조선 때의 문신.
· 晧月(호:월) 아주 맑고 밝게 비치는 달.

鎬 호경 호
金 　　　총18획
뜻_ 호경, 남비, 빛나는 모양
· 鎬京(호:경) 주(周)나라 시대 서울.
· 鼎鎬(정호) 한말의 승려.

皓 흴 호
白 　　　총12획
뜻_ 희다, 흰 모양
· 皓雪(호:설) 흰 눈.
· 皓齒(호:치) 미인의 희고 아름다운 이.
· 皓皓白髮(호:호백발) · 丹脣皓齒(단순호치)

祜 복 호
示 　　　총10획
뜻_ 복
· 姜周祜(강주호) 조선 후기의 학자.
· 徐天祜(서천호) 원나라 학자.
· 祜休(호휴)

澔 넓을 호
氵(水) 　　　총15획
뜻_ 크다, 광대한 모양, 浩와 同字
· 鄭澔(정호) 조선 시대의 문신.
· 李根澔(이근호) 조선 때의 무신.

泓 물깊을 홍
氵(水) 　　　총8획
뜻_ 깊다, 웅덩이, 소
· 泓量(홍량) 물이 깊고 수량이 많음.
· 朴泓(박홍) 조선 중기의 무신.
· 深泓(심홍)

壕 해자 호
土 　　　총17획
뜻_ 해자, 도랑
· 塹壕(참호) 야전에서 몸을 숨기면서 적과 싸우기 위하여 방어선을 따라 판 구덩이.
· 待避壕(대피호) · 防空壕(방공호)

嬅 탐스러울 화
女 　　　총15획
뜻_ 탐스럽다
· 嬅女容麗(화녀용려) 여자의 모습이 아름다움.
· 嬅晶(화정)

인명자·지명자 익히기

樺 자작나무·벗나무 화
木   총16획

뜻_ 자작나무

- 樺榴(화류) 자단(紫檀)의 목재.
- 樺燭(화촉) 자작나무 껍질로 만든 초.
- 樺皮(화피) · 樺巾(화건)

檜 전나무 회
木   총17획

뜻_ 노송나무, 나라 이름

- 檜巖寺(회암사) 경기도 양주군 회천면에 있는 절.
- 檜皮(회피) · 檜木(회목)

桓 굳셀 환
木   총10획

뜻_ 푯말, 굳세다, 크다

- 桓桓(환환) 힘세고 날랜 모양.
- 桓雄(환웅) 우리의 건국 시조.
- 桓因(환인) · 盤桓(반환)

淮 물이름 회
氵(水)   총11획

뜻_ 강 이름, 물이 빙돌아 나가다

- 淮陽(회양) 강원도 회양군 북서쪽에 있는 면. 군청 소재지.
- 淮皮(회피) · 淮木(회목)

煥 빛날 환
火   총13획

뜻_ 불꽃, 불빛, 밝다, 빛나다

- 文益煥(문익환) 목사, 재야운동가.
- 煥爛(환:란) · 煥然(환:연)

后 임금·왕후 후
口   총6획

뜻_ 임금, 왕비

- 西太后(서태후) 청나라 함풍제의 후궁.
- 后帝(후:제) 하늘. 천제.
- 母后(도:후) · 后稷(후:직)

晃  밝을 황
日   총10획

뜻_ 밝다, 빛나다

- 姜世晃(강세황) 조선 후기의 문인, 화가. 평론가.
- 晃蕩(황탕) 밝고 넓은 모양.

熏 불길 훈
灬(火)   총14획

뜻_ 연기가 끼다, 그을리다, 향을 피우다

- 熏灼(훈작) 불에 태움. 큰 세력을 가지고 있음을 비유적으로 이르는 말.
- 沈熏(심훈) 소설가.

滉  깊을 황
氵(水)   총13획

뜻_ 물이 깊고 넓다

- 李滉(이황) 조선 중기 학자. 퇴계(退溪)의 이름.

壎  질나팔 훈
土   총17획

뜻_ 질나팔

- 弄壎(농훈)

薰 향풀 훈
⺾(艸) 총18획

뜻_ 향풀, 향내 나다, 향기
· 薰育(훈육) 중국 하(夏)나라 때 '북적(北狄)'을 이르던 말.
· 曺薰鉉(조훈현) 바둑기사. · 薰風(훈풍) · 薰氣(훈기)

嬉 아름다울 희
女 총15획

뜻_ 즐기다, 즐거워하다, 놀다, 장난하다
· 嬉笑(희소) 실없이 웃음 또는 그런 웃음. 예쁘게 웃는 웃음.
· 嬉遊(희유) 즐겁게 놂.
· 嬉嬉(희희) · 嬉戲(희희)

徽 아름다울 휘
彳 총17획

뜻_ 아름답다, 표기, 기러기발
· 徽文高等學校(휘문고등학교) 서울 강남구에 위치한 학교.
· 徽索(휘삭) 포승.
· 徽言(휘언) · 徽號(휘호)

憙 기뻐할 희
心 총16획

뜻_ 기뻐하다, 즐기다, 좋아하다
· 洪同憙(홍동희) 기업 경영인.
· 憙晶(희정)
· 欣憙(흔희)

烋 아름다울 휴
灬(火) 총10획

뜻_ 경사롭다, 거들거리다, 뽐내다
· 金宗烋(김종휴) 조선 후기의 문신. 학자.
· 李秀烋(이수휴) 금융가.

熹 빛날 희
灬(火) 총16획

뜻_ 밝다
· 朱熹(주희) 주자의 이름.
· 洪命熹(홍명희) 소설가.

匈 오랑캐 흉
 총6획

뜻_ 오랑캐, 떠들썩하다, 흉흉하다
· 匈奴(흉노) 중국의 이민족인 오호(五胡) 가운데 몽골 고원에서 활약하던 유목 민족.

禧 복 희
示 총17획

뜻_ 복, 경사스럽다, 고하다
· 禧年(희년) 가톨릭에서 '성년(聖年)'을 달리 이르는 말.
· 福禧(복희) 복되고 복됨.
· 禧賀(희하)

欽 공경할 흠
欠 총12획

뜻_ 공경하다, 굽다, 구부러지다
· 欽歎(흠탄) 아름다움을 감탄함.
· 欽敬(흠경) · 欽命(흠명)

羲 복희 희
羊 총16획

뜻_ 숨, 내쉬는 숨, 복희(伏羲)의 약칭
· 伏羲(복희) 중국 고대 전설상의 제왕.
· 王羲之(왕희지) 중국 동진(東晉)의 서예가.

(＾－＾)＊

부록편

반대자
반의어
유의자
동음이의어
동자이음어
약자
난독한자
장음
사자성어

반대자 | 反對字

● 서로 뜻이 反對되고 對等한 漢字.

加	더할 가	↔	減	덜 감	高	높을 고	↔	低	낮을 저
可	옳을 가	↔	否	아닐 부	姑	시어미 고	↔	婦	며느리 부
干	방패 간	↔	戈	창 과	曲	굽을 곡	↔	直	곧을 직
干	천간 간	↔	支	지지 지	骨	뼈 골	↔	肉	고기 육
干	빌 간	↔	滿	찰 만	公	공변될 공	↔	私	사사로울 사
甘	달 감	↔	苦	쓸 고	功	공 공	↔	過	허물 과
江	강 강	↔	山	메 산	攻	칠 공	↔	防	막을 방
強	굳셀 강	↔	弱	약할 약	攻	칠 공	↔	守	지킬 수
開	열 개	↔	閉	닫을 폐	君	임금 군	↔	臣	신하 신
客	손 객	↔	主	주인 주	官	벼슬 관	↔	民	백성 민
去	갈 거	↔	來	올 래	敎	가르칠 교	↔	學	배울 학
乾	하늘 건	↔	坤	땅 곤	貴	귀할 귀	↔	賤	천할 천
乾	마를 건	↔	濕	젖을 습	勤	근면할 근	↔	怠	게으를 태
京	서울 경	↔	鄕	시골 향	近	가까울 근	↔	遠	멀(깊을) 원
慶	경사 경	↔	弔	조상할 조	禽	날짐승 금	↔	獸	길짐승 수
輕	가벼울 경	↔	重	무거울 중	禁	금할 금	↔	許	허락할 허
經	날 경	↔	緯	씨 위	及	미칠 급	↔	落	떨어질 락
古	예 고	↔	今	이제 금	起	일어날 기	↔	伏	엎드릴 복
苦	쓸 고	↔	樂	즐거울 락	起	일어날 기	↔	寢	잘 침

吉	길할 길	↔	凶	흉할 흉	老	늙을 로	↔	少	젊을 소
暖	따뜻할 난	↔	冷	찰 랭	勞	일할 로	↔	使	부릴·하여금 사
難	어려울 난	↔	易	쉬울 이	露	이슬 로	↔	霜	서리 상
男	사내 남	↔	妹	누이 매	陸	뭍 륙	↔	海	바다 해
男	사내 남	↔	女	계집 녀	利	이로울 리	↔	害	해로울 해
南	남녘 남	↔	北	북녘 북	離	떠날 리	↔	合	합할 합
內	안 내	↔	外	바깥 외	晩	늦을 만	↔	早	이를·새벽 조
濃	짙을 농	↔	淡	맑을 담	賣	팔 매	↔	買	살 매
多	많을 다	↔	少	적을 소	明	밝을 명	↔	暗	어두울 암
單	홑 단	↔	複	겹칠 복	矛	창 모	↔	盾	방패 순
斷	끊을 단	↔	續	이을 속	問	물을 문	↔	答	대답할 답
旦	아침 단	↔	夕	저녁 석	文	글월 문	↔	武	호반 무
當	마땅 당	↔	落	떨어질 락	物	물건 물	↔	心	마음 심
大	큰 대	↔	小	작을 소	美	아름다울 미	↔	醜	추할 추
貸	빌릴 대	↔	借	빌 차	班	나눌 반	↔	常	떳떳할 상
東	동녘 동	↔	西	서녘 서	發	필 발	↔	着	붙을 착
動	움직일 동	↔	靜	고요할 정	腹	배 복	↔	背	등·등질 배
同	한가지 동	↔	異	다를 이	本	근본 본	↔	末	끝 말
得	얻을 득	↔	失	잃을 실	逢	만날 봉	↔	別	헤어질 별

반대자 | 反對字

●서로 뜻이 反對되고 對等한 漢字.

方	모 방	↔	圓	둥글 원	盛 성할 성	↔	衰 쇠할 쇠
夫	남편 부	↔	婦	아내 부	成 이룰 성	↔	敗 패할 패
夫	남편 부	↔	妻	아내 처	疎 성길 소	↔	密 빽빽할 밀
父	아비 부	↔	母	어미 모	損 덜 손	↔	益 더할 익
浮	뜰 부	↔	沈	가라앉을 침	送 보낼 송	↔	迎 맞을 영
悲	슬플 비	↔	喜	기쁠 희	需 쓰일 수	↔	給 줄·넉넉할 급
貧	가난할 빈	↔	富	부자 부	手 손 수	↔	足 발 족
氷	얼음 빙	↔	炭	숯 탄	首 머리 수	↔	尾 꼬리 미
死	죽을 사	↔	活	살 활	水 물 수	↔	火 불 화
師	스승 사	↔	弟	제자 제	受 받을 수	↔	給 줄 급
山	메 산	↔	川	내 천	授 줄 수	↔	受 받을 수
山	메 산	↔	河	물 하	收 거둘 수	↔	支 지탱할 지
山	메 산	↔	海	바다 해	順 순할 순	↔	逆 거스를 역
上	위 상	↔	下	아래 하	乘 오를 승	↔	降 내릴 강
賞	상줄 상	↔	罰	벌할 벌	勝 이길 승	↔	負 질 부
生	날 생	↔	死	죽을 사	勝 이길 승	↔	敗 패할 패
生	날 생	↔	殺	죽일 살	始 비로소 시	↔	終 마칠 종
先	먼저 선	↔	後	뒤 후	始 비로소 시	↔	末 끝 말
善	착할 선	↔	惡	악할 악	是 옳을 시	↔	非 아닐 비

新	새로울 신	↔	舊	예 구	優	넉넉할 우	↔	劣	못할 렬
伸	펼 신	↔	縮	줄일 축	遠	멀 원	↔	近	가까울 근
心	마음 심	↔	身	몸 신	有	있을 유	↔	無	없을 무
深	깊을 심	↔	淺	얕을 천	隱	숨을 은	↔	現	나타날 현
安	편안 안	↔	危	위태할 위	恩	은혜 은	↔	怨	원망할 원
愛	사랑 애	↔	惡	미워할 오	陰	그늘 음	↔	陽	볕 양
愛	사랑 애	↔	憎	미울 증	異	다를 이	↔	同	같을 동
哀	슬플 애	↔	歡	기뻐할 환	因	인할 인	↔	果	과연 과
抑	누를 억	↔	揚	오를 양	任	맡길 임	↔	免	면할 면
言	말씀 언	↔	行	행할 행	日	해 일	↔	月	달 월
與	더불 여	↔	野	들 야	自	스스로 자	↔	至	이를 지
逆	거스를 역	↔	順	순서 순	自	스스로 자	↔	他	남 타
榮	영화 영	↔	辱	욕될 욕	雌	암컷 자	↔	雄	수컷 웅
玉	구슬 옥	↔	石	돌 석	姉	손윗누이 자	↔	妹	누이 매
溫	따뜻할 온	↔	冷	찰 랭	長	길 장	↔	短	짧을 단
緩	느릴 완	↔	急	급할 급	長	어른 장	↔	幼	어릴 유
往	갈 왕	↔	來	올 래	將	장수 장	↔	兵	군사 병
往	갈 왕	↔	復	회복할 복	將	장수 장	↔	卒	병사 졸
凹	오목할 요	↔	凸	볼록할 철	前	앞 전	↔	後	뒤 후

반대자 | 反對字

● 서로 뜻이 反對되고 對等한 漢字.

田	밭 전	↔	畓	논 답		遲	느릴 지	↔	速	빠를 속
戰	싸움 전	↔	和	화할 화		眞	참 진	↔	假	거짓 가
淨	깨끗할 정	↔	汚	더러울 오		眞	참 진	↔	僞	거짓 위
正	바를 정	↔	誤	그릇될 오		進	나아갈 진	↔	退	물러갈 퇴
早	일찍 조	↔	晚	늦을 만		集	모일 집	↔	配	나눌 배
朝	아침 조	↔	夕	저녁 석		集	모일 집	↔	散	흩을 산
朝	조정 조	↔	野	들 야		着	입을 착	↔	發	필·일어날 발
祖	조상 조	↔	孫	손자 손		着	입을 착	↔	脫	벗을 탈
存	있을 존	↔	亡	망할 망		贊	찬성할 찬	↔	反	반대할 반
存	있을 존	↔	廢	폐할 폐		天	하늘 천	↔	地	땅 지
尊	높을 존	↔	卑	낮을 비		添	더할 첨	↔	削	깎을 삭
縱	세로 종	↔	橫	가로 횡		淸	맑을 청	↔	濁	흐릴 탁
左	왼 좌	↔	右	오른 우		晴	갤 청	↔	雨	비 우
坐	앉을 좌	↔	立	설 립		初	처음 초	↔	終	마칠 종
晝	낮 주	↔	夜	밤 야		春	봄 춘	↔	秋	가을 추
主	주인 주	↔	客	손 객		出	날 출	↔	缺	이지러질 결
主	주인 주	↔	從	좇을 종		出	날 출	↔	納	들일 납
衆	무리 중	↔	寡	적을 과		出	날 출	↔	入	들 입
增	더할 증	↔	減	덜 감		取	취할 취	↔	捨	버릴 사

治	다스릴 치	↔	亂	어지러울 란	興 홍할 흥	↔	亡 망할 망
親	친할 친	↔	疎	드물 소	喜 기쁠 희	↔	怒 성낼 노
脫	벗을 탈	↔	着	붙을 착	喜 기쁠 희	↔	悲 슬플 비
表	겉 표	↔	裏	속 리			
豊	풍성할 풍	↔	凶	흉년 흉			
彼	저 피	↔	我	나 아			
彼	저 피	↔	此	이 차			
寒	찰 한	↔	暖	따뜻할 난			
寒	찰 한	↔	暑	더울 서			
狹	좁을 협	↔	廣	넓을·널리 광			
解	풀 해	↔	結	맺을 결			
海	바다 해	↔	陸	뭍·육지 육			
虛	빌 허	↔	實	열매 실			
賢	어질 현	↔	愚	어리석을 우			
兄	형 형	↔	弟	아우 제			
好	좋을 호	↔	惡	미워할 오			
禍	재앙 화	↔	福	복 복			
厚	두터울 후	↔	薄	엷을 박			
黑	검을 흑	↔	白	흰 백			

반의어 | 反義語

뜻이 서로 反對인 漢字語.

可決(가결)	↔	否決(부결)	強大(강대)	↔	弱小(약소)
架空(가공)	↔	實際(실제)	降臨(강림)	↔	昇天(승천)
假名(가명)	↔	實名(실명)	強勢(강세)	↔	弱勢(약세)
假想(가상)	↔	實在(실재)	強點(강점)	↔	弱點(약점)
加熱(가열)	↔	冷却(냉각)	開放(개방)	↔	閉鎖(폐쇄)
加入(가입)	↔	脫退(탈퇴)	個別(개별)	↔	全體(전체)
簡單(간단)	↔	複雜(복잡)	蓋然(개연)	↔	必然(필연)
幹線(간선)	↔	支線(지선)	改革(개혁)	↔	保守(보수)
干涉(간섭)	↔	放任(방임)	開會(개회)	↔	閉會(폐회)
干潮(간조)	↔	滿潮(만조)	客觀(객관)	↔	主觀(주관)
簡便(간편)	↔	複雜(복잡)	客體(객체)	↔	主體(주체)
間歇(간헐)	↔	持續(지속)	巨大(거대)	↔	微少(미소)
減算(감산)	↔	加算(가산)	巨富(거부)	↔	極貧(극빈)
感性(감성)	↔	理性(이성)	拒否(거부)	↔	承諾(승낙)
感情(감정)	↔	理性(이성)	拒否(거부)	↔	承認(승인)
減退(감퇴)	↔	增進(증진)	拒絕(거절)	↔	承諾(승낙)
剛健(강건)	↔	優柔(우유)	建設(건설)	↔	破壞(파괴)
剛健(강건)	↔	柔弱(유약)	乾燥(건조)	↔	濕潤(습윤)
強硬(강경)	↔	柔和(유화)	傑作(걸작)	↔	拙作(졸작)
強固(강고)	↔	薄弱(박약)	儉素(검소)	↔	奢侈(사치)

儉約(검약)	↔	浪費(낭비)	高壓(고압) ↔ 低壓(저압)
激減(격감)	↔	激增(격증)	高遠(고원) ↔ 卑近(비근)
缺勤(결근)	↔	出勤(출근)	故意(고의) ↔ 過失(과실)
結論(결론)	↔	序論(서론)	固定(고정) ↔ 流動(유동)
缺席(결석)	↔	出席(출석)	高調(고조) ↔ 低調(저조)
結婚(결혼)	↔	離婚(이혼)	故鄕(고향) ↔ 他鄕(타향)
缺乏(결핍)	↔	豊富(풍부)	困難(곤란) ↔ 容易(용이)
謙遜(겸손)	↔	傲慢(오만)	供給(공급) ↔ 需要(수요)
輕減(경감)	↔	加重(가중)	共鳴(공명) ↔ 反駁(반박)
經度(경도)	↔	緯度(위도)	空腹(공복) ↔ 滿腹(만복)
輕蔑(경멸)	↔	尊敬(존경)	空想(공상) ↔ 現實(현실)
輕薄(경박)	↔	重厚(중후)	攻勢(공세) ↔ 守勢(수세)
經常(경상)	↔	臨時(임시)	共用(공용) ↔ 專用(전용)
輕率(경솔)	↔	愼重(신중)	共有(공유) ↔ 私有(사유)
輕視(경시)	↔	重視(중시)	公的(공적) ↔ 私的(사적)
繼續(계속)	↔	中斷(중단)	空虛(공허) ↔ 充實(충실)
繼承(계승)	↔	斷絕(단절)	過去(과거) ↔ 未來(미래)
高尙(고상)	↔	低俗(저속)	過激(과격) ↔ 穩健(온건)
高尙(고상)	↔	低劣(저열)	光明(광명) ↔ 暗黑(암흑)
高雅(고아)	↔	卑俗(비속)	灌木(관목) ↔ 喬木(교목)

반의어 | 反義語

● 뜻이 서로 反對인 漢字語.

官尊(관존)	↔	民卑(민비)	均等(균등)	↔	差等(차등)
貫徹(관철)	↔	挫折(좌절)	均霑(균점)	↔	獨占(독점)
巧妙(교묘)	↔	拙劣(졸렬)	勤勉(근면)	↔	懶怠(나태)
廣義(광의)	↔	狹義(협의)	勤勉(근면)	↔	怠惰(태타)
拘禁(구금)	↔	釋放(석방)	僅少(근소)	↔	過多(과다)
拘束(구속)	↔	解放(해방)	肯定(긍정)	↔	否定(부정)
拘束(구속)	↔	放免(방면)	根源(근원)	↔	支流(지류)
舊派(구파)	↔	新派(신파)	急性(급성)	↔	慢性(만성)
求心(구심)	↔	遠心(원심)	急增(급증)	↔	急減(급감)
具體(구체)	↔	抽象(추상)	急行(급행)	↔	緩行(완행)
國內(국내)	↔	國外(국외)	旣決(기결)	↔	未決(미결)
群小(군소)	↔	巨大(거대)	起立(기립)	↔	着席(착석)
君子(군자)	↔	小人(소인)	奇拔(기발)	↔	平凡(평범)
君主(군주)	↔	臣下(신하)	寄生(기생)	↔	共生(공생)
屈服(굴복)	↔	抵抗(저항)	奇數(기수)	↔	偶數(우수)
屈折(굴절)	↔	直進(직진)	飢餓(기아)	↔	飽食(포식)
屈辱(굴욕)	↔	雪辱(설욕)	緊密(긴밀)	↔	疎遠(소원)
卷頭(권두)	↔	卷末(권말)	緊張(긴장)	↔	弛緩(이완)
權利(권리)	↔	義務(의무)	吉兆(길조)	↔	凶兆(흉조)
歸納(귀납)	↔	演繹(연역)	懦弱(나약)	↔	强靭(강인)

樂觀(낙관)	↔	悲觀(비관)	凌蔑(능멸)	↔	崇仰(숭앙)
落第(낙제)	↔	及第(급제)	能辯(능변)	↔	訥辯(눌변)
樂園(낙원)	↔	地獄(지옥)	多元(다원)	↔	一元(일원)
樂天(낙천)	↔	厭世(염세)	團欒(단란)	↔	不和(불화)
暖流(난류)	↔	寒流(한류)	單純(단순)	↔	複雜(복잡)
亂世(난세)	↔	治世(치세)	單式(단식)	↔	複式(복식)
濫讀(남독)	↔	精讀(정독)	單一(단일)	↔	複合(복합)
濫用(남용)	↔	節約(절약)	短縮(단축)	↔	延長(연장)
朗讀(낭독)	↔	默讀(묵독)	短篇(단편)	↔	長篇(장편)
內容(내용)	↔	形式(형식)	曇天(담천)	↔	晴天(청천)
內憂(내우)	↔	外患(외환)	唐慌(당황)	↔	沈着(침착)
內包(내포)	↔	外延(외연)	貸邊(대변)	↔	借邊(차변)
來生(내생)	↔	前生(전생)	大乘(대승)	↔	小乘(소승)
冷房(냉방)	↔	暖房(난방)	對話(대화)	↔	獨白(독백)
老鍊(노련)	↔	未熟(미숙)	都心(도심)	↔	郊外(교외)
怒色(노색)	↔	和色(화색)	獨創(독창)	↔	模倣(모방)
老獪(노회)	↔	純眞(순진)	動機(동기)	↔	結果(결과)
濃厚(농후)	↔	稀薄(희박)	冬眠(동면)	↔	夏眠(하면)
訥辯(눌변)	↔	能辯(능변)	動脈(동맥)	↔	靜脈(정맥)
能動(능동)	↔	被動(피동)	動搖(동요)	↔	安定(안정)

반의어 | 反義語

● 뜻이 서로 反對인 漢字語.

杜絶(두절)	↔	連絡(연락)	無能(무능)	↔	有能(유능)
鈍感(둔감)	↔	敏感(민감)	無形(무형)	↔	有形(유형)
鈍濁(둔탁)	↔	銳利(예리)	文語(문어)	↔	口語(구어)
得勢(득세)	↔	失勢(실세)	文明(문명)	↔	野蠻(야만)
得意(득의)	↔	失意(실의)	文化(문화)	↔	自然(자연)
得點(득점)	↔	失點(실점)	物質(물질)	↔	精神(정신)
登場(등장)	↔	退場(퇴장)	微官(미관)	↔	顯官(현관)
漠然(막연)	↔	確然(확연)	未備(미비)	↔	完備(완비)
滿潮(만조)	↔	干潮(간조)	微風(미풍)	↔	强風(강풍)
滿開(만개)	↔	半開(반개)	敏感(민감)	↔	鈍感(둔감)
忘却(망각)	↔	記憶(기억)	敏速(민속)	↔	遲鈍(지둔)
埋沒(매몰)	↔	發掘(발굴)	敏捷(민첩)	↔	遲鈍(지둔)
賣票(매표)	↔	買票(매표)	密集(밀집)	↔	散在(산재)
滅亡(멸망)	↔	隆盛(융성)	密接(밀접)	↔	疎遠(소원)
名目(명목)	↔	實質(실질)	反共(반공)	↔	容共(용공)
名譽(명예)	↔	恥辱(치욕)	反目(반목)	↔	和睦(화목)
冒頭(모두)	↔	末尾(말미)	返濟(반제)	↔	借用(차용)
模倣(모방)	↔	創造(창조)	反抗(반항)	↔	服從(복종)
母音(모음)	↔	子音(자음)	發達(발달)	↔	退步(퇴보)
模糊(모호)	↔	分明(분명)	潑剌(발랄)	↔	萎縮(위축)

跋文(발문)	↔	序文(서문)	否認(부인)	↔	是認(시인)
發生(발생)	↔	消滅(소멸)	否定(부정)	↔	肯定(긍정)
發信(발신)	↔	受信(수신)	分擔(분담)	↔	全擔(전담)
放心(방심)	↔	操心(조심)	分離(분리)	↔	結合(결합)
背恩(배은)	↔	報恩(보은)	分析(분석)	↔	綜合(종합)
白髮(백발)	↔	紅顔(홍안)	紛爭(분쟁)	↔	和解(화해)
白痴(백치)	↔	天才(천재)	不運(불운)	↔	幸運(행운)
繁榮(번영)	↔	衰退(쇠퇴)	卑怯(비겁)	↔	勇敢(용감)
繁忙(번망)	↔	閑散(한산)	悲劇(비극)	↔	喜劇(희극)
凡人(범인)	↔	超人(초인)	非番(비번)	↔	當番(당번)
別居(별거)	↔	同居(동거)	非凡(비범)	↔	平凡(평범)
別館(별관)	↔	本館(본관)	悲哀(비애)	↔	歡喜(환희)
保守(보수)	↔	進步(진보)	卑語(비어)	↔	敬語(경어)
普遍(보편)	↔	特殊(특수)	奢侈(사치)	↔	儉素(검소)
本業(본업)	↔	副業(부업)	死後(사후)	↔	生前(생전)
富貴(부귀)	↔	貧賤(빈천)	削減(삭감)	↔	添加(첨가)
扶桑(부상)	↔	咸池(함지)	削除(삭제)	↔	添加(첨가)
不實(부실)	↔	充實(충실)	散文(산문)	↔	韻文(운문)
敷衍(부연)	↔	省略(생략)	散在(산재)	↔	密集(밀집)
富裕(부유)	↔	貧困(빈곤)	相剋(상극)	↔	相生(상생)

반의어 | 反義語

● 뜻이 서로 反對인 漢字語.

詳述(상술)	↔	略述(약술)	送信(송신)	↔	受信(수신)
上昇(상승)	↔	下降(하강)	鎖國(쇄국)	↔	開國(개국)
喪失(상실)	↔	獲得(획득)	受理(수리)	↔	却下(각하)
生産(생산)	↔	消費(소비)	守節(수절)	↔	毁節(훼절)
生食(생식)	↔	火食(화식)	收縮(수축)	↔	膨脹(팽창)
生花(생화)	↔	造花(조화)	羞恥(수치)	↔	榮光(영광)
先輩(선배)	↔	後輩(후배)	收賄(수회)	↔	贈賄(증회)
善意(선의)	↔	惡意(악의)	順坦(순탄)	↔	險難(험난)
先天(선천)	↔	後天(후천)	順行(순행)	↔	逆行(역행)
成功(성공)	↔	失敗(실패)	勝利(승리)	↔	敗北(패배)
成熟(성숙)	↔	未熟(미숙)	深夜(심야)	↔	白晝(백주)
消極(소극)	↔	積極(적극)	惡用(악용)	↔	善用(선용)
歲暮(세모)	↔	年頭(연두)	安全(안전)	↔	危險(위험)
所得(소득)	↔	損失(손실)	暗示(암시)	↔	明示(명시)
騷亂(소란)	↔	靜肅(정숙)	養家(양가)	↔	生家(생가)
消滅(소멸)	↔	生成(생성)	愛好(애호)	↔	嫌惡(혐오)
疎遠(소원)	↔	親近(친근)	曖昧(애매)	↔	明瞭(명료)
守勢(수세)	↔	攻勢(공세)	語幹(어간)	↔	語尾(어미)
淑女(숙녀)	↔	紳士(신사)	嚴格(엄격)	↔	寬大(관대)
純粹(순수)	↔	不純(불순)	逆境(역경)	↔	順境(순경)

憐憫(연민)	↔	憎惡(증오)	容易(용이)	↔	難解(난해)
連作(연작)	↔	輪作(윤작)	優良(우량)	↔	劣惡(열악)
連敗(연패)	↔	連勝(연승)	優勢(우세)	↔	劣勢(열세)
永劫(영겁)	↔	刹那(찰나)	偶然(우연)	↔	必然(필연)
榮轉(영전)	↔	左遷(좌천)	憂鬱(우울)	↔	明朗(명랑)
靈魂(영혼)	↔	肉體(육체)	友好(우호)	↔	敵對(적대)
愚昧(우매)	↔	賢明(현명)	迂廻(우회)	↔	捷徑(첩경)
豫算(예산)	↔	決算(결산)	遠隔(원격)	↔	近接(근접)
豫習(예습)	↔	復習(복습)	原告(원고)	↔	被告(피고)
傲慢(오만)	↔	謙遜(겸손)	原理(원리)	↔	應用(응용)
沃土(옥토)	↔	薄土(박토)	遠洋(원양)	↔	近海(근해)
穩健(온건)	↔	過激(과격)	原因(원인)	↔	結果(결과)
完納(완납)	↔	未納(미납)	原型(원형)	↔	模型(모형)
緩慢(완만)	↔	急激(급격)	危險(위험)	↔	安全(안전)
完備(완비)	↔	未備(미비)	留保(유보)	↔	決定(결정)
完備(완비)	↔	不備(불비)	類似(유사)	↔	相異(상이)
緩和(완화)	↔	緊縮(긴축)	遺失(유실)	↔	拾得(습득)
往復(왕복)	↔	片道(편도)	柔弱(유약)	↔	剛健(강건)
外觀(외관)	↔	內容(내용)	柔軟(유연)	↔	硬直(경직)
夭折(요절)	↔	長壽(장수)	悠長(유장)	↔	性急(성급)

반의어 | 反義語

● 뜻이 서로 反對인 漢字語.

輪廓(윤곽)	↔	核心(핵심)	引上(인상)	↔	引下(인하)
隆起(융기)	↔	陷沒(함몰)	引受(인수)	↔	引繼(인계)
融解(융해)	↔	凝固(응고)	人爲(인위)	↔	自然(자연)
隱蔽(은폐)	↔	公開(공개)	人造(인조)	↔	天然(천연)
恩惠(은혜)	↔	怨恨(원한)	一般(일반)	↔	特殊(특수)
凝固(응고)	↔	溶解(용해)	任意(임의)	↔	强制(강제)
陰氣(음기)	↔	陽氣(양기)	入隊(입대)	↔	除隊(제대)
陰地(음지)	↔	陽地(양지)	立體(입체)	↔	平面(평면)
義務(의무)	↔	權利(권리)	入港(입항)	↔	出港(출항)
依他(의타)	↔	自立(자립)	自動(자동)	↔	手動(수동)
異端(이단)	↔	精通(정통)	自立(자립)	↔	依存(의존)
異例(이례)	↔	通例(통례)	自由(자유)	↔	束縛(속박)
理論(이론)	↔	實際(실제)	自律(자율)	↔	他律(타율)
裏面(이면)	↔	表面(표면)	自意(자의)	↔	他意(타의)
離別(이별)	↔	相逢(상봉)	子正(자정)	↔	正午(정오)
異質(이질)	↔	等質(등질)	長點(장점)	↔	短點(단점)
理想(이상)	↔	現實(현실)	長篇(장편)	↔	短篇(단편)
異性(이성)	↔	同性(동성)	低價(저가)	↔	高價(고가)
異議(이의)	↔	同議(동의)	低空(저공)	↔	高空(고공)
利益(이익)	↔	損害(손해)	低利(저리)	↔	高利(고리)

低俗(저속)	↔	高尙(고상)	正午(정오)	↔	子正(자정)
詛呪(저주)	↔	祝賀(축하)	定着(정착)	↔	漂流(표류)
貯蓄(저축)	↔	消費(소비)	弔客(조객)	↔	賀客(하객)
敵軍(적군)	↔	我軍(아군)	粗惡(조악)	↔	精巧(정교)
敵對(적대)	↔	友好(우호)	粗雜(조잡)	↔	精密(정밀)
嫡子(적자)	↔	庶子(서자)	造花(조화)	↔	生花(생화)
前半(전반)	↔	後半(후반)	存續(존속)	↔	廢止(폐지)
餞送(전송)	↔	迎接(영접)	主演(주연)	↔	助演(조연)
前進(전진)	↔	後進(후진)	重視(중시)	↔	輕視(경시)
轉入(전입)	↔	轉出(전출)	中止(중지)	↔	續行(속행)
絕對(절대)	↔	相對(상대)	增加(증가)	↔	減少(감소)
點燈(점등)	↔	消燈(소등)	增産(증산)	↔	減産(감산)
點火(점화)	↔	消火(소화)	增額(증액)	↔	減額(감액)
漸進(점진)	↔	急進(급진)	增進(증진)	↔	減退(감퇴)
正當(정당)	↔	不當(부당)	支流(지류)	↔	本流(본류)
精密(정밀)	↔	粗雜(조잡)	直系(직계)	↔	傍系(방계)
精算(정산)	↔	槪算(개산)	直線(직선)	↔	曲線(곡선)
正常(정상)	↔	異常(이상)	直接(직접)	↔	間接(간접)
定說(정설)	↔	異說(이설)	進步(진보)	↔	退步(퇴보)
靜肅(정숙)	↔	騷亂(소란)	進化(진화)	↔	退化(퇴화)

반의어 | 反義語

● 뜻이 서로 反對인 漢字語.

眞實(진실)	↔	虛僞(허위)	沈降(침강)	↔	隆起(융기)
質問(질문)	↔	答辯(답변)	稱讚(칭찬)	↔	非難(비난)
秩序(질서)	↔	混沌(혼돈)	快樂(쾌락)	↔	苦痛(고통)
質疑(질의)	↔	應答(응답)	快勝(쾌승)	↔	慘敗(참패)
集中(집중)	↔	分散(분산)	快調(쾌조)	↔	不調(부조)
集合(집합)	↔	解散(해산)	妥當(타당)	↔	不當(부당)
差別(차별)	↔	平等(평등)	他殺(타살)	↔	自殺(자살)
着陸(착륙)	↔	離陸(이륙)	濁音(탁음)	↔	淸音(청음)
斬新(참신)	↔	陳腐(진부)	脫黨(탈당)	↔	入黨(입당)
創造(창조)	↔	模倣(모방)	脫色(탈색)	↔	染色(염색)
淺學(천학)	↔	碩學(석학)	通設(통설)	↔	異說(이설)
促進(촉진)	↔	抑制(억제)	統一(통일)	↔	分裂(분열)
聰明(총명)	↔	愚鈍(우둔)	統合(통합)	↔	分析(분석)
最低(최저)	↔	最高(최고)	退勤(퇴근)	↔	出勤(출근)
縮小(축소)	↔	擴大(확대)	退院(퇴원)	↔	入院(입원)
就任(취임)	↔	離任(이임)	退嬰(퇴영)	↔	進取(진취)
就任(취임)	↔	辭任(사임)	退化(퇴화)	↔	進化(진화)
就職(취직)	↔	退職(퇴직)	投手(투수)	↔	捕手(포수)
就寢(취침)	↔	起床(기상)	投降(투항)	↔	抵抗(저항)
稚拙(치졸)	↔	洗練(세련)	破婚(파혼)	↔	約婚(약혼)

敗北(패배)	↔	勝利(승리)	合體(합체)	↔	分離(분리)
敗戰(패전)	↔	勝戰(승전)	解禁(해금)	↔	禁止(금지)
偏頗(편파)	↔	公平(공평)	幸福(행복)	↔	不幸(불행)
平等(평등)	↔	差別(차별)	向上(향상)	↔	低下(저하)
平凡(평범)	↔	非凡(비범)	許可(허가)	↔	禁止(금지)
閉幕(폐막)	↔	開幕(개막)	虛構(허구)	↔	實際(실제)
廢止(폐지)	↔	存續(존속)	許多(허다)	↔	稀少(희소)
布衣(포의)	↔	錦衣(금의)	虛勢(허세)	↔	實勢(실세)
暴騰(폭등)	↔	暴落(폭락)	現象(현상)	↔	本質(본질)
暴露(폭로)	↔	隱蔽(은폐)	現職(현직)	↔	前職(전직)
彼岸(피안)	↔	此岸(차안)	好感(호감)	↔	反感(반감)
豊年(풍년)	↔	凶年(흉년)	好轉(호전)	↔	逆轉(역전)
豊作(풍작)	↔	凶作(흉작)	好材(호재)	↔	惡材(악재)
豊足(풍족)	↔	不足(부족)	好評(호평)	↔	惡評(악평)
下落(하락)	↔	昂騰(앙등)	好況(호황)	↔	不況(불황)
虐待(학대)	↔	優待(우대)	厚待(후대)	↔	薄待(박대)
寒冷(한랭)	↔	溫暖(온난)	酷評(혹평)	↔	絕讚(절찬)
合理(합리)	→	矛盾(모순)	酷寒(혹한)	↔	酷暑(혹서)
合法(합법)	→	違法(위법)	紅塵(홍진)	↔	仙界(선계)
合成(합성)	→	分解(분해)	和解(화해)	↔	決裂(결렬)

반의어 | 反義語

● 뜻이 서로 反對인 漢字語.

擴大(확대)	↔	縮小(축소)	感情的(감정적)	↔	理性的(이성적)
歡喜(환희)	↔	悲哀(비애)	開放的(개방적)	↔	限定的(한정적)
歡待(환대)	↔	冷待(냉대)	開放的(개방적)	↔	閉鎖的(폐쇄적)
歡迎(환영)	↔	歡送(환송)	巨視的(거시적)	↔	微視的(미시적)
活用(활용)	↔	死藏(사장)	高踏的(고답적)	↔	世俗的(세속적)
獲得(획득)	↔	喪失(상실)	公有物(공유물)	↔	專有物(전유물)
橫斷(횡단)	↔	縱斷(종단)	具體的(구체적)	↔	抽象的(추상적)
後裔(후예)	↔	先祖(선조)	急進的(급진적)	↔	漸進的(점진적)
吸煙(흡연)	↔	禁煙(금연)	對內的(대내적)	↔	對外的(대외적)
興奮(흥분)	↔	鎭靜(진정)	大丈夫(대장부)	↔	拙丈夫(졸장부)
稀薄(희박)	↔	濃厚(농후)	同義語(동의어)	↔	反義語(반의어)
犧牲(희생)	↔	利己(이기)	末梢的(말초적)	↔	根幹的(근간적)
喜劇(희극)	↔	悲劇(비극)	門外漢(문외한)	↔	專門家(전문가)
希望(희망)	↔	絶望(절망)	彌縫的(미봉적)	↔	根本的(근본적)
詰難(힐난)	↔	稱讚(칭찬)	部分的(부분적)	↔	全體的(전체적)
加害者(가해자)	↔	被害者(피해자)	背日性(배일성)	↔	向日性(향일성)
			不文律(불문율)	↔	成文律(성문율)
			不法化(불법화)	↔	合法化(합법화)
			相對的(상대적)	↔	絶對的(절대적)
			先天的(선천적)	↔	後天的(후천적)

實質的(실질적) ↔ 形式的(형식적)
劣等感(열등감) ↔ 優越感(우월감)
消極的(소극적) ↔ 積極的(적극적)
唯物論(유물론) ↔ 唯心論(유심론)
債權者(채권자) ↔ 債務者(채무자)
抽象的(추상적) ↔ 具體的(구체적)
革新派(혁신파) ↔ 保守派(보수파)
高臺廣室(고대광실) ↔ 一間斗屋(일간두옥)
苦盡甘來(고진감래) ↔ 興盡悲來(흥진비래)
錦上添花(금상첨화) ↔ 雪上加霜(설상가상)
凍氷寒雪(동빙한설) ↔ 和風暖陽(화풍난양)
上意下達(상의하달) ↔ 下意上達(하의상달)
我田引水(아전인수) ↔ 易地思之(역지사지)
龍頭蛇尾(용두사미) ↔ 始終一貫(시종일관)
遺臭萬年(유취만년) ↔ 流芳百世(유방백세)

유의자 | 類義字

● 뜻이 서로 비슷한 漢字.

家	집 가	—	屋	집 옥	檢 조사할 검	—	查 조사할 사
家	집 가	—	宅	집 택	堅 굳을 견	—	固 굳을 고
街	거리 가	—	道	길 도	牽 끌 견	—	引 끌 인
價	값 가	—	値	가치 치	缺 이지러질 결	—	損 덜 손
歌	노래 가	—	謠	노래 요	境 지경 경	—	界 지경 계
歌	노래 가	—	曲	가락 곡	境 지경 경	—	域 지경 역
覺	깨달을 각	—	悟	깨달을 오	警 경계할 경	—	戒 경계할 계
間	사이 간	—	隔	사이뜰 격	經 지날 경	—	過 지날 과
康	편안할 강	—	健	굳셀 건	經 지날 경	—	歷 지낼 력
感	느낄 감	—	覺	깨달을 각	競 다툴 경	—	爭 다툴 쟁
減	덜 감	—	縮	줄일 축	階 섬돌 계	—	段 층계 단
監	볼 감	—	督	살필 독	階 섬돌 계	—	層 층 층
監	볼 감	—	視	볼 시	計 꾀 계	—	略 꾀 략
改	고칠 개	—	革	바꿀 혁	計 셀 계	—	算 셈 산
巨	클 거	—	大	큰 대	繼 이을 계	—	續 이을 속
居	살 거	—	住	살 주	繼 이을 계	—	承 이을 승
拒	막을 거	—	絕	끊을 절	考 생각할 고	—	慮 생각할 려
健	굳셀 건	—	康	편할 강	考 생각할 고	—	察 살필 찰
建	세울 건	—	設	베풀 설	雇 품팔 고	—	傭 품팔 용

孤 외로울 고	—	獨 홀로 독	區 지경 구	—	域 지경 역
困 곤할 곤	—	難 어려울 난	群 무리 군	—	衆 무리 중
攻 칠 공	—	擊 칠 격	君 임금 군	—	主 주인 주
恭 공손할 공	—	敬 공경할 경	屈 굽을 굴	—	曲 굽을 곡
貢 바칠 공	—	獻 드릴 헌	屈 굽을 굴	—	折 굽을 절
恐 두려울 공	—	怖 두려워할 포	窮 다할 궁	—	極 다할 극
空 빌 공	—	虛 빌 허	勸 권할 권	—	獎 권면할 장
果 과실 과	—	實 열매 실	規 법 구	—	範 법 범
果 과실 과	—	失 잃을 실	規 법 구	—	律 법률
過 지날 과	—	去 갈 거	規 법 구	—	則 법칙 칙
過 허물 과	—	誤 그릇될 오	均 고를 균	—	等 같을 등
貫 꿸 관	—	徹 통할 철	極 다할 극	—	端 끝 단
貫 꿸 관	—	通 통할 통	根 뿌리 근	—	本 근본 본
觀 볼 관	—	覽 볼 람	根 뿌리 근	—	源 근원 원
觀 볼 관	—	察 살필 찰	給 줄 급	—	與 줄 여
敎 가르칠 교	—	訓 가르칠 훈	技 재주 기	—	術 재주 술
口 입 구	—	舌 혀 설	技 재주 기	—	藝 재주 예
具 갖출 구	—	備 갖출 비	飢 주릴 기	—	餓 주릴 아
救 구원할 구	—	濟 건널 제	寄 부칠 기	—	與 줄 여

유의자 | 類義字

● 뜻이 서로 비슷한 漢字.

基	터 기	底	밑 저	洞	골 동	里	마을 리
記	적을 기	錄	기록할 록	連	이을 연	繫	맬 계
羅	벌일 나	列	벌릴 열	連	이을 연	絡	이을·얽을 락
論	논할 논	議	의논할 의	連	이을 연	續	이을 속
年	해 년	歲	해 세	隆	높을 융	盛	성할 성
念	생각 념	慮	생각할 려	離	떠날 리	別	나눌 별
段	층계 단	階	섬돌 계	離	떠날 리	散	흩을 산
單	홑 단	獨	홀로 독	末	끝 말	端	끝 단
斷	끊을 단	絕	끊을 절	末	끝 말	尾	꼬리 미
談	말씀 담	話	말씀 화	勉	힘쓸 면	勵	힘쓸 려
到	이를 도	達	통달할 달	滅	멸할 멸	亡	망할 망
道	길 도	路	길 로	毛	털 모	髮	터럭 발
逃	달아날 도	亡	달아날 망	模	법 모	範	법 범
到	이를 도	着	붙을 착	茂	무성할 무	盛	성할 성
徒	무리 도	黨	무리 당	文	글월 문	章	문장 장
逃	달아날 도	避	피할 피	物	물건 물	件	물건 건
盜	훔칠 도	賊	도둑 적	物	물건 물	品	물건 품
圖	그림 도	畵	그림 화	門	문 문	戶	지게문 호
敦	도타울 돈	篤	도타울 독	返	돌아올 반	還	돌아올 환

背 등 배	—	後 뒤 후		思 생각 사	—	考 생각할 고
法 법 법	—	規 법 규		思 생각 사	—	念 생각 념
法 법 법	—	律 법 률		思 생각 사	—	慮 생각할 려
法 법 법	—	式 법 식		思 생각 사	—	想 생각 상
法 법 법	—	典 법 전		思 생각 사	—	惟 생각할 유
變 변할 변	—	化 될 화		査 조사할 사	—	察 살필 찰
變 변할 변	—	革 바꿀 혁		舍 집 사	—	宅 집 택
兵 병사 병	—	士 선비 사		事 일 사	—	務 힘쓸 무
兵 병사 병	—	卒 병사 졸		辭 말씀 사	—	說 말씀 설
保 지킬 보	—	守 지킬 수		傷 다칠 상	—	害 해할 해
保 지킬 보	—	護 지킬 호		狀 모양 상	—	態 모양 태
報 알릴 보	—	告 고할 고		想 생각 상	—	念 생각 념
附 붙을 부	—	屬 붙일 속		生 날 생	—	産 낳을 산
扶 도울 부	—	助 도울 조		書 글 서	—	册 책 책
副 버금 부	—	次 버금 차		釋 풀 석	—	放 놓을 방
墳 무덤 분	—	墓 무덤 묘		宣 베풀 선	—	布 펼 포
佛 부처 불	—	寺 절 사		選 가릴 선	—	別 나눌 별
批 비평할 비	—	評 비평할 평		選 가릴 선	—	擇 가릴 택
貧 가난할 빈	—	窮 궁할 궁		洗 씻을 세	—	濯 씻을 탁

유의자 | 類義字

● 뜻이 서로 비슷한 漢字.

省 살필 성	— 察 살필 찰		暗 어두울 암	— 黑 검을 흑
素 본디 소	— 朴 소박할 박		愛 사랑 애	— 好 좋을 호
損 덜 손	— 失 잃을 실		哀 슬플 애	— 悼 슬퍼할 도
損 덜 손	— 害 해칠 해		樣 모양 양	— 態 모양 태
受 받을 수	— 納 들일 납		言 말씀 언	— 語 말씀 어
樹 나무 수	— 木 나무 목		業 업 업	— 務 힘쓸 무
樹 나무 수	— 林 수풀·나무 림		硏 갈 연	— 究 연구할 구
授 줄 수	— 與 줄 여		連 이를 연	— 絡 연락할 락
純 순수할 순	— 潔 깨끗할 결		緣 인연 연	— 由 말미암을 유
崇 높을 숭	— 高 높을 고		永 길 영	— 遠 멀 원
承 이을 승	— 繼 이을 계		英 꽃부리 영	— 特 특별할 특
施 베풀 시	— 設 베풀 설		藝 재주 예	— 術 재주 술
始 처음 시	— 初 처음 초		溫 따뜻할 온	— 暖 따뜻할 난
試 시험할 시	— 驗 시험할 험		完 완전할 완	— 全 온전 전
申 납 신	— 告 알릴 고		要 긴요할 요	— 求 구할 구
身 신체 신	— 體 몸 체		容 얼굴 용	— 儀 거동 의
心 마음 심	— 情 뜻 정		優 넉넉할 우	— 秀 빼어날 수
安 편안 안	— 易 쉬울 이		優 넉넉할 우	— 良 좋을 량
眼 눈 안	— 目 눈 목		援 도울 원	— 護 보호할 호

怨 원망할 원	—	恨 한할 한	財 재물 재 — 貨 재물 화
危 위태할 위	—	急 급할 급	災 재앙 재 — 禍 재앙 화
危 위태할 위	—	險 험할 험	貯 쌓을 저 — 蓄 쌓을 축
偉 클 위	—	大 큰 대	典 법 전 — 範 법 범
肉 고기 육	—	身 몸 신	典 법 전 — 籍 문서 적
隱 숨길 은	—	密 빽빽할 밀	戰 싸울 전 — 爭 다툴 쟁
恩 은혜 은	—	惠 은혜 혜	戰 싸울 전 — 鬪 싸울 투
音 소리 음	—	聲 소리 성	淨 깨끗할 정 — 潔 깨끗할 결
議 의논할 의	—	論 논할 론	停 머무를 정 — 留 머무를 류
衣 옷 의	—	服 옷 복	停 머무를 정 — 止 그칠 지
意 뜻 의	—	思 생각 사	精 가릴 정 — 誠 정성 성
意 뜻 의	—	志 뜻 지	政 정사 정 — 治 다스릴 치
依 의지할 의	—	據 근거 거	正 바를 정 — 直 곧을 직
引 끌 인	—	導 인도할 도	帝 임금 제 — 王 임금 왕
仁 어질 인	—	慈 사랑 자	製 지을 제 — 作 지을 작
利 이로울 이	—	益 더할 익	製 지을 제 — 造 지을 조
認 알 인	—	識 알 식	組 끈 조 — 織 짤 직
認 알 인	—	知 알 지	調 고를 조 — 和 화할 화
姿 모양 자	—	態 모양 태	存 있을 존 — 在 있을 재

유의자 | 類義字

● 뜻이 서로 비슷한 漢字.

尊	높을 존	—	重	무거울 중	菜	나물 채	—	蔬	나물 소

尊 높을 존 — 重 무거울 중　　菜 나물 채 — 蔬 나물 소
終 마칠 종 — 了 마칠 료　　採 캘 채 — 擇 가릴 택
終 마칠 종 — 末 끝 말　　處 곳 처 — 所 바 소
終 마칠 종 — 止 그칠 지　　尺 자 척 — 度 법도 도
朱 붉을 주 — 紅 붉을 홍　　淸 맑을 청 — 潔 깨끗할 결
俊 준걸 준 — 傑 뛰어날 걸　　淸 맑을 청 — 淨 깨끗할 정
俊 준걸 준 — 秀 빼어날 수　　聽 들을 청 — 聞 들을 문
中 가운데 중 — 央 가운데 앙　　村 마을 촌 — 里 마을 리
重 무거울 중 — 厚 두터울 후　　蓄 쌓을 축 — 績 쌓을 적
增 더할 증 — 加 더할 가　　充 채울 충 — 滿 찰 만
至 이를 지 — 極 다할 극　　趣 뜻 취 — 意 뜻 의
知 알 지 — 識 알 식　　測 잴 측 — 量 헤아릴 량
珍 보배 진 — 寶 보배 보　　層 층 층 — 階 섬돌 계
進 나아갈 진 — 就 나아갈 취　　親 친할 친 — 族 겨레 족
質 바탕 질 — 問 물을 문　　侵 침노할 침 — 犯 범할 범
疾 병 질 — 病 병 병　　稱 일컬을 칭 — 訟 칭송할 송
差 어긋날 차 — 異 다를 이　　稱 일컬을 칭 — 讚 기릴 찬
參 참여할 참 — 與 더불 여　　打 칠 타 — 擊 칠 격
倉 곳집 창 — 庫 창고 고　　土 흙 토 — 地 땅 지

討 칠 토	—	伐 칠 벌	顯 나타날 현	—	著 드러날 저
退 물러날 퇴	—	去 갈 거	顯 나타날 현	—	現 나타날 현
鬪 싸움 투	—	爭 다툴 쟁	協 화할 협	—	和 화할 화
捕 잡을 포	—	獲 얻을 획	刑 형벌 형	—	罰 죄 벌
畢 바칠 필	—	竟 마침내 경	呼 부를 호	—	稱 일컬을 칭
豊 풍성할 풍	—	富 부자 부	和 화할 화	—	睦 화목할 목
豊 풍성할 풍	—	盛 성할 성	確 굳을 확	—	固 굳을 고
皮 가죽 피	—	革 가죽 혁	歡 기쁠 환	—	樂 즐길 락
河 물 하	—	川 내 천	歡 기쁠 환	—	喜 기쁠 희
河 물 하	—	海 바다 해	皇 임금 황	—	帝 임금 제
下 아래 하	—	降 내릴 강	回 돌 회	—	歸 돌아갈 귀
寒 찰 한	—	冷 찰 랭	會 모일 회	—	社 모일 사
恒 떳떳할 항	—	常 항상 상	休 쉴 휴	—	息 쉴 식
抗 막을 항	—	拒 막을 거	希 바랄 희	—	望 바랄 망
海 바다 해	—	洋 큰바다 양	希 바랄 희	—	願 원할 원
行 행할 행	—	爲 할 위			
幸 다행 행	—	福 복 복			
虛 빌 허	—	空 빌 공			
憲 법 헌	—	法 법 법			

동음이의어 | 同音異義語

● 음은 같지만 뜻이 다른 漢字語.

가계 – 家系 대대로 이어 내려온 한 집안의 계통.
　　　家計 한 집안 살림의 수입과 지출의 상태.
가구 – 家具 집안 살림에 쓰는 세간.
　　　家口 집안 식구.
가산 – 家産 집안의 재산.
　　　加算 더하여 셈함.
가연 – 可燃 불에 잘 탈 수 있음.
　　　佳緣 부부나 연인이 될 좋은 인연.
가설 – 假說 아직 증명되지 않은 이론.
　　　架設 공중에 건너질러 설치함.
가세 – 家勢 집안의 형세.
　　　加勢 힘을 보태거나 거듦.
가장 – 假裝 거짓으로 꾸밈.
　　　家長 한 집안을 이끌어 나가는 사람.
가정 – 假定 분명하지 않은 것을 임시로 인정함.
　　　家庭 한 가족이 생활하는 집.
감사 – 感謝 고마움.
　　　監査 감독하고 검사함.
　　　監事 단체의 서무에 관한 일을 맡아 봄.
감산 – 減算 빼어 셈함.
　　　減産 생산을 줄임.
감상 – 感想 마음에 일어나는 생각.
　　　鑑賞 작품을 이해하고 즐김.
　　　感傷 하찮은 일에도 쉽게 슬픔을 느끼는 마음.
　　　感賞 감동하여 칭찬함.
감수 – 甘受 책망이나 괴로움 따위를 달갑게 받아들임.
　　　監修 책의 저술이나 편찬을 지도함.

강도 – 强盜 폭행이나 협박 따위의 수단으로 남의 재물을 빼앗는 도둑.
　　　强度 센 정도.
강변 – 强辯 이치에 닿지 아니한 것을 굽히지 않고 주장함.
　　　江邊 강가.
강점 – 强點 남보다 우세하거나 더 뛰어난 점.
　　　强占 남의 물건, 영토, 권리 따위를 강제로 차지함.
개량 – 改良 나쁜 점을 고쳐서 더 좋게 함.
　　　改量 다시 측량함.
개조 – 改造 조직, 기구 따위를 다시 만듦.
　　　改組 어떤 일파의 원조.
개정 – 改定 이미 정하였던 것을 고쳐 다시 정함.
　　　改訂 글자나 글의 틀린 곳을 고쳐 바로잡음.
　　　改正 문서의 내용 따위를 고쳐 바르게 함.
거부 – 拒否 요구나 제의 따위를 받아들이지 않음.
　　　巨富 대단히 많은 재산.
검사 – 檢査 조사하여 옳고 그름과 낫고 못함을 판단하는 일.
　　　檢事 검찰권을 행사하는 사법관.
견지 – 見地 사물을 관찰하는 입장.
　　　堅持 주장, 주의 따위를 굳게 지니는 일.
결구 – 結句 문장, 편지 등의 끝을 맺는 글귀.
　　　結球 호배추 같은 채소의 잎이 여러 겹으로 겹쳐 둥근 모양을 이루는 것.

결단 –	決斷	결정적인 판단을 하거나 단정을 내림.
	結團	단체를 결성함.
결사 –	決死	죽기를 각오하고 있는 힘을 다할 것을 결심함.
	結社	여러 사람이 공동의 목적을 이루기 위하여 단체를 조직함.
결연 –	結緣	인연을 맺음.
	決然	결심이 확고함.
경계 –	警戒	뜻밖의 사고가 생기지 않도록 조심함.
	境界	사물이 어떤 기준에 의해 분간되는 한계.
경기 –	景氣	경제 활동 상태.
	競技	일정한 규칙 아래 기량과 기술을 겨룸.
	京畿	서울을 중심으로 한 가까운 주위의 땅. 경기도.
경로 –	經路	지나는 길.
	敬老	노인을 공경함.
경력 –	經歷	(여러가지 일을) 겪어 지내온 내력.
	經力	경문이나 독경이 끼치는 힘.
경비 –	經費	일을 하는 데 드는 비용.
	警備	경계하고 지킴.
경주 –	競走	일정한 거리를 달려 빠르기를 겨루는 일.
	慶州	경상북도의 남동부에 있는 도시.
경향 –	傾向	현상이나 사상, 행동 따위가 어떤 방향으로 기울어짐.
	京鄕	서울과 시골.
계기 –	契機	어떤 일이 일어나거나 변화하도록 만드는 결정적인 원인이나 기회.
	計器	길이, 면적, 무게나 온도, 시간, 강도 등을 재는 기구를 통틀어 이르는 말.
계절 –	季節	봄·여름·가을·겨울 네 계절.
	繼絕	끊어진 대(代)를 다시 잇는 것
고가 –	高價	비싼 가격.
	高架	높이 건너질러 가설하는 것.
고도 –	高度	평균 하수면 따위를 0으로 하여 측정한 대상 물체의 높이.
	古都	옛 도읍.
	孤島	육지에서 멀리 떨어진 작은 섬.
고려 –	考慮	생각하고 헤아려 봄.
	高麗	918년, 왕건이 개성에 도읍하여 세운 나라.
고문 –	古文	옛글.
	顧問	전문적인 의견을 말하는 직책.
고사 –	故事	유래가 있는 옛날의 일.
	考查	자세히 생각하고 조사함.
고소 –	告訴	고하여 하소연함.
	苦笑	쓴 웃음.
	高所	높은 곳. 고처(高處).
고수 –	固守	굳게 지킴.
	高手	바둑이나 장기 따위에서 수가 높은 사람.
고인 –	故人	죽은 사람.
	古人	옛날 사람.
고해 –	告解	고백 성사.
	苦海	괴로움이 끝이 없는 인간 세상
공기 –	工期	공사하는 기간.
	公器	공공의 물건.
	空氣	지구 대기의 하층 부분을 이루고 있는 무색, 투명한 기체.

동음이의어 | 同音異義語

● 음은 같지만 뜻이 다른 漢字語.

공동 – 共同 둘 이상의 사람이 힘을 합하여 일을 같이 하는 것.
　　　空洞 텅빈 굴. 동굴.

공론 – 公論 여럿이 의논함.
　　　空論 실속이 없는 빈 논의.

공모 – 公募 공개하여 모집함.
　　　共謀 공동 모의.

공사 – 公私 공공의 일과 사사로운 일.
　　　工事 토목이나 건축 따위의 일.

공수 – 攻守 공격과 수비.
　　　空手 빈 손.

공약 – 公約 공중에 대한 약속.
　　　空約 헛된 약속.

공인 – 公認 국가, 공공 단체, 사회 단체 등이 어느 행위나 물건에 대하여 인정함.
　　　公人 공적인 일에 종사하는 사람.

공약 – 公約 (정부, 정당, 입후보자 등이) 어떤 일에 대해 국민에게 하는 약속.
　　　空約 헛된 약속.

공중 – 公衆 사회의 대부분의 사람들.
　　　空中 하늘과 땅 사이의 빈 곳.

공포 – 公布 일반에게 널리 알림.
　　　空砲 실탄을 넣지 않고 소리만 나게 하는 총질.

과거 – 科擧 관리를 뽑을 때 실시하던 시험.
　　　過去 이미 지나간 때.

과장 – 誇張 사실보다 지나치게 불려서 나타냄.
　　　課長 한 과(課)의 운영을 책임지는 직책.

과정 – 課程 해야 할 일의 정도.
　　　過程 일이 되어 가는 경로.
　　　過政 과도정부의 준말.

관계 – 關係 서로 관련을 맺거나 관련이 있음.
　　　官界 국가의 각 기관.

관대 – 寬大 너그럽게 용서함.
　　　冠帶 벼슬아치가 입던 공복.

관례 – 冠禮 아이가 어른이 될 때 올리던 예식.
　　　慣例 전례(前例)가 관습으로 굳어진 것.

관리 – 管理 어떤 일의 사무를 맡아 처리함.
　　　官吏 관직에 있는 사람.

관장 – 館長 도서관, 박물관의 최고 책임자.
　　　管掌 일을 맡아서 주관함.

관철 – 貫徹 어려움을 뚫고 나아가 목적을 이룸.
　　　觀徹 사물을 속속들이 꿰뚫어 봄.

광산 – 鑛山 유용한 광물을 캐내는 곳.
　　　鑛産 광산업의 생산이나 그 생산물.

교감 – 交感 접촉에 따라 움직이는 느낌.
　　　校監 교장을 보좌하여 학교의 일을 감독하는 직책.

교단 – 教壇 강의할 때 올라서는 단.
　　　教團 종교 단체.

교정 – 校庭 학교의 마당이나 운동장.
　　　矯正 잘못된 것을 바로잡음.
　　　交情 서로 사귀는 정분, 교분.
　　　校正 글자의 잘못된 곳을 대조해 바로 잡음.
　　　校訂 책의 잘못된 글자나 글귀를 바르게 고치는 일.

교차 -	交叉	2개 이상의 선상의 것이 한 곳에서 마주치는 것.
	較差	일정한 시간 내에 기상을 관측한 값의 최대와 최소의 차.
구도 -	構圖	그림에서 모양, 색깔, 위치 따위의 짜임새.
	求道	종교적인 깨달음의 경지를 구함.
	舊都	옛 도읍.
구설 -	口舌	시비하거나 헐뜯는 말.
	舊說	이전에 있던 이론이나 이야기.
구상 -	具象	사물이 구체적인 것을 포함한 것.
	求償	배상 또는 상환을 요구하는것.
	構想	예술 작품의 내용이나 형식 등의 생각을 구체적으로 정리함.
구전 -	口錢	구문(口文). 흥정을 붙이고 받는 돈.
	口傳	말로 전함.
구조 -	構造	부분이나 요소가 어떤 전체를 짜 이룸.
	救助	재난을 당한 사람을 구함.
구축 -	構築	시설물을 쌓아 올려 만듦.
	驅逐	세력 따위를 몰아서 쫓아냄.
구출 -	救出	위험에서 구해 내는 것.
	驅出	구축(驅逐). 쫓아냄.
구현 -	具現	구체적인 모습으로 뚜렷하게 나타내는것(具顯).
	俱現	내용이 다 드러나는것.
구호 -	救護	재난으로 어려움에 처한 사람을 도와 보호함.
	口號	주장 따위를 간결한 형식으로 표현한 문구.

군수 -	軍需	군사상 필요한 것.
	郡守	군(郡)의 행정을 맡아보는 으뜸 직위에 있는 사람.
권면 -	勸勉	알아듣도록 타일러서 힘쓰게 함.
	券面	유가증권의 액수.
귀중 -	貴重	매우 소중함.
	貴中	상대편을 높이는 말.
극단 -	劇團	연극을 상연하는 단체.
	極端	맨 끝.
	劇壇	연극의 무대.
근간 -	近刊	최근에 출판되었거나 출판될 간행물.
	近間	요사이.
	根幹	뿌리와 줄기라는 뜻. 사물의 바탕이나 중심.
금방 -	禁方	함부로 남에게 전하지 않는 약방문.
	今方	이제 곧. 방금(方今).
급보 -	急報	겨를 없이 서둘러 알림.
	急步	급하게 걸음.
급수 -	給水	물을 공급함.
	級數	우열에 따라 매긴 등급
기계 -	器械	연장, 연모, 그릇, 기구 따위를 통틀어 이르는 말.
	奇計	기묘한 계책.
기관 -	機關	역할과 목적을 위하여 설치한 사회 기구.
	器官	일정한 모양과 생리 기능을 가진 생물체의 부분.

동음이의어 | 同音異義語
● 음은 같지만 뜻이 다른 漢字語.

기구 – 機構 목적을 위하여 구성한 조직의 구성 체계.
　　　 器具 세간, 도구, 기계 따위.

기능 – 機能 하는 구실이나 작용.
　　　 技能 기술상의 재능.

기력 – 汽力 증기의 힘. 증기력.
　　　 氣力 사람의 몸으로 활동할 수 있는 힘.

기사 – 技士 기술계 기술 자격 등급.
　　　 技師 특별한 기술 업무를 맡아보는 사람.
　　　 奇事 기이한 일.
　　　 記事 사실을 적는 것. 신문, 잡지 등에 실린 글.
　　　 棋士 바둑이나 장기를 잘 두는 사람.
　　　 飢死 굶어 죽음.
　　　 騎士 말을 탄 무사.

기상 – 氣象 대기 중에서 일어나는 물리적인 현상.
　　　 氣像 사람이 타고난 기개나 마음씨.
　　　 起床 잠자리에서 일어남.

기서 – 寄書 편지를 부치는 것 또는 그 편지.
　　　 奇書 내용이 기이한 책.

기수 – 旗手 군대 또는 행사 때 대열의 앞에서 기를 드는 일을 맡은 사람.
　　　 奇數 홀수.
　　　 機首 비행기의 앞부분.
　　　 騎手 말을 타는 사람.
　　　 旣遂 이미 일을 끝냄. 형법상 범죄의 실행을 완전히 끝냄.

기술 – 技術 자연을 인간생활에 적합하도록 이용하는 수단의 총체.
　　　 記述 사물이나 내용을 기록하여 서술하는 것.
　　　 奇術 교묘한 솜씨로 잠시 눈을 속여 재미있게 부리는 재주, 요술.
　　　 旣述 이미 서술함.

기선 – 機先 운동 경기에서 상대편의 기세를 억누르기 위하여 먼저 행동하는 것.
　　　 汽船 증기 기관의 동력으로 움직이는 배.

기원 – 紀元 연대를 계산하는 데에 기준이 되는 해.
　　　 起源 사물이 처음으로 생김.
　　　 祈願 바라는 일이 이루어지기를 빎.

기지 – 基地 활동의 기점이 되는 근거지.
　　　 機智 재치 있게 대응하는 지혜.

기한 – 期限 미리 한정하여 놓은 시기.
　　　 飢寒 굶주리고 헐벗어 배고프고 추움.

기행 – 紀行 여행하는 동안에 겪은 일을 적은 것.
　　　 奇行 기이한 행동.

기호 – 記號 어떠한 뜻을 나타내기 위하여 쓰이는 부호.
　　　 畿湖 경기도와 충청도를 이르는 말.

난색 – 暖色 따뜻한 느낌을 주는 색.
　　　 難色 곤란해 하는 기색.

내부 – 內部 안쪽의 부분.
　　　 內附 속에 들어와 따름.

내수 － 內需 국내에서의 수요.
　　　 內水 한 나라 영토 안의 바다를 제외한 하
　　　　 　천, 호수 따위.
　　　 耐水 물이 묻어도 젖거나 배지 않음.

내용 － 內容 사물의 속내 또는 실속.
　　　 耐用 기계, 시설 따위가 오래 견더냄.

노비 － 奴婢 사내종과 계집종.
　　　 勞費 노동자를 부린 비용.

노숙 － 老宿 학식이 높고 견문이 넓은 사람.
　　　 露宿 한뎃잠.
　　　 老熟 오래 경험을 쌓아 익숙함.

노후 － 老朽 오래되어 쓸모가 없음.
　　　 老後 늙은 뒤.

녹음 － 綠陰 나무의 그늘.
　　　 錄音 소리를 기록함.

농담 － 弄談 실없이 놀리거나 장난으로 하는 말.
　　　 濃淡 색깔이나 명암의 짙음과 옅음.

누적 － 累積 포개어 여러번 쌓음.
　　　 漏籍 호적, 병적, 학적 따위의 기록에서 빠
　　　　 　뜨림.

단가 － 單價 물건 한 단위(單位)의 가격.
　　　 短歌 시조.

단기 － 檀紀 단군기원.
　　　 短期 단기간.

단결 － 團結 여럿이 한데 뭉침.
　　　 斷決 재판하여 확실히 결정함.

단계 － 段階 일이 나아가는 과정, 순서.
　　　 短計 얕은 꾀, 졸렬한 꾀.

단서 － 端緒 문제를 해결하는 방향으로 이끌어
　　　　 　가는 일의 첫 부분.
　　　 但書 조건이나 예외 따위를 나타내는 글.

단선 － 單線 외줄.
　　　 斷線 줄이 끊어짐.

단신 － 單身 홀몸.
　　　 短身 작은 키의 몸.

단장 － 斷腸 몹시 슬퍼서 창자가 끊어지는 듯함.
　　　 端裝 단정하게 차림.

단정 － 端正 얌전하고 깔끔함.
　　　 斷定 분명히 결정함
　　　 單精 수정할 때에 한 개의 난자에 한개의
　　　　 　정자가 들어가는 일.
　　　 斷情 정을 끊음. 사랑을 끊음.

단지 － 團地 주택이나 공장 같은 시설을 조성한
　　　　 　지역.
　　　 但只 다만.

달관 － 達官 높은 관직.
　　　 達觀 세속을 벗어난 높은 견식.

당도 － 當到 어떤 곳에 다다름.
　　　 糖度 음식물에 들어 있는 단맛의 탄수화
　　　　 　물 양을 그 음식물에 대하여 백분율
　　　　 　로 나타낸 것.

답사 － 答辭 환영사나 환송사에 답하는 말.
　　　 踏査 현장에 가서 직접 보고 조사함.

동음이의어 | 同音異義語

● 음은 같지만 뜻이 다른 漢字語.

대기 - 待期 때나 기회를 기다림.
　　　大氣 공기(空氣).

대비 - 對比 차이를 밝히기 위해 서로 맞대어 비교함.
　　　對備 미리 준비함.

대지 - 大地 넓고 큰 땅.
　　　大志 원대한 뜻.
　　　貸地 세를 받고 빌려주는 땅.
　　　大智 뛰어난 지혜.

대사 - 大師 '중'을 높여 이르는 말.
　　　大使 외교를 맡아보는 최고 직급.
　　　臺詞 배우가 무대 위에서 하는 말.
　　　大事 큰일.

대상 - 大賞 여러 가지 상 가운데 가장 큰 상.
　　　對象 일의 상대나 목적이 되는 것.

대장 - 大將 한 무리의 우두머리.
　　　大腸 큰 창자.

대치 - 對峙 서로 맞대하여 버팀.
　　　對置 마주 놓음.

도표 - 圖表 그림과 표.
　　　導標 항로 표지의 하나.

독선 - 獨善 자기 혼자만이 옳다고 생각하고 행동하는 일.
　　　獨船 혼자 타려고 세를 주고 빌린 배.
　　　毒腺 독액을 분비하는 샘.

독자 - 獨子 외아들.
　　　獨自 저 혼자. 그 자체에만 특유함.
　　　讀者 책이나 신문 등 출판물을 읽는 사람.

동기 - 動機 행동을 일으키게 하는 계기.
　　　同期 같은 시기.
　　　冬期 겨울철.
　　　同氣 형제, 자매.

동선 - 銅線 구리줄.
　　　動線 움직이는 자취나 방향을 나타내는 선.
　　　同船 배를 같이 탐.

동시 - 同時 같은 때.
　　　同視 같은 것으로 봄. 같게 봄. 동일시.
　　　童詩 어린이를 위한 시.

동요 - 動搖 물체 따위가 흔들리고 움직임.
　　　童謠 어린이들의 마음을 표현한 노래.

동정 - 動靜 상황이 전개되는 상태.
　　　同情 남의 불행을 위로함.
　　　童貞 이성과 아직 성적 접촉이 없음.
　　　東庭 잡안의 동쪽 뜰.
　　　東征 동방을 점벌함.

동지 - 同志 뜻을 같이함.
　　　冬至 이십사절기의 하나.
　　　同旨 취지가 같음.

동향 - 動向 사람들의 사상, 활동이나 일의 형세가 움직여 가는 방향.
　　　東向 동쪽으로 향함.
　　　同鄕 고향이 같음.

동화 - 童話 어린이를 위한 이야기.
　　　同化 다르던 것이 같게 됨.

만족 – 滿足 마음에 흡족함.
　　　 蠻族 야만족.
명성 – 名聲 좋은 평판.
　　　 明星 샛별.
매장 – 每場 물건을 사고 파는 하나 하나의 장.
　　　 賣場 물건을 파는 곳.
　　　 埋葬 죽은 사람을 땅에 묻음.
　　　 埋藏 묻어서 감춤. 광물 따위가 묻혀 있음.
매표 – 買票 차표나 입장권 따위의 표를 삼.
　　　 賣票 표를 팖.
맹아 – 盲兒 눈이 먼 아이.
　　　 盲啞 소경과 벙어리.
　　　 萌芽 식물의 새로 트는 싹. 사물의 시초.
면직 – 免職 일정한 직무에서 물러나게 함.
　　　 綿織 면직물.
면책 – 面責 마주 대하여 책망함.
　　　 免責 책임이나 책망을 면함.
명명 – 命名 이름을 지어 붙임.
　　　 明命 분명한 명령.
　　　 明明 매우 밝음. 분명하여 의심할 여지가 없음.
　　　 冥冥 어두운 모양. 나타나지 않아 알 수 없는 모양.
모사 – 謀事 일을 꾀함.
　　　 模寫 어떤 그림을 그것과 꼭 같이 그림.
　　　 毛絲 털실.
　　　 謀士 계책을 세우는 사람.

묘계 – 妙計 묘책.
　　　 墓界 품계를 따라서 정하던 묘지의 구역.
무기 – 武器 전쟁에 사용되는 기구.
　　　 無期 무기한.
무명 – 武名 무용이 탁월하여 난 이름.
　　　 無名 이름이 세상에 널리 알려지지 않음.
무성 – 無性 암컷과 수컷의 구별이 없음.
　　　 茂盛 풀이나 나무가 우거져 있음.
문호 – 文豪 크게 뛰어난 문학가. 문웅.
　　　 門戶 집으로 출입하는 문.
미수 – 未收 아직 다 거두지 못함.
　　　 未遂 목적을 이루지 못함.
　　　 米壽 여든여덟 살.
미명 – 微明 희미하게 밝음.
　　　 未明 날이 채 밝지 않음.
　　　 美名 그럴 듯하게 내세운 명목이나 명칭.
밀어 – 密語 남이 못알아듣게 넌지시 하는 말.
　　　 蜜語 달콤한 말. 남녀간의 정담.
박학 – 薄學 학식이 얕고 좁음.
　　　 博學 학식이 매우 넓고 많음.
반감 – 反感 반발하는 마음.
　　　 半減 절반을 덞.
발전 – 發電 전기를 일으킴.
　　　 發展 더 나은 단계로 나아감.
방문 – 訪問 남을 찾아가서 만나거나 봄.
　　　 房門 방으로 드나드는 문.
　　　 榜文 널리 알리기 위하여 길거리 등에 써 붙이는 글.

동음이의어 | 同音異義語

● 음은 같지만 뜻이 다른 漢字語.

방위 - 防衛 적의 공격을 막아서 지킴.
　　　 方位 동서남북을 기준으로 하여 정한 방향.
　　　 防圍 적을 막아서 에워쌈.

방한 - 防寒 추위를 막음.
　　　 訪韓 한국을 방문함.

방토 - 方土 어느 한 지방의 땅.
　　　 邦土 국토(國土).
　　　 防土 흙이 무너져 내리는 것을 방지하기 위하여 만들어 놓은 시설.

배부 - 配付 나누어 줌.
　　　 背部 등 부분. 어떠한 면의 뒤쪽.
　　　 配賦 세금 따위를 돌라 매김.

번수 - 番數 차례의 수효.
　　　 番手 방적사의 굵기 단위.

변경 - 變更 다르게 바꾸어 새롭게 고침.
　　　 邊境 나라의 경계가 되는 변두리의 땅.

변사 - 變死 뜻밖의 재난으로 죽음. 횡사.
　　　 辯士 입담이 좋아서 말을 잘하는 사람.

병난 - 兵難 전쟁으로 인해 입는 재난.
　　　 病難 병에 걸림. 병으로 인한 재난.

병장 - 兵長 사병 계급의 하나. 하사의 아래, 상등병의 위로 사병 계급에서 가장 높은 계급.
　　　 兵仗 병기(兵器).

보강 - 補強 보태거나 채워서 본디보다 더 튼튼하게 함.
　　　 補講 빠진 강의를 보충함.

보고 - 寶庫 귀중한 물건을 보관하는 곳.
　　　 報告 일의 결과를 알림.

보급 - 補給 물자나 자금을 계속해서 대어 줌.
　　　 普及 널리 펴서 알리거나 사용하게 함.

보도 - 步道 사람이 다니는 길.
　　　 報道 새로운 소식을 알림.
　　　 輔導 도와서 잘 인도함.
　　　 保導 보호하여 지도함.

보선 - 保線 철도 선로를 관리, 보호하여 안전을 유지함.
　　　 補繕 보충하여 뽑음.

보수 - 保手 보증수표의 준말.
　　　 保守 보전하여 지킴.
　　　 補修 낡은 것을 보충하여 수선함.
　　　 報酬 근로의 대가로 주는 돈이나 물품.

보은 - 報恩 은혜를 갚음.
　　　 寶銀 은으로 만든 말굽 모양의 중국 화폐.

보조 - 步調 보행의 속도, 모양을 다른 사람과 함께 맞춤.
　　　 補助 모자라는 것을 보충하여 도와줌.

보석 - 寶石 빛깔과 광택이 아름다우며 희귀한 광물.
　　　 保釋 보석 보증금을 받고 형사 피고인을 구류에서 풀어 주는 일.

보안 - 保安 안전을 유지함.
　　　 保眼 눈을 보호함.

복운 - 復運 회복되는 시운(時運).
　　　 福運 행복과 좋은 운수.

봉사 - 奉仕 남을 위하여 애씀.
　　　 奉祀 조상의 제사를 받들어 모심.
부결 - 否決 의논한 안건을 받아들이지 않기로 결정함.
　　　 剖決 판결(判決).
부령 - 部令 한 통지.
　　　 副領 갑오개혁 뒤의 무관 계급의 하나.
부상 - 負傷 상처를 입음.
　　　 副賞 덧붙여 주는 상.
　　　 浮上 물 위로 떠오름.
　　　 富商 자본이 많은 상인.
부인 - 夫人 남의 아내.
　　　 婦人 결혼한 여자.
　　　 否認 옳다고 인정하지 않음.
부자 - 富者 재물이 많아 살림이 넉넉한 사람.
　　　 父子 아버지와 아들.
부정 - 否定 그렇지 않다고 함.
　　　 不正 바르지 않음.
　　　 不定 일정하지 아니함.
　　　 不貞 정조를 지키지 않음.
　　　 不淨 깨끗하지 못함.
　　　 父情 자식에 대한 아버지로서의 정.
분식 - 分食 나누어 먹음.
　　　 粉食 밀가루 등의 가루 음식.
분실 - 分室 작게 나눈 방.
　　　 紛失 자기도 모르는 사이에 물건 따위를 잃어버림.
분탄 - 粉炭 잘게 부스러져 가루가 된 숯이나 석탄.
　　　 憤嘆 분개하고 탄식함.

불경 - 不敬 무례함.
　　　 佛經 불교의 교리를 밝혀 놓은 전적(典籍).
불모 - 不毛 땅이 메말라 농작물이 나오지 않음.
　　　 佛母 불타의 어머니. 불상을 그리는 사람.
불화 - 佛畵 불교의 내용을 그린 종교화.
　　　 不和 서로 화합하지 못함.
비명 - 悲鳴 매우 다급할 때 지르는 소리.
　　　 碑銘 비면(碑面)에 새긴 글.
　　　 非命 천명이 아님. 뜻밖의 재난으로 죽음.
비보 - 飛報 급한 통지.
　　　 悲報 슬픈 소식.
　　　 秘報 비밀히 하는 보고.
비품 - 備品 갖추어 두는 물품.
　　　 秘稟 임금에게 비밀히 아룀.
비행 - 飛行 하늘을 날아다님.
　　　 非行 도리에 어긋나는 행위.
사고 - 事故 뜻밖에 일어난 사건.
　　　 思考 생각하고 궁리함.
　　　 私稿 자신의 원고.
　　　 史庫 역사 기록물을 두는 곳집.
　　　 社告 회사의 광고.
사기 - 史記 역사적 사실을 기록한 책.
　　　 士氣 의욕이나 자신감으로 충만한 기세.
　　　 詐欺 나쁜 꾀로 남을 속임.
　　　 事記 사건을 중심으로 쓴 기록.
　　　 沙器 사기그릇.
　　　 死期 죽을 시기.

동음이의어 | 同音異義語

● 음은 같지만 뜻이 다른 漢字語.

사경 – 四經 시경·서경·역경·춘추의 네 경서.
　　　　四境 사방의 경계 또는 지경.
　　　　死境 죽음에 이른 경지.

사관 – 史觀 역사적 현상을 전적으로 파악하여 이것을 해석하는 입장.
　　　　私館 정부 고관의 개인 소유의 저택.
　　　　仕官 관리가 되어 종사함.
　　　　史館 역사를 편수하던 관청. 춘추관의 구칭.
　　　　四關 급히 체했을 때 통기시키기 위하여 사지의 관절에 침을 놓는곳.
　　　　査官 검사하는 일을 맡아보던 관원.
　　　　舍館 객지에서 남의 집에 일시 숙식을 부치는 일.

사례 – 謝禮 언행이나 선물로 상대에게 고마운 뜻을 나타냄.
　　　　事例 어떤 일이 전에 실제로 일어난 예.

사료 – 史料 역사 연구에 필요한 문헌이나 유물.
　　　　飼料 가축에게 주는 먹을거리.
　　　　思料 깊이 생각하여 헤아림.

사변 – 事變 사람의 힘으로는 피할 수 없는 천재(天災)나 그 밖의 큰 사건.
　　　　斜邊 빗변.

사상 – 死傷 죽거나 다침.
　　　　思想 사물에 대한 구체적인 사고나 생각.

사수 – 射手 대포나 총, 활 따위를 쏘는 사람.
　　　　死守 죽음을 무릅쓰고 지킴.

사설 – 私設 개인이나 민간에서 설립함.
　　　　社說 신문이나 잡지 따위에서 그 사(社)의 주장으로 게재하는 논설.
　　　　辭說 노래 가사, 잔소리로 늘어놓는 말.
　　　　私說 한 개인의 의견.
　　　　邪說 그릇된 이단적인 설, 올바르지 아니한 논설.

사유 – 私有 개인이 소유.
　　　　事由 일의 까닭 또는 연고, 연유.
　　　　思惟 논리적으로 생각함.
　　　　師儒 유학(儒學)의 도를 가르치는 스승.

사인 – 死因 죽게 된 원인, 사망의 원인.
　　　　私人 사적 자격으로서의 개인.
　　　　邪人 사심(邪心)을 품은 사람.
　　　　社印 회사의 인장.
　　　　私印 개인의 인장.

사용 – 使用 일정한 목적이나 기능에 맞게 씀.
　　　　私用 개인의 사사로운 소용이나 용건.

사원 – 寺院 종교의 교당.
　　　　社員 회사원.

사은 – 師恩 스승의 은혜.
　　　　謝恩 받은 은혜에 대하여 감사히 여겨 사례함.
　　　　私恩 사사로이 입은 은혜.

사전 – 事典 여러 가지 사항을 모아 일정한 순서로 배열하고 해설을 붙인 책.
　　　　辭典 낱말을 모아 일정한 순서로 배열하고 발음, 뜻, 용법 등을 해설한 책.
　　　　事前 일이 일어나기 전.

사절 – 使節 나라를 대표하여 외국에 파견되는 사람.
　　　謝絕 요구나 제의를 받아들이지 않고 사양하여 물리침.

사정 – 事情 일의 형편이나 까닭.
　　　査定 조사하거나 심사하여 결정함.
　　　査正 조사하여 바로잡음.
　　　司正 공직에 있는 사람의 규율과 질서를 바로 잡는 일.
　　　邪正 그릇됨과 올바름.
　　　私情 사사로운 정.

사지 – 四肢 짐승의 네 다리. 사람의 팔다리. 사체(四體).
　　　四知 두 사람 사이의 비밀을 알고 있는 네 가지 존재(하늘, 땅, 두 당사자).
　　　四智 부처가 갖추는 네 가지 지혜. 곧 대원경지(大圓鏡智), 평등성지(平等性智), 묘관찰지(妙觀察智), 성소작지(成所作智).
　　　死地 도저히 살아날 길이 없는 매우 위험한 곳.
　　　私智 자기 혼자만의 작은 지혜.
　　　砂地 모래땅.
　　　邪智 간사한 지혜.
　　　私地 개인 소유의 땅.
　　　寺址 절터.

사제 – 私製 개인이 사사로이 만듦.
　　　師弟 스승과 제자.

사죄 – 謝罪 지은 죄나 잘못에 대하여 용서를 빎.
　　　死罪 죽어 마땅한 큰 죄.

사표 – 辭表 사임하겠다는 뜻을 적어 내는 문서.
　　　師表 학식과 덕행이 높은 모범적인 인물.

사형 – 師兄 나이나 학덕(學德)이 자기보다 높은 사람을 높여 이르는 말.
　　　死刑 죄수의 목숨을 끊음 또는 그 형벌.

산발 – 散髮 머리를 풀어 헤침.
　　　散發 때때로 일어남.

산수 – 山水 산과 물. 경치.
　　　算數 수의 성질, 셈의 기초를 가르치는 학과목.

산적 – 山賊 산속에 근거지를 두고 드나드는 도둑.
　　　散積 용기에 넣지 않고 그대로 쌓거나 실음.

산촌 – 山村 산속에 있는 마을.
　　　散村 인가가 흩어져서 이루어진 마을.

상기 – 想起 지난 일을 돌이켜 생각하여 냄.
　　　上氣 흥분이나 부끄러움으로 얼굴이 붉어짐.

상가 – 商街 상점들이 늘어서 있는 거리.
　　　喪家 사람이 죽어 장례를 치르는 집.

상도 – 常道 항상 변하지 않는 떳떳한 도리.
　　　商道 상도덕.

상론 – 相論 서로 의논함.
　　　常論 보통의 통론.

상병 – 上兵 군대의 상등병.
　　　傷兵 전상병. 부상병.

동음이의어 | 同音異義語

● 음은 같지만 뜻이 다른 漢字語.

상술 – 商術 장사하는 재주나 꾀.
　　　詳述 자세하게 설명하여 말함.
상용 – 常用 일상적으로 씀.
　　　商用 상업상의 볼일.
　　　相容 서로 상대편의 말이나 행동을 너그러운 마음으로 받아들임.
상품 – 上品 질이 좋은 물품.
　　　商品 사고파는 물품.
　　　賞品 상으로 주는 물품.
상호 – 商號 상점이나 회사의 이름.
　　　相互 상대가 되는 이쪽과 저쪽 모두.
석순 – 石筍 석회동굴 안의 죽순같이 된 돌기둥.
　　　席順 석차.
선도 – 善導 올바르고 좋은 길로 이끎.
　　　先導 앞장서서 이끌거나 안내함.
선승 – 先勝 여러번 하는 경기에서 먼저 이김.
　　　禪僧 선종의 중. 참선하는 중.
선전 – 宣傳 잘 설명하여 널리 알리는 일.
　　　善戰 있는 힘을 다하여 잘 싸움.
　　　宣戰 한 나라가 다른 나라에 대해 싸움의 시작을 알림.
설두 – 設頭 앞서서 주선함.
　　　舌頭 혀 끝.
설화 – 雪花 눈송이.
　　　舌禍 말로 입는 화.
성대 – 盛大 아주 성하고 큼.
　　　聲帶 소리를 내는 기관.

성문 – 成文 문장으로 나타냄 또는 그 문장이나 조문.
　　　城門 성의 출입구에 만든 문.
　　　聲聞 명성.
　　　聖聞 임금이 듣는 일.
성좌 – 聖座 신성한 자리.
　　　星座 별자리.
성전 – 成典 정해진 법칙. 성문의 법전.
　　　聖典 성경(聖經).
　　　性典 지식을 주기 위하여 만든 책.
　　　盛典 성대한 의식.
　　　聖殿 신성한 전당.
　　　聖戰 신성한 전쟁.
성상 – 聖像 성인이나 임금의 초상.
　　　性狀 사물의 성질과 상태.
성원 – 成員 모임이나 단체를 구성하는 인원.
　　　聲援 소리를 질러 응원함.
성인 – 成人 자라서 어른이 된 사람.
　　　聖人 지혜와 덕이 뛰어나 본받을 만한 사람.
성행 – 盛行 매우 성하게 유행함.
　　　性行 성품과 행실.
세계 – 世系 조상으로부터 대대로 내려오는 계통.
　　　世界 지구상의 모든 나라.
세미 – 歲米 지난 날, 세초(歲初)에 나라에서 늙은 사람에게 주던 쌀.
　　　世味 세상맛. 세상 사는 재미.
　　　稅米 조세로 바치던 쌀.
세입 – 稅入 조세의 수입.
　　　歲入 한 회계 연도의 모든 수입.

소담 - 笑談 우스운 이야기.
       消痰 가래를 삭힘.
소동 - 小童 열 살 안팎의 어린아이.
       騷動 놀라거나 흥분하여 소란을 일으키는 일.
소복 - 素服 하얗게 차려입은 옷. 흰옷.
       小腹 아랫배. 하복부.
소원 - 所願 바라고 원함.
       疏遠 지내는 사이가 거리가 있어서 서먹서먹함.
소재 - 素材 어떤 것을 만드는 데 바탕이 되는 재료.
       所在 있는 곳.
속간 - 續刊 정지되었던 신문, 잡지를 다시 간행함.
       俗間 민간. 세속.
속성 - 屬性 사물의 특징이나 성질.
       速成 빨리 이루어짐.
속행 - 速行 빨리 행함.
       續行 계속하여 행함.
수간 - 數間 집의 두 서너 칸.
       手簡 수서(手書).
       樹幹 나무의 줄기.
수난 - 水難 물로 인하여 생기는 재난.
       受難 견디기 힘든 어려운 일을 당함.
수도 - 水道 상수도.
       首都 한 나라의 중앙 정부가 있는 도시.

修道 도를 닦음.
水稻 논에 물을 대어 심는 벼.
水都 강과 호수가 있는 경치 좋은 도시.
수리 - 受理 서류를 받아서 처리함.
       修理 고장난 데를 손보아 고침.
       數理 수학의 이론이나 이치.
수면 - 水面 물의 겉면.
       睡眠 잠을 자는 일.
수미 - 首尾 사물의 머리와 꼬리.
       秀眉 뛰어나게 아름다운 눈썹.
수사 - 手寫 손으로 직접 베껴 씀.
       搜查 찾아서 조사함.
       水使 수군절도사.
수상 - 受賞 상을 받음.
       首相 내각의 우두머리.
       手相 손금.
       水上 물 위, 물의 상류.
       受傷 상처를 입음.
       樹上 나무의 위.
       隨想 그때그때 떠오르는 생각이나 느낌.
       愁傷 몹시 슬퍼함.
수석 - 首席 등급이나 직위 따위에서 맨 윗자리.
       壽石 관상용의 자연석.
       水石 물과 돌. 물과 돌로 이루어진 경치.
수습 - 修習 학업이나 실무 따위를 배워 익힘.
       收拾 흩어진 물건을 정돈함.

동음이의어 | 同音異義語
● 음은 같지만 뜻이 다른 漢字語.

수신 - 受信 통신을 받음.
　　　　 修身 마음과 행실을 바르게 닦아 수양함.
　　　　 水神 물을 다스리는 신.
　　　　 守身 자기의 본분을 지켜 불의에 빠지지 않도록 함.

수양 - 收養 다른 사람의 자식을 맡아 제 자식처럼 기름.
　　　　 修養 몸과 마음을 닦아 품성이나 지식, 도덕을 높은 경지로 끌어올림.

수용 - 收用 거두어들여 사용함.
　　　　 受容 어떠한 것을 받아들임.

수업 - 修業 기술이나 학업을 익히고 닦음.
　　　　 授業 교사가 학생에게 지식이나 기능을 가르쳐 줌.

수입 - 收入 돈이나 물품 따위를 거두어들임.
　　　　 輸入 다른 나라로부터 물품을 사들임.

수재 - 秀才 머리가 좋고 재주가 뛰어난 사람.
　　　　 水災 홍수나 장마 따위의 물로 입는 피해.

수행 - 修行 행실, 학문, 기예 따위를 닦음.
　　　　 遂行 생각하거나 계획한 대로 일을 해냄.

수호 - 守護 지키고 보호함.
　　　　 修好 나라와 나라가 서로 사이좋게 지냄.

숙면 - 熟眠 잠이 깊이 듦.
　　　　 熟面 여러번 보아서 낯이 익은 사람.

숙원 - 宿怨 오래 묵은 원한.
　　　　 宿願 오랫동안 품어온 바람이나 소원.

숙청 - 肅淸 어지러운 세상을 바로잡음.
　　　　 淑淸 행동이나 성품이 정숙하고 깨끗함.

순종 - 純種 다른 계통과 섞이지 아니한 순수한 종.
　　　　 順從 순순히 따름.

순직 - 殉職 직무를 다하다가 목숨을 잃음.
　　　　 純直 마음이 순진하고 곧음.

습득 - 拾得 주워서 얻음.
　　　　 習得 학문·기술을 배워 자기 것으로 함.

승복 - 承服 납득하여 따름.
　　　　 僧服 중의 옷.

승인 - 承認 어떤 사실을 마땅하다고 받아들임.
　　　　 勝因 승리의 원인.

시가 - 市街 도시의 큰 길거리.
　　　　 市價 시장에서 상품이 매매되는 가격.
　　　　 時價 일정한 시기의 물건 값.
　　　　 詩歌 가사를 포함한 시문학을 통틀어 이르는 말.
　　　　 媤家 시집.
　　　　 詩家 시인(詩人).

시각 - 時刻 시간의 어느 한 시점.
　　　　 視覺 눈을 통해 빛의 자극을 받아들이는 감각 작용.
　　　　 視角 무엇을 보는 각도.

시계 - 視界 시야(視野).
　　　　 時計 시각을 나타내는 기계나 장치.

시도 - 試圖 무엇을 이루기 위해 계획하거나 행동함.
　　　　 市道 행정 구역으로 나눈 시와 도.

시비 - 是非 옳음과 그름.
　　　 詩碑 시를 새긴 비석.
　　　 施肥 논밭에 거름을 줌.

시사 - 示唆 미리 암시하여 일러줌.
　　　 時事 그 당시에 생긴 여러가지 세상일.
　　　 試寫 영화를 개봉하기에 앞서 시험적으로 특정인에 상영해 보임.
　　　 詩史 사시(史詩). 시의 발생 과정, 변천 등을 밝힌 저술.

시상 - 施賞 상장이나 상품, 상금 따위를 줌.
　　　 詩想 시를 짓기 위한 착상이나 구상.

시인 - 是認 옳다고 인정함.
　　　 詩人 시를 전문적으로 짓는 사람.
　　　 時人 그 당시의 사람.

시정 - 是正 잘못된 것을 바로잡음.
　　　 詩情 시적인 정취.
　　　 施政 정치를 시행하는 것

시청 - 市廳 시의 행정 사무를 맡아보는 기관.
　　　 視聽 눈으로 보고 귀로 들음.

식사 - 式辭 식장(式場)에서 주최자가 하는 인사말.
　　　 食事 끼니로 음식을 먹음.

신고 - 申告 일정한 사실을 진술·보고함.
　　　 辛苦 어려운 일을 당하여 몹시 애씀.

신근 - 信根 오근의 하나. 부처의 가르침을 깊이 믿는 일.
　　　 身根 오근(五根)의 하나. 촉각 기관으로서의 피부 또는 그 기능.

신후 - 申後 신시(申時)가 지난 뒤. 오후 5시.
　　　 身後 사후(死後).

신축 - 伸縮 늘고 줆 또는 늘이고 줄임.
　　　 新築 건물 따위를 새로 만듦.

실례 - 失禮 언행이 예의에 벗어남.
　　　 實例 실제의 예.

실수 - 失手 조심하지 아니하여 잘못함.
　　　 實數 실제의 수효.
　　　 實收 실제의 수입이나 수확.
　　　 實需 실수요(實需要)의 준말.

실정 - 失政 정치를 잘못함.
　　　 實情 실제의 사정이나 정세.

심려 - 心慮 마음속으로 걱정함.
　　　 深慮 마음을 써서 깊이 생각함.

심성 - 心性 심성정. 마음과 성품.
　　　 深省 깊이 반성함.

안전 - 安全 사고가 날 염려가 없는 상태.
　　　 眼前 눈 앞.

약관 - 約款 법령, 조약, 계약 등에 정한 조항.
　　　 弱冠 남자 나이 20세의 일컬음.

약자 - 弱者 힘이나 세력이 약한 사람이나 생물.
　　　 略字 복잡한 글자의 일부를 생략하여 간략하게 한 글자.

양식 - 糧食 생존을 위하여 필요한 사람의 먹을거리.
　　　 樣式 일정한 모양이나 형식.
　　　 洋食 서양요리.
　　　 養殖 물고기 굴, 김 등을 기르고 번식시키는 일.

동음이의어 | 同音異義語

●음은 같지만 뜻이 다른 漢字語.

양호 - 良好 매우 좋음.
　　　 養護 기르고 보호함.
양친 - 兩親 부친과 모친.
　　　 養親 길러 준 부모.
어구 - 語句 말의 마디나 구절.
　　　 漁具 고기잡이에 쓰는 여러 가지 도구.
여권 - 女權 여자의 사회상, 정치상, 법률상의 권리.
　　　 旅券 외국을 여행하는 사람의 신분이나 국적을 증명하는 문서.
여의 - 如意 뜻과 같음. 뜻대로 됨.
　　　 餘意 말 끝에 함축되어 있는 속 뜻.
여장 - 女裝 남자가 여자처럼 차림.
　　　 旅裝 여행할 때의 차림.
역경 - 逆境 일이 순조롭지 않아 매우 어렵게 된 처지나 환경.
　　　 譯經 경전을 번역하는 일.
역수 - 逆數 어떤 수로서 1을 나누어 얻은 몫을 그 어떤 수에 대하여 일컬음.
　　　 易數 음양에 의하여 길흉화복을 미리 아는 술법.
역설 - 力說 자기의 뜻을 힘주어 말함.
　　　 逆說 어떤 주의나 주장에 반대되는 이론이나 말.
역전 - 力戰 힘을 다하여 싸움. 力鬪(역투).
　　　 逆戰 역습하여 나아가 싸움.
　　　 驛前 정거장 앞. 驛頭(역두).
　　　 逆轉 형세가 뒤집혀짐.

연기 - 演技 배우가 무대에서 하는 몸짓이나 말.
　　　 煙氣 무엇이 불에 탈 때에 생겨나는 기체.
　　　 延期 정해진 기한을 늘림.
　　　 連記 잇대어 적음. 둘 이상의 것을 나란히 적음.
연대 - 年代 지나간 시간을 일정한 햇수로 나눈 것.
　　　 連帶 여럿이 함께 무슨 일을 하거나 함께 책임을 짐.
연소 - 年少 나이가 어림.
　　　 燃燒 물질이 산소와 화합할 때 빛과 열을 내는 현상.
연장 - 年長 서로 비교하여 나이가 많은 사람.
　　　 延長 시간이나 거리를 길게 늘임.
열감 - 熱感 신열이 나는 느낌.
　　　 熱疳 어린아이가 젖에 체하여 뺨이 붉어지고 입안이 타며 몸이 말라가는 병.
열차 - 列車 기차.
　　　 列次 죽 벌여 놓은 차례.
염증 - 炎症 생체 조직이 손상을 입었을 때의 반응.
　　　 厭症 싫증.
영광 - 榮光 빛나고 아름다운 영예.
　　　 靈光 신령스럽고 성스러운 빛.
영세 - 零細 살림이 보잘것 없고 몹시 가난함.
　　　 永世 오랜 세월이나 세대.
요리 - 要理 긴요한 이치나 도리.
　　　 料理 음식을 일정한 방법으로 만듦 또는 그 음식.

용기 - 容器 물건을 담는 그릇.
       勇氣 씩씩하고 굳센 기운.
용의 - 用意 어떤 일을 하려고 마음을 먹음.
       容疑 범죄의 혐의.
우성 - 雨聲 빗소리.
       優性 멘델의 법칙에 따라 유전하는 형질 중 반드시 다음 대(代)에 나타나는 형질.
우수 - 優秀 여럿 가운데 뛰어남.
       憂愁 근심과 걱정.
       偶數 짝수
       雨水 빗물. 24절기의 하나.
       右手 오른손.
우열 - 愚劣 어리석고 못남.
       優劣 나음과 못함.
우의 - 雨衣 비옷.
       友誼 우정. 우애.
원망 - 怨望 남이 한 일을 억울하게 여겨 탓함.
       願望 원하고 바람.
       遠望 멀리 바라다 봄.
원수 - 元首 국가 원수.
       怨讐 원한이 맺힐 정도로 해를 끼친 사람.
       元帥 장수의 으뜸.
원주 - 圓周 원둘레.
       原州 강원도 남서쪽에 있는 도시.
원형 - 原形 본디의 꼴.
       圓形 둥근 모양.
위장 - 胃腸 위(胃)와 장(腸).
       僞裝 거짓으로 꾸밈.

유기 - 遺棄 내다 버림.
       有機 생명을 가지며, 생활 기능이나 생활력을 갖추고 있음.
       遺記 죽은 뒤에 남은 기록.
유도 - 誘導 사람이나 물건을 목적한 장소나 방향으로 이끎.
       柔道 두 사람이 맨손으로 맞잡고 상대편이 공격해 오는 힘을 이용하여 던져 넘어뜨리거나 조르거나 눌러 승부를 겨루는 운동.
유사 - 遺事 후세에 전하는 사적.
       幽思 깊은 생각.
       有司 단체의 사무를 맡아보는 직무
유언 - 遺言 죽음에 이르러 남기는 말.
       流言 떠도는 말.
유전 - 遺傳 물려받아 내려옴.
       油田 석유가 나는 곳.
유지 - 油脂 동물 또는 식물에서 채취한 기름.
       維持 어떤 상태나 상황을 그대로 보존
       有志 마을이나 지역에서 명망있고 영향력을 가진 사람.
       乳脂 크림. 유지방.
       遺志 죽은 사람의 생전의 생각.
       油紙 기름 종이.
유치 - 留置 남의 물건을 맡아 둠.
       幼稚 나이가 어림.
유학 - 遊學 외국에서 공부함.
       儒學 유교의 학문.

동음이의어 | 同音異義語

● 음은 같지만 뜻이 다른 漢字語.

유형 – 有形 모양이나 형체가 있음.
　　　流刑 오형(五刑) 가운데 죄인을 귀양보내던 형벌.
　　　類型 성질이 공통적인 것끼리 묶은 틀.

육아 – 肉芽 주아(珠芽). 살눈.
　　　育兒 어린 아이를 기름.

육성 – 肉聲 사람의 입에서 직접 나오는 소리.
　　　育成 길러 자라게 함.

은인 – 恩人 신세 진 사람.
　　　隱人 속세를 떠나 숨어 사는 사람.

의거 – 依據 어떤 사실이나 원리 따위에 근거함.
　　　義擧 정의를 위하여 개인이나 집단이 의로운 일을 도모함.

의구 – 依舊 옛날과 다름이 없음.
　　　疑懼 의심하고 두려워함.

의녀 – 義女 의붓딸.
　　　醫女 조선시대 때 내의원, 혜민서에서 심부름 하던 여자.

의병 – 義兵 의를 위하여 일어난 군사.
　　　疑兵 적의 눈을 속이는 가짜 군사.

의사 – 意思 무엇을 하고자 하는 생각.
　　　義士 지조를 지키는 사람.

의사 – 醫師 병을 치료하는 것을 직업으로 삼는 사람.
　　　議事 회의에서 어떤 일을 의논함.

의식 – 儀式 행사를 치르는 일정한 법식.
　　　意識 깨어 있는 상태에서 사물에 대하여 인식하는 작용.

의지 – 依支 다른 것에 몸을 기댐.
　　　意志 어떠한 일을 이루고자 하는 마음.

이상 – 理想 생각할 수 있는 범위 안에서 가장 완전하다고 여겨지는 상태.
　　　以上 수량, 정도가 일정 기준보다 더 많음.

이설 – 異說 통용되는 것과는 다른 주장이나 의견.
　　　移設 다른 곳으로 옮기어 설치함.

이성 – 異性 성(性)이 다른 것.
　　　理性 개념적으로 사유하는 능력
　　　異性 다른 성질. 성질이 다름.

이전 – 以前 이제보다 전.
　　　移轉 장소나 주소 따위를 다른 데로 옮김.

이해 – 理解 사리를 분별하여 해석함.
　　　利害 이익과 손해.

인가 – 人家 사람이 사는 집.
　　　認可 인정하여 허가함.

인도 – 人道 사람으로서 마땅히 지켜야 할 도리.
　　　引渡 사물이나 권리 따위를 넘겨줌.
　　　引導 이끌어 지도함.

인명 – 人命 사람의 목숨.
　　　人名 사람의 이름.

인상 – 引上 값을 올림.
　　　印象 어떤 대상에 대한 마음 속의 느낌.
　　　人相 사람의 얼굴 생김. 관상. 용상.

인수 – 引受 물건이나 권리를 건네 받음.
　　　引水 물을 끌어다 댐.
　　　因數 인수분해 할 때의 구성부분.
　　　仁壽 인덕이 있고 수명이 긺.

인성 - 人聲 사람의 소리.
       引性 끌어당기는 성질.

인정 - 人情 사람이 본래 가지고 있는 감정.
       仁情 어진 마음씨.
       認定 확실히 그렇다고 여김.

인증 - 引證 인용하여 증거로 삼음.
       認證 문서나 행위가 정당한 절차로 이루어졌음을 공적 기관이 증명함.

일정 - 一定 크기, 모양 등이 하나로 정해짐.
       日程 일정 기간 동안 할 일을 짜 놓은 것.

임지 - 任地 관원이 부임하는 곳.
       林地 수풀을 이룬 땅.

입각 - 立脚 어떤 사실이나 주장따위에 근거를 두어 그 입장에 섬.
       入閣 내각(內閣)의 한 사람이 됨.

자격 - 字格 글자의 법칙.
       資格 어떤 임무를 맡거나 일을 하는 데 필요한 조건.

자원 - 資源 경제 생산에 이용되는 광물, 산림 등.
       自願 자기 스스로 하고자 하여 나섬.

자정 - 子正 자시(子時)의 한가운데. 밤 12시.
       自淨 저절로 깨끗해짐.

자형 - 姉兄 매형.
       字形 글자꼴.

잡기 - 雜技 잡다한 놀이의 기술이나 재주.
       雜記 여러 가지 일을 두서 없이 기록함.

장관 - 壯觀 훌륭하고 장대한 광경.
       長官 국무를 보는 행정 각부의 우두머리.

장병 - 將兵 장교와 병졸.
       長病 오랜 병. 장질(長疾).

장부 - 丈夫 다 자란 씩씩한 남자.
       帳簿 금품의 수입과 지출을 적어 두는 책.

장어 - 長魚 뱀장어.
       章魚 낙지.

장책 - 長策 원대하고 좋은 계책이나 대책.
       粧冊 책을 꾸미어 만듦.

장편 - 長篇 내용이 긴 작품.
       掌篇 매우 짧은 산문.

재고 - 再考 다시 생각함.
       在庫 창고 따위에 쌓여 있음.

재기 - 才氣 재주가 있는 기질.
       再起 역량이나 능력을 모아 다시 일어섬.

재력 - 才力 재주와 능력.
       財力 재물의 힘. 재산상의 세력.

재배 - 再拜 두번 절함.
       栽培 식물을 심어 가꿈.

재수 - 再修 한번 배웠던 학과 과정을 다시 배움.
       財數 재물이 생기거나 좋은 일이 있을 운수.
       在囚 교도소에 갇혀 있음.

재청 - 在廳 청내에서 근무하고 있음.
       再請 거듭 청함.

재화 - 財貨 사람이 바라는 바를 충족시켜 주는 모든 물건.
       災禍 재앙(災殃)과 화난(禍難).

저속 - 低俗 품위가 낮고 속됨.
       低速 낮은 속도.

동음이의어 | 同音異義語

● 음은 같지만 뜻이 다른 漢字語.

저장 - 低張 한 용액의 삼투압이 다른 용액의 삼투압에 비하여 낮음.
貯藏 물건을 모아 간수함.

적기 - 敵機 적군의 비행기.
適期 알맞은 시기.
赤旗 붉은 기.
摘記 요점만 뽑아 기록함.

적선 - 積善 착한 일을 많이 함.
敵船 적의 배.

전경 - 前景 앞쪽에 보이는 경치.
戰警 전투 경찰.
全景 전체의 경치.

전공 - 專攻 어느 한 분야를 전문적으로 연구함.
戰功 전투에서 세운 공로.
前功 전에 세운 공로나 공적.
電工 전기공업. 전기공.
全功 모든 공로. 결점이 없는 공로.

전기 - 傳記 한 사람의 일생 행적을 적은 기록.
電氣 전류의 현상.
前記 어떤 대목을 기준으로 하여 그 앞 부분에 씀.
前期 일정 기간을 몇 개로 나눈 첫 시기.
傳奇 기이한 일을 내용으로 한 이야기.
戰記 전쟁의 기록.
轉機 전환점을 이루는 기회나 고비.
轉記 한 장부에서 다른 장부로 옮겨 적음.

전력 - 全力 모든 힘.
電力 전류가 단위 시간에 하는 일.

전례 - 前例 이전부터 있었던 사례.
典例 전거가 되는 선례.

전반 - 全般 어떤 일이나 부문에 대하여 그것에 관계되는 전체.
前半 전체를 둘로 나누었을 때의 앞 부분.

전승 - 戰勝 전쟁이나 경기 따위에서 싸워 이김.
傳承 문화, 풍속, 제도 따위를 이어받아 계승함.

전시 - 展示 여러 가지 물품을 한 곳에 벌여 놓고 보임.
戰時 전쟁이 벌어진 때.

전업 - 前業 이전에 종사하였던 직업.
專業 전문으로 하는 직업이나 사업.
轉業 직업을 바꿈.

전용 - 專用 혼자서만 씀.
轉用 예정되어 있는 곳에 쓰지 아니하고 다른 데로 돌려서 씀.

전원 - 田園 도시에서 떨어진 시골이나 교외(郊外).
全員 소속된 인원의 전체.
電源 전류가 오는 원천.

전임 - 前任 이전에 그 임무를 맡음 또는 그런 사람.
專任 어떤 일을 전문적으로 맡거나 맡김.

전적 - 全的 하나도 남김 없이 모두 다.
戰跡 전쟁을 한 흔적.

전직 - 前職 전에 가졌던 직업이나 직위.
轉職 직업이나 직무를 바꾸어 옮김.

전파 - 電波 도체 중의 전류가 진동함으로써 방사되는 전자기파.
傳播 전하여 널리 퍼뜨림.

전후 – 前後 앞뒤.
　　　戰後 전쟁이 끝난 뒤.

절감 – 節減 절약하고 줄임.
　　　切感 절실하게 느낌. 痛感(통감).

절제 – 節制 알맞게 조절하여 제한함.
　　　切除 잘라 냄.

절조 – 絕調 아주 뛰어난 곡조.
　　　節操 절개와 지조.

점두 – 店頭 가게의 앞쪽.
　　　點頭 옳다는 뜻으로 머리를 끄덕임.

접수 – 接收 받아서 거둠.
　　　接受 문서류를 처리하기 위해 받아들임.

정교 – 正敎 사교가 아닌 바른 종교.
　　　情交 친밀한 교제. 남녀간 색정 교제.
　　　政敎 정치와 종교.
　　　正校 대한제국 때 무관 계급의 하나.
　　　精巧 정밀하고 교묘함.

정기 – 精氣 천지를 생성하는 원천이 되는 기운.
　　　定期 일정한 기간이나 기한.

정당 – 正當 바르고 마땅함.
　　　政黨 정치적인 단체.
　　　精當 매우 자세하고 당연함.
　　　政堂 옛날의 지방 관아.

정도 – 精度 사물의 성질이나 가치를 양부(良否),
　　　　　 우열 등으로 본 분량이나 수준.
　　　正道 올바른 길 또는 정당한 도리.
　　　程度 얼마의 분량이나 또는 어떠한 한도.
　　　定道 저절로 정해진 도리.

정리 – 情理 인정과 도리.
　　　整理 흐트러진 것을 한데 모으거나 치워
　　　　　 서 질서 있는 상태가 되게 함.

정부 – 政府 입법, 사법, 행정의 삼권을 포함하는
　　　　　 통치 기구를 통틀어 이르는 말.
　　　正否 바른 것과 그른 것.
　　　正副 으뜸과 버금을 아울러 이르는 말.

정사 – 正邪 바른 일과 간사한 일.
　　　正史 정확한 사실을 바탕으로 한 역사.
　　　精舍 학문을 가르치려고 베푼 집. 정신을
　　　　　 수양하는 곳.
　　　精査 자세히 조사함.

정사 – 情事 남녀간의 사랑에 관한 일. 정부와 정
　　　　　 부 사이의 관계.
　　　政事 정치에 관한 일. 행정상의 사무.
　　　靜思 고요히 생각함.
　　　情史 남녀간의 사랑에 관한 기록, 연애를
　　　　　 다룬 소설.
　　　情死 사랑하는 남녀가 사랑을 이루지 못
　　　　　 하고 함께 목숨을 끊는 일.
　　　情思 남녀가 서로 사랑하는 생각.
　　　情私 친족 사이의 사사로운 정.

정상 – 正常 특별한 변동이나 탈이 없이 제대로인
　　　　　 상태.
　　　情狀 있는 그대로의 사정과 형편.

정세 – 情勢 일이 되어 가는 형편.
　　　政勢 정치상의 동향이나 형세.

정수 – 淨水 물을 깨끗하고 맑게 함.
　　　整數 자연수, 음수 및 영을 통틀어 이르는
　　　　　 말.

동음이의어 | 同音異義語

● 음은 같지만 뜻이 다른 漢字語.

정원 – 定員 일정한 규정에 의하여 정한 인원.
　　　庭園 집 안에 있는 뜰.

정전 – 停電 전기가 끊어짐.
　　　停戰 교전 중에 합의하여 일시적으로 전투를 중단하는 일.
　　　正殿 왕이 나와서 조회를 하던 궁전.

정통 – 正統 바른 계통.
　　　精通 어떤 사물에 대하여 깊고 자세히 통하여 앎.

정화 – 精華 깨끗하고 순수한 알짜.
　　　淨化 불순하거나 더러운 것을 깨끗하게 함.

제기 – 提起 의견이나 문제를 내어 놓음.
　　　祭器 제사에 쓰는 그릇.

제도 – 制度 규범이나 사회 구조의 체계.
　　　製圖 기계, 건축물, 공작물의 도면이나 도안을 그림.

제명 – 製命 타고난 목숨.
　　　制命 제왕(帝王)의 명령.
　　　帝命 황제의 명령.
　　　除名 명부에서 성명을 빼어버림.
　　　題名 표제의 이름.

제약 – 制約 조건을 붙여 내용을 제한함.
　　　製藥 약재를 섞어서 약을 만듦.

제재 – 題材 예술작품, 학술연구의 주제가 되는 재료.
　　　制裁 국가가 법규 위반자에게 형벌을 가함.
　　　製材 벌채한 나무로 재목을 만듦.

제지 – 制止 말려서 못하게 함.
　　　製紙 종이를 만듦.

제창 – 提唱 어떤 일을 처음 내놓아 주장함.
　　　齊唱 여러 사람이 다같이 소리내어 부름.

조류 – 潮流 밀물과 썰물 때문에 일어나는 바닷물의 흐름.
　　　鳥類 조강의 척추동물을 통틀어 이르는 말.

조리 – 條理 앞뒤가 들어맞고 체계가 서는 갈피.
　　　調理 음식을 만듦.

조반 – 早飯 아침밥 전에 조금 먹는 음식.
　　　朝飯 아침밥.
　　　造反 중국에서 '모반'을 일컫는 말.

조사 – 早死 일찍 죽음.
　　　弔辭/弔詞 죽은 이를 조문하는 말과 글.

조선 – 造船 배를 설계하여 만듦.
　　　朝鮮 1392년, 이성계가 고려를 무너뜨리고 세운 나라.

조성 – 助成 도와서 이루게 함.
　　　造成 만들어서 이룸.
　　　組成 짜맞추어 만듦.
　　　早成 일찍 성취함.
　　　鳥聲 새의 소리.

조정 – 朝廷 임금이 나라의 정치를 집행하는 곳.
　　　調整 골라서 알맞게 정돈함.
　　　調定 조사하여 확정함.
　　　調停 분쟁을 중간에서 화해시킴.

조수 – 潮水 아침에 밀려들었다가 나가는 바닷물.
　　　助手 어떤 일을 도와주는 사람.

조화 – 造化 만물을 창조하고 기르는 대자연의 이치.
　　　造花 인공적으로 만든 꽃.
　　　調和 서로 잘 어울림.
　　　弔花 조상(弔喪)하는 뜻으로 바치는 꽃.
　　　彫花 도자기에 꽃무늬를 새김.

존속 – 存續 존재하여 계속함.
　　　尊屬 부모와 같은 항렬 이상의 혈족.

종묘 – 種苗 식물의 씨나 싹을 심어서 가꿈.
　　　宗廟 역대 임금과 왕비의 위패를 모시던 왕실의 사당.

종신 – 宗臣 왕족으로서 벼슬에 있는 사람.
　　　終身 목숨을 다하기까지의 동안.

종전 – 從前 지금보다 이전.
　　　終戰 전쟁이 끝남.

좌우 – 左右 왼쪽과 오른쪽.
　　　座右 좌석의 오른쪽 또는 옆.

주간 – 晝間 낮. 낮동안.
　　　週刊 한 주일마다의 발간 되는 간행물.
　　　週間 한 주일 동안.

주관 – 主管 어떤 일을 책임지고 맡아 관리함.
　　　主觀 자기만의 견해나 관점.

주도 – 主導 주동적인 처지가 되어 이끎.
　　　周到 주의가 두루 미쳐서 빈틈없이 꼼꼼함.

주부 – 主婦 한 가정의 살림살이를 맡아 꾸려 가는 안주인.
　　　主部 중요한 부분.

주식 – 主食 끼니에 주로 먹는 음식.
　　　株式 주식회사의 자본을 구성하는 단위.

주연 – 主演 연극, 영화의 주인공으로 출연함.
　　　酒宴 술잔치.

주장 – 主張 자기 의견이나 주의를 굳게 내세움.
　　　主將 팀을 대표하는 선수.

준수 – 俊秀 재주와 슬기가 남달리 뛰어남.
　　　遵守 규칙, 명령 따위를 좇아서 지킴.

준용 – 準用 표준으로 적용함.
　　　遵用 준수하여 쓰는 것.

중복 – 中伏 삼복(三伏)의 하나.
　　　重複 거듭하거나 겹침.

중세 – 中世 고대에 이어 근대에 선행하는 시기.
　　　重稅 부담하기에 너무 무거운 세금.

중점 – 中點 가운뎃점.
　　　重點 가장 중요하게 여겨야 할 점.

중지 – 中止 하던 일을 중도에서 그만둠.
　　　中指 가운데 손가락.
　　　衆智 여러 사람의 지혜.
　　　中智 보통의 지혜.

지각 – 知覺 알아서 깨닫는 능력.
　　　遲刻 한 시각보다 늦음.
　　　地角 땅의 어느 한 모퉁이.
　　　地殼 지구의 표층을 이루는 단단한 부분.

지구 – 持久 어떤 상태를 오래 버티어 견딤.
　　　地球 인류가 사는 천체.

지급 – 支給 돈이나 물품 따위를 정하여진 몫만큼 내줌.
　　　至急 매우 급함.

동음이의어 | 同音異義語

● 음은 같지만 뜻이 다른 漢字語.

지도 - 地圖 지구 표면의 상태를 일정한 비율로 줄여 평면에 나타낸 그림.
　　　指導 어떤 목적이나 방향으로 남을 가르쳐 이끎.

지대 - 至大 더없이 큼.
　　　地帶 한정된 일정한 구역.
　　　地代 남의 토지를 이용하는 사람이 빌려 준 사람에게 무는 셋돈.

지력 - 地歷 지리와 역사.
　　　知力 지식의 능력. 지식의 힘.
　　　智力 슬기의 힘. 사물을 헤아리는 지능.

지사 - 支社 본사의 관할 아래 일정한 지역에서 본사의 일을 대신 맡아 하는 곳.
　　　志士 나라와 민족을 위하여 일하려는 뜻을 가진 사람.
　　　指事 사물을 가리켜 보임.
　　　知事 도지사(道知事)의 준말.

지상 - 地上 땅의 위.
　　　紙上 종이의 위. 신문의 지면.
　　　至上 가장 높은 위.

지석 - 誌石 죽은 사람의 성명, 행적 등을 기록하여 무덤앞에 묻는 판석 또는 도판.
　　　支石 굄돌.
　　　砥石 숫돌.

지성 - 知性 생각·판단하는 능력.
　　　至誠 지극한 정성.
　　　至性 매우 착한 성질.
　　　至聖 지덕이 지극히 뛰어난 성인.

지원 - 支援 지지하여 도움.
　　　志願 어떤 일이나 조직에 뜻을 두어 끼이길 바람.

지주 - 支柱 물건이 쓰러지지 않도록 버티어 괴는 기둥.
　　　地主 토지의 소유자.

지적 - 指摘 꼭 집어서 가리킴.
　　　地積 땅의 넓이.

직선 - 直線 곧은 선.
　　　直選 직접 선거.

진가 - 眞假 진짜와 가짜.
　　　眞價 참된 값어치.

진부 - 眞否 참됨과 거짓됨.
　　　陳腐 케케묵고 낡음.

진심 - 盡心 마음을 다함.
　　　眞心 거짓이 없는 참된 마음.

진장 - 珍藏 진귀하게 여겨 깊이 간직함.
　　　陣藏 절메주로 담가 빛이 까맣게 된 간장. 진간장.

진정 - 眞正 참되고 바름.
　　　陳情 실정을 진술함.
　　　眞正 참되고 바름.
　　　鎭靜 가라앉아 조용해짐.

진화 - 進化 일이나 사물 따위가 점점 발달하여 감.
　　　鎭火 불이 난 것을 끔.

질정 - 質正 생각하여 바로잡음.
　　　叱正 꾸짖어 바로잡음.

집중 - 集中 한 곳으로 모임 또는 모이게 함.
　　　執中 과부족, 치우침이 없어 마땅하고 떳떳한 도리를 잡음.

차도 - 差度 병이 조금씩 나아가는 정도.
　　　車道 찻길.

차등 - 差等 차이가 나는 등급.
　　　次等 버금되는 등급.
착근 - 着近 친근하게 착 달라붙음.
　　　着根 옮겨심은 식물이 뿌리를 내림.
참상 - 慘狀 참혹한 양상.
　　　參上 조선 때 육품 이상 종상품 이하의 계급.
창구 - 窓口 창을 뚫어 놓은 곳.
　　　創口 칼날 따위에 상한 구멍.
천직 - 天職 타고난 직업이나 직분.
　　　賤職 낮고 천한 직업.
청산 - 靑山 풀과 나무가 무성한 푸른 산.
　　　淸算 채무나 채권 관계를 셈하여 깨끗이 해결함.
채유 - 採油 기름을 채취함.
　　　菜油 채소씨로 짠 기름. 채종유.
천재 - 天才 선천적으로 타고난 뛰어난 재주.
　　　天災 자연의 현상으로 일어나는 재난. 태풍, 홍수, 지진 등.
청사 - 靑史 역사. 기록.
　　　廳舍 관아, 관청의 건물.
청의 - 淸議 높고 깨끗한 언론.
　　　靑衣 푸른 옷. 천한 사람의 일컬음.
초대 - 初代 차례로 이어 나가는 자리나 지위에서 그 첫 번째에 해당하는 사람.
　　　招待 어떤 모임에 참가해 줄 것을 청함.
초복 - 初伏 삼복의 첫째.
　　　招福 복을 부름.

초상 - 肖像 사진, 그림 따위에 나타낸 사람의 얼굴이나 모습.
　　　初喪 사람이 죽어서 장사 지낼 때까지의 일.
　　　初霜 첫서리.
초연 - 初演 연극이나 음악 등의 최초의 상연.
　　　超然 속세에서 벗어나 속사에 구애되지 않음.
　　　招宴 연회에 초대함.
촌가 - 村家 시골 마을에 있는 집.
　　　寸暇 촌극.
촌시 - 寸時 촌음(寸陰).
　　　村市 시골의 저자. 시골의 시장.
총수 - 總帥 전군(全軍)을 지휘하는 장수.
　　　銃手 총을 쓰는 사람.
최고 - 最古 가장 오래됨.
　　　最高 가장 높음. 제일임.
　　　催告 상대방에게 일정한 행위를 청구하는 일.
추계 - 秋季 가을의 시기.
　　　推計 일부를 가지고 전체를 미루어 계산함.
추산 - 推算 짐작으로 미뤄서 셈침.
　　　秋山 가을철의 산.
추상 - 秋霜 가을의 찬서리. 두려운 위엄이나 엄한 형벌의 비유.
　　　追想 추억.
　　　推想 앞으로 올 일을 미루어 생각함 또는 그 생각.
　　　抽象 사물이나 현상에서 일괄적으로 공통된 속성을 뽑아 내어 파악함.

동음이의어 | 同音異義語
● 음은 같지만 뜻이 다른 漢字語.

축사 – 祝辭 축하하는 뜻의 글.
　　　 縮寫 원형보다 작게 줄여 씀.

축전 – 祝電 축하하기 위하여 보내는 전보.
　　　 祝典 축하하는 뜻으로 행하는 의식이나 행사.
　　　 蓄電 축전지에 전기를 모아둠.

충성 – 忠誠 진정에서 우러나는 정성.
　　　 蟲聲 벌레 소리.

취사 – 炊事 음식을 장만하는 일.
　　　 取捨 취할 것은 취하고 버릴 것은 버림.

취중 – 醉中 술 취한 동안.
　　　 就中 특별히 그 가운데.

치부 – 致富 재물을 모아 부자가 됨.
　　　 恥部 남에게 알리고 싶지않은 은밀한 부분.
　　　 置簿 치부책.

친서 – 親書 몸소 글씨를 씀.
　　　 親暑 왕공, 귀인의 서명.

침략 – 侵略 남의 나라를 침범하여 땅을 빼앗음.
　　　 侵掠 침노하여 약탈함.

침상 – 針狀 바늘처럼 가늘고 끝이 뾰족한 모양. 바늘 모양.
　　　 寢牀 누워 잠잘 수 있게 만든 평상.

쾌유 – 快癒 쾌차. 병이 완전히 나음.
　　　 快遊 유쾌하게 놂.

타도 – 他道 행정 구역상의 다른 도.
　　　 打倒 때리거나 쳐서 부수어 버림.

타력 – 他力 다른 힘. 남의 힘.
　　　 打力 타격하는 힘.

탁자 – 卓子 물건을 올려놓는 기구. 테이블.
　　　 託子 자식을 남에게 맡김.

탄성 – 歎聲 몹시 한탄하거나 탄식하는 소리.
　　　 彈性 어떤 힘을 받아 변형된 물체가 본래대로 되돌아가려고 하는 성질.

탄화 – 炭火 숯 불.
　　　 彈火 발사한 탄환에서 일어나는 불.

탈모 – 脫毛 털이 빠짐.
　　　 脫帽 모자를 벗음.

탈취 – 脫臭 냄새를 빼어 없앰.
　　　 奪取 빼앗아 가짐.

탐문 – 探聞 더듬어 찾아서 들음.
　　　 探問 더듬어 찾아 물음.

태세 – 太歲 그 해의 육십갑자.
　　　 態勢 상태와 형세.

택일 – 擇一 여럿 가운데에서 하나를 고름.
　　　 擇日 어떤 일을 치를 때 운수가 좋은 날을 가려서 고름.

택지 – 宅地 집 터.
　　　 擇地 좋은 땅을 고름.

토적 – 討賊 도둑을 침. 역적을 토벌함.
　　　 土賊 지방에서 일어나는 도적떼.

통계 – 統計 한데 몰아쳐서 셈함.
　　　 通計 통산(通算). 통틀어 계산함.

통상 – 通常 특별하지 아니하고 예사임.
　　　 通商 나라들 사이에 서로 물품을 사고 팖.

통화 –	通話	전화로 말을 주고받음.
	通貨	유통 수단·지불 수단으로 기능하는 화폐.
	通化	부처의 가르침을 펴서 중생을 교화함.
통풍 –	通風	바람을 통하게 함.
	痛風	관절이 붓고 아픈 요산성(尿酸性) 관절염.
퇴축 –	退逐	보낸 것을 받지 않고 물리침.
	退縮	움츠리고 물러남.
특수 –	特殊	특별히 다름.
	特需	특별한 수요.
투기 –	鬪技	재주를 서로 다툼.
	投棄	내버림.
투사 –	鬪士	싸움터나 경기장에서 싸우는 사람.
	投射	어떤 상황에 대한 해석, 판단, 표현에 심리 상태나 성격이 반영되는 일.
투지 –	鬪志	싸우고자 하는 의지.
	投止	발을 붙이고 섬. 투숙(投宿).
파계 –	派系	같은 갈래에서 갈라 나온 계통.
	破戒	계율을 깨뜨려 지키지 않음.
파다 –	頗多	아주 많음. 매우 많음.
	播多	소문 등이 널리 퍼져 있음.
파문 –	波紋	수면에 이는 잔물결
	破門	사제의 의리를 끊고 문하에서 제척함.
판서 –	判書	여말 선초 때의 육조의 으뜸 벼슬.
	板書	칠판에 분필로 글씨를 씀.
패자 –	悖子	인륜을 어긴 자식.
	敗者	싸움이나 경기에서 진 사람.
편도 –	片道	가고 오는 길 중 어느 한 쪽.
	便道	지름길. 편리한 길.

평가 –	平價	싸지도 비싸지도 않은 물건값.
	評價	물품의 가격을 평정함.
폐지 –	閉止	작용, 기능이 그침.
	廢止	실시하던 제도, 법규 등을 치워서 그만 둠.
포함 –	包含	속에 쌓여 있음.
	砲艦	연안, 강안의 경비를 주임무로 하는 소형의 군함.
폭발 –	暴發	감정 등이 갑작스럽게 터짐
	爆發	불이 일어나며 갑작스럽게 터짐.
폭주 –	暴走	매우 빠른 속도로 난폭하게 달림.
	暴酒	폭음
표결 –	表決	의안에 대한 가부의사를 표시해 결정함
	票決	투표로써 결정함.
표지 –	表紙	책의 맨 앞뒤의 겉장.
	標識	어떤 사물을 다른 것과 구별하게 하는 표시나 특징.
풍설 –	風雪	눈바람.
	風說	실상이 없이 떠돌아다니는 말. 풍문.
풍속 –	風俗	옛날부터 그 사회에 전해 오는 생활 전반에 걸친 습관.
	風速	바람의 속도.
풍요 –	豊饒	흠뻑 많아서 넉넉함.
	風謠	한 지방의 풍속을 읊은 노래.
필사 –	必死	꼭 죽음. 죽음을 걸고 행함.
	筆寫	베껴 씀.
필적 –	匹敵	능력이나 세력이 엇비슷하여 서로 맞섬.
	筆跡	글씨의 모양이나 솜씨.

동음이의어 | 同音異義語

● 음은 같지만 뜻이 다른 漢字語.

학도 – 學徒 학생, 생도
　　　學都 학문의 중심이 되는 도시.

한국 – 寒國 매우 추운 나라.
　　　韓國 대한민국.

한기 – 旱氣 가뭄.
　　　限期 한정한 시기. 기한.

한민족 – 漢民族 중국 본토 재래의 종족.
　　　　韓民族 한반도 전역에 사는 민족.

한중 – 閑中 한가한 동안. 한가한 사이.
　　　寒中 소한부터 대한까지의 사이.

합방 – 合邦 둘 이상의 나라를 병합하여 하나로 합침.
　　　合房 성인남녀가 함께 한 방에 듦.

항구 – 港口 배가 안전하게 드나들도록 바닷가에 부두 따위를 설비한 곳.
　　　恒久 변하지 않고 오래감.

항적 – 航跡 항공기가 통과한 형적을 연결한 선.
　　　抗敵 버티어 대적함.

해군 – 海軍 바다에서 적군을 공격, 방어하기 위해 조직된 군대.
　　　解軍 군대를 해산함.

해금 – 解禁 금지하던 것을 풂.
　　　奚琴 향악기에 속하는 찰현악기의 하나.

해독 – 害毒 좋고 바른 것을 망치거나 손해를 끼침.
　　　解讀 어려운 문구 따위를 읽어 이해하거나 해석함.
　　　解毒 독기를 풀어 없앰.

해산 – 解散 모였던 사람이 흩어짐.
　　　解産 아이를 낳음.

향수 – 香水 액체 화장품의 하나.
　　　鄕愁 고향을 그리워하는 마음이나 시름.
　　　享受 복을 받아 누림.

허상 – 虛想 헛된 생각. 부질없는 생각.
　　　許上 지위가 높고 귀한 자리에 있는 사람에게 무엇을 바치는 일.

헌정 – 憲政 입헌정치.
　　　獻呈 물품을 올림.

혁대 – 革帶 가죽으로 만든 띠.
　　　奕代 여러 대. 누대(累代).

현명 – 賢命 남의 명령에 대한 존칭.
　　　顯名 이름이 세상에 드러남.

현상 – 現想 보고 듣는데 관련하여 일어나는 생각.
　　　現象 관찰할 수 있는 사물의 형상.
　　　現狀 현재의 상태.
　　　懸賞 무엇을 모집하거나 구하거나 하는 따위에 상을 거는 일.

혈전 – 血戰 피투성이가 되도록 싸우는 것.
　　　血栓 피가 굳어서 된 고형물.

협약 – 協約 협상 조약.
　　　脅約 위협하여 이루어진 약속이나 조약.

형성 – 形成 어떤 형상을 이룸.
　　　形聲 한자 육서(六書)의 하나로 한쪽은 뜻을 나타내고 다른쪽은 음을 나타냄.

호기 – 好期 좋은 시기.
　　　呼氣 기원을 내뿜음.
　　　號旗 신호하는 데 쓰는 기.
　　　好奇 신기한 것을 좋아함.
　　　豪氣 씩씩한 기상.
　　　浩氣 호연한 기운. 호연지기.

호구 - 戶口 호적상 집의 수효와 식구 수.
　　　護具 몸을 보호하기 위하여 착용하는 기구.
호족 - 戶籍 호수와 식구별로 기록한 장부.
　　　號笛 사이렌. 신호로 부는 피리.
혹시 - 或是 만일에. 어떤 경우에.
　　　或時 어떤 때. 간혹.
혼수 - 昏睡 의식을 잃고 인사불성이 되는 일.
　　　婚需 혼인에 드는 물품.
홍안 - 鴻雁 큰 기러기와 작은 기러기.
　　　紅顏 젊어 혈색이 좋은 얼굴.
화단 - 花壇 꽃을 심기 위해 만든 꽃밭.
　　　畵壇 화가의 사회.
환불 - 換拂 돈이나 물건을 바꾸어 지불함.
　　　還拂 이미 지불한 돈을 되돌려 줌.
환해 - 患害 환난으로 생기는 피해.
　　　環海 사방을 둘러싸고 있는 바다.
회기 - 會期 회의가 열리고 있는 시간.
　　　回期 돌아올 시간.
　　　回忌 사람이 죽은 뒤 해마다 돌아오는 기일.
회색 - 灰色 잿빛.
　　　悔色 후회하는 기색.
회수 - 回收 도로 거두어들임.
　　　回數 돌아오는 차례의 수효.
회유 - 回遊 두루 돌아다니면서 유람함.
　　　懷柔 어루만져 잘 달램.
회의 - 會議 여럿이 모여 의논함.
　　　懷疑 의심을 품음.
　　　會意 한자 육서의 하나로 뜻을 합하는 새 글자를 만드는 방법.

후기 - 後記 뒷날의 기록.
　　　後氣 버티어 나가는 힘.
　　　候騎 척후병. 척후하는 기병.
후대 - 厚待 아주 잘 대접함.
　　　後代 뒤에 오는 세대나 시대.
후사 - 厚謝 후하게 사례함.
　　　後事 죽은 뒤의 일.
후생 - 厚生 사람들의 생활을 넉넉하고 윤택하게 하는 일.
　　　後生 뒤에 태어나거나 뒤에 생김.
훈장 - 訓長 글방의 스승.
　　　勳章 훈공이 있는 사람에게 주는 휘장.
휘장 - 揮帳 여러 폭의 피륙을 이어 만든 장막.
　　　揮場 지난날, 과거에 합격했다는 후장 즉 금방(金榜)을 들고 과거장 가운데를 돌아다니며 외치던 일.
흉조 - 凶兆 불길한 징조.
　　　凶鳥 흉물스러운 새.
흡수 - 吸收 외부에 있는 사람이나 사물 따위를 내부로 모아들임.
　　　吸水 물을 빨아들임.
희극 - 喜劇 내용이 경쾌하고 행복한 결말을 가지는 연극.
　　　戲劇 익살을 부려 웃기는 장면이 많은 연극.
희수 - 喜壽 나이 일흔 일곱 살의 일컬음.
　　　稀壽 나이 일흔 살을 일컬음.

동자이음어 | 同字異音語
● 글자는 같지만 소리가 다른 漢字語.

降	내릴 강 항복할 항	降等(강등) 降雪(강설) 乘降(승강) 降伏(항복) 投降(투항)
車	수레 거 수레 차	自轉車(자전거) 汽車(기차) 電車(전차)
乾	하늘 건 마를 간	乾坤(건곤) 乾燥(건조) 乾物(간물)
覺	깨달을 각 꿈깰 교	覺醒(각성) 自覺(자각) 覺案(교안)
見	볼 견 나타날 현	見聞(견문) 見學(견학) 謁見(알현)
更	고칠 경 다시 갱	更新(경신) 變更(변경) 更生(갱생)
串	꿸 관 땅이름 곶	串童(관동) 串戲(관희) 甲串(갑곶)
告	고할 고 청할 곡	告示(고시) 豫告(예고) 告寧(곡녕) 出必告(출필곡)
龜	땅이름 구 거북 귀 터질 균	龜尾(구미) 龜浦(구포) 龜鑑(귀감) 龜趺(귀부) 龜裂(균열)
契	맺을 계 부족이름 글 사람이름 설	契約(계약) 契丹(글안) 殷(은)나라 왕조의 시조.
金	쇠 금 성씨 김	金塊(금괴) 金屬(금속) 金銀(금은) 金氏(김씨)
奈	어찌 나 어찌 내	奈落(나락) 奈何(내하) 莫無可奈(막무가내)

한자	훈음	용례			
內	안 내 궁궐 나	室內(실내) 內人(나인)	內科(내과)	內外(내외)	
茶	차 다 차 차	茶菓(다과) 綠茶(녹차)	茶園(다원) 紅茶(홍차)		
單	홑 단 흉노임금 선	單價(단가) 單于(선우)	食單(식단)		
丹	붉을 단 꽃이름 란	丹靑(단청) 牧丹(모란)	丹楓(단풍)		
糖	엿 당 사탕 탕	糖尿(당뇨) 砂糖(사탕)	製糖(제당) 雪糖(설탕)		
宅	집 댁 집 택	貴宅(귀댁) 住宅(주택)	宅內(댁내) 家宅(가택)		
度	법도 도 헤아릴 탁	度量(도량) 度地(탁지)	制度(제도) 忖度(촌탁)		
讀	읽을 독 구절 두	讀書(독서) 句讀點(구두점)	吏讀(이두)		
洞	골 동 밝을 통	洞口(동구) 洞達(통달)	洞窟(동굴) 洞察(통찰)	洞里(동리) 洞燭(통촉)	
樂	즐길 락 풍류 악 좋아할 요	娛樂(오락) 樂劇(악극) 樂山樂水(요산요수)	快樂(쾌락) 樂器(악기)	樂觀(낙관) 聲樂(성악)	
木	나무 목 모과 모	草木(초목) 木瓜(모과)	樹木(수목)		
反	돌이킬 반 뒤침 번	反擊(반격) 反畓(번답) : 밭을 논으로 만듦.	反省(반성)		

동자이음어 | 同字異音語

● 글자는 같지만 소리가 다른 漢字語.

復	다시 부 회복할 복	復活(부활)　復興(부흥) 復元(복원)　復職(복직)　往復(왕복)
否	아닐 부 막힐 비	否定(부정)　可否(가부) 否運(비운)　否塞(비색) : 운수가 꽉 막힘.
不	아닐 부 아닐 불	不得已(부득이)　不正(부정) 不可能(불가능)　不可侵(불가침)
北	북녘 북 달아날 배	北極(북극)　北方(북방)　南北(남북) 敗北(패배)
寺	절 사 내시 시	寺院(사원)　寺刹(사찰) 寺人(시인)
參	석 삼 참여할 참	參拾(삼십) 參席(참석)　參與(참여)
殺	죽일 살 감할 쇄	殺害(살해)　殺人(살인)　殺生(살생) 相殺(상쇄)　殺到(쇄도)
狀	형상 상 문서 장	狀態(상태)　情狀(정상)　形狀(형상) 賞狀(상장)　答狀(답장)
塞	변방 새 막을 색	要塞(요새)　塞翁之馬(새옹지마) 塞源(색원)　閉塞(폐색)
索	찾을 색 새끼줄 삭	索引(색인)　索出(색출)　摸索(모색) 索莫(삭막)　鐵索(철삭)
說	말씀 설 달랠 세 기쁠 열	說明(설명)　解說(해설) 遊說(유세)　說客(세객) 說樂(열락)　法說(법열)
省	살필 성 덜 생	省墓(성묘)　省察(성찰)　反省(반성) 省略(생략)

| 屬 | 무리 속
부탁할 촉 | 屬國(속국)　屬性(속성)
屬望(촉망)　屬託(촉탁) |

| 率 | 거느릴 솔
헤아릴 률 | 率直(솔직)　統率(통솔)
比率(비율)　確率(확률) |

| 數 | 셈 수
자주 삭
촘촘할 촉 | 數式(수식)　數值(수치)　數學(수학)
數脈(삭맥)　數飛(삭비)　頻數(빈삭)
數罟(촉고) |

| 什 | 열사람 십
세간 집 | 什長(십장)
什器(집기) |

| 宿 | 잘 숙
별자리 수 | 宿泊(숙박)　宿直(숙직)
星宿(성수) |

| 拾 | 주울 습
열 십 | 拾得(습득)　收拾(수습)
壹拾(일십) |

| 識 | 알 식
기록할 지 | 識別(식별)　認識(인식)　知識(지식)
標識(표지) |

| 氏 | 성씨 씨
나라이름 지 | 姓氏(성씨)
月氏(월지) |

| 惡 | 악할 악
미워할 오 | 善惡(선악)　惡毒(악독)
憎惡(증오) |

| 於 | 어조사 어
감탄할 오 | 於中間(어중간)　於此彼(어차피)
於呼(오호)　於戲(오희) |

| 葉 | 잎 엽
성 섭 | 落葉(낙엽)
葉氏(섭씨) |

| 若 | 같을 약
반야 야 | 若干(약간)　萬若(만약)
般若(반야)　蘭若(난야) |

동자이음어 | 同字異音語

● 글자는 같지만 소리가 다른 漢字語.

| 易 | 바꿀 역
쉬울 이 | 交易(교역)　　貿易(무역)
安易(안이)　　容易(용이)　　平易(평이) |

| 刺 | 찌를 자
찌를 척
수라 라 | 刺客(자객)　　刺戟(자극)　　諷刺(풍자)
刺殺(척살)
水刺(수라) : 임금께 올리는 진지. |

| 狀 | 문서 장
모양 상 | 賞狀(상장)
狀態(상태) |

| 提 | 끌 제
보리수 리 | 提携(제휴)
菩提(보리) |

| 切 | 끊을 절
온통 체 | 切實(절실)　　切迫(절박)　　切親(절친)
一切(일체) |

| 抵 | 막을 저
칠 지 | 抵抗(저항)
抵掌(지장) |

| 著 | 지을 저
나타날 저
붙을 착 | 著述(저술)　　著者(저자)　　著書(저서)
顯著(현저)　　著名(저명)
附著(부착) = 附着(부착) |

| 辰 | 별 진
때 신
별 신 | 辰宿(진수)　　辰方(진방)
生辰(생신)
日月星辰(일월성신) |

| 徵 | 부를 징
가락 치 | 徵戒(징계)　　徵收(징수)　　徵兆(징조)
徵音(치음)　　宮商角徵羽(궁상각치우) |

| 差 | 다를 차
어긋날 치 | 差度(차도)　　差別(차별)　　誤差(오차)
差池(치지)　　參差(참치) |

| 參 | 참여할 참
석 삼 | 參加(참가)　　同參(동참)
參拾(삼십) : '三'의 변조를 막기위해 씀. |

| 推 | 밀 추
퇴고할 퇴 | 推進(추진)　　推論(추론)　　推算(추산)
推敲(퇴고) |

拓	열 척 박을 탁	開拓(개척) 拓本(탁본)		
則	법칙 칙 곧 즉	規則(규칙) 然則(연즉)	準則(준칙)	
堆	밀 퇴 밀 추	堆敲(퇴고) 推進(추진)		
布	펼 포 보시 보 베 포	布告(포고) 布施(보시) 布木(포목)	布敎(포교)	公布(공포)
暴	사나울 폭 모질 포 드러낼 폭	暴君(폭군) 暴惡(포악) 暴露(폭로)	暴力(폭력) 橫暴(횡포)	暴雪(폭설)
皮	가죽 피 가죽 비	皮革(피혁) 鹿皮(녹비)		
合	합할 합 홉 홉	合同(합동) 合(홉) : 한 되의 10분의 1(1홉)	統合(통합)	
便	편할 편 오줌 변	便利(편리) 便秘(변비)	便安(편안) 便所(변소)	
行	다닐 행 항렬 항	行步(행보) 行列(항렬)	夜行(야행) 行伍(항오)	
畫	그림 화 그을 획	畫家(화가) 畫順(획순)	畫廊(화랑) 計畫(계획)	
活	살 활 물소리 괄	生活(생활) 活活(괄괄)	活動(활동)	
滑	미끄러울 활 익살스러울 골	滑降(활강) 滑稽(골계)	圓滑(원활)	

약자 | 略字

정자	뜻/음	약자		정자	뜻/음	약자
價	값 가	価		敎	가르칠 교	教
假	거짓 가	仮		舊	예 구	旧
覺	깨달을 각	覚		區	구역 구	区
擧	들 거	挙		龜	거북 구	亀
據	근거 거	拠		國	나라 국	国
儉	검소할 검	倹		權	권세 권	権
劍	칼 검	剣		勸	권할 권	勧
堅	굳을 견	坚		歸	돌아갈 귀	帰
輕	가벼울 경	軽		氣	기운 기	気
經	지날·글 경	経		旣	이미 기	既
鷄	닭 계	鶏		緊	긴할 긴	紧
繼	이을 계	継		單	홑 단	単
館	집 관	館		團	둥글 단	団
關	관계할 관	関		斷	끊을 단	断
觀	볼 관	観		擔	멜 담	担
廣	넓을 광	広		膽	쓸개 담	胆
鑛	쇳돌 광	鉱		當	마땅 당	当

黨	무리 당	党		禮	예도 례	礼
對	대할 대	対		勞	일할 로	労
德	큰 덕	徳		爐	화로 로	炉
圖	그림 도	図		祿	녹 록	禄
讀	읽을 독	読		賴	의뢰할 뢰	頼
獨	홀로 독	独		龍	용 룡	竜
燈	등 등	灯		樓	다락 루	楼
樂	즐길 락	楽		萬	일만 만	万
亂	어지러울 란	乱		滿	찰 만	満
覽	볼 람	覧		灣	물굽이 만	湾
來	올 래	来		賣	팔 매	売
兩	두 량	両		麥	보리 맥	麦
勵	힘쓸 려	励		沔	머리감을 면	沔
歷	지낼 력	歴		發	필 발	発
練	익힐 련	練		邊	가 변	辺
獵	사냥 렵	猟		變	변할 변	変
靈	영혼 령	霊		竝	나란히 병	並

약자 | 略字

寶	보배 보	宝		獸	짐승 수	獣
佛	부처 불	仏		壽	목숨 수	寿
拂	떨칠 불	払		隨	따를 수	随
絲	실 사	糸		肅	엄숙할 숙	粛
寫	베낄 사	写		實	열매 실	実
師	스승 사	师		雙	두 쌍	双
辭	말씀 사	辞		兒	아이 아	児
狀	형상 상	状		亞	버금 아	亜
敍	펼 서	叙		惡	악할 악	悪
緖	실마리 서	緒		巖	바위 암	岩
釋	풀 석	釈		壓	누를 압	圧
纖	가늘 섬	繊		藥	약 약	薬
聲	소리 성	声		樣	모양 양	様
續	이을 속	続		壤	흙 양	壌
屬	붙일 속	属		嚴	엄할 엄	厳
數	셈 수	数		與	더불 여	与
收	거둘 수	収		餘	남을 여	余

정자	훈음	약자		정자	훈음	약자
驛	역 역	駅		蠶	누에 잠	蚕
譯	번역할 역	訳		雜	섞일 잡	雑
鹽	소금 염	塩		壯	씩씩할 장	壮
榮	영화 영	栄		奬	권면할 장	奨
營	경영할 영	営		將	장수 장	将
豫	미리 예	予		裝	꾸밀 장	装
譽	기릴 예	誉		爭	다툴 쟁	争
藝	재주 예	芸		轉	구를 전	転
溫	따뜻할 온	温		戰	싸움 전	戦
圓	둥글 원	円		傳	전할 전	伝
圍	에워쌀 위	囲		錢	돈 전	銭
爲	할 위	為		點	점 점	点
隱	숨을 은	隠		靜	고요할 정	静
應	응할 응	応		齊	가지런할 제	斉
醫	의원 의	医		濟	건널 제	済
壹	한 일	壱		劑	약제 제	剤
殘	남을 잔	残		條	가지 조	条

약자 | 略字

본자	훈음	약자	본자	훈음	약자
從	따를 종	从	寢	잠잘 침	寝
晝	낮 주	昼	稱	일컬을 칭	称
證	증거 증	証	彈	탄알 탄	弾
盡	다할 진	尽	擇	가릴 택	択
讚	기릴 찬	讃	澤	못 택	沢
參	참여할 참	参	廢	폐할 폐	廃
慘	참혹할 참	惨	學	배울 학	学
處	곳 처	処	鄕	시골 향	郷
淺	얕을 천	浅	虛	빌 허	虚
鐵	쇠 철	鉄	獻	바칠 헌	献
廳	관청 청	庁	驗	시험 험	験
聽	들을 청	聴	險	험할 험	険
體	몸 체	体	顯	나타날 현	顕
總	다 총	総	螢	반딧불 형	蛍
蟲	벌레 충	虫	號	이름 호	号
醉	취할 취	酔	畫	그림 화	画
齒	이 치	歯	擴	넓힐 확	拡

歡	기쁠 환	歓
會	모일 회	会
懷	품을 회	懐
興	일어날 흥	兴

난독 한자 | 難讀漢字

●읽는 방법이 달라 틀리기 쉬운 漢字語.

苛斂(가렴) 조세 따위를 가혹하게 거두어들임. 활 苛斂誅求(가렴주구)

角逐(각축) (서로 이기려고) 맞서서 다툼.

看做(간주) 그렇다고 봄(여김).

堪當(감당) 능히 맡아서 당해 냄.

減殺(감쇄) 줄어서 없어짐.

改悛(개전) 잘못을 뉘우쳐 마음을 바르게 고침.

更生(갱생) 다시 살아남.

乞神(걸신) 염치없이 음식을 지나치게 탐하는 일을 비유하여 이르는 말.

揭示(게시) 여러 사람에게 알리기 위하여 내어 붙이거나 걸어두고 두루 보게 함.

揭載(게재) 신문·잡지 등에 글이나 그림 따위를 실음.

激勵(격려) 마음이나 기운을 북돋우어 힘쓰도록 함.

譴責(견책) 잘못을 꾸짖고 나무람.

決潰(결궤) 물에 밀리어 둑이나 방축 따위가 터져 무너짐.

更迭(경질) 어떤 직위에 있는 사람을 갈아내고 다른 사람으로 바꿈.

痼疾(고질) 오래되어 고치기 어려운 병. 유 持病(지병)

汨沒(골몰) 물 속에 잠김, 다른 생각을 할 여유가 없이 어떠한 일에 파묻힘.

灌漑(관개) 농사에 필요한 물을 논밭에 댐.

刮目(괄목) 눈을 비비고 다시 봄. 활 刮目相對(괄목상대)

乖離(괴리) 서로 등지어 떨어짐.

攪亂(교란) 뒤흔들어 어지럽게 함.

膠着(교착)　아주 단단히 갈라붙음. 현상을 유지하여 조금도 변동이 없음.

口腔(구강)　입안. 입에서 목까지의 공간.

句讀(구두)　句讀法(구두법)의 준말.

口碑(구비)　예부터 두고두고 전해오는 말.

拘碍(구애)　거리낌.

句節(구절)　(긴 글의 한 부분인) 토막 글(말).

救恤(구휼)　빈민이나 이재민 등을 돕고 보살핌 ㊤ 撫恤(무휼).

詭辯(궤변)　억지로 꾸며대는 말. 하나의 전체에 대하여 그릇된 결론을 이끌어 내는 논법.

龜鑑(귀감)　본보기 ㊤ 龜鏡(귀경).

麒麟(기린)　상상의 동물. 재주와 덕이 아주 뛰어난 사람을 이르는 말 ㊟ 麒麟兒(기린아).

欺瞞(기만)　남을 그럴듯하게 속임 ㊤ 欺罔(기망).

喫煙(끽연)　담배를 피움 ㊤ 吸煙(흡연).

懦弱(나약)　뜻이 굳세지 않음.

懶怠(나태)　느리고 게으름.

烙印(낙인)　불에 달구어 찍는 쇠도장. 씻기 어려운 불명예스러운 이름.

捺印(날인)　도장을 찍음.

捏造(날조)　흙 같은 것을 반죽하여 물건의 형상을 만듦. 무근(無根)한 사실을 조작함.

拉致(납치)　억지로 데리고 감.

朗誦(낭송)　(시나 문장을) 소리내어 읽음.

老婆(노파)　늙은 여자.

난독한자 | 難讀漢字
●읽는 방법이 달라 틀리기 쉬운 漢字語.

虜獲(노획)	전쟁에서 적의 군용품 등을 빼앗아 얻음.
聾啞(농아)	귀머거리와 벙어리.
賂物(뇌물)	자기의 목적을 이루기 위하여 권력 관계자에게 몰래 주는 재물.
凌蔑(능멸)	업신여기어 깔봄.
撞着(당착)	앞뒤가 서로 맞지 않음.
對峙(대치)	역량이나 세력에 서로 맞서서 버팀 ㉌ 對立(대립).
島嶼(도서)	여러 섬들.
跳躍(도약)	위로 뛰어 오름. 급격한 진보·발전의 단계로 접어듬.
冬眠(동면)	겨울 잠.
東軒(동헌)	옛날 지방관아에서 공사를 처리하던 집.
摩擦(마찰)	서로 닿아서 비빔. 뜻이 맞지 않아서 옥신각신함.
邁進(매진)	힘차게 나아감.
盟誓(맹세)	신불(神佛) 앞에서 약속함. 장래를 두고 다짐하여 약속함.
明瞭(명료)	분명하여 똑똑함.
牡丹(모란)	미나리아재비과의 낙엽관목 (본음: 모단).
木鐸(목탁)	염불(念佛)할 때 치는 불구(佛具).
無聊(무료)	즐거움이 없음. 지루하고 심심함.
拇印(무인)	손도장.
紊亂(문란)	도덕이나 질서, 규칙 등이 어지러움.
未洽(미흡)	넉넉하지 못함. 마음에 흡족하지 못함.

憫憫(민망)	답답하고 딱하여 안타까움.
撲滅(박멸)	쳐부수어 멸망시킴.
剝奪(박탈)	벗겨서 빼앗음.
伴侶(반려)	짝이 되는 친구.
返戾(반려)	도로 돌려줌 ㈌ 返還(반환).
反駁(반박)	남의 의견이나 비난에 대하여 맞서 공격하여 말함.
頒布(반포)	세상에 널리 펴서 퍼뜨림.
拔萃(발췌)	중요한 것을 뽑아냄.
拔擢(발탁)	많은 사람 가운데서 사람을 추려 올려서 씀.
尨大(방대)	형상이나 부피가 매우 큼.
拜謁(배알)	삼가 만나 뵘.
背馳(배치)	서로 반대가 되어 어긋남.
白痴(백치)	지능 정도가 지극히 낮은 사람.
便秘(변비)	똥이 잘 누어지지 않는 병.
敷衍(부연)	알기 쉽게 첨가하여 자세히 설명함. 늘여서 널리 퍼지게 함.
復活(부활)	죽었다가 다시 살아남. 폐지하였던 것을 다시 씀.
不朽(불후)	썩지 아니함. 영원히 없어지지 않음.
誹謗(비방)	남을 헐뜯고 욕함.
飛翔(비상)	새 따위가 하늘을 낢.
鄙劣(비열)	성품이나 하는 짓이 천하고 용렬함.

난독 한자 | 難讀 漢字
●읽는 방법이 달라 틀리기 쉬운 漢字語.

否運(비운)　막힌 운수 ㊌ 非運.

憑藉(빙자)　말막음으로 핑계를 댐. 남이 세력에 의거함.

娑婆(사바)　속세(俗世). 인간세계.

社稷(사직)　토신(土神)과 곡신(穀神). 나라 또는 조정.

奢侈(사치)　분수에 넘치게 호사스러움.

珊瑚(산호)　산호과의 강장동물.

殺菌(살균)　(약품이나 열 따위로) 세균을 죽임 ㊌ 滅菌(멸균).

撒布(살포)　일대에 흩어 뿌림.

相殺(상쇄)　상반되는 것이 서로 영향을 미쳐서 효과가 없어지는 것.

省略(생략)　덜어서 줄임.

庶孼(서얼)　서자와 그 자손 ㊌ 逸名(일명), 椒林(초림).

羨望(선망)　부러워함.

鮮明(선명)　산뜻하고 밝음.(견해와 태도가) 뚜렷함.

雪糖(설탕)　흰 가루 사탕.

攝理(섭리)　신·정령이 인간을 위하여 세상을 다스리는 일. 자연계를 지배하고 있는 理法.

洗滌(세척)　깨끗이 씻음 ㊌ 洗淨(세정).

遡及(소급)　과거에까지 거슬러 올라가서 영향이나 효력을 미침.

騷擾(소요)　소란스러운 일.

贖罪(속죄)　금품이나 공로로 지은 죄를 씻음.

率先(솔선)　남보다 앞장서서 함.

殺到(쇄도)　세차게 몰려듦.
收拾(수습)　흩어진 물건을 거두어들임. 어지러운 마음이나 사태를 거두어 바로잡음.
酬酌(수작)　말을 서로 주고받음.
蒐集(수집)　여러 가지 재료를 찾아 모아서 편집함.
手帖(수첩)　메모 같은 것을 하기 위하여 몸에 지니고 다니는 조그마한 공책.
膝下(슬하)　어버이의 무릎 아래, 곧 어버이의 곁.
示唆(시사)　미리 암시하여 알려 줌.
十月(시월)　일년 중 열째 되는 달.
辛辣(신랄)　어떤 일의 분석이나 지적이 매우 모질고 날카로움.
迅速(신속)　매우 빠름.
阿諂(아첨)　남에게 잘 보이려고 알랑거리며 비위를 맞춤　㊗ 阿諛(아유), 阿附(아부).
斡旋(알선)　양편의 사이에 들어서 일이 잘 되도록 이리저리 마련해 줌.
謁見(알현)　지체 높은 사람을 찾아 뵘.
隘路(애로)　일을 진행해 나가는 데 장애가 되는 점.
惹起(야기)　(무슨 일이나 사건 따위를) 일으킴.
抑鬱(억울)　억눌리어 마음이 답답함. 불공평한 일을 당하여 속상하고 분함.
軟弱(연약)　무르고 약함　㊗ 強固(강고).
豫度(예탁)　앞으로의 일을 미리 짐작함　㊗ 豫測(예측).
誤謬(오류)　생각이나 지식 등의 그릇된 일.
惡寒(오한)　갑자기 몸에 열이 나면서 오슬오슬 추운 증세.

난독 한자 | 難讀 漢字

●읽는 방법이 달라 틀리기 쉬운 漢字語.

雍拙(옹졸)	성질이 너그럽지 못하고 소견이 좁음.
歪曲(왜곡)	사실과 다르게 곱새김.
妖艶(요염)	사람을 홀릴 만큼 아리따움.
要諦(요체)	사물의 가장 중요한 점 ㊌ 要點(요점).
容易(용이)	아주 쉬움. 어렵지 않음.
圓滑(원활)	일이 거침이 없이 순조로움.
誘拐(유괴)	사람을 속여 꾀어 냄.
遊說(유세)	각처로 돌아다니며 자기의 의견이나 소속 정당의 주장 따위를 설명하고 선전함.
隱匿(은닉)	몰래 감추어 둠.
吏讀(이두)	신라 이후, 한자의 음과 새김을 빌려 우리말을 적던 표기방식.
移徙(이사)	살던 곳을 떠나 다른 데로 옮김.
溺死(익사)	물에 빠져 숨짐.
湮滅(인멸)	흔적도 없이 모조리 없어짐 ㊌ 湮沒(인몰).
吝嗇(인색)	재물을 매우 아낌.
剩餘(잉여)	쓰고 난 나머지.
孕胎(잉태)	아이를 뱀 ㊌ 妊娠(임신), 胎孕(태잉), 懷胎(회태).
佐飯(자반)	물고기를 소금에 절인 반찬.
箴言(잠언)	사람이 살아가는 데 교훈이 되고 경계가 되는 짧은 말.
詛呪(저주)	(미운 이에게) 재앙이나 불행이 닥치기를 빌고 바람.
傳播(전파)	전하여 널리 퍼짐 ㊌ 傳布(전포).

提携(제휴) (공동의 목적을 위하여) 서로 도움 또는 공동으로 일을 함.
造詣(조예) 어떤 분야에 대한 깊은 지식이나 이해.
兆朕(조짐) 어떤 일이 일어날 징조.
措置(조치) 어떤 문제나 사태를 해결하기 위하여 필요한 대책을 강구함 ㉤ 措處(조처).
拙劣(졸렬) 서투르고 보잘 것 없음.
慫慂(종용) 달래어 권함. 꾀어서 하게 함.
憎惡(증오) 몹시 미워함.
陳腐(진부) 케케묵고 낡음 ㉠ 斬新(참신).
眞摯(진지) 말이나 태도가 참답고 착실함.
叱責(질책) 꾸짖어 나무람.
嫉妬(질투) 시기하여 미워함.
斟酌(짐작) 어림쳐서 헤아림.
執拗(집요) 고집이 세고 끈질김.
茶禮(차례) (명절날 또는 조상의 생일 등에 지내는) 간단한 낮 제사.
錯誤(착오) 착각으로 말미암은 잘못. 사실과 생각하고 있는 바가 일치하지 않는 일.
搾取(착취) (즙 따위를) 짜냄. 노동에 비해 싼 임금을 지급하고 그 이익의 대부분을 차지함.
斬新(참신) (면모가 바뀌거나 처음으로 이루어져) 전혀 새롭다 ㉠ 陳腐(진부).
懺悔(참회) 뉘우쳐 마음을 고쳐 먹음 ㉤ 悔改(회개).
猖披(창피) 체면 깎일 일을 당하여 부끄러움. 모양새가 사납다.
刺殺(척살 / 자살) 칼 따위로 찔러 죽임 ㉤ 擲殺(척살).

난독 한자 | 難讀 漢字
●읽는 방법이 달라 틀리기 쉬운 漢字語.

脊椎(척추)	등골뼈.
尖端(첨단)	물건의 뾰족한 끝. (시대의 흐름, 유행 따위의) 맨 앞장.
諦念(체념)	(곤경 따위에서 벗어날 길이 없어) 운명에 따르기로 딱 잘라 마음먹는 일.
叢書(총서)	같은 제목이나 형식·체재로 통일하여 편집·간행한 여러 권의 서적.
寵愛(총애)	남달리 귀여워하고 사랑함.
抽籤(추첨)	제비를 뽑음.
醜態(추태)	지저분하고 창피스런 태도나 짓거리.
脆弱(취약)	무르고 약함.
沈沒(침몰)	물 속으로 빠져 가라앉는 것.
鍼術(침술)	침으로 병을 다스리는 의술.
沈着(침착)	행동이 들뜨지 않고 찬찬함.
綻露(탄로)	비밀 따위가 드러남 또는 비밀 따위를 드러냄.
彈劾(탄핵)	공직에 있는 사람의 부정이나 비행 등을 조사해 그 책임을 추궁함 또는 그 절차.
慟哭(통곡)	큰소리로 서럽게 욺.
洞察(통찰)	환히 내다 봄. 꿰뚫어 봄 ㈜ 洞視(통시).
堆積(퇴적)	많이 덮쳐 쌓임.
派遣(파견)	어떤 일이나 임무를 맡겨, 어느 곳에 보냄 ㈜ 差遣(차견), 派送(파송).
把握(파악)	어떤 일을 잘 이해하여 확실하게 앎.
破綻(파탄)	일이 돌이킬 수 없는 지경에 이름.
悖倫(패륜)	사람으로서 마땅히 지켜서 할 도리에 어긋남 ㈜ 破倫(파륜).

敗北(패배)　전쟁이나 겨루기에서 짐 ㊤ 敗走(패주).
彭湃(팽배)　물결이 서로 부딪쳐서 솟구침. 어떤 사조나 기운 등이 맹렬한 기세로 일어남.
閉鎖(폐쇄)　출입을 못하도록 입구를 막음.
包攝(포섭)　받아들임. 감싸 안음.
標識(표지)　어떤 사실을 알리거나 구별하기 위해 눈에 잘 뜨이도록 해 놓은 표시.
逼迫(핍박)　바싹 죄어서 괴롭게 함. 사태가 매우 절박함.
瑕疵(하자)　흠 ㊤ 缺點(결점).
降伏(항복)　자신이 진 것을 인정하고 상대편에게 굴복(屈伏)함 ㊤ 調伏(조복).
楷書(해서)　한자 서체(書體)의 한 가지. 예서에서 발달하였고 글자 모양이 가장 반듯함.
解弛(해이)　마음이나 규율이 풀리어 느즈러짐.
懈怠(해태)　몹시 게으름 ㊤ 懈惰(해타), ㊥ 懶怠(나태).
行列(항렬 / 행렬)　여럿이 줄을 지어 가거나 그 줄.
嫌惡(혐오)　싫어하고 미워함.
慌忙(황망)　바빠서 어리둥절함.
恍惚(황홀)　빛이 어른어른하여 눈이 부심. (사물에 마음이 팔려) 정신이 멍한 모양.
膾炙(회자)　'회와 구운 고기'라는 뜻으로 널리 사람의 입에 오르내림을 이르는 말
橫暴(횡포)　제멋대로 굴며 난폭함.
嚆矢(효시)　'소리나는 화살'이라는 뜻으로 사물의 '맨 처음'을 비유하여 이르는 말.
恰似(흡사)　거의 같음. 비슷함.
洽足(흡족)　모자람이 없이 아주 넉넉함

장음한자 | 長音漢字

◆ 장음으로만 발음되는 한자 ◆

가

架	시렁 가:	架橋(가교)	架設(가설)
佳	아름다울 가:	佳作(가작)	佳人(가인)
假	거짓 가:	假說(가설)	假名(가명)
可	옳을 가:	可決(가결)	可能(가능)
暇	겨를 가:	暇日(가일)	年暇(연가)
艮	간괘 간:	艮時(간시)	艮坐(간좌)
姦	간음할 간:	姦心(간심)	姦通(간통)
懇	간절할 간:	懇請(간청)	懇切(간절)
減	덜 감:	減量(감량)	減少(감소)
感	느낄 감:	感激(감격)	感情(감정)
敢	감히 감:	敢鬪(감투)	敢行(감행)
講	익힐 강:	講堂(강당)	講義(강의)
价	클 개:	价川郡(개천군)	
個	낱 개:	個別(개별)	個性(개성)
介	끼일 개:	介意(개의)	介入(개입)
塏	높은땅 개:	塏塏(개개)	
慨	슬퍼할 개:	慨歎(개탄)	憤慨(분개)
槪	대개 개:	槪念(개념)	槪論(개론)
改	고칠 개:	改良(개량)	改正(개정)
蓋	덮을 개:	蓋世(개세)	蓋然性(개연성)
去	갈 거:	去勢(거세)	去就(거취)
巨	클 거:	巨物(거물)	巨富(거부)
拒	막을 거:	拒否(거부)	拒絶(거절)
距	떨어질 거:	距今(거금)	距離(거리)
據	근거 거:	據點(거점)	根據(근거)
擧	들 거:	擧動(거동)	擧手(거수)
健	튼튼할 건:	健全(건전)	健在(건재)
建	세울 건:	建國(건국)	建物(건물)
鍵	열쇠·자물쇠 건:	鍵盤(건반)	
儉	검소할 검:	儉素(검소)	儉約(검약)
劍	칼 검:	劍道(검도)	劍法(검법)
檢	검사할 검:	檢査(검사)	檢診(검진)
揭	높이들·걸 게:	揭示(게시)	揭揚(게양)
憩	쉴 게:	憩息(게식)	休憩(휴게)
遣	보낼 견:	遣奠(견전)	派遣(파견)
見	볼 견/뵐 현:	見聞(견문)	見解(견해)
儆	경계할 경:	儆戒(경계)	儆備(경비)
敬	공경 경:	敬禮(경례)	敬老(경로)
警	경계할 경:	警戒(경계)	警告(경고)
竟	마침내 경:	竟夜(경야)	究竟(구경)
鏡	거울 경:	鏡臺(경대)	眼鏡(안경)
慶	경사 경:	慶事(경사)	慶祝(경축)
瓊	구슬 경:	瓊團(경단)	瓊玉(경옥)
競	다툴 경:	競馬(경마)	競爭(경쟁)
係	맬 계:	係員(계원)	係長(계장)
系	이을 계:	系列(계열)	系統(계통)

啓	열 계:	啓蒙(계몽)	啓示(계시)		款	항목 관:	款談(관담)	約款(약관)
契	맺을 계:	契機(계기)	契約(계약)		廣	넓을 광:	廣告(광고)	廣場(광장)
季	계절 계:	季刊(계간)	季節(계절)		鑛	쇳돌 광:	鑛物(광물)	鑛業(광업)
戒	경계할 계:	戒律(계율)	戒嚴(계엄)		愧	부끄러울 괴:	愧色(괴색)	愧心(괴심)
桂	계수나무 계:	桂冠(계관)	桂樹(계수)		壞	무너질 괴:	壞滅(괴멸)	破壞(파괴)
界	지경 계:	界面(계면)	界標(계표)		傀	꼭두각시 괴:	傀奇(괴기)	傀儡(괴뢰)
癸	북방·천간 계:	癸亥(계해)	癸未(계미)		校	학교 교:	校庭(교정)	校訓(교훈)
繫	맬 계:	繫留(계류)	繫船(계선)		矯	바로잡을 교:	矯導(교도)	矯正(교정)
繼	이을 계:	繼續(계속)	繼承(계승)		敎	가르칠 교:	敎壇(교단)	敎養(교양)
計	셀 계:	計略(계략)	計劃(계획)		口	입 구:	口述(구술)	口號(구호)
古	예 고:	古風(고풍)	古典(고전)		救	구원할 구:	救援(구원)	救濟(구제)
告	알릴 고:	告發(고발)	告白(고백)		苟	진실로 구:	苟且(구차)	苟安(구안)
稿	볏집 고:	稿料(고려)	原稿(원고)		舊	예 구:	舊習(구습)	舊式(구식)
困	곤할 곤:	困境(곤경)	困窮(곤궁)		久	오랠 구:	永久(영구)	長久(장구)
供	이바지할 공:	供給(공급)	供養(공양)		郡	고을 군:	郡民(군민)	郡廳(군청)
共	함께 공:	共謀(공모)	共通(공통)		拳	주먹 권:	拳銃(권총)	拳鬪(권투)
攻	칠 공:	攻擊(공격)	攻勢(공세)		勸	권할 권:	勸誘(권유)	勸獎(권장)
恐	두려울 공:	恐喝(공갈)	恐物(공물)		軌	바퀴자국 궤:	軌道(궤도)	軌跡(궤적)
貢	바칠 공:	貢物(공물)	貢獻(공헌)		歸	돌아갈 귀:	歸國(귀국)	歸鄕(귀향)
孔	구멍 공:	孔孟(공맹)	孔雀(공작)		貴	귀할 귀:	貴賓(귀빈)	貴族(귀족)
寡	적을 과:	寡默(과묵)	寡婦(과부)		鬼	귀신 귀:	鬼神(귀신)	鬼才(귀재)
果	실과 과:	果樹(과수)	果實(과실)		僅	겨우 근:	僅僅(근근)	僅少(근소)
過	지날 과:	過激(과격)	過度(과도)		槿	무궁화 근:	槿域(근역)	槿花(근화)
誇	자랑할 과:	誇示(과시)	誇張(과장)		謹	삼갈 근:	謹愼(근신)	謹嚴(근엄)

장음한자 | 長音漢字

近	가까울 근:	近郊(근교)	近處(근처)
禁	금할 금:	禁煙(금연)	禁酒(금주)
錦	비단 금:	錦鷄(금계)	錦衣(금의)
兢	떨릴 긍:	兢戒(긍계)	兢懼(긍구)
肯	즐길 긍:	肯定(긍정)	肯志(긍지)
나 那	어찌 나:	那邊(나변)	那何(나하)
暖	따뜻할 난:	暖流(난류)	暖房(난방)
乃	이에 내:	乃祖(내조)	乃至(내지)
內	안 내:	內亂(내란)	內訓(내훈)
耐	견딜 내:	耐久(내구)	耐熱(내열)
念	생각 념:	念頭(염두)	念願(염원)
怒	성낼 노:	怒氣(노기)	怒聲(노성)
다 但	다만 단:	但書(단서)	但只(단지)
短	짧을 단:	短命(단명)	短文(단문)
斷	끊을 단:	斷念(단념)	斷食(단식)
膽	쓸개 담:	膽力(담력)	膽大(담대)
代	대신할 대:	代案(대안)	代用(대용)
戴	일·받들 대:	戴冠(대관)	推戴(추대)
貸	빌릴·꿀 대:	貸付(대부)	貸出(대출)
對	대할 대:	對決(대결)	對談(대담)
待	기다릴 대:	待機(대기)	待避(대피)
倒	넘어질 도:	倒産(도산)	倒錯(도착)
到	이를 도:	到達(도달)	到着(도착)
途	길 도:	途上(도상)	途中(도중)
導	이끌 도:	導入(도입)	導出(도출)
道	길 도:	道德(도덕)	道路(도로)
頓	조아릴 돈:	頓首(돈수)	頓挫(돈좌)
凍	얼 동:	凍結(동결)	凍死(동사)
動	움직일 동:	動物(동물)	動搖(동요)
董	바를 동:	董督(동독)	
洞	골 동/밝을 통:	洞窟(동굴)	洞察(통찰)
童	아이 동:	童謠(동요)	童話(동화)
鈍	무딜 둔:	鈍感(둔감)	鈍濁(둔탁)
等	무리 등:	等級(등급)	等數(등수)
鄧	나라이름 등:	鄧小平(등소평)	
라 裸	벗을 라:	裸體(나체)	裸像(나상)
卵	알 란:	卵生(난생)	産卵(산란)
亂	어지러울 란:	亂動(난동)	亂暴(난폭)
爛	빛날 란:	爛發(난발)	爛漫(난만)
濫	넘칠 람:	濫發(남발)	濫用(남용)
浪	물결 랑:	浪漫(낭만)	浪費(낭비)
朗	밝을 랑:	朗讀(낭독)	朗誦(낭송)
冷	찰 랭:	冷氣(냉기)	冷凍(냉동)
兩	두 량:	兩極(양극)	兩親(양친)
勵	힘쓸 려:	勵精(여정)	奬勵(장려)
礪	숫돌 려:	礪山(여산)	
戀	사모할 련:	戀慕(연모)	戀愛(연애)
練	익힐 련:	練修(연수)	練習(연습)

煉	달굴 련:	煉乳(연유)	煉瓦(연와)
例	법식 례:	例年(예년)	例示(예시)
禮	예도 례:	禮拜(예배)	禮節(예절)
隷	종 례:	隷書(예서)	隷屬(예속)
老	늙을 로:	老衰(노쇠)	老患(노환)
路	길 로:	路邊(노변)	路線(노선)
弄	희롱할 롱:	弄奸(농간)	弄談(농담)
賴	의뢰할 뢰:	信賴(신뢰)	依賴(의뢰)
屢	여러 루:	屢代(누대)	屢次(누차)
淚	눈물 루:	淚腺(누선)	淚水(누수)
漏	샐 루:	漏水(누수)	漏電(누전)
累	여러·자주 루:	累計(누계)	累進(누진)
柳	버들 류:	柳眉(유미)	柳腰(유요)
類	무리 류:	類別(유별)	類推(유추)
利	이할 리:	利用(이용)	利害(이해)
吏	벼슬아치 리:	吏讀(이두)	官吏(관리)
履	신 리:	履修(이수)	履行(이행)
李	오얏나무·성 리:	李朝(이조)	李花(이화)
理	다스릴 리:	理念(이념)	理由(이유)
裏	속 리:	裏面(이면)	裏書(이서)
里	마을 리:	里長(이장)	十里(십리)
離	떠날 리:	離別(이별)	離婚(이혼)
㉮ 馬	말 마:	馬車(마차)	馬夫(마부)
晚	늦을 만:	晚餐(만찬)	晚學(만학)

漫	흩어질 만:	漫談(만담)	散漫(산만)
萬	일만 만:	萬能(만능)	萬物(만물)
妄	망령될 망:	妄想(망상)	妄言(망언)
望	바랄 망:	望鄕(망향)	望遠鏡(망원경)
罔	없을 망:	罔極(망극)	罔測(망측)
每	매양 매:	每年(매년)	每事(매사)
買	살 매:	買收(매수)	買入(매입)
孟	만 맹:	孟子(맹자)	孟夏(맹하)
猛	사나울 맹:	猛犬(맹견)	猛獸(맹수)
免	면할 면:	免稅(면세)	免責(면책)
俛	힘쓸·구부릴 면:	俛首(면수)	俛仰(면앙)
勉	힘쓸 면:	勉勵(면려)	勉學(면학)
面	낯 면:	面長(면장)	面接(면접)
沔	낯 면:	沔水(면수)	
命	목숨 명:	命令(명령)	命題(명제)
侮	업신여길 모:	侮蔑(모멸)	侮辱(모욕)
母	어미 모:	母國(모국)	母親(모친)
慕	그리워할 모:	思慕(사모)	慕化(모화)
暮	저물 모:	暮年(모년)	歲暮(세모)
某	아무 모:	某年(모년)	某時(모시)
夢	꿈 몽:	夢想(몽상)	吉夢(길몽)
卯	토끼 묘:	卯飯(묘반)	卯時(묘시)
墓	무덤 묘:	墓碑(묘비)	墓地(묘지)
妙	묘할 묘:	妙味(묘미)	妙手(묘수)

장음한자 | 長音漢字

廟	사당 묘:	廟堂(묘당)	廟社(묘사)
苗	모 묘:	苗木(묘목)	苗板(묘판)
務	힘쓸 무:	務望(무망)	務實(무실)
霧	안개 무:	霧露(무로)	霧散(무산)
戊	천간 무:	戊夜(무야)	戊辰(무진)
茂	우거질 무:	茂林(무림)	茂盛(무성)
武	호반 무:	武術(무술)	武藝(무예)
舞	춤출 무:	舞臺(무대)	舞踊(무용)
貿	바꿀 무:	貿易(무역)	貿易商(무역상)
紊	어지러울 문:	紊亂(문란)	
問	물을 문:	問答(문답)	問題(문제)
迷	미혹할 미:	迷宮(미궁)	迷路(미로)
未	아닐 미:	未決(미결)	未決(미달)
米	쌀 미:	米飮(미음)	米食(미식)
伴	짝 반:	伴奏(반주)	伴者(반자)
半	반 반:	半島(반도)	半年(반년)
反	돌아올 반:	反感(반감)	反目(반목)
叛	배반할 반:	叛軍(반군)	叛亂(반란)
返	돌이킬 반:	返送(반송)	返還(반환)
倣	본뜰 방:	倣刻(방각)	模倣(모방)
訪	찾을 방:	訪問(방문)	訪北(방북)
倍	곱 배:	倍加(배가)	倍率(배율)
培	북돋울 배:	培根(배근)	培養(배양)
輩	무리 배:	輩出(배출)	輩行(배행)
拜	절 배:	拜上(배상)	拜謁(배알)
背	등 배:	背景(배경)	背後(배후)
配	짝 배:	配達(배달)	配慮(배려)
汎	넓을 범:	汎濫(범람)	汎法(범법)
犯	범할 범:	犯人(범인)	犯法(범법)
范	범할 범:	范彊(범강)	
範	법 범:	範圍(범위)	典範(전범)
卞	성 변:	卞急(변급)	正卞(정변)
弁	고깔 변:	弁言(변언)	弁韓(변한)
變	변할 변:	變動(변동)	變遷(변천)
辨	분별할 변:	辨明(변명)	辨別(변별)
辯	말씀 변:	辯論(변론)	辯護(변호)
病	병 병:	病菌(병균)	病死(병사)
倂	아우를 병:	倂用(병용)	倂合(병합)
秉	잡을 병:	秉權(병권)	秉燭(병촉)
竝	나란히 병:	竝列(병렬)	竝立(병립)
報	갚을 보:	報答(보답)	報道(보도)
寶	보배 보:	寶庫(보고)	寶石(보석)
普	넓을 보:	普及(보급)	普通(보통)
譜	족보 보:	譜牒(보첩)	系譜(계보)
步	걸음 보:	步道(보도)	步幅(보폭)
補	기울 보:	補償(보상)	補充(보충)
輔	도울 보:	輔導(보도)	輔弼(보필)
俸	녹 봉:	俸給(봉급)	俸祿(봉록)

奉	받들 봉:	奉仕(봉사)	奉養(봉양)
鳳	새 봉:	鳳凰(봉황)	鳳雛(봉추)
付	줄 부:	付與(부여)	付託(부탁)
府	마을 부:	府君(부군)	府使(부사)
附	붙을 부:	附近(부근)	附錄(부록)
傅	스승 부:	傅會(부회)	傅愛(부애)
簿	문서 부:	簿記(부기)	名簿(명부)
副	버금 부:	副賞(부상)	副業(부업)
富	가멸 부:	富强(부강)	富豪(부호)
否	아닐 부:	否認(부인)	否定(부정)
負	짐질 부:	負擔(부담)	負傷(부상)
赴	다다를 부:	赴任(부임)	赴召(부소)
賦	부세 부:	賦課(부과)	賦役(부역)
敷	펼 부:	敷衍(부연)	敷設(부설)
腐	썩을 부:	腐敗(부패)	陳腐(진부)
憤	분할 분:	憤怒(분노)	憤痛(분통)
奮	떨칠 분:	奮發(분발)	奮鬪(분투)
備	갖출 비:	備石(비석)	備蓄(비축)
匪	비적 비:	匪魁(비괴)	匪賊(비적)
丕	클 비:	丕績(비적)	丕圖(비도)
悲	슬플 비:	悲劇(비극)	悲鳴(비명)
非	아닐 비:	非難(비난)	非理(비리)
卑	낮을 비:	卑屈(비굴)	卑賤(비천)
批	비평할 비:	批判(비판)	批評(비평)

比	견줄 비:	比較(비교)	比率(비율)
秘	숨길 비:	秘訣(비결)	秘密(비밀)
肥	살찔 비:	肥料(비료)	肥滿(비만)
費	쓸 비:	費目(비목)	費用(비용)
鼻	코 비:	鼻炎(비염)	鼻音(비음)
事	일 사:	事件(사건)	事實(사실)
士	선비 사:	士兵(사병)	士氣(사기)
似	닮을 사:	近似(근사)	相似(상사)
使	부릴 사:	使用(사용)	使節(사절)
史	사기 사:	史觀(사관)	史蹟(사적)
四	넉 사:	四季(사계)	四寸(사촌)
謝	사례할 사:	謝過(사과)	謝罪(사죄)
赦	용서할 사:	赦免(사면)	特赦(특사)
巳	뱀 사:	巳年(사년)	巳時(사시)
死	죽을 사:	死力(사력)	死亡(사망)
賜	줄 사:	賜額(사액)	賜藥(사약)
捨	버릴 사:	捨石(사석)	捨身(사신)
散	흩어질 산:	散文(산문)	散在(산재)
産	낳을 산:	産母(산모)	産業(산업)
算	셈 산:	算入(산입)	算出(산출)
上	위 상:	上告(상고)	上官(상관)
想	생각할 상:	想念(상념)	想像(상상)
序	차례 서:	序論(서론)	序列(서열)
庶	여러 서:	庶務(서무)	庶民(서민)

장음한자 | 長音漢字

恕	용서할 서:	恕免(서면)	容恕(용서)
暑	더울 서:	暑氣(서기)	避暑(피서)
緖	실마리 서:	緖論(서론)	端緖(단서)
署	마을·관청 서:	署名(서명)	部署(부서)
瑞	상서로울 서:	瑞光(서광)	瑞雪(서설)
誓	맹세할 서:	誓文(서문)	誓約(서약)
舒	펼 서:	敍述(서술)	舒景(서경)
逝	갈 서:	逝去(서거)	急逝(급서)
善	착할 선:	善行(선행)	善惡(선악)
繕	기울 선:	繕補(선보)	繕寫(선사)
選	가릴 선:	選擧(선거)	選擇(선택)
盛	성할 성:	盛行(성행)	盛大(성대)
姓	성 성:	姓名(성명)	姓氏(성씨)
性	성품 성:	性格(성격)	性質(성질)
聖	성인 성:	聖人(성인)	聖賢(성현)
世	인간 세:	世界(세계)	世習(세습)
貰	세놓을 세:	貰房(세방)	傳貰(전세)
勢	기세 세:	勢道(세도)	勢力(세력)
洗	씻을 세:	洗禮(세례)	洗練(세련)
歲	해 세:	歲拜(세배)	歲月(세월)
稅	구실 세:	稅金(세금)	稅率(세율)
細	가늘 세:	細菌(세균)	細分(세분)
小	작을 소:	小說(소설)	小食(소식)
少	적을 소:	少女(소녀)	少量(소량)
所	바 소:	所感(소감)	所望(소망)
笑	웃을 소:	笑談(소담)	笑話(소화)
損	덜 손:	損傷(손상)	損害(손해)
宋	성(姓) 송:	宋朝(송조)	宋學(송학)
訟	송사할 송:	訟事(송사)	訴訟(소송)
頌	기릴 송:	頌德(송덕)	頌祝(송축)
送	보낼 송:	送金(송금)	送電(송전)
誦	욀 송:	誦經(송경)	誦讀(송독)
刷	인쇄할 쇄:	刷新(쇄신)	印刷(인쇄)
鎖	쇠사슬 쇄:	鎖骨(쇄골)	鎖國(쇄국)
數	셈 수:	數量(수량)	數學(수학)
順	순할 순:	順理(순리)	順序(순서)
侍	모실 시:	侍女(시녀)	侍從(시종)
始	비로소 시:	始作(시작)	始發(시발)
屍	주검 시:	屍身(시신)	屍體(시체)
市	저자 시:	市民(시민)	市廳(시청)
施	베풀 시:	施設(시설)	施策(시책)
是	옳을 시:	是認(시인)	是正(시정)
矢	화살 시:	矢石(시석)	矢言(시언)
示	보일 시:	示範(시범)	示威(시위)
視	볼 시:	視覺(시각)	視差(시차)
柴	섬 시:	柴門(시문)	柴扉(시비)
紳	띠 신:	紳士(신사)	紳商(신상)
信	믿을 신:	信用(신용)	信任(신임)

愼	삼갈 신:	愼重(신중)	謹愼(근신)
腎	콩팥 신:	腎臟(신장)	腎候(신후)
甚	심할 심:	甚難(심난)	甚大(심대)
아 我	나 아:	我軍(아군)	我執(아집)
餓	주릴 아:	餓鬼(아귀)	餓死(아사)
案	책상 안:	案件(안건)	案內(안내)
岸	언덕 안:	岸壁(안벽)	岸柳(안류)
眼	눈 안:	眼鏡(안경)	眼目(안목)
雁	기러기 안:	雁陣(안진)	雁行(안행)
顔	낯 안:	顔面(안면)	顔色(안색)
暗	어두울 암:	暗記(암기)	暗算(암산)
癌	암 암:	肝癌(간암)	胃癌(위암)
仰	우러를 앙:	仰望(앙망)	信仰(신앙)
愛	사랑 애:	愛國(애국)	愛人(애인)
夜	밤 야:	夜景(야경)	夜勤(야근)
惹	이끌 야:	惹起(야기)	惹端(야단)
野	들 야:	野球(야구)	野黨(야당)
讓	사양할 양:	讓渡(양도)	讓步(양보)
養	기를 양:	養殖(양식)	養育(양육)
襄	도울 양:	襄陽(양양)	
御	거느릴 어:	御醫(어의)	御用(어용)
語	말씀 어:	語感(어감)	語學(어학)
彦	선비 언:	彦士(언사)	彦聖(언성)
汝	너 여:	汝矣島(여의도)	
輿	수레 여:	輿論(여론)	輿望(여망)
與	더불·줄 여:	與黨(여당)	與件(여건)
妍	고울 연:	妍人(연인)	妍粧(연장)
硏	갈 연:	硏究(연구)	硏修(연수)
宴	잔치 연:	宴會(연회)	酒宴(주연)
演	펼 연:	演劇(연극)	演技(연기)
硯	벼루 연:	硯石(연석)	硯滴(연적)
軟	연할 연:	軟禁(연금)	軟弱(연약)
衍	넓을 연:	衍文(연문)	
厭	싫어할 염:	厭世(염세)	厭症(염증)
染	물들 염:	染料(염료)	染色(염색)
影	그림자 영:	影像(영상)	影響(영향)
永	길 영:	永生(영생)	永遠(영원)
詠	읊을 영:	詠歌(영가)	詠歎(영탄)
藝	재주 예:	藝能(예능)	藝術(예술)
睿	슬기 예:	睿德(예덕)	叡智(예지)
譽	기릴 예:	譽言(예언)	譽聲(예성)
豫	미리 예:	豫感(예감)	豫想(예상)
預	미리 예:	預金(예금)	預託(예탁)
銳	날카로울 예:	銳敏(예민)	銳利(예리)
穢	더러울 예:	穢貊(예맥)	
五	다섯 오:	五穀(오곡)	五福(오복)
悟	깨달을 오:	悟道(오도)	覺悟(각오)
傲	거만할 오:	傲氣(오기)	傲慢(오만)

장음한자 | 長音漢字

한자	훈음	예1	예2
午	낮 오:	午前(오전)	午後(오후)
娛	즐길 오:	娛樂(오락)	娛遊(오유)
誤	그르칠 오:	誤謬(오류)	誤解(오해)
汚	더러울 오:	汚名(오명)	汚染(오염)
穩	편안할 온:	穩健(온건)	穩當(온당)
擁	낄 옹:	擁立(옹립)	擁護(옹호)
甕	독 옹:	甕器(옹기)	甕津(옹진)
瓦	기와 와:	瓦家(와가)	瓦解(와해)
臥	누울 와:	臥龍(와룡)	臥病(와병)
緩	느릴 완:	緩急(완급)	緩慢(완만)
往	갈 왕:	往來(왕래)	往復(왕복)
旺	왕성할 왕:	旺盛(왕성)	旺運(왕운)
外	바깥 외:	外出(외출)	外貨(외화)
畏	두려워할 외:	畏敬(외경)	畏怖(외포)
勇	날랠 용:	勇敢(용감)	勇氣(용기)
用	쓸 용:	用件(용건)	用例(용례)
宇	집 우:	宇內(우내)	宇宙(우주)
右	오른 우:	右手(우수)	右側(우측)
友	벗 우:	友愛(우애)	友情(우정)
羽	깃 우:	羽毛(우모)	羽翼(우익)
雨	비 우:	雨期(우기)	雨天(우천)
佑	도울 우:	保佑(보우)	
運	옮길 운:	運動(운동)	運行(운행)
韻	운 운:	韻文(운문)	韻致(운치)
願	원할 원:	願望(원망)	願書(원서)
遠	멀 원:	遠大(원대)	遠近(원근)
援	도울 원:	援助(원조)	援護(원호)
怨	원망할 원:	怨望(원망)	怨恨(원한)
有	있을 유:	有能(유능)	有名(유명)
裕	넉넉할 유:	裕寬(유관)	裕福(유복)
允	맏 윤:	允當(윤당)	允許(윤허)
潤	윤택할 윤:	潤氣(윤기)	潤澤(윤택)
閏	윤달 윤:	閏年(윤년)	閏月(윤월)
飮	마실 음:	飮料(음료)	飮食(음식)
凝	엉길 응:	凝固(응고)	凝視(응시)
應	응할 응:	應答(응답)	應用(응용)
義	옳을 의:	義理(의리)	義務(의무)
意	뜻 의:	意圖(의도)	意外(의외)
二	두 이:	二重(이중)	二等(이등)
貳	두 이:	貳相(이상)	貳心(이심)
以	써 이:	以上(이상)	以內(이내)
已	이미 이:	已決(이결)	已往(이왕)
耳	귀 이:	耳目(이목)	耳順(이순)
異	다를 이:	異端(이단)	異變(이변)
刃	칼날 인:	刀刃(도인)	刃傷(인상)
壬	북방 임:	壬人(임인)	壬辰(임진)
妊	아이밸 임:	妊婦(임부)	妊娠(임신)
賃	품삯 임:	賃貸(임대)	賃借(임차)

자							
刺	가시 자: /찌를 척	刺客(자객)	刺殺(척살)	展	펼 전:	展開(전개)	展望(전망)
姿	맵시 자:	姿勢(자세)	姿態(자태)	戰	싸움 전:	戰爭(전쟁)	戰鬪(전투)
恣	방자할·마음대로 자:	恣意(자의)	恣行(자행)	錢	돈 전:	錢穀(전곡)	錢票(전표)
磁	자석 자:	磁氣(자기)	磁石(자석)	殿	전각 전:	殿閣(전각)	殿堂(전당)
諮	물을 자:	諮問(자문)	諮議(자의)	電	번개 전:	電信(전신)	電話(전화)
丈	어른 장:	丈夫(장부)	丈人(장인)	店	가게 점:	店員(점원)	店鋪(점포)
壯	씩씩할 장:	壯觀(장관)	壯麗(장려)	漸	점점 점:	漸進(점진)	漸次(점차)
奬	권면할 장:	奬勵(장려)	勸奬(권장)	定	정할 정:	定期(정기)	定員(정원)
掌	손바닥 장:	掌握(장악)	掌篇(장편)	整	가지런할 정:	整頓(정돈)	整然(정연)
葬	장사지낼 장:	葬禮(장례)	葬地(장지)	鄭	나라 정:	鄭聲(정성)	鄭重(정중)
臟	오장 장:	臟器(장기)	五臟(오장)	制	마를·법도 제:	制度(제도)	制限(제한)
再	두 재:	再建(재건)	再開(재개)	製	지을 제:	製作(제작)	製品(제품)
栽	심을 재:	栽培(재배)	栽植(재식)	濟	건널 제:	濟民(제민)	經濟(경제)
載	실을 재:	載積(재적)	載送(재송)	帝	임금 제:	帝國(제국)	帝王(제왕)
在	있을 재:	在外(재외)	在野(재야)	弟	아우 제:	弟婦(제부)	弟子(제자)
宰	재상 재:	宰相(재상)	主宰(주재)	第	차례 제:	第一(제일)	第者(제자)
低	낮을 저:	低廉(저렴)	低價(저가)	祭	제사 제:	祭器(제기)	祭祀(제사)
底	밑 저:	底力(저력)	底意(저의)	際	사이 제:	際限(제한)	此際(차제)
抵	막을 저:	抵觸(저촉)	抵抗(저항)	助	도울 조:	助力(조력)	助言(조언)
沮	막을 저:	沮止(저지)	沮害(저해)	弔	조상할 조:	弔旗(조기)	弔意(조의)
著	나타날 저:	著書(저서)	著名(저명)	早	이를 조:	早期(조기)	早熟(조숙)
貯	쌓을 저:	貯金(저금)	貯蓄(저축)	照	비칠 조:	照明(조명)	照準(조준)
轉	구를 전:	轉勤(전근)	轉出(전출)	造	지을 조:	造景(조경)	造成(조성)
典	법 전:	典禮(전례)	典當(전당)	釣	낚을·낚시 조:	釣船(조선)	釣魚(조어)

장음한자 | 長音漢字

佐	도울 좌:	佐郞(좌랑)	佐平(좌평)
左	왼 좌:	左右(좌우)	左遷(좌천)
坐	앉을 좌:	坐禪(좌선)	坐視(좌시)
座	자리 좌:	座談(좌담)	座席(좌석)
罪	허물 죄:	罪名(죄명)	罪惡(죄악)
住	살 주:	住民(주민)	住宅(주택)
宙	집 주:	宇宙(우주)	宙表(주표)
注	부을 주:	注入(주입)	注意(주의)
駐	머무를 주:	駐屯(주둔)	駐車(주차)
奏	아뢸 주:	奏樂(주악)	奏請(주청)
鑄	쇠불릴 주:	鑄物(주물)	鑄造(주조)
俊	준걸 준:	俊傑(준걸)	俊秀(준수)
峻	높을·준엄할 준:	峻嚴(준엄)	峻險(준험)
浚	깊게할 준:	浚渫(준설)	浚井(준정)
駿	준마 준:	駿馬(준마)	駿足(준족)
准	비준 준:	批准(비준)	准將(준장)
準	준할 준:	準據(준거)	準則(준칙)
遵	좇을 준:	遵法(준법)	遵守(준수)
衆	무리 중:	衆論(중론)	衆生(중생)
重	무거울 중:	重量(중량)	重要(중요)
診	진찰할 진:	診斷(진단)	診療(진료)
振	떨칠 진:	振動(진동)	振興(진흥)
震	우레 진:	震怒(진노)	震度(진도)
進	나아갈 진:	進路(진로)	進學(진학)

盡	다할 진:	盡力(진력)	盡心(진심)
且	또 차:	且說(차설)	且置(차치)
借	빌·빌릴 차:	借名(차명)	借入(차입)
燦	빛날 찬:	燦爛(찬란)	燦然(찬연)
讚	기릴 찬:	讚頌(찬송)	讚揚(찬양)
贊	도울 찬:	贊同(찬동)	贊成(찬성)
斬	벨 참:	斬首(참수)	斬新(참신)
彰	드러날 창:	顯彰(현창)	表彰(표창)
暢	화창할 창:	暢達(창달)	流暢(유창)
創	비롯할 창:	創設(창설)	創業(창업)
唱	부를 창:	唱歌(창가)	唱劇(창극)
債	빚 채:	債權(채권)	債務(채무)
彩	채색 채:	彩色(채색)	彩雲(채운)
採	캘 채:	採點(채점)	採用(채용)
菜	나물 채:	菜蔬(채소)	菜食(채식)
悽	슬퍼할 처:	悽絶(처절)	悽慘(처참)
處	곳 처:	處斷(처단)	處罰(처벌)
淺	얕을 천:	淺薄(천박)	淺近(천근)
賤	천할 천:	賤待(천대)	賤民(천민)
踐	밟을 천:	踐踏(천답)	踐行(천행)
薦	천거할 천:	薦擧(천거)	公薦(공천)
遷	옮길 천:	遷都(천도)	遷移(천이)
寸	마디 촌:	寸刻(촌각)	寸數(촌수)
村	마을 촌:	村落(촌락)	村長(촌장)

總	거르릴 총:	總括(총괄)	總額(총액)
催	재촉할 최:	催告(최고)	催眠(최면)
最	가장 최:	最高(최고)	最善(최선)
取	취할 취:	取得(취득)	取消(취소)
聚	모을 취:	聚落(취락)	聚斂(취렴)
趣	달릴 취:	趣味(취미)	趣旨(취지)
吹	불 취:	吹入(취입)	吹奏(취주)
炊	불땔 취:	自炊(자취)	炊事(취사)
就	이룰 취:	就業(취업)	就職(취직)
臭	냄새 취:	臭氣(취기)	香臭(향취)
醉	취할 취:	醉客(취객)	醉氣(취기)
置	둘 치:	置簿(치부)	置重(치중)
致	이를 치:	致富(치부)	致命(치명)
寢	잠잘 침:	寢具(침구)	寢室(침실)
枕	베개 침:	枕木(침목)	木枕(목침)
浸	잠길 침:	浸潤(침윤)	浸透(침투)
㉠ 墮	떨어질 타:	墮落(타락)	墮淚(타루)
妥	온당할 타:	妥結(타결)	妥協(타협)
打	칠 타:	打擊(타격)	打倒(타도)
彈	탄알 탄:	彈性(탄성)	彈壓(탄압)
歎	탄식할 탄:	歎聲(탄성)	歎息(탄식)
炭	숯 탄:	炭鑛(탄광)	炭素(탄소)
誕	낳을·거짓 탄:	誕生(탄생)	誕辰(탄신)
湯	끓을 탕:	湯藥(탕약)	湯劑(탕제)
態	모양 태:	態度(태도)	態勢(태세)
吐	토할 토:	吐露(토로)	嘔吐(구토)
痛	아플 통:	痛哭(통곡)	痛症(통증)
統	거느릴 통:	統率(통솔)	統合(통합)
退	물러날 퇴:	退勤(퇴근)	退化(퇴화)
㉠ 破	깨뜨릴 파:	破壞(파괴)	破産(파산)
罷	마칠 파	罷免(파면)	罷業(파업)
敗	패할 패:	敗亡(패망)	敗因(패인)
貝	조개 패:	貝類(패류)	貝物(패물)
覇	으뜸 패:	覇權(패권)	覇氣(패기)
評	평할 평:	評價(평가)	評判(평판)
幣	화폐 폐:	幣帛(폐백)	幣物(폐물)
弊	해질 폐:	弊端(폐단)	弊害(폐해)
閉	닫을 폐:	閉塞(폐색)	閉幕(폐막)
廢	폐할·버릴 폐:	廢業(폐업)	廢棄(폐기)
肺	허파 폐:	肺病(폐병)	肺癌(폐암)
閉	닫을 폐:	閉鎖(폐쇄)	閉門(폐문)
抱	안을 포:	抱負(포부)	抱擁(포옹)
砲	대포 포:	砲擊(포격)	砲彈(포탄)
飽	배부를 포:	飽滿(포만)	飽食(포식)
抛	던질 포:	抛棄(포기)	抛擲(포척)
捕	잡을 포:	捕捉(포착)	捕獲(포획)
品	물건 품:	品格(품격)	品目(품목)
彼	저 피:	彼我(피아)	彼岸(피안)

장음한자 | 長音漢字

한자	훈음	예1	예2
被	입을 피:	被殺(피살)	被害(피해)
避	피할 피:	避難(피난)	避身(피신)
下	아래 하:	下降(하강)	下落(하락)
夏	여름 하:	夏期(하기)	夏服(하복)
賀	하례할 하:	賀客(하객)	賀禮(하례)
恨	한할 한:	恨事(한사)	恨歎(한탄)
限	한정 한:	限界(한계)	限度(한도)
旱	가물 한:	旱災(한재)	旱害(한해)
漢	한나라 한:	漢文(한문)	漢詩(한시)
翰	편지 한:	書翰(서한)	翰墨(한묵)
陷	빠질 함:	陷落(함락)	陷沒(함몰)
艦	큰배 함:	艦隊(함대)	艦艇(함정)
抗	막을 항:	抗拒(항거)	抗命(항명)
航	건널 항:	航路(항로)	航海(항해)
巷	거리 항:	巷間(항간)	巷說(항설)
港	항구 항:	港口(항구)	港灣(항만)
項	항목 항:	項目(항목)	項鎖(항쇄)
亥	돼지 해:	亥時(해시)	亥末(해말)
害	해할 해:	害毒(해독)	害惡(해악)
海	바다 해:	海邊(해변)	海峽(해협)
解	풀 해:	解夢(해몽)	解釋(해석)
幸	다행 행:	幸福(행복)	幸運(행운)
杏	살구나무 행:	杏仁(행인)	杏花(행화)
享	누릴 향:	享樂(향락)	享有(향유)
向	향할 향:	向上(향상)	向學(향학)
響	울릴 향:	影響(영향)	響應(향응)
憲	법 헌:	憲法(헌법)	憲章(헌장)
獻	드릴 헌:	獻納(헌납)	獻血(헌혈)
險	험할 험:	險難(험난)	險談(험담)
驗	증험할 험:	驗算(험산)	驗左(험좌)
現	나타날 현:	現象(현상)	現代(현대)
懸	달 현:	懸賞(현상)	懸板(현판)
縣	고을 현:	縣監(현감)	縣令(현령)
顯	나타날 현:	顯考(현고)	顯著(현저)
惠	은혜 혜:	惠存(혜존)	惠澤(혜택)
慧	슬기로울 혜:	慧眼(혜안)	慧智(혜지)
互	서로 호:	互用(호용)	互稱(호칭)
好	좋을 호:	好感(호감)	好意(호의)
浩	넓을 호:	浩氣(호기)	浩然(호연)
戶	지게 호:	戶籍(호적)	戶主(호주)
護	보호할 호:	護國(호국)	護衛(호위)
混	섞을 혼:	混同(혼동)	混雜(혼잡)
貨	재화 화:	貨物(화물)	貨幣(화폐)
畫	그림 화/그을 획:	畫家(화가)	畫室(화실)
禍	재앙 화:	禍根(화근)	禍福(화복)
幻	헛보일 환:	幻覺(환각)	幻想(환상)
換	바꿀 환:	換氣(환기)	換率(환율)
患	근심 환:	患部(환부)	患者(환자)

況	하물며 황:	況且(황차)
悔	뉘우칠 회:	悔改(회개) 悔恨(회한)
會	모일 회:	會談(회담) 會話(회화)
孝	효도 효:	孝道(효도) 孝行(효행)
效	본받을 효:	效果(효과) 效用(효용)
曉	새벽 효:	曉星(효성) 曉然(효연)
厚	두터울 후:	厚待(후대) 厚德(후덕)
後	뒤 후:	後輩(후배) 後退(후퇴)
候	철 후:	候補(후보) 候鳥(후조)
后	임금 후:	后宮(후궁) 后妃(후비)
訓	가르칠 훈:	訓育(훈육) 訓示(훈시)
毁	헐 훼:	毁傷(훼상) 毁損(훼손)

◆ 장단음 두가지로 발음되는 한자(장/단) ◆

가
街	거리 가:	街道(가ː도) 街頭(가ː두) / 街販(가판) 街路樹(가로수)
肝	간 간:	肝癌(간ː암) 肝炎(간ː염) 肝腸(간ː장) / 肝氣(간기)
簡	간략할·대쪽 간:	簡易(간ː이) 簡紙(간ː지) / 簡潔(간결) 簡單(간단) 簡略(간략)
間	사이 간:	間食(간ː식) 間諜(간ː첩) / 間隔(간격) 間島(간도)
強	강할 강:	強迫(강ː박) 強奪(강ː탈) / 強國(강국) 強力(강력) 強震(강진)
個	낱 개:	個性(개ː성) 個體(개ː체) / 個人(개인)
景	볕 경:	景品(경ː품) 景福宮(경ː복궁) / 景氣(경기) 景致(경치)
更	고칠 경/다시 갱:	更正(경정) / 更新(갱ː신)
契	맺을 계:	契約(계ː약) 默契(묵ː계) / 契闊(계활)

장음한자 | 長音漢字

故	까닭 고:	故事(고:사) 故意(고:의) / 故鄕(고향)
考	생각할 고:	考課(고:과) 考試(고:시) / 考慮(고려) 考察(고찰) 考案(고안)
菓	과자·실과 과:	菓品(과:품) / 菓子(과자)
貫	꿸 관:	貫珠(관:주) 貫祿(관:록) / 貫徹(관철) 貫通(관통) 貫鄕(관향)
怪	괴이할 괴:	怪談(괴:담) 怪變(괴:변) / 怪常(괴상) 怪異(괴이)
具	갖출 구:	具氏(구:씨) / 具備(구비) 具色(구색) 具現(구현)
勤	부지런할 근:	勤勉(근:면) 勤務(근:무) / 勤苦(근고)
나 難	어려울 난:	難堪(난:감) 難色(난:색) / 難關(난관) 難解(난해)
다 淡	묽을 담:	淡水(담:수) 淡白(담:백) / 淡淡(담담)
大	큰 대:	大闕(대:궐) 大勢(대:세) / 大口(대구) 大斗(대두) 大田(대전)
帶	띠 대:	帶同(대:동) 帶妻僧(대:처승) / 帶紋(대문) 帶狀(대상) 帶分數(대분수)
度	법도 도:/헤아릴 탁	度數(도:수) 制度(제:도) / 度支(탁지)
冬	겨울 동:	冬眠(동:면) 冬寒(동:한) / 冬柏(동백) 冬至(동지)
라 來	올 래:	來賓(내:빈) 來世(내:세) / 來歷(내력) 來日(내일) 來侵(내침)
令	하여금 령:	令監(영:감) / 令息(영식) 令狀(영장)
料	헤아릴 료:	料金(요:금) / 料量(요량) 料理(요리)
마 麻	삼 마:	麻雀(마:작) / 麻衣(마의) 麻布(마포)
滿	찰 만:	滿發(만:발) 滿月(만:월) / 滿期(만기) 滿了(만료) 滿足(만족)
賣	팔 매:	賣場(매:장) 賣店(매:점) / 賣買(매매)
聞	들을 문:	聞見(문:견) 聞道(문:도) / 聞慶(문경)
未	아닐 미:	未達(미:달) 未滿(미:만) / 未安(미안)
迷	미혹할 미:	迷路(미:로) 迷夢(미:몽) / 迷息(미식) 迷兒(미아) 迷惑(미혹)
美	아름다울 미:	美德(미:덕) 美術(미:술) / 美國(미국) 美軍(미군)
바 放	놓을 방:	放送(방:송) 放火(방:화) / 放學(방학)

北	달아날 배: /북녘 북	北反(배:반) / 北門(북문)
凡	무릇 범:	凡例(범:례) 凡民(범:민) / 凡百(범백) 凡節(범절)
保	지킬 보:	保管(보:관) 保障(보:장) 保溫(보:온) / 保證(보증)
逢	만날 봉:	逢着(봉:착) / 逢變(봉변) 逢賊(봉적)
符	부호 부:	符合(부:합) 符籍(부:적) / 符節(부절)
分	나눌 분:	分量(분:량) / 分斷(분단) 分明(분명) 分母(분모)
粉	가루 분:	粉紅(분:홍) / 粉末(분말) 粉筆(분필)
(사) 仕	섬길 사:	仕宦(사:환) / 仕官(사관) 仕途(사도)
思	생각할 사:	思想(사:상) / 思考(사고) 思念(사념) 思親(사친)
殺	죽일 살/ 감할 쇄:	殺到(쇄:도) / 殺人(살인) 殺伐(살벌)
尙	오히려 상:	尙古(상:고) 尙武(상:무) / 尙宮(상궁) 尙存(상존)
喪	잃을 상:	喪偶(상:우) 喪妻(상:처) / 喪家(상가) 喪服(상복) 喪失(상실)
狀	형상 상/ 문서 장:	狀頭(장:두) / 狀態(상태) 狀況(상황)
徐	천천히 서:	徐步(서:보) 徐行(서:행) / 徐羅伐(서라벌) 徐氏(서씨)
掃	쓸 소:	掃地(소:지) 掃除(소:제) / 掃射(소사) 掃蕩(소탕)
燒	사를 소:	燒紙(소:지) 燒却(소각) 燒死(소사) 燒失(소실)
素	흴 소:	素服(소:복) 素子(소:자) / 素材(소재) 素質(소질)
孫	손자 손:	孫世(손:세) / 孫女(손녀) 孫子(손자)
手	손 수:	手巾(수:건) / 手段(수단) 手術(수술) 手足(수족)
試	시험할 시:	試圖(시:도) 試食(시:식) / 試驗(시험) 試合(시합)
審	살필 심:	審議(심:의) 審判(심:판) / 審査(심사) 審理(심리)
(아) 亞	버금 아:	亞流(아:류) 亞熱帶(아:열대) / 亞鉛(아연) 亞洲(아주)
雅	맑을 아:	雅量(아:량) 雅號(아:호) / 雅樂(아악)
沿	물따라갈·따를 연:	沿革(연:혁) / 沿道(연도) 沿岸(연안)

장음한자 | 長音漢字

燕	제비 연:	燕尾服(연:미복) 燕雀(연:작) / 燕京(연경) 燕山君(연산군)
映	비칠 영:	映窓(영:창) 映彩(영:채) / 映像(영상) 映畵(영화)
要	요긴할 요:	要綱(요:강) 要塞(요:새) / 要領(요령) 要素(요소)
偶	짝 우:	偶像(우:상) 偶發(우:발) / 偶然(우연)
爲	할 위:	爲人(위:인) 爲民(위:민) / 爲始(위시)
任	맡길 임:	任期(임:기) 任命(임:명) / 任氏(임씨)
㉧ 紫	자주빛 자:	紫朱(자:주) 紫外線(자:외선) / 紫禁城(자금성)
暫	잠시 잠:	暫時(잠:시) 暫許(잠:허) / 暫定(잠정)
將	장수 장:	將校(장:교) 將兵(장:병) / 將軍(장군) 將來(장래) 將次(장차)
蔣	줄 장:	蔣茅(장:모) 蔣席(장:석) / 蔣介石(장개석)
長	길 장:	長成(장:성) 長幼(장:유) / 長短(장단) 長點(장점)
占	점령할·점칠 점:	占領(점:령) 占有(점:유) / 占術(점술) 占星術(점성술)
點	점 점:	點射(점:사) 點心(점:심) / 點燈(점등) 點火(점화)
井	우물 정:	井間(정:간) 井邑詞(정:읍사) / 井水(정수) 井華水(정화수)
正	바를 정:	正答(정:답) 正義(정:의) / 正月(정월) 正初(정초)
操	잡을 조:	操心(조:심) 操業(조:업) / 操縱(조종) 操作(조작) 操行(조행)
從	좇을 종:	從祖(종:조) 從兄(종:형) / 從軍(종군) 從來(종래) 從事(종사)
種	씨 종:	種類(종:류) 種別(종:별) / 種子(종자) 種族(종족)
仲	버금 중:	仲氏(중:씨) 仲兄(중:형) / 仲介(중개) 仲媒(중매) 仲裁(중재)
津	나루 진:	津氣(진:기) 津液(진:액) / 津渡(진도) 津人(진인)
陳	베풀 진:	陳述(진:술) 陳列(진:열) / 陳腐(진부) 陳容(진용)
鎭	진압할 진:	鎭壓(진:압) 鎭火(진:화) / 鎭靜(진정)
㉧ 遮	가릴 차:	遮斷(차:단) 遮路(차:로) / 遮光(차광) 遮額(차액) 遮陽(차양)
斬	벨 참:	斬首(참:수) 斬刑(참:형) / 斬新(참신)

倉	곳집 창:	倉卒(창:졸) / 倉庫(창고)
昌	창성할 창:	昌盛(창:성) 昌德宮(창:덕궁) / 昌言(창언) 昌運(창운)
針	바늘 침:	針母(침:모) 針線(침:선) / 針形(침형)
타 討	칠 토:	討論(토:론) 討議(토:의) / 討伐(토벌) 討捕(토포)
播	뿌릴 파:	播種(파:종) 播遷(파:천) / 播多(파다) 播植(파식)
파 便	편할 편/오줌 변:	便紙(편:지) / 便利(편리) 便益(편익) 小便(소변) 便秘(변비)
片	조각 편:	片舟(편:주) 片紙(편:지) / 片道(편도) 片面(편면) 片影(편영)
包	쌀 포:	包括(포괄) 包攝(포:섭) / 包裝(포장) 包含(포함)
胞	세포 포:	胞胎(포:태) / 胞子(포자) 胞衣(포의)
布	베 포:	布敎(포:교) 布陣(포:진) / 布木(포목) 布帳(포장)
하 荷	연 하:	荷役(하:역) / 入荷(입하)
汗	땀 한:	汗腺(한:선) 汗蒸(한:증) / 汗黨(한당) 汗國(한국)
韓	나라 한:	韓服(한:복) 韓藥(한:약) / 韓氏(한씨) 韓構字(한구자)
降	항복할 항/ 내릴 강:	降伏(항:복) / 降等(강등) 降雪(강설)
行	행실 행/ 다닐 행/ 항렬 항:	行實(행:실) 行者(행:자) / 行動(행동) 行進(행진) 行列(항렬)
虎	범 호:	虎口(호:구) / 虎班(호반)
號	울부짖을 호/ 이름 호:	號外(호:외) / 號角(호각)
化	될 화:	化石(화:석) 化身(화:신) 化合(화:합) / 化粧(화장)
火	불 화:	火爐(화:로) 火傷(화:상) / 火曜日(화요일)
興	일 흥:	興味(흥:미) 興趣(흥:취) / 興亡(흥망) 興奮(흥분)

사자성어 | 四字成語

● 다음 사자성어의 뜻을 알아 보자

加減乘除	가감승제	덧셈, 뺄셈, 곱셈, 나눗셈을 아울러 이르는 말.
街談巷說	가담항설	길거리나 마을에 떠도는 이야기로서 근거 없이 나도는 말들을 뜻한다.
苛斂誅求	가렴주구	관리가 세금 따위를 가혹하게 받고 빼앗아 백성을 못살게 구는 가혹한 정치를 말한다.
家書萬金	가서만금	자기 집에서 온 편지의 반갑고 소중함을 이르는 말.
佳人薄命	가인박명	아름다운 여자는 수명이 짧고 운명이 기구함.
刻骨難忘	각골난망	은덕을 입은 고마운 마음이 뼛속까지 스며 잊혀지지 아니함.
角者無齒	각자무치	한 사람이 여러 가지 재주나 복을 다 가질 수 없다는 말.
各自爲政	각자위정	사람이 각자 자기 멋대로 행동하고 조화나 협력을 고려하지 않으면 그 결과는 뻔함을 이르는 말.
刻舟求劍	각주구검	어리석고 융통성이 없음을 비유함.
肝膽相照	간담상조	서로 속마음을 털어놓고 친하게 사귐.
肝膽楚越	간담초월	마음이 맞지 않으면 서로 관계가 있더라도 초나라와 월나라처럼 서로 등지게 됨.
感慨無量	감개무량	마음속에서 느끼는 감동이나 느낌이 끝이 없음 또는 그 감동이나 느낌.
敢不生心	감불생심	감히 엄두도 내지 못함.
甘言利說	감언이설	남의 비위에 맞도록 꾸민 달콤한 말과 이로운 조건을 내세워 꾀는 말.
甘井先竭	감정선갈	'물맛이 좋은 우물은 빨리 마른다'는 뜻으로, 재주가 뛰어난 사람이 일찍 쇠함을 이르는 말.
感之德之	감지덕지	분에 넘치는 듯 싶어 매우 고맙게 여기는 모양.
甘呑苦吐	감탄고토	'달면 삼키고 쓰면 뱉는다'는 뜻으로, 자신에게 이로우면 이용하고 필요없을 경우 배척한다는 말.
感荷不已	감하불이	감사하여 마지 아니함.
甲男乙女	갑남을녀	평범한 사람들. 장삼이사(張三李四). 필부필부(匹夫匹婦).
甲論乙駁	갑론을박	여러 사람이 서로 자신의 주장을 내세우며 상대편의 주장을 반박함.

康衢煙月	강구연월	태평한 세상의 평화로운 풍경을 이르는 말.
江湖煙波	강호연파	강이나 호수 위에 안개처럼 뽀얗게 이는 찬물결 또는 대자연의 풍경.
改過遷善	개과천선	지난날의 잘못이나 허물을 고쳐 올바르고 착하게 됨.
開卷有益	개권유익	'책을 읽으면 유익하다'는 뜻으로 독서를 권장하는 말.
蓋世之才	개세지재	세상을 뒤덮을 만한 재주 또는 그런 재주를 가진 인재.
去頭截尾	거두절미	머리와 꼬리를 잘라 버림. 어떤 일의 요점만 간단히 말함.
居安思危	거안사위	행복하거나 편안할 때에 앞으로 닥칠 위태로움을 생각해 둔다는 뜻.
擧案齊眉	거안제미	'밥상을 눈 높이까지 올려 남편에게 바치다'는 뜻으로 아내가 남편을 공경함을 이르는 말.
去者日疎	거자일소	서로 멀리 떨어져 있으면 점점 사이가 멀어짐을 이르는 말.
車載斗量	거재두량	물건이나 인재 등이 많아서 그다지 귀하지 않음을 이르는 말.
乾坤一擲	건곤일척	천지를 걸고 단판걸이로 승부를 겨룸을 말한다.
格物致知	격물치지	실제 사물의 이치를 연구하여 지식을 완전하게 함.
隔世之感	격세지감	오래지 않은 동안에 몰라보게 변하여 아주 다른 세상이 된 것 같은 느낌을 비유한 말.
牽强附會	견강부회	이치에 맞지 않는 말을 억지로 끌어 붙여 자기에게 유리하게 함.
見機而作	견기이작	낌새를 알아채고 미리 조치함.
見利忘義	견리망의	눈앞의 이익만을 보고 의리를 생각하지 않음.
見利思義	견리사의	눈앞의 이익을 보면 의로운 일인가를 먼저 생각함.
犬馬之勞	견마지로	'개나 말 정도의 하찮은 힘'이라는 뜻으로, 자기의 노력을 낮추어 이르는 말.
犬馬之誠	견마지성	임금이나 나라에 바치는 충성을 낮추어 이르는 말. 자신의 정성을 낮추어 이르는 말.
見聞一致	견문일치	보고 들은 바가 꼭 같음.

사자성어 | 四字成語

● 다음 사자성어의 뜻을 알아 보자

見物生心	견물생심	물건을 보게 되면 그것을 가지고 싶은 욕심이 생김.
犬猿之間	견원지간	'개와 원숭이의 사이'라는 뜻으로, 사이가 매우 나쁜 두 사람의 관계를 비유적으로 이르는 말.
見危授命	견위수명	나라의 위태로움을 보고 나라에 목숨을 바침.
堅忍不拔	견인불발	굳게 참고 견디어 마음이 흔들리지 않음.
犬兎之爭	견토지쟁	두 사람의 싸움으로 제삼자가 이익을 봄을 이르는 말.
結者解之	결자해지	'맺은 사람이 풀어야 한다'는 뜻으로, 자기가 저지른 일은 자기가 해결하여야 함을 이르는 말.
結草報恩	결초보은	죽어 혼령이 되어서도 은혜를 잊지 않고 갚음을 이르는 말.
兼人之勇	겸인지용	혼자서 능히 몇 사람을 당해낼 만한 용기.
輕擧妄動	경거망동	경솔하여 생각 없이 망령되게 행동함.
經國濟世	경국제세	나라를 잘 다스려 세상을 구제함.
傾國之色	경국지색	한 나라를 위기에 빠뜨릴 만한 미인. 뛰어나게 아름다운 미인.
敬老孝親	경로효친	노인을 공경하고 부모에게 효도함.
驚天動地	경천동지	세상을 몹시 놀라게 함을 이르는 말.
經天緯地	경천위지	하늘을 날줄로 삼고 땅을 씨줄로 삼아 천하를 다스린다.
鷄口牛後	계구우후	큰 단체의 말단보다는 작은 단체의 우두머리가 되는 것이 낫다는 말.
鷄群一鶴	계군일학	여러 평범한 사람들 가운데 뛰어난 한 사람이 섞여 있음을 비유한 말.
鷄卵有骨	계란유골	운수가 나쁜 사람은 모처럼 좋은 기회를 만나도 역시 일이 잘 안됨을 비유해서 이르는 말.
鷄肋	계륵	'닭의 갈비'라는 뜻으로, 그다지 큰 소용은 없으나 버리기에는 아까운 것을 이르는 말.
鷄鳴狗盜	계명구도	얕고 비겁한 지혜로 물건을 훔치거나 남을 속이는 일을 말함.
孤軍奮鬪	고군분투	남의 도움을 받지 아니하고 힘에 벅찬 일을 잘해 나가는 것을 비유적으로 이르는 말.

股肱之臣	고굉지신	임금이 가장 가까이 하며 신임하는 신하를 뜻함.
高談放言	고담방언	아무 거리낌 없이 멋대로 소리를 높여 말함.
孤立無援	고립무원	고립되어 구원을 받을 데가 없음.
鼓腹擊壤	고복격양	태평한 세월을 즐김을 이르는 말.
高山流水	고산유수	자기의 마음과 가치를 잘 알아 주는 참다운 친구를 비유적으로 이르는 말.
孤城落日	고성낙일	외딴 성과 서산에 지는 해, 즉 세력이 다하고 남의 도움이 없는 매우 외로운 처지를 이르는 말.
姑息之計	고식지계	근본적인 해결책이 아닌 임시변통의 계책. 고식책.
苦肉之策	고육지책	적을 속이거나 어려운 사태에서 벗어나기 위해 거짓으로 제 몸을 괴롭히는 계책.
孤掌難鳴	고장난명	혼자의 힘만으로 어떤 일을 이루기 어려움을 이르는 말
固定觀念	고정관념	잘 변하지 않는 행동을 스스로 결정하는 확고한 의식이나 관념.
固定不變	고정불변	고정되어 변함이 없음.
苦盡甘來	고진감래	'쓴 것이 다하면 단 것이 온다'는 뜻으로, 고생 끝에 즐거움이 옴을 이르는 말
固執不通	고집불통	고집이 세어 조금도 융통성이 없음을 말한다.
高枕安眠	고침안면	'베개를 높이 하여 편안히 잔다'는 뜻으로, 근심 없이 편안히 지냄을 이르는 말.
古稀	고희	고래(古來)로 드문 나이란 뜻으로, '일흔 살'을 가리키는 말.
曲學阿世	곡학아세	진리에 어긋난 학문으로 세상 사람에게 아첨함.
骨肉相殘	골육상잔	가까운 혈족끼리 서로 해치고 죽임. 골육상쟁(骨肉相爭)
空山明月	공산명월	보름달이 비추는 한밤 산 속의 정경을 나타낸다.
空中樓閣	공중누각	아무런 근거나 토대가 없는 사물이나 생각을 비유적으로 이르는 말.
誇大妄想	과대망상	자기의 능력·용모 등을 과대하게 평가하여 사실인 것처럼 믿는 일 또는 그런 생각.

사자성어 | 四字成語

● 다음 사자성어의 뜻을 알아 보자

過猶不及	과유불급	'정도를 지나침은 미치지 못함과 같다'는 뜻으로, 중용(中庸)이 중요함을 이르는 말.
瓜田李下	과전이하	의심받기 쉬운 행동은 하지 말라는 뜻.
管鮑之交	관포지교	매우 친밀하게 서로를 잘 이해해 주는 친구 사이.
冠婚喪祭	관혼상제	관례·혼례·상례·제례의 사례(四禮)를 통틀어 이르는 말.
刮目相對	괄목상대	학식이나 재주 따위가 놀랍도록 향상된 경우에, 이를 놀라워하는 뜻으로 쓰임.
矯角殺牛	교각살우	잘못된 점을 고치려다가 그 방법이나 정도가 지나쳐 오히려 일을 그르침을 이르는 말.
巧言令色	교언영색	남에게 아첨하려고 듣기 좋게 꾸미는 말과 얼굴빛.
交友以信	교우이신	세속 오계의 하나. 벗을 믿음으로써 사귀어야 함을 이른다.
膠柱鼓瑟	교주고슬	융통성이 없고 고집스런 경우, 즉 규칙에 얽매이어 변통할 줄 모르는 사람을 일컫는다.
敎學相長	교학상장	남을 가르치는 일과 스승에게서 배우는 일은 다 함께 자기의 학업을 증진시킴.
九曲肝腸	구곡간장	깊은 마음속 또는 시름이 쌓인 마음속.
口蜜腹劍	구밀복검	말로는 친한 체하나 속으로는 해칠 생각이 있음을 이르는 말.
九死一生	구사일생	여러 차례 죽을 고비를 넘기고 겨우 살아남을 이르는 말.
口尙乳臭	구상유취	'입에서 아직 젖내가 난다'는 뜻으로, 언행이 유치함을 이르는 말.
九牛一毛	구우일모	'아홉 마리의 소 가운데 하나의 털'이란 뜻으로, 많은 것 가운데 극히 적은 것을 말함.
口耳之學	구이지학	들은 것을 자기 생각 없이 그대로 남에게 전하는 것이 고작인 학문.
九折羊腸	구절양장	꼬불꼬불하며 험한 산길이나 세상살이가 복잡하여 살아가기 어려움을 비유한 말.
口禍之門	구화지문	'입은 재앙을 불러들이는 문'이라는 뜻.
國士無雙	국사무쌍	나라에서 견줄 사람이 없을 정도로 빼어난 선비.
群鷄一鶴	군계일학	많은 사람 가운데서 뛰어난 인물을 이르는 말.

群雄割據	군웅할거	여러 영웅이 각기 한 지방씩 차지하고 위세를 부림.
君子不器	군자불기	그릇이란 제각기 한 가지 소용에 맞는 것이나 덕이 있는 사람은 그렇지 않아 온갖 방면에 통함을 이르는 말.
君子三樂	군자삼락	군자의 세 가지 즐거움. 곧, 첫째로 부모가 모두 살아계시고 형제가 무고한것, 둘째로 하늘을 우러러 부끄럼이 없고, 셋째로 천하의 수재를 얻어 교육하는 것을 말한다.
窮餘之策	궁여지책	궁한 나머지 생각다 못하여 짜낸 계책.
權謀術數	권모술수	목적 달성을 위하여 수단과 방법을 가리지 아니하는 온갖 모략이나 술책.
權不十年	권불십년	'권세는 십년을 가지 못한다'는 뜻으로, 아무리 높은 권세라도 오래가지 못함을 이르는 말.
勸善懲惡	권선징악	착한 일을 권장하고 악한 일을 징계함.
捲土重來	권토중래	한 번 패하였다가 힘을 돌이켜 다시 쳐들어옴.
克己復禮	극기복례	자기의 욕심을 누르고 예의범절을 따름.
近墨者黑	근묵자흑	나쁜 사람과 가까이 지내면 나쁜 버릇에 물들기 쉬움을 비유적으로 이르는 말.
金科玉條	금과옥조	금이나 옥처럼 귀중히 여겨 꼭 지켜야 할 법칙이나 규정.
金蘭之契	금란지계	친구 사이의 매우 두터운 정을 이르는 말.
金蘭之交	금란지교	친구 사이의 매우 도타운 사귐을 이르는 말. 금란지계(金蘭之契).
金城湯池	금성탕지	'쇠로 만든 성과 뜨거운 물로 가득찬 못'이라는 뜻으로, 방어 시설이 견고한 성을 이르는 말.
金枝玉葉	금지옥엽	'금으로 된 가지와 옥'으로 된 잎이라는 뜻으로, 아주 귀하게 키우는 것을 이르는 말.
錦上添花	금상첨화	비단 위에 꽃을 더함. 좋은 일 위에 또 좋은 일이 더하여짐.
金石盟約	금석맹약	쇠나 돌처럼 굳은 약속.
今昔之感	금석지감	요즘 현실과 옛날을 비교할 때 차이가 너무 심한 것을 보고 받는 느낌.
今時初聞	금시초문	바로 지금 처음으로 들음.
錦衣夜行	금의야행	비단옷을 입고 밤길을 다님, 즉 성공을 했지만 아무 효과를 자아내지 못하는 것을 말함.

사자성어 | 四字成語

● 다음 사자성어의 뜻을 알아 보자

錦衣還鄕	금의환향	'비단옷을 입고 고향에 돌아온다'는 뜻으로, 출세를 하여 고향에 돌아가거나 돌아옴을 말함.
氣高萬丈	기고만장	우쭐하여 기세가 대단하다.
起死回生	기사회생	중병으로 거의 죽을 뻔하다가 살아나 회복됨.
奇想天外	기상천외	기발하고 엉뚱한 생각.
起承轉結	기승전결	문학 작품의 서술 체계를 구성하는 형식.
奇巖怪石	기암괴석	기이하게 생긴 바위와 괴상하게 생긴 돌.
奇巖絶壁	기암절벽	기이하게 생긴 바위와 깎아지른 듯한 낭떠러지.
氣盡脈盡	기진맥진	기력이 다하고 맥이 풀림. 기진역진(氣盡力盡).
騎虎之勢	기호지세	'호랑이를 타고 달리는 형세'라는 말로 이미 시작한 일을 중도에 그만둘 수 없는 경우를 이르는 말.
奇貨可居	기화가거	좋은 기회를 놓치지 말아야 함을 이르는 말.
落落長松	낙락장송	가지가 길게 축축 늘어진 키가 큰 소나무.
洛陽紙貴	낙양지귀	훌륭한 글을 다투어 베끼느라고 종이의 값이 뛴다는 뜻으로, 문장의 훌륭함을 칭송한 말.
落穽下石	낙정하석	어려운 처지에 놓인 사람을 도와주기는커녕 도리어 괴롭힘을 비유적으로 이르는 말.
落花流水	낙화유수	세월의 쇠잔영락함 또는 남녀가 서로 그리워 하는 정을 비유한 말.
難攻不落	난공불락	공격하기가 어려워 쉽사리 함락되지 아니함.
亂臣賊子	난신적자	나라를 어지럽게 하는 신하와 부모에게 거역하는 자식.
暖衣飽食	난의포식	따뜻하게 입고 배불리 먹음.
難兄難弟	난형난제	서로 비슷하여 우열을 가리기 어려움을 이르는 말.
南柯一夢	남가일몽	꿈과 같이 헛된 한 때의 부귀영화.
南橘北枳	남귤북지	남쪽의 귤이 북쪽에서는 탱자가 됨을 말하는데, 사람은 처한 상황에 따라 성품이 변함을 의미.

男女有別	남녀유별	남자와 여자는 각각의 예로 구별해야 함을 말함
男負女戴	남부여대	가난한 사람들이 살 곳을 찾아 이리저리 떠돌아다님을 이르는 말.
濫觴	남상	어떤 사물이나 일의 시작을 의미.
南風不競	남풍불경	'남쪽 지방의 노래가 활기가 없다'는 뜻으로, 남쪽 지방의 세력이 부진함을 이르는 말.
囊中之錐	낭중지추	유능한 사람은 숨어 있어도 자연히 그 존재가 드러나게 됨을 비유하여 이르는 말.
內憂外患	내우외환	나라 안팎의 여러 가지 걱정거리.
內柔外剛	내유외강	겉으로는 강하게 보이나 속은 부드러움. ↔외유내강(外柔內剛).
怒甲移乙	노갑이을	어떠한 사람에게서 당한 노여움을 애꿎은 다른 사람에게 화풀이함을 이르는 말.
路柳墻花	노류장화	'길가의 버들과 울타리에 핀 꽃'이라는 뜻으로, '창녀'를 빗대어 이르는 말.
老馬之智	노마지지	'늙은 말의 지혜'라는 뜻으로, 연륜이 깊으면 나름의 장점과 특기가 있음을 말함.
怒發大發	노발대발	몹시 노하여 펄펄 뛰며 성을 냄.
勞心焦思	노심초사	몹시 마음을 쓰며 애를 태움.
勞而無功	노이무공	애는 썼으나 보람이 없음을 이르는 말.
綠林豪傑	녹림호걸	도둑이나 불한당을 부르는 별칭.
綠陰芳草	녹음방초	'푸르게 우거진 나무와 향기로운 풀'이라는 뜻으로, 여름철의 자연 경관을 이르는 말.
綠衣紅裳	녹의홍상	'연두저고리에 다홍치마'라는 뜻으로, 젊은 여자의 고운 옷차림을 이르는 말.
論功行賞	논공행상	공적의 크고 작음 따위를 논의하여 그에 알맞은 상을 줌.
弄瓦之慶	농와지경	딸을 낳은 즐거움을 뜻함.
累卵之危	누란지위	'층층이 쌓아 놓은 알의 위태로움'이라는 뜻으로, 몹시 아슬아슬한 위기를 이르는 말.
能小能大	능소능대	모든 일에 두루 능함.

사자성어 | 四字成語

● 다음 사자성어의 뜻을 알아 보자

사자성어	독음	뜻
多岐亡羊	다기망양	학문의 길이 다방면이어서 진리를 깨치기 어려움을 뜻함.
多多益善	다다익선	많으면 많을수록 더욱 좋음.
多事多難	다사다난	여러 가지 일도 많고 어려움이나 탈도 많음.
多才多能	다재다능	여러 방면에 재능이 많음.
多情多感	다정다감	정이 많고 느낌이 많음. 감수성이 예민하여 감동하기 쉬움.
斷金之交	단금지교	'쇠라도 자를 만큼 강한 교분'이라는 뜻으로, 매우 두터운 우정을 이르는 말.
斷機之戒	단기지계	짜던 베도 도중에 자르면 쓸모없이 되듯이, 학문도 중도에 그만둠이 없이 꾸준히 계속해야 한다는 가르침.
單刀直入	단도직입	여러 말을 늘어놓지 아니하고 바로 요점이나 본 문제를 중심적으로 말함을 이르는 말.
簞食瓢飮	단사표음	'도시락 밥과 표주박의 물'이라는 뜻으로, 청빈한 생활을 비유하여 이르는 말.
堂狗風月	당구풍월	한 분야에 오래 있으면 얼마간의 경험과 지식을 가짐을 이르는 말.
黨同伐異	당동벌이	일의 옳고 그름은 따지지 않고 뜻이 같은 무리끼리는 서로 돕고 그렇지 않은 무리는 배척함을 이르는 말.
螳螂拒轍	당랑거철	'제 분수도 모르고 강한 적에 덤벼듦'을 비유하여 이르는 말.
大姦似忠	대간사충	아주 간사한 사람은 아첨하는 수단을 교묘히 부려 마치 충성하는 사람과 같아 보임.
大驚失色	대경실색	몹시 놀라 얼굴빛이 하얗게 변함을 말함.
大公無私	대공무사	매우 공평하고 사사로움이 없음.
大器晩成	대기만성	크게 될 사람은 늦게 이루어짐을 이르는 말.
大膽無雙	대담무쌍	대담한 것으로 겨루어 그와 상대할 만한 사람이 없는 의미.
大同小異	대동소이	큰 차이 없이 거의 같음.
大書特筆	대서특필	신문 등의 출판물에서 어떤 기사에 비중을 두어 크게 다룸을 이르는 말.
對牛彈琴	대우탄금	어리석은 사람에게는 깊은 이치를 말해도 알아듣지 못하므로 소용이 없음을 이르는 말.

大義名分	대의명분	사람으로서 당연히 지켜야 할 도리와 본분을 뜻한다.
大義滅親	대의멸친	큰 도리를 지키기 위하여 부모나 형제도 돌아보지 않음.
德必有隣	덕필유린	덕이 있으면 반드시 이웃이 따른다는 의미.
道傍苦李	도방고리	'길가의 쓰디 쓴 자두'라는 뜻으로, 아무도 따는 사람이 없이 버림받음을 일컫는 말.
桃園結義	도원결의	유비, 관우, 장비가 도원에서 의형제를 맺은 데에서 유래한 말로, 의형제를 맺음을 이르는 말.
桃源境	도원경	이 세상이 아닌 무릉도원처럼 아름다운 경지.
道聽塗說	도청도설	말을 들으면 깊이 생각하지 않고 다른 사람에게 전해버리는 경솔한 언행이나 소문.
塗炭之苦	도탄지고	진흙구덩이나 숯불 속에 떨어진 것처럼 생활이 몹시 곤란함을 말함.
獨不將軍	독불장군	무슨 일이든 자기 생각대로 혼자서 처리하는 사람.
讀書亡羊	독서망양	하는 일에는 뜻이 없고 다른 생각만 하다가 낭패를 봄을 이르는 말.
讀書尙友	독서상우	책을 읽음으로써 옛 현인(賢人)들과 벗할 수 있다는 말.
獨也靑靑	독야청청	남들이 모두 절개를 꺾는 상황 속에서도 홀로 절개를 굳게 지킴을 비유적으로 이르는 말.
同價紅裳	동가홍상	'같은 값이면 다홍치마'라는 뜻으로, 같은 값이면 좋은 물건을 골라 가진다는 말.
同工異曲	동공이곡	재주나 솜씨는 같지만 표현된 내용이나 맛이 다름을 이르는 말.
東問西答	동문서답	물음과는 전혀 상관없는 엉뚱한 대답.
同門修學	동문수학	한 스승 밑에서 함께 학문을 닦음.
同病相憐	동병상련	어려운 처지에 있는 사람끼리 서로 가엾게 여김을 뜻함.
東奔西走	동분서주	사방으로 이리저리 몹시 바쁘게 돌아다님.
同床異夢	동상이몽	같은 처지에서 서로 딴 생각을 하고 있음을 말함.
凍足放尿	동족방뇨	'언 발에 오줌누기라'는 뜻으로, 곧 효력이 없어져 더 나쁘게 되는 일을 이르는 말.

사자성어 | 四字成語

● 다음 사자성어의 뜻을 알아 보자

頭角	두각	뛰어난 학식이나 재능을 비유적으로 이르는 말.
杜門不出	두문불출	집 안에만 틀어박혀 세상 밖으로 나다니지 아니함.
斗酒不辭	두주불사	'말술도 사양하지 않는다'는 뜻으로, 술을 매우 잘 마심을 이르는 말.
登高自卑	등고자비	'높은 곳에 오르려면 낮은 곳부터 밟아야 한다'는 뜻으로, 일을 순서대로 하여야 함을 이르는 말.
登龍門	등용문	어려운 관문을 통과하여 크게 출세하게 됨 또는 그 관문.
燈下不明	등하불명	'등잔 밑이 어둡다'는 뜻으로, 가까이에 있는 물건이나 사람을 잘 찾지 못함을 이르는 말.
燈火可親	등화가친	'등불을 가까이할 만하다'는 뜻으로, 서늘한 가을 밤은 글 읽기에 좋음을 이르는 말.
馬耳東風	마이동풍	남의 말을 귀담아듣지 아니하고 지나쳐 흘려 버림을 이르는 말.
莫上莫下	막상막하	실력에 있어 낫고 못함이 없이 비슷함.
莫逆之友	막역지우	허물이 없이 아주 친한 친구.
萬頃蒼波	만경창파	한없이 넓고 푸른 바다
萬古不變	만고불변	아주 오랜 세월 동안 변하지 않음.
萬古風霜	만고풍상	오랫동안 겪은 수많은 쓰라린 경험.
萬死無惜	만사무석	만번 죽어도 부족할 정도로 죄가 매우 무거워 용서할 여지가 없음을 이르는 말.
萬事瓦解	만사와해	한 가지 잘못으로 모든 일이 다 틀려 버림.
萬事亨通	만사형통	모든 일이 뜻대로 잘 이루어짐.
萬事休矣	만사휴의	모든 것이 헛수고로 돌아감.
萬壽無疆	만수무강	장수를 빌 때 쓰는 말로 수명이 끝이 없음. 만세무강(萬世無疆).
晚時之歎	만시지탄	시기에 늦어 기회를 놓쳤음을 안타까워하는 탄식.
萬彙群象	만휘군상	세상의 온갖 사물.

萬全之策	만전지책	실패의 위험이 없는 아주 안전하고 완전한 계책.
亡國之音	망국지음	'나라를 망하게 할 음악'이란 뜻으로, 저속하고 잡스러운 음악을 이르는 말.
罔極之恩	망극지은	부모나 임금에게 받은 그지없이 큰 은혜.
忘年之交	망년지교	노인이 나이에 거리끼지 않고 사귀는 젊은 벗. 망년지우(忘年之友).
望梅解渴	망매해갈	'매실은 보기만 해도 침이 나와 갈증이 해소된다'는 뜻으로, 매실 맛이 아주 신 것을 이르는 말.
亡羊補牢	망양보뢰	'양 잃고 우리를 고친다'는 뜻으로, 이미 일을 그르친 뒤에 뉘우쳐도 소용없음을 이르는 말.
亡羊之歎	망양지탄	학문의 길이 여러 갈래여서 한 갈래의 진리도 얻기 어려움을 이르는 말.
望洋之嘆	망양지탄	어떤 일에 자기 자신의 힘이 미치지 못할 때에 하는 탄식을 이르는 말.
望雲之情	망운지정	객지에 있는 자식이 고향에 계신 어버이를 생각하는 마음.
亡子計齒	망자계치	'죽은 자식의 나이 세기'란 말로, 이미 지나간 일을 다시 생각해 봐야 소용없음을 나타냄.
芒刺在背	망자재배	'가시를 등에 지고 있다'는 뜻으로, 마음이 아주 조마조마하고 편하지 아니 함을 이르는 말.
梅蘭菊竹	매란국죽	품성이 군자와 같이 고결하다고 여겨 사군자(四君子)라 함.
梅妻鶴子	매처학자	유유자적한 풍류 생활을 이르는 말.
麥秀之嘆	맥수지탄	고국의 멸망을 한탄함을 이르는 말.
孟母斷機	맹모단기	맹자의 어머니가 아들이 학업을 중단하고 돌아왔을 때, 짜던 베를 칼로 잘라 훈계한 고사.
孟母三遷	맹모삼천	맹자의 어머니가 아들을 위하여 세번이나 이사를 함. 환경이 교육에 매우 중요하다는 의미.
面從腹背	면종복배	앞에서는 복종하는 체하면서 속으로는 딴 마음을 먹음.
明鏡止水	명경지수	맑은 거울과 고요한 물. 잡념과 가식과 헛된 욕심 없이 맑고 깨끗한 마음.
明明白白	명명백백	아주 명확하여 의심할 여지가 없음.
名實相符	명실상부	이름과 실상이 서로 꼭 맞음.

사자성어 | 四字成語

● 다음 사자성어의 뜻을 알아 보자

明若觀火	명약관화	불을 보듯 분명하고 뻔함.
命在頃刻	명재경각	목숨이 곧 끊어질 것 같은 위태로운 상황.
明哲保身	명철보신	어지러운 세상에서 총명하고 사리에 밝아서, 이치에 맞게 일을 처리하며 자신을 잘 보전함.
毛遂自薦	모수자천	자기가 자기를 추천함. '모수'라는 사람이 스스로 자기를 천거하였다는 고사에서 나온 말.
矛盾	모순	어떤 사실의 앞뒤 또는 두 사실이 이치상 어긋나서 서로 맞지 않음을 이르는 말.
目不識丁	목불식정	'丁'자를 보고도 그것이 '고무래'인 줄을 알지 못한다는 뜻으로, 아주 까막눈임을 이르는 말.
目不忍見	목불인견	눈앞에 벌어진 상황 따위를 눈뜨고는 차마 볼 수 없음.
猫項懸鈴	묘항현령	'고양이 목에 방울 달기'란 뜻으로 '실행하기 어려운 공론(空論)'을 이르는 말.
武陵桃源	무릉도원	신선이 살았다는 전설적인 중국의 명승지. 세상과 따로 떨어진 별천지.
無不通知	무불통지	무슨 일이든지 환히 통하여 모르는 것이 없음.
無所不爲	무소불위	못 하는 일이 없음.
無所不至	무소부지	이르지 아니한 데가 없음.
無所不能	무소불능	무엇이든 잘하지 않는 것이 없음.
無用之物	무용지물	쓸모없는 물건이나 사람.
無用之用	무용지용	언뜻 보기에 쓸모없는 것이 오히려 큰 구실을 함을 이르는 말.
無爲徒食	무위도식	하는 일이 없고 먹고 놀기만 하는 것을 뜻한다.
無爲而化	무위이화	성인의 덕이 크면 클수록 백성들이 스스로 따라와서 잘 감화됨.
無爲自然	무위자연	인위(人爲)를 보탬이 없는 자연 그대로의 상태.
無知莫知	무지막지	매우 무지하고 우악스러움.
文房四友	문방사우	서재에 꼭 있어야할 네 벗. 종이, 붓, 먹, 벼루의 네 가지 문방구.

聞一知十	문일지십	'하나를 듣고 열 가지를 미루어 안다'는 뜻으로, 지극히 총명함을 이르는 말.
門前成市	문전성시	찾아오는 사람이 많아 문 앞이 시장을 이루다시피 함.
門前沃畓	문전옥답	집 앞의 가까이에 있는 기름진 논.
門前雀羅	문전작라	가난하고 천해지면 문 앞에 새그물을 쳐 놓을 정도로 방문객의 발길이 뚝 끊어진다는 말.
勿失好機	물실호기	좋은 기회를 놓치지 아니함.
物我一體	물아일체	자연과 자아가 하나가 된 상태. 대상물에 완전히 몰입된 경지.
物議	물의	어떤 사람 또는 단체의 처사에 대하여 많은 사람이 이러쿵저러쿵 논평하는 상태.
尾生之信	미생지신	우직하여 융통성이 없이 약속만을 굳게 지킴.
美風良俗	미풍양속	아름답고 좋은 풍속.
博覽強記	박람강기	여러 가지의 책을 널리 많이 읽고 기억을 잘함.
薄利多賣	박리다매	상품의 이익을 적게 보고 많이 팔아 이윤을 올리는 일.
博而不精	박이부정	널리 알지만 정밀하지는 못함.
博學多識	박학다식	학식이 넓고 아는 것이 많음.
博學審問	박학심문	널리 배우고 자세하게 묻는다는 뜻으로, 배우는 사람이 반드시 명심해야 할 태도를 말함.
反骨	반골	어떤 권력이나 권위에 순응하거나 따르지 아니하고 저항하는 기골 또는 그런 기골을 가진 사람.
盤根錯節	반근착절	'서린 뿌리와 얼크러진 마디'라는 뜻으로 처리하기가 매우 어려운 사건을 이르는 말.
反目嫉視	반목질시	서로 미워하고 시기함.
半信半疑	반신반의	얼마쯤 믿으면서도 한편으로는 의심함.
半身不隨	반신불수	병이나 사고로 반신이 마비되는 일 또는 그런 사람.
反哺之孝	반포지효	자식이 자란 후에 어버이의 은혜를 갚는 효성을 이르는 말.

사자성어 | 四字成語

● 다음 사자성어의 뜻을 알아 보자

拔本塞源	발본색원	좋지 않은 일의 근본 원인을 완전히 없애 다시는 그러한 일이 생길 수 없도록 함.
發憤忘食	발분망식	끼니까지도 잊을 정도로 어떤 일에 열중함.
拔山蓋世	발산개세	힘은 산을 뽑을 만큼 매우 세고 기개는 세상을 덮을 만큼 웅대함을 이르는 말.
放聲大哭	방성대곡	북받치는 슬픔 또는 분노를 참지 못해 목을 놓아 크게 욺. 방성통곡(放聲痛哭).
傍若無人	방약무인	아무 거리낌 없이 함부로 말하고 행동함. 안하무인(眼下無人).
方底圓蓋	방저원개	'네모진 바닥에 둥근 뚜껑'이란 뜻으로, 사물이 서로 맞지 않음을 이르는 말.
背水之陣	배수지진	물을 등지고 치는 진으로 목숨을 건 싸움을 말한다.
背恩忘德	배은망덕	남에게 입은 은덕을 저버리고 배신함.
百家爭鳴	백가쟁명	많은 학자 등이 자기의 학설이나 주장을 자유롭게 발표하여 논쟁하고 토론하는 일.
百計無策	백계무책	어려운 일을 당하여 온갖 계책을 다 써도 해결할 방도를 찾지 못함.
白骨難忘	백골난망	'죽어서 백골이 되어도 잊을 수 없다'는 뜻으로, 남의 큰 은덕에 대한 고마움을 이르는 말.
百年大計	백년대계	먼 미래를 미리 내다보고 세우는 크고 중요한 계획이라는 뜻으로, 인재 양성하는 일을 비유한 말.
百年河清	백년하청	아무리 세월이 가도 일이 해결될 희망이 없음을 비유.
白頭如新	백두여신	오랫동안 사귀어 온 사이지만 서로간의 정이 두텁지 못함을 이르는 말.
伯樂一顧	백락일고	유능한 사람일지라도 자기를 알아주는 자를 만나야 출세할 수 있음을 비유한 말.
白龍魚服	백룡어복	'흰 용이 물고기의 옷을 입었다'는 뜻으로, 신분이 높은 사람이 남 모르게 나다님을 이르는 말.
白面書生	백면서생	한 갓 글만 읽고 세상일에는 전혀 경험이 없는 사람.
白眉	백미	'흰 눈썹'이라는 뜻으로, 여럿 가운데에서 가장 뛰어난 사람이나 훌륭한 물건.
百發百中	백발백중	쏘기만 하면 어김없이 명중함. 무슨 일이든 틀림없이 잘 들어맞음.
白手乾達	백수건달	돈 한 푼 없이 빈둥거리며 놀고 먹는 건달.

伯牙絶絃	백아절현	절친한 벗의 죽음을 슬퍼함.
白衣民族	백의민족	예부터 흰옷을 즐겨 입은 데서 생겨난 말로 우리 민족을 이르는 말.
百戰老將	백전노장	수많은 싸움을 치른 노련한 장수.
百戰百勝	백전백승	싸울 때마다 다 이김.
百折不屈	백절불굴	어떠한 난관에도 결코 굽히지 않음.
伯仲之間	백중지간	'큰 차이가 없는 형세'라는 뜻으로, 우열의 차이가 없이 엇비슷함을 이르는 말.
伯仲之勢	백중지세	서로 우열을 가리기 힘든 형세.
百尺竿頭	백척간두	'백 자나 되는 높은 장대 끝'이라는 뜻으로, 몹시 어렵고 위태로운 지경을 이르는 말.
百八煩惱	백팔번뇌	불교에서 말하는 사람이 지닌 108가지의 번뇌.
百花齊放	백화제방	많은 꽃이 일제히 핌. 온갖 학문이나 예술, 사상이 자유롭게 발표됨을 비유한 말.
百害無益	백해무익	해롭기만 하고 조금도 이로울 것이 없음.
變法自疆	변법자강	낡은 법을 고치어 스스로 나라를 강하게 함.
報怨以德	보원이덕	원한을 덕으로 갚음.
普遍主義	보편주의	개별적 사물은 보편적 일반성이 지배하므로 보편이 참된 실재라고 보는 입장.
普遍妥當	보편타당	어떤 경우에도 두루 통용되고 적용되는 성질.
伏地不動	복지부동	마땅히 해야 할 일을 하지 않고 몸을 사림을 비유하여 이르는 말.
封庫罷職	봉고파직	어사나 감사가 부정을 저지른 원을 파면시키고 관고를 봉하여 잠그던 일. 봉고파출(封庫罷黜)
富國强兵	부국강병	나라의 경제력을 넉넉하게 하고 군사력을 튼튼하게 하는 일.
夫婦有別	부부유별	오륜(五倫)의 하나. 부부간에는 엄격히 지켜야 할 인륜의 구별이 있음.
夫爲子隱	부위자은	아버지가 그 자식을 위해 나쁜 일이나 허물을 숨겨 주는 것을 말함.

사자성어 | 四字成語

● 다음 사자성어의 뜻을 알아 보자

父子有親	부자유친	오륜(五倫)의 하나. 아버지와 아들 사이의 친함이 있어야 함.
父傳子傳	부전자전	아버지가 아들에게 대대로 전함.
不知其數	부지기수	헤아릴 수가 없을 만큼 많음.
夫唱婦隨	부창부수	남편이 주장하고 아내가 이에 따르는 것이 부부의 도리라는 말.
附和雷同	부화뇌동	줏대 없이 남의 의견에 따라 움직임.
北窓三友	북창삼우	거문고(琴), 술(酒), 시(詩)를 일컬음.
粉骨碎身	분골쇄신	뼈가 가루가 되고 몸이 부서질 정도로 자기 몸을 희생할 각오로 전력을 다함을 비유한 말.
焚書坑儒	분서갱유	진시황이 정치 비판을 금하려고 책을 불사르고 학자들을 산 채로 구덩이에 묻어 죽인 일.
不可思議	불가사의	사람의 생각으로는 미루어 헤아릴 수 없이 이상하고 야릇함.
不可抗力	불가항력	사람의 힘으로는 어찌할 수 없는 힘이나 사태.
不敢毁傷	불감훼상	부모에게 받은 몸을 깨끗하고 온전하게 하는 것을 말함.
不俱戴天	불구대천	한 하늘 아래에서 같이 살 수 없는 원수.
不老長生	불로장생	늙지 아니하고 오래 삶.
不問可知	불문가지	묻지 아니하여도 알 수 있음.
不問曲直	불문곡직	옳고 그름을 따지지 아니함.
不聞則藥	불문즉약	듣지 않는 것이 곧 약이 됨.
不辨菽麥	불변숙맥	콩과 보리도 구별하지 못할 만큼 세상 물정에 매우 어둡다는 뜻.
不要不急	불요불급	필요하지도 않고 급하지도 않음.
不遠千里	불원천리	'천 리도 멀다고 여기지 않는다'는 뜻으로 먼 길을 열심히 달려가는 것을 이르는 말.
不忍之心	불인지심	인정상 차마 하지 못하는 마음.

不肖	불초	어버이의 덕망이나 유업을 이어받지 못함 또는 그렇게 못나고 어리석은 사람.
不撤晝夜	불철주야	밤낮을 가리지 않고 어떤 일을 계속 함.
不肖小子	불초소자	어버이의 덕망을 닮지 못한 자식, 못난 사람의 일컬음.
不恥下問	불치하문	아랫사람이나 자기보다 못한 사람에게 모르는 것을 묻는 일을 부끄러워하지 않음.
不偏不黨	불편부당	아주 공평하여 어느 한쪽으로 치우치지 아니함.
不惑	불혹	미혹되지 아니함. '마흔 살'을 이르는 말.
朋友有信	붕우유신	오륜(五倫)의 하나. 벗 사이에는 믿음이 있어야 함.
鵬程萬里	붕정만리	붕새의 날아가는 하늘 길이 만리로 트임을 말하는데, 이는 곧 전도양양한 장래를 의미함.
非夢似夢	비몽사몽	완전히 잠이 들지도 잠에서 깨어나지도 않은 어렴풋한 상태.
悲憤慷慨	비분강개	의롭지 못한 일 또는 잘못되어 가는 세태 등에 대해서 슬프고 분하여 의분이 북받침.
非一非再	비일비재	같은 현상이나 일이 한 두번이 아니고 많음.
貧者一燈	빈자일등	물질의 많고 적음보다 정성이 중요함을 뜻함.
氷炭間	빙탄간	서로 조화될 수 없는 사이.
四顧無親	사고무친	의지할 만한 사람이 아무도 없음.
四苦八苦	사고팔고	인간의 온갖 고통과 괴로움.
事君以忠	사군이충	세속 오계의 하나. 충성으로써 임금을 섬김.
捨己從人	사기종인	자신의 잘못을 과감히 버리고 남의 좋은 점을 배운다는 뜻.
士氣衝天	사기충천	싸움에 나아간 군사의 사기가 하늘을 찌를 듯함.
士農工商	사농공상	예전에, 백성을 나누던 네 가지 계급(선비·농부·장인·상인)을 이르던 말.
事大交隣	사대교린	큰 나라인 중국은 섬기고, 왜·여진 같은 이웃 나라와는 사이좋은 관계를 유지하는 외교방법.

사자성어 | 四字成語

● 다음 사자성어의 뜻을 알아 보자

四面楚歌	사면초가	아무에게도 도움을 받지 못하는 외롭고 곤란한 지경에 빠진 상황.
四面春風	사면춘풍	누구에게나 좋게 대하는 일 또는 그런 사람.
斯文亂賊	사문난적	유교 사상에 어긋나는 언행을 하는 사람.
四分五裂	사분오열	여러 갈래로 갈기갈기 찢어지거나 분열되어 질서가 없어짐.
砂上樓閣	사상누각	겉모양은 번듯하나 기초가 약하여 오래가지 못하는 일등을 비유하여 이르는 말.
四書三經	사서삼경	유교의 대표적인 경전으로, 사서는 논어·맹자·대학·중용이고, 삼경은 시경·서경·역경.
死生決斷	사생결단	죽고 사는 것을 돌보지 않고 끝장을 냄.
捨生取義	사생취의	목숨을 버리고 의를 좇는다는 뜻으로, 목숨을 버릴지언정 옳은 일을 함을 이르는 말.
事實無根	사실무근	근거가 없음 또는 터무니없음.
辭讓之心	사양지심	사람의 본성에서 우러나오는 네 가지 마음씨 중의 하나인 겸손히 남에게 사양하는 마음.
似而非	사이비	겉으로는 비슷하나 속은 완전히 다름 또는 그런 것.
蛇足	사족	'화사첨족(畵蛇添足)'의 준말로, 쓸데없는 일을 하여 오히려 일을 그르침을 말함.
四柱單子	사주단자	정혼한 후, 신랑집에서 신랑의 사주를 적어 신부집에 보내는 간지. 사주.
四柱八字	사주팔자	태어난 연·월·일·시가 사주이고, 그에 따른 간지(干支) 여덟 글자가 팔자이다.
事親以孝	사친이효	세속 오계의 하나. 어버이를 섬기기를 효도로써 함을 이른다.
四通五達	사통오달	도로나 교통망, 통신망 따위가 막힘 없이 사방으로 통함. 사통팔달(四通八達).
事必歸正	사필귀정	모든 일은 반드시 바른 데로 돌아감.
山紫水明	산자수명	'산은 자줏빛으로 선명하고 물은 맑다'는 뜻으로, 산천의 경치가 매우 아름다움을 이르는 말.
山戰水戰	산전수전	세상의 온갖 고생과 어려움을 다 겪어 경험이 많음을 비유한 말.
山川草木	산천초목	산천과 초목, 즉 자연을 가리킨다.

山海珍味	산해진미	산과 바다에서 나는 온갖 진귀한 산물로 잘 차린 맛이 좋은 음식.
殺生有擇	살생유택	세속 오계의 하나. 살생을 함부로 하지 말고 가려서 해야 함.
殺身成仁	살신성인	자기 몸을 희생하여 인(仁)을 이룸. 옳은 일을 위하여 자기 몸을 희생함.
三可宰相	삼가재상	세 사람 말이 모두 옳다고 한 황정승의 말에서 나온 말로, 마음이 아주 너그러운 사람을 뜻함.
三綱五倫	삼강오륜	유교(儒敎) 도덕의 가장 기본이 되는 원칙.
三顧草廬	삼고초려	인재를 맞아들이기 위하여 끈기 있게 노력함을 비유함.
森羅萬象	삼라만상	우주에 있는 온갖 사물과 현상.
三水甲山	삼수갑산	지세가 험하고 교통이 불편해 가기 어려운 곳이라는 뜻에서 '몹시 어려운 지경'을 비유.
三旬九食	삼순구식	'서른 날에 아홉 끼니밖에 못 먹는다'는 뜻으로, 가난하여 끼니를 많이 거름을 이르는 말.
三位一體	삼위일체	세 가지의 것이 하나의 목적을 위하여 통합되는 일.
三人成虎	삼인성호	근거 없는 말이라도 여러 사람이 말하면 곧이 듣게 됨을 이르는 말.
三從之道	삼종지도	어려서는 아버지, 결혼해서는 남편, 남편이 죽으면 자식을 따라야 한다는 여자의 세가지 도리.
三尺童子	삼척동자	'키가 석 자밖에 되지 않는 아이'라는 뜻으로, 철부지 어린아이를 이르는 말.
三遷之敎	삼천지교	맹자의 어머니가 아들을 가르치기 위하여 세번이나 이사를 하였음을 이르는 말.
三寒四溫	삼한사온	겨울 기온의 변화 현상으로 7일을 주기로 사흘 동안 춥고 나흘 동안 따뜻함을 이르는 말.
傷弓之鳥	상궁지조	한번 화살에 맞은 새는 구부러진 나무만 보아도 놀란다는 뜻.
相扶相助	상부상조	서로 서로 도움.
桑田碧海	상전벽해	'뽕나무 밭이 변하여 푸른 바다가 된다'는 뜻으로, 세상일의 변천이 심함을 비유.
桑中之喜	상중지희	남녀간의 불의(不義)의 쾌락이나 풍속의 퇴폐를 풍자하여 이르는 말.
霜風高節	상풍고절	곤경에 처하여도 굽히지 않는 서릿바람 같은 높은 절개.

사자성어 | 四字成語

● 다음 사자성어의 뜻을 알아 보자

上行下效	상행하효	윗사람이 하는 일을 아랫사람이 본받음.
塞翁之馬	새옹지마	인생의 길흉화복은 변화가 많아서 예측하기가 어렵다는 말.
生面不知	생면부지	서로 만난 적이 없어서 전혀 알지 못하는 사람 또는 그런 관계.
生巫殺人	생무살인	선무당이 사람을 잡듯이, 기술과 경험이 적은 사람이 일 한다고 나섰다가 도리어 화를 초래함.
生不如死	생불여사	'살아 있음이 차라리 죽는 것만 못하다'는 뜻으로, 몹시 어려운 형편에 있음을 이르는 말.
生而知之	생이지지	배우지 않아도 스스로 깨달아 감.
席卷	석권	'돗자리를 만다'는 뜻으로, 빠른 기세로 영토를 휩쓸거나 세력 범위를 넓힘을 이르는 말.
先見之明	선견지명	앞일을 미리 내다보고 판단하는 지혜.
善男善女	선남선녀	'성품이 착한 남자와 여자'란 뜻으로, 착하고 어진 사람들 또는 곱게 단장을 한 남자와 여자를 이르는 말.
善因善果	선인선과	선업을 쌓으면 반드시 좋은 과보가 따름.
雪上加霜	설상가상	'눈 위에 서리가 덮인다'는 뜻으로, 난처한 일이나 불행한 일이 잇따라 일어남을 이르는 말.
世俗五戒	세속오계	세속에서 지켜야 할 다섯 가지 계율로 사군이충·사친이효·교우이신·임전무퇴·살생유택을 이른다.
說往說來	설왕설래	서로 변론을 주고받으며 옥신각신함.
城下之盟	성하지맹	'성 밑까지 쳐들어온 적군과 맺는 맹약'이라는 뜻으로, 적국과 맺는 굴욕적인 맹약을 이르는 말.
歲寒松柏	세한송백	'겨울철의 소나무와 잣나무'란 뜻으로, 군자는 역경에 처하여도 지조와 절의를 굳게 지켜 변치 않음.
歲寒三友	세한삼우	'추운 겨울철의 세 벗'이라는 뜻으로, 추위에 잘 견디는 소나무·대나무·매화나무를 이르는 말.
小貪大失	소탐대실	작은 것을 탐하다가 큰 것을 잃음.
束手無策	속수무책	손을 묶은 것처럼 어찌할 도리가 없어 꼼짝 못함.
速戰速決	속전속결	어떤 일을 빨리 진행하여 빨리 끝냄을 비유.
送舊迎新	송구영신	묵은 해를 보내고 새해를 맞음.

松都三絶	송도삼절	조선 시대에 서화담·황진이·박연폭포를 개성의 뛰어난 세 명물로 이르던 말.
宋襄之仁	송양지인	쓸데없는 아량을 베풀어 실속이 없음을 뜻함.
首丘初心	수구초심	'여우가 죽을 때에 머리를 자기가 살던 굴 쪽으로 둔다'는 뜻으로, 고향을 그리워하는 마음을 이르는 말.
隨機應辯	수기응변	그때 그때의 기회에 따라 일을 적절히 처리함.
水落石出	수락석출	'물이 말라 밑바닥의 돌이 드러난다'는 뜻으로, 어떤 일이 나중에 명백히 드러남을 비유.
手不釋卷	수불석권	'손에서 책을 놓지 않는다'는 뜻으로, 부지런히 학문에 힘씀을 이르는 말.
漱石枕流	수석침류	남에게 지기 싫어하는 마음이 강해서 억지로 무리한 이유를 붙임.
袖手傍觀	수수방관	'팔장을 끼고 바라만 본다'는 뜻으로, 응당 해야 할 일을 그대로 버려 둠.
水魚之交	수어지교	물고기와 물의 관계처럼 아주 친밀하여 떨어질 수 없는 사이를 이름.
羞惡之心	수오지심	의롭지 못한 일에 대해서 부끄러워하고 미워하는 마음.
守株待兔	수주대토	융통성 없이 구습에 젖어 시대의 변천을 모름을 이름.
壽則多辱	수즉다욕	오래 살면 그 만큼 욕된 일이 많음.
宿虎衝鼻	숙호충비	'자는 호랑이의 코를 찌른다'는 뜻으로, 공연히 건드려 화를 입거나 일을 불리하게 만듦.
脣亡齒寒	순망치한	서로 이해관계가 밀접해 어느 한쪽이 망하면 다른 한쪽도 온전하기 어려움.
是非之心	시비지심	사단(四端)의 하나. 옳고 그름을 가릴 줄 아는 마음.
視死如生	시사여생	'죽음을 삶과 같이 보아 두려워하지 않는다'는 뜻으로, 죽음을 조금도 두려워하지 않음.
是是非非	시시비비	옳고 그름을 따지며 다툼.
始終一貫	시종일관	일 따위를 처음부터 끝까지 한결같이 함.
食少事奔	식소사분	먹을 것은 적은데 할 일은 많음. 식소사번(食少事煩).
食言	식언	'한번 입 밖에 낸 말을 도로 입 속에 넣는다'는 뜻으로, 약속한 말대로 지키지 아니함.

사자성어 | 四字成語
● 다음 사자성어의 뜻을 알아 보자

識字憂患	식자우환	학식이 있는 것이 오히려 근심을 사서 하게 됨.
信賞必罰	신상필벌	'공이 있으면 반드시 상을 주고 죄가 있으면 반드시 벌을 준다'는 뜻으로, 규정대로 분명하게 함.
身言書判	신언서판	사람됨을 판단하는 네 가지 기준. 곧 몸(풍체), 말씨(언변), 문필, 판단력을 일컬음.
新陳代謝	신진대사	묵은 것이 없어지고 새 것이 대신 생기는 일.
神出鬼沒	신출귀몰	'귀신같이 나타났다가 사라진다'는 뜻으로, 자유자재로 나타나고 사라짐.
身土不二	신토불이	자기가 사는 땅에서 산출한 농산물이라야 체질에 잘 맞음.
實事求是	실사구시	실제에 입각해서 진리를 탐구함.
心機一轉	심기일전	어떤 동기가 있어 이제까지 가졌던 마음가짐을 버리고 완전히 달라짐.
心腹之患	심복지환	쉽게 고치기 어려운 병 또는 없애기 어려운 우환.
深思熟考	심사숙고	깊이 잘 생각함.
十年減壽	십년감수	수명이 십년이나 줄 정도로 위험한 고비를 겪음.
十年知己	십년지기	오래 전부터 친히 사귀어 잘 아는 사람.
十目所視	십목소시	'여러 사람이 다 보고 있다'는 뜻으로, 세상 사람을 속일 수 없음을 비유적으로 이르는 말.
十伐之木	십벌지목	아무리 심지가 굳은 사람이라도 여러 번 말을 하면 결국 마음을 돌려 따르게 됨.
十常八九	십상팔구	열에 여덟이나 아홉 정도로 거의 예외가 없음. 십중팔구(十中八九).
十指不動	십지부동	'열 손가락을 꼼짝하지 아니한다'는 뜻으로, 게을러서 아무 일도 하지 아니함을 이르는 말.
阿鼻叫喚	아비규환	참혹한 고통 가운데서 살려 달라고 울부짖는 상태를 이르는 말.
阿修羅場	아수라장	싸움이나 그 밖의 다른 일로 큰 혼란에 빠진 곳 또는 그런 상태를 말함.
我田引水	아전인수	'자기 논에 물 대기'라는 뜻으로, 자기에게 유리하도록 행동하는 것을 이르는 말.
惡事千里	악사천리	나쁜 일에 대한 소문은 빠르게 널리 퍼져 알려짐.

安居危思	안거위사	편안할 때에 어려움이 닥칠 것을 미리 대비하여야 함.
安分知足	안분지족	편안한 마음으로 제 분수를 지키며 만족할 줄을 앎.
安貧樂道	안빈낙도	가난한 생활을 하면서도 편안한 마음으로 도를 즐겨 지킴.
眼下無人	안하무인	방자하고 교만하여 다른 사람을 업신여김.
暗中摸索	암중모색	확실한 방법을 모르는 채 이리저리 시도해 봄 또는 남이 보지 않는 가운데 무엇인가를 도모함.
殃及池魚	앙급지어	'성문에 난 불을 못의 물로 끄니 그 못의 물고기가 다 죽었다'는 뜻으로, 엉뚱하게 재난을 당함을 이르는 말.
愛人如己	애인여기	남 사랑하기를 내 몸 사랑하는 것 같이 함.
愛之重之	애지중지	매우 사랑하고 소중히 여기는 모양.
藥房甘草	약방감초	한방에 없어서는 안 되는 약재인 감초처럼, 어떤 일에나 빠짐없이 끼어드는 사람이나 사물.
弱肉强食	약육강식	'약한 것은 강한 것에게 먹힌다'는 뜻으로, 생존경쟁의 격렬함을 이르는 말.
良禽擇木	양금택목	'새도 가지를 가려 앉는다'는 뜻에서, 현명한 선비는 좋은 군주를 가려서 섬김을 비유.
羊頭狗肉	양두구육	'양의 머리를 걸어 놓고 개고기를 판다'는 뜻으로, 겉보기만 좋고 속은 변변치 못함.
梁上君子	양상군자	'들보 위의 군자'라는 뜻으로, '도둑'을 점잖게 이르는 말.
兩手兼將	양수겸장	장기에서 한 수로 두 말이 한꺼번에 장을 부르게 되는 일로 두 문제가 맞물려 옴짝달싹 못함을 뜻함.
兩是雙非	양시쌍비	양편의 주장이 다 이유가 있어서 시비를 가리기 어려움.
良藥苦口	양약고구	'좋은 약은 입에 쓰나 병에 이롭다'는 뜻으로, 충언(忠言)은 귀에 거슬리나 자신에게 이로움을 이르는 말.
楊布之狗	양포지구	겉이 달라졌다고 해서 속까지 달라진 것으로 알고 있는 사람을 가리키는 말.
養虎遺患	양호유환	'범을 길러서 화근을 남긴다'는 뜻으로, 화근이 될 것을 길러서 나중에 화를 당함.
魚頭肉尾	어두육미	물고기는 머리 쪽이 맛이 있고 짐승 고기는 꼬리 쪽이 맛이 있다는 말.
魚魯不辨	어로불변	'어(魚)자와 노(魯)자를 분간하지 못한다'는 뜻으로 '아주 무식함'을 비유한 말.

사자성어 | 四字成語

● 다음 사자성어의 뜻을 알아 보자

語不成說	어불성설	말이 조금도 사리에 맞지 아니함.
漁父之利	어부지리	둘이 다투는 사이에 제삼자가 이득을 보는 것을 뜻함.
抑强扶弱	억강부약	강한 자를 누르고 약한 자를 도와줌.
焉敢生心	언감생심	감히 그런 마음을 먹을 수도 없음.
言文一致	언문일치	말할 때의 표현과 글로 나타낼 때의 표현과의 사이에 용어상의 차이가 없음.
言語道斷	언어도단	'말할 길이 끊어졌다'는 뜻으로, 어이가 없어서 말하려 해도 말할 수 없음을 이르는 말.
言中有骨	언중유골	예사로운 말 같으나 그 속에 단단한 속뜻이 들어 있음.
言行一致	언행일치	말과 행동이 서로 같음 또는 말한 대로 실행함.
餘桃之罪	여도지죄	'먹다 남은 복숭아를 먹인 죄'라는 뜻으로, 애증의 변화가 심함을 비유한 말.
如履薄氷	여리박빙	살얼음을 밟듯이 아슬아슬하고 위험한 일.
餘無可論	여무가론	대강이 이미 결정되어 나머지는 의논의 여지가 없음.
與世推移	여세추이	세상의 변화에 따라 함께 변함.
如出一口	여출일구	여러 사람의 말이 다 같음. 이구동성(異口同聲).
易地思之	역지사지	처지를 바꾸어서 생각해 봄.
年末年始	연말연시	한 해의 마지막 때와 새해의 첫머리를 아울러 이르는 말.
緣木求魚	연목구어	'나무에 올라가서 물고기를 구한다'는 뜻으로, 도저히 불가능한 일을 굳이 하려 함을 이르는 말.
鳶飛魚躍	연비어약	하늘에 솔개가 날고 물 속에 고기가 뛰노는 것과 같은 천지조화의 오묘한 작용.
炎凉世態	염량세태	세력이 있을 때는 아첨하여 따르고 세력이 없어지면 푸대접하는 세상인심을 비유.
念不及他	염불급타	생각이 다른 곳에 미치지 못함.
榮枯盛衰	영고성쇠	인생이나 사물의 번성함과 쇠락함이 서로 바뀜.

五車之書	오거지서	다섯 수레에 실을 만한 많은 책.
五更燈火	오경등화	밤새워 열심히 공부함.
五里霧中	오리무중	오리나 되는 짙은 안개 속에서 길을 찾기 어려운 것과 같이 어떤 일의 방향이나 갈피를 잡을 수 없음.
寤寐不忘	오매불망	자나 깨나 잊지 못함.
吾鼻三尺	오비삼척	'내 코가 석자'라는 뜻으로, 자기 사정이 급하여 남을 돌볼 겨를이 없음을 이르는 말.
烏飛梨落	오비이락	까마귀 날자 배 떨어진다. 아무 관계도 없이 한 일이 의심을 받거나 난처한 위치에 서게 됨.
傲霜孤節	오상고절	'서릿발 속에서도 굽히지 않고, 외로이 지키는 절개'라는 뜻으로, '국화(菊花)'를 비유함.
五十步百步	오십보백보	조금 낫고 못한 정도의 차이는 있으나 본질적으로는 차이가 없음.
吳越同舟	오월동주	서로 적의를 품은 사람들이 한 자리에 있게 된 경우나 서로 협력하여야 하는 상황.
烏有先生	오유선생	실제로 없는 인물. 가공의 인물.
五臟六腑	오장육부	내장을 통틀어 일컫는 말.
烏合之卒	오합지졸	'까마귀가 모인 것처럼 질서 없이 모인 무리'라는 뜻으로, 규율이 없고 무질서한 군중을 이르는 말.
玉骨仙風	옥골선풍	살빛이 희고 고결하여 신선과 같은 풍채.
屋上架屋	옥상가옥	'지붕 위에 또 지붕을 만든다'는 뜻으로, 흔히 물건이나 일을 부질없이 거듭함.
玉石俱焚	옥석구분	'옥과 돌이 함께 탄다'는 뜻으로, 착한 사람이나 악한 사람이 함께 화를 당함.
玉石混淆	옥석혼효	'옥과 돌이 섞여 있다'는 뜻으로, 좋은 것과 나쁜 것이 한데 뒤섞여 있음.
屋下架屋	옥하가옥	'지붕 아래 또 지붕을 만든다'는 뜻으로, 선인들이 이루어 놓은 일이 발전한 탓가 조금도 없음.
溫故知新	온고지신	옛 것을 익히고 그것을 미루어 새 것을 앎.
蝸角之爭	와각지쟁	'달팽이의 뿔 위에서 하는 싸움'이라는 뜻으로, 사소한 일로 벌이는 다툼을 이르는 말.
臥薪嘗膽	와신상담	원수를 갚거나 어떤 목적을 이루기 위하여 괴로움을 참고 견딤을 비유하여 이르는 말.

사자성어 | 四字成語

● 다음 사자성어의 뜻을 알아 보자

外柔內剛	외유내강	겉으로는 부드럽고 순하게 보이나 마음속은 단단하고 굳셈.
要領不得	요령부득	말이나 글 따위의 요령을 잡을 수가 없음.
樂山樂水	요산요수	산수(山水)의 자연을 즐기고 좋아함.
窈窕淑女	요조숙녀	품위 있고 얌전한 여자. 얌전하고 조용한 여자.
欲巧反拙	욕교반졸	너무 잘 하려고 기교를 지나치게 부리면 오히려 잘 되지 않음.
欲速不達	욕속부달	일을 빨리 하려고 서두르면 도리어 이루지 못함.
欲言未吐	욕언미토	'하고 싶은 말은 있어도 아직 다하지 못하였다'는 뜻으로, 감정의 깊이가 있음.
龍頭蛇尾	용두사미	용의 머리와 뱀의 꼬리. 처음 출발은 야단스러우나 끝은 보잘 것 없이 흐지부지함.
龍味鳳湯	용미봉탕	맛이 썩 좋은 음식.
愚公移山	우공이산	무슨 일이든 꾸준히 노력하면 성공함을 비유한 말.
牛刀割鷄	우도할계	'소 잡는 칼로 닭을 잡는다'는 뜻으로, 작은 일에 어울리지 아니하게 큰 도구를 씀.
右往左往	우왕좌왕	이리저리 왔다 갔다 하며 일이나 나아가는 방향을 종잡지 못함.
優柔不斷	우유부단	줏대 없이 어물거리기만 하고 딱 잘라 결단을 내리지 못함.
牛耳讀經	우이독경	쇠귀에 경 읽기. 둔한 사람은 아무리 가르치고 일러 주어도 알아듣지 못함.
羽化登仙	우화등선	'사람이 신선이 되어 하늘로 올라감'을 이르는 말.
雨後竹筍	우후죽순	비 온 뒤에 여기저기 솟는 죽순처럼, 어떤 일이 일시에 많이 생겨남을 비유한 말.
雲泥之差	운니지차	'구름과 진흙의 차이'라는 뜻으로, 사정이 크게 다름을 이르는 말.
遠交近攻	원교근공	먼 나라와 친교를 맺고 가까운 나라를 공격함.
元亨利貞	원형이정	주역(周易)의 건괘(乾卦)의 네 가지 덕, 곧 천도(天道)의 네 가지 원리를 이르는 말.
月下氷人	월하빙인	부부의 인연을 맺어주는 중매쟁이를 일컫는 말. 월하노인(月下老人).

危機一髮	위기일발	몹시 위험한 순간.
韋編三絶	위편삼절	독서에 힘씀. 공자가 주역을 즐겨 읽어 책을 묶은 가죽끈이 세 번이나 끊어졌다는 고사에서 유래.
有口無言	유구무언	'입은 있어도 말은 없다'는 뜻으로, 변명이나 항변할 말이 없음을 이르는 말.
柔能制剛	유능제강	부드러운 것이 오히려 능히 굳센 것을 이김.
類萬不同	유만부동	비슷한 것이 많으나 서로 같지는 아니함. 분수에 맞지 않음.
有名無實	유명무실	이름만 그럴듯하고 실속은 없음.
有無相通	유무상통	있는 것과 없는 것을 서로 융통함.
有備無患	유비무환	모든 일에서 미리 준비가 되어 있으면 걱정할 것이 없음.
流言蜚語	유언비어	전혀 근거가 없는 말이나 뜬소문을 일컬음.
類類相從	유유상종	같은 무리끼리 서로 어울려 사귐.
悠悠自適	유유자적	속세를 떠나 아무 속박 없이 조용하고 편안하게 삶.
遺臭萬年	유취만년	더러운 이름을 먼 장래에까지 끼침.
隱忍自重	은인자중	괴로움을 마음속에 감추어 참고 견디면서 몸가짐을 신중하게 함.
陰德陽報	음덕양보	남이 모르게 덕행을 쌓은 사람은 뒤에 그 보답을 받게 됨을 이르는 말.
泣斬馬謖	읍참마속	군율을 세우기 위하여서는 사랑하고 아끼는 사람도 버림을 이르는 말.
應接不暇	응접불가	'응접에 바빠 겨를이 없다'는 뜻으로, 일이 몹시 바쁜 상태를 이르는 말.
異口同聲	이구동성	여러 사람의 말이 한결같이 같음. 여출일구(如出一口). ㅇ구동음(異口同音).
以卵投石	이란투석	'달걀로 돌을 친다'는 뜻으로, 아주 약한 것으로 강한 것에 대항하려는 어리석음.
耳目口鼻	이목구비	귀·눈·입·코를 아울러 이르는 말.
耳目之慾	이목지욕	듣고 싶고, 보고 싶은 욕망. 듣고 봄으로써 생기는 물질에 대한 욕망.

사자성어 | 四字成語

● 다음 사자성어의 뜻을 알아 보자

以文會友	이문회우	학문으로 친구를 사귐.
以實直告	이실직고	사실 그대로 고함.
以心傳心	이심전심	마음과 마음으로 서로 뜻이 통함.
利用厚生	이용후생	백성이 사용하는 기구를 편리하게 하고 의식을 넉넉하게 하여 생활을 윤택하게 함.
二律背反	이율배반	서로 모순되어 양립할 수 없는 두 개의 명제.
泥田鬪狗	이전투구	'진흙탕에서 싸우는 개'라는 뜻으로, 자기의 이익을 위하여 비열하게 다툼.
理判事判	이판사판	막다른 데 이르러 어찌할 수 없게 된 지경.
以暴易暴	이포역포	나쁜 사람을 바꾼다면서 또 다른 나쁜 사람을 들어앉힘.
因果應報	인과응보	과거나 전생의 선악의 인연에 따라 내세에 길흉화복의 갚음을 받는다는 말.
引過自責	인과자책	자기의 잘못을 깨닫고 스스로 꾸짖음.
人口膾炙	인구회자	널리 사람의 입에 오르내림을 이르는 말.
人面獸心	인면수심	사람의 얼굴을 하고 있으나 짐승과 다름없이 마음이나 행동이 몹시 냉혹한 자.
人命在天	인명재천	'사람의 목숨은 하늘에 달려 있다'는 뜻으로, 목숨의 길고 짧음은 인력으로 어쩔 수 없음.
人死留名	인사유명	'사람은 죽어서 이름을 남긴다'는 뜻으로, 사람의 삶이 헛되지 아니하면 그 이름이 길이 남음.
仁者無敵	인자무적	어진 사람은 모든 사람을 사랑하므로 세상에 적이 없음.
一刻如三秋	일각여삼추	'짧은 시간도 삼년 같이 여겨진다'는 뜻으로, 애타게 기다리는 마음이 몹시 간절함.
一刻千金	일각천금	아무리 짧은 시간이라도 천금과 같이 귀중함.
一擧兩得	일거양득	한 가지 일로 두 가지 이익을 얻음.
日久月深	일구월심	'날이 오래고 달이 깊어 간다'는 뜻으로, 세월이 흐를수록 더함을 이르는 말.
一口二言	일구이언	'한 입으로 두 말을 한다'는 뜻으로 말을 이랬다저랬다 함을 이르는 말.

日暖風和	일난풍화	날씨가 따뜻하고 바람이 부드러움.
一刀兩斷	일도양단	칼로 무엇을 대번에 쳐서 두 도막을 냄. 어떤 일을 머뭇거리지 아니하고 선뜻 결정함.
一網打盡	일망타진	'한번 그물을 쳐서 고기를 다 잡는다'는 뜻으로, 어떤 무리를 한꺼번에 모조리 다 잡음.
一鳴驚人	일명경인	한번 시작하면 사람을 놀랠 정도의 대사업을 이룩함.
一罰百戒	일벌백계	다른 사람들에게 경각심을 불러일으키기 위하여 본보기로 한 사람에게 엄한 처벌을 함.
一瀉千里	일사천리	어떤 일이 거침없이 빨리 진행됨.
一石二鳥	일석이조	한 가지 일로 두 가지 이익을 얻음.
一笑一少	일소일소	한 번 웃으면 한 번 젊어짐.
一心同體	일심동체	여러 사람이 굳게 뭉쳐 한마음 한몸 같음을 이르는 말.
一魚濁水	일어탁수	'한 마리의 물고기가 물을 흐린다'는 뜻으로, 한 사람의 잘못으로 여러 사람이 피해를 입게 됨.
一葉知秋	일엽지추	조그마한 일을 가지고 장차 올 일을 미리 짐작함.
一葉片舟	일엽편주	나뭇잎처럼 작은 배.
一牛鳴地	일우명지	소의 울음소리가 들릴 정도로 가까운 거리의 땅.
一衣帶水	일의대수	한 줄기 좁은 강물이나 바닷물.
一以貫之	일이관지	한 이치로써 모든 일을 꿰뚫음.
一日如三秋	일일여삼추	'하루가 삼년과 같다'는 말로, 몹시 그리워하며 기다림.
一日之長	일일지장	'하루 먼저 세상에 태어났다'는 뜻으로, 나이가 조금 위임을 이르는 말.
一字千金	일자천금	'글자 하나의 값이 천금의 가치가 있다'는 뜻으로, 글씨나 문장이 아주 훌륭함을 이름.
一長一短	일장일단	장점도 있고 단점도 있음.
一場春夢	일장춘몽	인생의 부귀영화는 한바탕의 봄꿈과 같이 헛됨을 말함.

사자성어 | 四字成語

● 다음 사자성어의 뜻을 알아 보자

一朝一夕	일조일석	'하루 아침과 하루 저녁'이란 뜻으로, 짧은 시일을 이르는 말.
一進一退	일진일퇴	한번 앞으로 나아갔다 한번 뒤로 물러섰다 함.
一觸卽發	일촉즉발	조금만 닿아도 폭발할 것 같이 몹시 위급한 상태.
一寸光陰	일촌광음	아주 짧은 시간.
日就月將	일취월장	나날이 발전하고 다달이 진보함.
一致團結	일치단결	여럿이 마음을 합쳐 한 덩어리로 굳게 뭉침.
一波萬波	일파만파	작은 한 사건이 큰 파장을 불러 일으킴을 의미한다.
一敗塗地	일패도지	여지없이 패하여 다시 일어날 수 없게 된 지경에 이름.
一片丹心	일편단심	'한 조각의 붉은 마음'이라는 뜻으로, 진심에서 우러나오는 변치 않는 마음을 이르는 말.
一筆揮之	일필휘지	글씨를 단숨에 힘차고 시원하게 죽 써 내려감.
一攫千金	일확천금	힘들이지 않고 단번에 많은 재물을 얻음.
一喜一悲	일희일비	기쁜 일과 슬픈 일이 번갈아 일어남.
臨機應變	임기응변	그때그때 처한 사태에 맞추어 즉각 그 자리에서 결정하거나 처리함.
臨戰無退	임전무퇴	세속 오계의 하나. 전쟁에 나아가서 물러서지 않음.
立身揚名	입신양명	학문연마를 통해 자신의 몸을 수양하고 세상에 나아가 출세하여 이름을 날리는 것을 말함.
自家撞着	자가당착	같은 사람의 말이나 행동이 앞뒤가 서로 맞지 않고 모순됨.
自强不息	자강불식	스스로 힘써 몸과 마음을 가다듬어 쉬지 아니함.
自激之心	자격지심	자기가 한 일에 대하여 스스로 미흡하게 여기는 마음.
自古以來	자고이래	예로부터 지금까지의 동안.
自給自足	자급자족	필요한 물자를 스스로 생산하여 충당함.

自己滿足	자기만족	자기 자신이나 자기의 행위에 대하여 스스로 흡족하게 여김.
自問自答	자문자답	스스로 묻고 스스로 답함.
子孫萬代	자손만대	자식과 손자들이 계속해서 이어져 나감을 뜻함.
自手削髮	자수삭발	자기 손으로 자신의 머리털을 깎음. 어려운 일을 남의 힘을 빌리지 않고 혼자의 힘으로 감당함.
自手成家	자수성가	물려받은 것 없이 한 살림을 이룩함을 뜻함.
自業自得	자업자득	자기가 저지른 일의 결과를 자기가 받음.
自由自在	자유자재	자기 뜻대로 모든 것이 자유롭고 거침이 없음.
自中之亂	자중지란	같은 편끼리 하는 싸움.
自初至終	자초지종	처음부터 끝까지의 과정.
自暴自棄	자포자기	스스로 자신의 몸을 해치고 버림.
自畫自讚	자화자찬	자기가 한 일을 스스로 자랑함.
作心三日	작심삼일	'단단히 먹은 마음이 사흘을 가지 못한다'는 뜻으로, 결심이 굳지 못함을 이르는 말.
張三李四	장삼이사	이름이나 신분이 특별하지 아니한 평범한 사람들을 이르는 말.
長幼有序	장유유서	오륜(五倫)의 하나. 어른과 어린이 사이에는 엄격한 차례와 질서가 있음.
才勝德薄	재승덕박	재주는 있으나 덕이 부족함. 재승박덕(才勝薄德)
賊反荷杖	적반하장	'도둑이 되레 매를 든다'는 뜻으로, 잘못한 사람이 도리어 잘한 사람을 나무라는 경우를 말함.
積小成大	적소성대	작은 것도 많이 쌓이면 큰 것을 이룸. 적진성산(積塵成山). 적토성산(積土成山).
赤手成家	적수성가	가진 것 하나 없이 제 스스로의 힘으로 노력하여 가산(家産)을 이룸.
適者生存	적자생존	생존 경쟁에서 외계의 상태나 변화에 잘 적응하는 것만이 살아남고, 그렇지 못한 것은 멸망함.
積塵成山	적진성산	'티끌 모아 태산을 이룬다'는 말로, 아무리 작은 것도 쌓이면 큰 덩어리가 됨.

사자성어 | 四字成語

● 다음 사자성어의 뜻을 알아 보자

積土成山	적토성산	'흙이 쌓여 산이 된다'는 말로, 작은 것도 모이면 커진다는 뜻.
電光石火	전광석화	번갯불이나 부싯돌의 불이 번쩍거리는 것과 같이 매우 짧은 시간이나 재빠른 움직임.
前途洋洋	전도양양	앞길이 훤하게 열려 희망에 차 있음을 뜻함.
前無後無	전무후무	이전에도 없었고 앞으로도 없음.
戰戰兢兢	전전긍긍	몹시 두려워서 벌벌 떨며 조심함.
輾轉反側	전전반측	잠을 이루지 못하고 누워서 몸을 이리 저리 뒤척임.
全知全能	전지전능	어떠한 사물이라도 잘 알고, 모든 일을 다 행할 수 있는 신불(神佛)의 능력.
轉禍爲福	전화위복	'화가 바뀌어 복이 된다'는 뜻으로, 궂은 일을 잘 처리하여 좋은 일이 되게 함.
絶世佳人	절세가인	매우 뛰어난 미인.
絶長補短	절장보단	'긴 것을 잘라 짧은 것을 보충한다'는 뜻으로, 장점으로 단점이나 부족한 것을 보충함.
切磋琢磨	절차탁마	'옥이나 돌 따위를 갈고 닦아서 빛을 낸다'는 뜻으로, 부지런히 학문과 덕행을 닦음.
切齒腐心	절치부심	몹시 분하여 이를 갈며 속을 썩임.
漸入佳境	점입가경	들어갈수록 점점 재미가 있음. 예술작품, 경치가 갈수록 멋지고 아름다운 모양을 일컬음.
頂門一針	정문일침	'정수리에 침을 놓는다'는 뜻으로, 따끔한 충고나 교훈을 이름.
井中之蛙	정중지와	'우물 안의 개구리'란 말로, 식견이 좁은 사람을 일컬음.
諸子百家	제자백가	중국 춘추 전국 시대의 여러 학파를 통틀어 이르는 말.
糟糠之妻	조강지처	함께 고생하던 아내 또는 본부인을 일컬음.
朝令暮改	조령모개	'아침에 내린 명령을 저녁에 다시 고친다'는 뜻으로, 법령을 자꾸 고쳐 갈피를 잡기가 어려움.
朝名市利	조명시리	'명예는 조정에서 이익은 시장에서 다투라'는 뜻으로, 무슨 일이든 알맞은 곳에서 해야 함.
朝變夕改	조변석개	'아침 저녁으로 뜯어고친다'는 뜻으로, 계획이나 결정 따위를 일관성이 없이 자주 고침.

朝三暮四	조삼모사	간사한 꾀로 남을 속여 희롱함.
鳥足之血	조족지혈	새발의 피. 매우 적은 분량. 보잘 것 없는 것.
足脫不及	족탈불급	능력·역량·재질 따위가 두드러져 도저히 다른 사람이 따라가지 못할 정도임을 비유.
存亡之秋	존망지추	존속과 멸망 또는 생존과 사망이 결정되는 아주 절박한 경우나 시기.
終南捷經	종남첩경	약삭빠른 꾀로 출세하는 것을 비꼬는 말.
種豆得豆	종두득두	'콩을 심으면 반드시 콩이 나온다'는 뜻으로, 원인에 따라 결과가 생김을 이르는 말.
宗廟社稷	종묘사직	역대왕들의 신주를 모신 종묘와 토지신과 곡식신을 모신 사직을 뜻하는데, 국가를 대신하는 말이다.
座右銘	좌우명	늘 옆자리에 갖추어 두고 가르침으로 삼는 말이나 문구.
坐井觀天	좌정관천	'우물 속에 앉아서 하늘을 본다'는 뜻으로, 사람의 견문(見聞)이 매우 좁음을 이르는 말.
左之右之	좌지우지	제 마음대로 자유롭게 처리함. 남을 마음대로 지휘함.
左衝右突	좌충우돌	이리저리 마구 찌르고 부딪침. 아무에게나 또는 아무 일에나 함부로 맞닥뜨림.
主客顚倒	주객전도	'주인과 손의 위치가 서로 뒤바뀐다'는 뜻으로, 사물의 경중·선후·완급 등이 서로 뒤바뀜.
晝耕夜讀	주경야독	'낮에는 농사 짓고, 밤에는 글을 읽는다'는 뜻으로, 어려운 여건 속에서도 꿋꿋이 공부함.
走馬看山	주마간산	'말을 타고 달리며 산천을 구경한다'는 뜻으로, 자세히 살피지 아니하고 대충 보고 지나감.
走馬加鞭	주마가편	'달리는 말에 채찍질한다'는 뜻으로, '열심히 하는 사람을 더 부추기거나 몰아침'을 뜻함.
走馬燈	주마등	무엇이 언뜻언뜻 빨리 지나감을 비유적으로 이르는 말.
酒池肉林	주지육림	'술로 연못을 이루고 고기로 숲을 이룬다'는 뜻으로, 호사스러운 술잔치를 이름.
竹馬故友	죽마고우	'대말을 타고 놀던 벗'이라는 뜻으로, 어릴 때부터 같이 놀며 자란 벗.
衆寡不敵	중과부적	적은 수의 사람으로써 많은 수의 사람을 대적하지 못함.
衆口難防	중구난방	'뭇 사람의 말을 막기가 어렵다'는 뜻으로, 막기 어려울 정도로 여럿이 마구 지껄임.

사자성어 | 四字成語

● 다음 사자성어의 뜻을 알아 보자

中原逐鹿	중원축록	군웅(群雄)이 제왕의 지위를 얻으려고 다툼. 서로 경쟁하여 어떤 지위를 얻고자 함.
芝蘭之交	지란지교	'지초와 난초 같은 향기로운 사귐'이라는 뜻으로, 벗 사이의 맑고도 높은 사귐을 말함.
指鹿爲馬	지록위마	윗사람을 농락해 권세를 마음대로 함 또는 모순된 것을 끝까지 우겨 남을 속이려는 짓.
支離滅裂	지리멸렬	순서없이 함부로 뒤섞여 갈피를 잡을 수 없는 상태.
知命之年	지명지년	공자(孔子)가 나이 쉰 살에 천명(天命)을 알았다는 데서 나온 말로 '쉰 살'을 이름.
至上命令	지상명령	절대로 복종해야 할 명령.
池魚之殃	지어지앙	'못의 물로 불을 끄니 물이 줄어 고기가 죽는다'는 뜻으로 엉뚱한 사람이 재앙을 입음.
知音	지음	마음이 서로 통하는 친한 벗을 뜻함.
指天射魚	지천사어	'하늘을 보고 고기를 쏜다'는 뜻으로, 되지 않을 일을 무리하게 하려는 것을 일컬음.
知彼知己	지피지기	적의 사정과 나의 사정을 자세히 앎.
志學之年	지학지년	'학문에 뜻을 두는 나이'라는 뜻으로, 열다섯 살이 된 나이를 뜻함.
知行一致	지행일치	아는 것과 행동하는 것이 어긋나지 않고 맞음.
知行合一	지행합일	지행일치(知行一致).
指呼之間	지호지간	손짓하여 부르면 대답할 수 있을 만큼의 가까운 거리.
進退兩難	진퇴양난	이러지도 저러지도 못하는 어려운 처지.
進退維谷	진퇴유곡	나아갈 수도 없고 물러설 수도 없음. 어려운 일을 당하여 꼼짝할 수 없는 궁지. 진퇴양난.
此日彼日	차일피일	이날 저날 하고 자꾸 기한을 미루는 모양.
車載斗量	차재두량	'수레에 싣고 말로 된다'는 뜻으로, 물건이나 인재 따위가 많아서 그다지 귀하지 않음. 거재두량(車載斗量).
創業守成	창업수성	일을 시작하기는 쉬우나 이룬 것을 지키기는 어렵다는 말.
滄海一粟	창해일속	'넓고 큰 바다 속의 좁쌀 한 알'이란 뜻으로, 아주 많거나 넓은 것 가운데 매우 하찮고 작은 것을 이름.

斥和洋夷	척화양이	서양의 오랑캐와 화해함을 반대하는 쇄국정책을 일컬음.
天高馬肥	천고마비	'하늘이 높고 말이 살찐다'는 뜻으로, '가을'을 일컫는 말.
千軍萬馬	천군만마	'천 명의 군사와 만 마리의 군마'라는 뜻으로, 아주 많은 수의 군사와 군마를 이르는 말.
千慮一失	천려일실	여러 번 생각하여 신중하고 조심스럽게 한 일에도 때로는 한 가지 실수가 있다는 말.
千里眼	천리안	'천 리 밖의 것을 볼 수 있다'는 뜻으로, 사물을 꿰뚫어 볼 수 있는 뛰어난 관찰력을 말함.
天方地軸	천방지축	못난 사람이 종작없이 덤벙이는 일. 너무 급하여 허둥지둥 함부로 날뜀.
千變萬化	천변만화	끝없이 변화함.
天生緣分	천생연분	'하늘이 내어 준 연분'이란 말로, 졸혼하여 잘 살아가는 부부를 뜻한다.
泉石膏肓	천석고황	산수 자연을 몹시 사랑함.
天壤之差	천양지차	하늘과 땅 같이 엄청난 차이.
天壤之判	천양지판	'하늘과 땅처럼 큰 차이'라는 뜻으로, 사물이 서로 엄청나게 다름을 이르는 말.
天佑神助	천우신조	하늘과 신의 도움.
天衣無縫	천의무봉	'천사의 옷은 꿰맨 흔적이 없다'는 뜻으로, 문장이 훌륭하여 손 댈 곳이 없을 만큼 잘 되었음을 가리킴.
天長地久	천장지구	하늘과 땅은 영원히 변치 않음을 이르는 말. 흔히 장수를 빌 때 하는 말.
天藏地秘	천장지비	'하늘과 땅 속에 감추어져 있다'는 뜻으로, 파묻혀서 세상에 알려지지 아니함을 이르는 말.
千載一遇	천재일우	천년에나 한번 만날 수 있는 기회. 좀처럼 만나기 어려운 기회.
天災地變	천재지변	지진, 홍수, 태풍 따위의 자연 현상으로 인한 재앙.
天眞爛漫	천진난만	말이나 행동이 천진함. 조금도 꾸밈이 없이 아주 순진하고 참됨.
千差萬別	천차만별	여러 가지 사물이 모두 차이가 있고 구별이 있음.
千態萬象	천태만상	천 가지 모습과 만 가지 형상 세상의 모든 사물은 똑같지 않고 각기 다른 모습을 하고 있음.

사자성어 | 四字成語
● 다음 사자성어의 뜻을 알아 보자

千篇一律	천편일률	천 가지 책이 모두 하나의 내용과 형식이라는 뜻으로 사건이나 사물이 한결같아 단조로움을 이룸.
鐵面皮	철면피	'쇠로 된 낯가죽'이라는 뜻으로, 염치가 없고 뻔뻔스러운 사람을 낮잡아 이르는 말.
鐵石肝腸	철석간장	쇠나 돌같이 굳고 단단한 마음. 석장(石腸). 철심석장(鐵心石腸).
徹天之恨	철천지한	하늘을 뚫을 정도로 사무친 한.
轍環天下	철환천하	'수레를 타고 천하를 돌아다닌다'는 뜻으로, 세계 각지를 여행함을 뜻함.
晴耕雨讀	청경우독	부지런히 일하며 여가를 헛되이 보내지 않고 공부함.
淸談	청담	명리(名利)를 떠난 맑고 고상한 이야기. 남의 이야기를 높여 이르는 말.
靑山流水	청산유수	막힘 없이 썩 잘하는 말을 비유적으로 이르는 말.
靑雲之志	청운지지	높은 지위에 오르고자 하는 욕망.
靑天白日	청천백일	하늘이 맑게 갠 대낮. 혐의가 풀리어 무죄가 됨.
靑出於藍	청출어람	'쪽에서 뽑아낸 푸른 물감이 쪽보다 더 푸르다'는 뜻으로, 제자가 스승보다 뛰어남을 일컬음.
淸風明月	청풍명월	'맑은 바람과 밝은 달'이라는 뜻으로, 결백하고 온건한 성격을 평하여 이르는 말.
樵童汲婦	초동급부	평범하게 살아가는 '보통 백성' 또는 교육을 받지 못한 하층 사람들.
草綠同色	초록동색	'풀빛과 녹색은 같다'는 뜻으로, 서로 같은 성격의 무리끼리 어울려 같이 지냄.
草木皆兵	초목개병	'적을 두려워한 나머지 온 산의 초목을 모두 적군으로 잘못 보았다'는 뜻으로, 군세의 왕성함을 나타냄.
焦眉之急	초미지급	'눈썹에 불이 붙었다'는 뜻으로, 매우 급함을 이르는 말.
初志不變	초지불변	처음에 먹은 마음이 끝까지 변하지 않음.
初志一貫	초지일관	처음에 세운 뜻을 끝까지 밀고 나감.
寸鐵殺人	촌철살인	간단한 말로도 남을 감동시키거나 남의 약점을 찌를 수 있음.
秋高馬肥	추고마비	천고마비(天高馬肥).

推己及人	추기급인	자기의 마음을 미루어 보아 남에게도 그렇게 행동함.
秋風落葉	추풍낙엽	가을 바람에 떨어지는 나뭇잎. 어떤 형세나 세력이 갑자기 기울어지거나 흩어지는 모양.
春秋筆法	춘추필법	중국 경서 '춘추'처럼 비판적이고 엄정한 필법. 대의명분을 밝히어 세우는 역사 서술 방법.
春風秋雨	춘풍추우	'봄바람과 가을비'라는 뜻으로, 지나간 세월을 이르는 말.
春夏秋冬	춘하추동	'봄·여름·가을·겨울'의 네 철을 아울러 이르는 말.
出將入相	출장입상	나가서는 장수가 되고 들어와서는 재상이 됨을 말함. 문무를 다 갖추었음을 이르는 말.
忠言逆耳	충언역이	충고하는 말은 귀에 거슬림.
醉生夢死	취생몽사	'술에 취하여 꿈 속에 살고 죽는다'는 뜻으로, 한평생을 하는 일 없이 흐리멍덩하게 살아감을 말함.
置之度外	치지도외	내버려 두고 문제로 삼지 않음.
七步之才	칠보지재	'일곱 걸음을 걸을 동안에 시를 지을 만한 재주'라는 뜻으로, 아주 뛰어난 글재주을 말함.
七顚八起	칠전팔기	'일곱 번 넘어지고 여덟 번 일어난다'는 뜻으로, 여러 번의 실패에도 굽히지 않고 분투함을 가리킴.
七縱七擒	칠종칠금	'무슨 일을 제 마음대로 함'을 이르는 말.
針小棒大	침소봉대	'바늘만 한 것을 몽둥이만 하다'고 한다는 뜻으로, 심하게 과장하여 말함을 가리킴.
快刀亂麻	쾌도난마	어지럽게 뒤얽힌 사물 또는 말썽거리를 단번에 명쾌하게 처리함.
他山之石	타산지석	본이 되지 않은 남의 말이나 행동도 자신의 지식과 인격을 수양하는 데에 도움이 됨.
卓上空論	탁상공론	현실성이 없는 허황한 이론이나 논의.
貪官汚吏	탐관오리	백성의 재물을 탐내어 빼앗는 행실이 깨끗하지 못한 관리.
泰山北斗	태산북두	태산과 북두칠성을 아울러 이르는 말. 세상 사람들로부터 존경을 받는 뛰어난 인물.
泰然自若	태연자약	마음에 어떠한 충동을 받아도 움직임이 없이 천연스러움.
兎死狗烹	토사구팽	요긴한 때는 소중히 여기다가도 쓸모가 없게 되면 천대하고 쉽게 버림을 비유.

사자성어 | 四字成語

● 다음 사자성어의 뜻을 알아 보자

사자성어	독음	뜻
吐哺握發	토포악발	널리 인재를 구하고 어진 선비를 잘 대접함.
推敲	퇴고	글을 지을 때 여러번 생각하여 고치고 다듬음 또는 그런 일.
破瓜之年	파과지년	'瓜'자를 파자하여 여자의 나이 16세, 남자의 나이 64세를 이름.
波瀾萬丈	파란만장	일의 진행에 기복·변화가 매우 심함.
破廉恥漢	파렴치한	부끄러움을 모르는 사람.
破邪顯正	파사현정	그릇된 것을 깨뜨리고 올바르게 바로잡음.
破顔大笑	파안대소	매우 즐거운 표정으로 활짝 웃음.
破竹之勢	파죽지세	'대를 쪼개는 기세'라는 뜻으로, 적을 거침없이 물리치고 쳐들어가는 기세을 가리킴.
八方美人	팔방미인	어느 모로 보나 흠이 없는 아름다운 사람. 여러 방면에 능통한 사람.
八字所關	팔자소관	타고난 운수로 인하여 어쩔 수 없이 당하는 일.
敗家亡身	패가망신	집안의 재산을 다 써 없애고 몸을 망침.
偏母膝下	편모슬하	홀어머니의 품 아래를 말함.
弊袍破笠	폐포파립	'해진 도포나 부서진 갓'이란 말로, 너절하고 구차한 차림새를 가리킴.
抱腹絶倒	포복절도	배를 안고 몸을 가누지 못할 정도로 몹시 웃음.
暴惡無道	포악무도	매우 사납고 악함.
表裏不同	표리부동	마음이 음흉하고 불량하여 겉과 속이 다름.
風樹之歎	풍수지탄	부모가 돌아가신 뒤에 효도를 다하지 못한 것을 후회함.
風前燈火	풍전등화	'바람 앞의 등불'이라는 뜻으로, 사물이 매우 위태로운 처지에 놓여 있음을 말함.
彼此一般	피차일반	두 편이 서로 같음.
匹夫之勇	필부지용	'평범한 사람의 용기'란 뜻으로, 작은 용기를 뜻함.

匹夫匹婦	필부필부	대수롭지 않은 그저 평범한 남녀.
何待歲月	하대세월	세월을 기다리기가 지루함을 이르는 말.
下石上臺	하석상대	'아랫돌 빼서 윗돌 괴고 윗돌 빼서 아랫돌 괸다'는 뜻으로, 임시변통으로 이리저리 둘러맞춤을 일컬음.
下愚不移	하우불이	아주 어리석고 못난 사람의 기질은 변하지 않음.
下學上達	하학상달	낮고 쉬운 지식을 배워 깊고 어려운 이치를 깨달음을 이르는 말.
下厚上薄	하후상박	아랫사람에게 후하고 윗사람에게는 박하게 함.
何厚何薄	하후하박	'누구에게는 후하고 누구에게는 박하다'는 뜻으로, 차별하여 대우함을 이르는 말.
鶴首苦待	학수고대	학의 목처럼 목을 길게 빼고 간절히 기다림.
漢江投石	한강투석	'한강에 돌 던지기'라는 뜻으로, 지나치게 미미하여 아무런 효과를 미치지 못함을 가리킴.
邯鄲之夢	한단지몽	인생의 부귀영화가 덧없음을 비유하는 말.
邯鄲之步	한단지보	자기 본분을 잊고 함부로 남의 흉내를 내면 두 가지를 다 잃음을 비유.
汗牛充棟	한우충동	'수레에 실으면 소가 땀을 흘리고, 집안에 쌓으면 들보까지 가득 찬다'는 뜻으로, 장서가 매우 많음을 말함.
閑雲野鶴	한운야학	아무 매인 데 없는 한가로운 생활로 유유자적하는 경지.
閑話休題	한화휴제	어떤 내용을 써 나갈 때 한동안 다른 내용을 쓰다가 다시 본래의 내용으로 돌아갈 때 쓰는 말.
割半之痛	할반지통	'몸의 반쪽을 베어 내는 고통'이라는 뜻으로, 형제자매가 죽었을 때의 슬픔을 비유.
割恩斷情	할은단정	애틋한 사랑을 끊음.
含憤蓄怨	함분축원	한 마음을 품고 원한을 쌓음.
含哺鼓腹	함포고복	'잔뜩 먹고 배를 두드린다'는 뜻으로, 먹을 것이 풍족하여 즐겁게 지냄을 이르는 말.
咸興差使	함흥차사	심부름을 가서 돌아오지 않거나 아무 소식이 없음.
合從連橫	합종연횡	전국시대에 행해졌던 외교방식으로 합종책과 연횡책을 말함.

사자성어 | 四字成語

● 다음 사자성어의 뜻을 알아 보자

恒茶飯事	항다반사	밥을 먹고 차를 마시는 일처럼 늘 있어서 이상하거나 신기할 것이 없는 일.
駭怪罔測	해괴망측	평소에 접할 수 없는 놀랍고 기이한 일을 경험하고 그 정도가 심해 헤아릴 수 조차 없음.
偕老同穴	해로동혈	'살아서는 같이 늙고 죽어서는 한 무덤에 묻힌다'는 뜻으로, 생사를 같이하는 부부를 말함.
行動擧止	행동거지	몸을 움직여 하는 모든 짓.
行雲流水	행운유수	떠가는 구름과 흐르는 물. 일의 처리가 자연스럽고 거침이 없음.
向隅之歎	향우지탄	좋은 기회를 만나지 못한 것을 한탄함.
向陽花木	향양화목	'볕을 잘 받은 꽃나무'라는 뜻으로, 크게 잘 될 사람을 이르는 말.
虛氣平心	허기평심	기(氣)를 가라앉히고 마음을 편안하게 가짐.
虛靈不昧	허령불매	잡된 생각이 없이 마음이 신령하여 어둡지 아니함.
虛禮虛飾	허례허식	정성이 없이 겉으로만 번드르르하게 꾸밈 또는 그런 예절이나 법식.
虛無孟浪	허무맹랑	터무니없이 허황하고 실상이 없음.
虛心坦懷	허심탄회	마음에 아무런 거리낌이 없이 고요하고 편안함.
虛張聲勢	허장성세	실속은 없으면서 큰소리 치거나 허세를 부림.
虛虛實實	허허실실	허를 찌르고 실을 꾀하는 계책.
軒軒丈夫	헌헌장부	외모가 준수하고 풍채가 당당한 남자.
懸頭刺股	현두자고	'상투를 매달고 넓적다리를 찌른다'는 뜻으로, 졸음을 참으며 학업에 힘씀을 일컬음.
賢問愚答	현문우답	현명한 물음에 대한 어리석은 대답.
懸河口辯	현하구변	물이 거침없이 흐르듯 잘 하는 말. 현하지변(懸河之辯).
螢雪之功	형설지공	반딧불과 눈빛으로 글을 읽었다는 고사에서 나온 말로, 갖은 고생을 하며 꾸준히 학문을 닦음.
形影相同	형영상동	'형체에 따라 그림자도 그대로 나타난다'는 뜻으로, 마음먹은 바가 그대로 행동에 나타남.

形影相弔	형영상조	'자기의 몸과 그림자가 서로 불쌍히 여긴다'는 뜻으로, 의지할 곳이 없어 몹시 외로움을 뜻함.
狐假虎威	호가호위	여우가 호랑이의 힘을 빌어 뽐내듯, 강한 자의 위세를 빌어 약한 자에게 군림함.
糊口之策	호구지책	겨우 끼니를 이어가기 위한 방책.
呼父呼兄	호부호형	아버지를 아버지라고 부르고 형을 형이라고 부름. 부형을 부형답게 모심.
好事多魔	호사다마	좋은 일에는 흔히 방해되는 일이 많음.
虎死留皮	호사유피	호랑이가 죽으면 가죽을 남김과 같이 사람도 죽은 뒤 이름을 남겨야 한다는 말.
虎視耽耽	호시탐탐	야심을 품고 날카로운 눈초리로 기회를 엿보는 모양.
浩然之氣	호연지기	하늘과 땅 사이에 가득 찬 넓고 큰 원기. 거침 없이 넓고 큰 기개.
胡蝶之夢	호접지몽	인생의 덧없음. 중국의 장자가 꿈에 나비가 되어 즐겁게 놀았다는 데서 유래.
惑世誣民	혹세무민	세상 사람을 속여 미혹하게 하고 세상을 어지럽힘.
昏定晨省	혼정신성	'밤에는 부모의 잠자리를 살피고 아침에는 안부를 묻는다'는 뜻으로, 부모를 잘 섬기고 효성을 다함.
紅爐點雪	홍로점설	사욕이나 의혹이 일시에 꺼져 없어지고 마음이 탁 트임.
紅一點	홍일점	많은 남자 사이에 끼어 있는 한 사람의 여자를 비유.
畵龍點睛	화룡점정	무슨 일을 하는 데에 가장 중요한 부분을 완성함을 이르는 말.
花無十日紅	화무십일홍	'열흘 붉을 꽃이 없다'는 뜻으로, 성하면 반드시 쇠퇴할 날이 있음.
畵蛇添足	화사첨족	쓸데없는 군짓을 하여 도리어 실패함. 사족(蛇足).
花容月態	화용월태	'꽃다운 얼굴과 달 같은 자태'라는 뜻으로, 아름다운 여인을 이르는 말.
花朝月夕	화조월석	'꽃 피는 아침과 달 밝은 밤'이라는 뜻으로, 경치가 좋은 시절을 이르는 말.
畵中之餠	화중지병	'그림의 떡'이라는 뜻으로, 탐이 나도 어찌해 볼 수 없는 사물을 말함.
畵虎類狗	화호유구	범을 그리려다 강아지를 그림. 소양이 없는 사람이 호걸인 체하다 도리어 망신 당함.

2급 쓰기배정한자

● 다음 8~3급 한자가 2급의 쓰기 배정 한자 입니다.

8급 배정한자

校 학교 교	校 校 校 校 校訂 校長	木 나무 목	木 木 木 木 生木 土木
教 가르칠 교	教 教 教 教 教室 教生	門 문 문	門 門 門 門 門中 門戶
九 아홉 구	九 九 九 九 九十 九月	民 백성 민	民 民 民 民 民生 民主
國 나라 국	國 國 國 國 國民 國土	白 흰 백	白 白 白 白 白軍 白衣
軍 군사 군	軍 軍 軍 軍 軍營 軍人	父 아비 부	父 父 父 父 父女 父王
金 쇠 금	金 金 金 金 金山 黃金	北 북녘 북	北 北 北 北 北門 南北
南 남녘 남	南 南 南 南 南下 南山	四 넉 사	四 四 四 四 四十 四寸
女 계집 녀	女 女 女 女 女軍 女人	山 메 산	山 山 山 山 靑山 山川
年 해 년	年 年 年 年 年中 學年	三 석 삼	三 三 三 三 三十 三月
大 큰 대	大 大 大 大 大小 大人	生 날 생	生 生 生 生 生日 生長
東 동녘 동	東 東 東 東 東門 東西	西 서녘 서	西 西 西 西 西方 西山
六 여섯 륙	六 六 六 六 六寸 六月	先 먼저 선	先 先 先 先 先生 先人
萬 일만 만	萬 萬 萬 萬 萬民 萬國	小 작을 소	小 小 小 小 小生 小人
母 어미 모	母 母 母 母 母校 父母	水 물 수	水 水 水 水 水生 水門

한자	연습	한자	연습
室 집 실	室 室 室 室 室外 王室	弟 아우 제	弟 弟 弟 弟 女弟 兄弟
十 열 십	十 十 十 十 十月 十中	中 가운데 중	中 中 中 中 中年 中東
五 다섯 오	五 五 五 五 五里 五日	靑 푸를 청	靑 靑 靑 靑 靑年 靑春
王 임금 왕	王 王 王 王 王國 王子	寸 마디 촌	寸 寸 寸 寸 寸數 寸劇
外 바깥 외	外 外 外 外 外國 內外	七 일곱 칠	七 七 七 七 七十 七月
月 달 월	月 月 月 月 月出 月中	土 흙 토	土 土 土 土 土山 土地
二 두 이	二 二 二 二 二十 二軍	八 여덟 팔	八 八 八 八 八月 八寸
人 사람 인	人 人 人 人 人生 白人	學 배울 학	學 學 學 學 學校 學生
一 한 일	一 一 一 一 一年 一生	韓 나라 한	韓 韓 韓 韓 韓國 韓中
日 날 일	日 日 日 日 日月 日時	兄 맏 형	兄 兄 兄 兄 大兄 學兄
長 길 장	長 長 長 長 長短 年長	火 불 화	火 火 火 火 火力 火山

7급 배정한자

한자	연습	한자	연습
家 집 가	家 家 家 家 家內 家長	江 강 강	江 江 江 江 江山 江村
歌 노래 가	歌 歌 歌 歌 歌手 校歌	車 수레 거/차	車 車 車 車 車輛 車道
間 사이 간	間 間 間 間 間食 山間	工 장인 공	工 工 工 工 工夫 工業

2급 쓰기배정한자

● 다음 8~3급 한자가 2급의 쓰기 배정 한자 입니다.

空 빌 공	空 空 空 空 空間 空軍
口 입 구	口 口 口 口 人口 入口
旗 기 기	旗 旗 旗 旗 國旗 軍旗
氣 기운 기	氣 氣 氣 氣 氣力 氣色
記 기록할 기	記 記 記 記 記入 記事
男 사내 남	男 男 男 男 男女 男子
內 안 내	內 內 內 內 內外 內面
農 농사 농	農 農 農 農 農夫 農事
答 대답 답	答 答 答 答 答辭 應答
道 길 도	道 道 道 道 坑道 尿道
冬 겨울 동	冬 冬 冬 冬 冬季 冬至
動 움직일 동	動 動 動 動 動力 自動
同 한가지 동	同 同 同 同 同一 同感
洞 고을 동/밝을 통	洞 洞 洞 洞 洞口 洞察
登 오를 등	登 登 登 登 登山 登記
來 올 래	來 來 來 來 來訪 來賓
力 힘 력	力 力 力 力 膽力 魅力
老 늙을 로	老 老 老 老 老人 老少
里 마을 리	里 里 里 里 里長 鄕里
林 수풀 림	林 林 林 林 山林 林木
立 설 립	立 立 立 立 立場 立地
每 매양 매	每 每 每 每 每日 每期
面 낯 면	面 面 面 面 面識 面積
名 이름 명	名 名 名 名 名物 人名
命 목숨 명	命 命 命 命 命令 致命
文 글월 문	文 文 文 文 文武 文筆
問 물을 문	問 問 問 問 問安 檢問
物 물건 물	物 物 物 物 妖物 建物
方 모 방	方 方 方 方 方針 方席
百 일백 백	百 百 百 百 百姓 百方

夫 지아비 부	夫 夫 夫 夫 農夫 漁夫	食 밥 식	食 食 食 食 食事 食糧
不 아닐 불/부	不 不 不 不 不德 不義	植 심을 식	植 植 植 植 植木 植物
事 일 사	事 事 事 事 事件 事故	心 마음 심	心 心 心 心 操心 衷心
算 셈 산	算 算 算 算 計算 決算	安 편안할 안	安 安 安 安 安心 安全
上 위 상	上 上 上 上 上告 年上	語 말씀 어	語 語 語 語 語感 語頭
色 빛 색	色 色 色 色 色感 原色	然 그럴 연	然 然 然 然 當然 突然
夕 저녁 석	夕 夕 夕 夕 秋夕 七夕	午 낮 오	午 午 午 午 午前 端午
姓 성 성	姓 姓 姓 姓 姓名 同姓	右 오른 우	右 右 右 右 右側 左右
世 인간 세	世 世 世 世 厭世 世代	有 있을 유	有 有 有 有 有能 有勢
少 적을·젊을 소	少 少 少 少 多少 最少	育 기를 육	育 育 育 育 飼育 育兒
所 바 소	所 所 所 所 所有 所得	邑 고을 읍	邑 邑 邑 邑 邑長 都邑
手 손 수	手 手 手 手 手巾 手術	入 들 입	入 入 入 入 入口 入養
數 셈 수	數 數 數 數 名數 數量	子 아들 자	子 子 子 子 帽子 箱子
市 저자 시	市 市 市 市 市勢 市長	字 글자 자	字 字 字 字 文字 額字
時 때 시	時 時 時 時 時局 時點	自 스스로 자	自 自 自 自 自炊 自虐

2급 쓰기 배정한자

● 다음 8~3급 한자가 2급의 쓰기 배정 한자 입니다.

한자	쓰기	한자	쓰기
場 마당 장	場 場 場 場 場所 登場	天 하늘 천	天 天 天 天 天倫 天才
全 온전 전	全 全 全 全 穩全 全能	川 내 천	川 川 川 川 乾川 河川
前 앞 전	前 前 前 前 前述 靈前	草 풀 초	草 草 草 草 草木 草案
電 번개 전	電 電 電 電 電球 電柱	村 마을 촌	村 村 村 村 僻村 村落
正 바를 정	正 正 正 正 正當 正常	秋 가을 추	秋 秋 秋 秋 立秋 秋波
祖 할아비 조	祖 祖 祖 祖 祖上 先祖	春 봄 춘	春 春 春 春 早春 春秋
足 발 족	足 足 足 足 不足 滿足	出 날 출	出 出 出 出 出生 出口
左 왼 좌	左 左 左 左 左遷 左相	便 편할 편/오줌 변	便 便 便 便 簡便 便所
主 주인 주	主 主 主 主 主旨 主軸	平 평평할 평	平 平 平 平 平生 平安
住 살 주	住 住 住 住 住民 住所	下 아래 하	下 下 下 下 下山 下降
重 무거울 중	重 重 重 重 重大 重心	夏 여름 하	夏 夏 夏 夏 盛夏 立夏
地 땅 지	地 地 地 地 地方 天地	漢 한나라 한	漢 漢 漢 漢 漢江 怪漢
紙 종이 지	紙 紙 紙 紙 紙面 紙類	海 바다 해	海 海 海 海 海峽 渤海
直 곧을 직	直 直 直 直 直感 直前	花 꽃 화	花 花 花 花 花盆 花草
千 일천 천	千 千 千 千 千金 千字文	話 말씀 화	話 話 話 話 揷話 手話

活 살 활	活 活 活 活 活力 生活	後 뒤 후	後 後 後 後 後光 後輩
孝 효도 효	孝 孝 孝 孝 孝誠 孝心	休 쉴 휴	休 休 休 休 休日 休館

●● 6급 배정한자

角 뿔 각	角 角 角 角 角度 直角	功 공 공	功 功 功 功 功名 功績
各 각각 각	各 各 各 各 各層 各派	共 함께 공	共 共 共 共 共同 共營
感 느낄 감	感 感 感 感 感激 感謝	科 과목 과	科 科 科 科 科目 科學
強 강할 강	強 強 強 強 強弱 強者	果 실과 과	果 果 果 果 果實 效果
開 열 개	開 開 開 開 開放 開始	光 빛 광	光 光 光 光 瑞光 遮光
京 서울 경	京 京 京 京 京人 京城	交 사귈 교	交 交 交 交 交感 交代
界 지경 계	界 界 界 界 學界 財界	球 구슬·공 구	球 球 球 球 籠球 蹴球
計 셀 계	計 計 計 計 計算 計略	區 구분할 구	區 區 區 區 區別 區分
高 높을 고	高 高 高 高 高度 高敞	郡 고을 군	郡 郡 郡 郡 郡廳 郡內
苦 쓸 고	苦 苦 苦 苦 苦待 苦衷	根 뿌리 근	根 根 根 根 根本 葛根
古 예 고	古 古 古 古 古刹 古宮	近 가까울 근	近 近 近 近 近代 近處
公 공평할 공	公 公 公 公 公判 公約	今 이제 금	今 今 今 今 今年 古今

2급 쓰기 배정 한자

● 다음 8~3급 한자가 2급의 쓰기 배정 한자 입니다.

한자	예시	한자	예시
急 (급할 급)	急 急 急 急 急減 急賣	禮 (예도 례)	禮 禮 禮 禮 禮節 禮義
級 (등급 급)	級 級 級 級 等級 學級	例 (법식 례)	例 例 例 例 例文 例外
多 (많을 다)	多 多 多 多 多少 多辯	路 (길 로)	路 路 路 路 岐路 路線
短 (짧을 단)	短 短 短 短 短身 短刀	綠 (푸를 록)	綠 綠 綠 綠 綠豆 綠茶
堂 (집 당)	堂 堂 堂 堂 講堂 別堂	理 (다스릴 리)	理 理 理 理 理事 理由
代 (대신할 대)	代 代 代 代 代理 時代	利 (이할 리)	利 利 利 利 利用 利子
對 (대할 대)	對 對 對 對 對答 對等	李 (오얏나무 리)	李 李 李 李 桃李 李朝
待 (기다릴 대)	待 待 待 待 款待 招待	明 (밝을 명)	明 明 明 明 明朗 明示
圖 (그림 도)	圖 圖 圖 圖 冀圖 圖案	目 (눈 목)	目 目 目 目 目前 科目
度 (법도 도/탁)	度 度 度 度 度數 度地	聞 (들을 문)	聞 聞 聞 聞 聞道 所聞
讀 (읽을 독)	讀 讀 讀 讀 購讀 讀破	米 (쌀 미)	米 米 米 米 米食 白米
童 (아이 동)	童 童 童 童 童心 童話	美 (아름다울 미)	美 美 美 美 歐美 美談
頭 (머리 두)	頭 頭 頭 頭 頭角 書頭	朴 (순박할 박)	朴 朴 朴 朴 淳朴 素朴
等 (무리 등)	等 等 等 等 均等 優等	反 (돌아올 반)	反 反 反 反 反對 反感
樂 (노래 악/락/요)	樂 樂 樂 樂 樂園 樂譜	半 (반 반)	半 半 半 半 半農 半旗

한자	쓰기 연습	한자	쓰기 연습
班 나눌 반	班 班 班 班 班長 班列	席 자리 석	席 席 席 席 着席 缺席
發 필 발	發 發 發 發 發生 開發	線 줄 선	線 線 線 線 線路 有線
放 놓을 방	放 放 放 放 放生 放火	雪 눈 설	雪 雪 雪 雪 雪原 春雪
番 차례 번	番 番 番 番 番地 軍番	成 이룰 성	成 成 成 成 成功 大成
別 다를 별	別 別 別 別 別記 別味	省 살필 성/생	省 省 省 省 省略 自省
病 병 병	病 病 病 病 病名 病魔	消 사라질 소	消 消 消 消 消失 消日
服 옷 복	服 服 服 服 服用 衣服	速 빠를 속	速 速 速 速 速度 急速
本 근본 본	本 本 本 本 本分 根本	孫 손자 손	孫 孫 孫 孫 孫子 王孫
部 떼 부	部 部 部 部 部門 部分	樹 나무 수	樹 樹 樹 樹 樹木 果樹
分 나눌 분	分 分 分 分 分科 名分	術 재주 술	術 術 術 術 術數 美術
社 모일 사	社 社 社 社 社會 本社	習 익힐 습	習 習 習 習 習作 學習
使 부릴 사	使 使 使 使 使用 特使	勝 이길 승	勝 勝 勝 勝 勝利 勝算
死 죽을 사	死 死 死 死 死後 死藥	始 비로소 시	始 始 始 始 始作 始終
書 글 서	書 書 書 書 書記 文書	式 법 식	式 式 式 式 式場 書式
石 돌 석	石 石 石 石 火石 石油	信 믿을 신	信 信 信 信 自信 發信

2급 쓰기배정한자

● 다음 8~3급 한자가 2급의 쓰기 배정 한자 입니다.

한자	연습	한자	연습
身 몸 신	身 身 身 身 身體 長身	溫 따뜻할 온	溫 溫 溫 溫 溫氣 平溫
新 새로울 신	新 新 新 新 新生 新設	勇 날랠 용	勇 勇 勇 勇 勇氣 勇士
神 귀신 신	神 神 神 神 神功 神話	用 쓸 용	用 用 用 用 用度 使用
失 잃을 실	失 失 失 失 失手 失業	運 옮길 운	運 運 運 運 運動 運命
愛 사랑 애	愛 愛 愛 愛 愛重 親愛	園 동산 원	園 園 園 園 學園 公園
野 들 야	野 野 野 野 野心 分野	遠 멀 원	遠 遠 遠 遠 遠近 永遠
夜 밤 야	夜 夜 夜 夜 夜光 夜學	由 말미암을 유	由 由 由 由 由來 事由
弱 약할 약	弱 弱 弱 弱 弱者 強弱	油 기름 유	油 油 油 油 油物 精油
藥 약 약	藥 藥 藥 藥 藥物 藥草	銀 은 은	銀 銀 銀 銀 銀色 水銀
洋 큰바다 양	洋 洋 洋 洋 洋食 大洋	音 소리 음	音 音 音 音 音樂 半音
陽 볕 양	陽 陽 陽 陽 陽地 太陽	飮 마실 음	飮 飮 飮 飮 飮食 飮料
言 말씀 언	言 言 言 言 言語 發言	意 뜻 의	意 意 意 意 意外 同意
業 업 업	業 業 業 業 林業 作業	醫 의원 의	醫 醫 醫 醫 醫藥 名醫
英 꽃부리 영	英 英 英 英 英語 英主	衣 옷 의	衣 衣 衣 衣 衣服 衣裳
永 길 영	永 永 永 永 永遠 永永	者 놈 자	者 者 者 者 學者 王者

한자	뜻 음	예시	한자	뜻 음	예시
作	지을 작	作 作 作 作 作用 作家	窓	창 창	窓 窓 窓 窓 窓門 同窓
昨	어제 작	昨 昨 昨 昨 昨今 昨年	淸	맑을 청	淸 淸 淸 淸 淸江 淸明
章	글 장	章 章 章 章 文章 憲章	體	몸 체	體 體 體 體 體力 體育
才	재주 재	才 才 才 才 英才 天才	親	친할 친	親 親 親 親 親密 先親
在	있을 재	在 在 在 在 在庫 現在	太	클 태	太 太 太 太 太陽 太白
戰	싸움 전	戰 戰 戰 戰 戰死 力戰	通	통할 통	通 通 通 通 通計 通用
庭	뜰 정	庭 庭 庭 庭 庭園 校庭	特	특별할 특	特 特 特 特 特別 特定
定	정할 정	定 定 定 定 定界 安定	表	겉 표	表 表 表 表 表面 表現
第	차례 제	第 第 第 第 第一 落第	風	바람 풍	風 風 風 風 強風 淸風
題	제목 제	題 題 題 題 題目 問題	合	합할 합	合 合 合 合 合心 合一
朝	아침 조	朝 朝 朝 朝 朝夕 朝會	幸	다행 행	幸 幸 幸 幸 幸運 幸福
族	겨레 족	族 族 族 族 民族 親族	行	다닐 행/항렬 항	行 行 行 行 行動 行列
注	부을 주	注 注 注 注 注文 注目	向	향할 향	向 向 向 向 向上 方向
晝	낮 주	晝 晝 晝 晝 晝夜 晝行	現	나타날 현	現 現 現 現 現在 出現
集	모을 집	集 集 集 集 集成 集會	形	형상 형	形 形 形 形 形成 成形

2급 쓰기 배정한자

● 다음 8~3급 한자가 2급의 쓰기 배정 한자 입니다.

號 이름 호	號 號 號 號 番號 信號	黃 누를 황	黃 黃 黃 黃 黃金 黃土
和 화할 화	和 和 和 和 和氣 暖和	會 모일 회	會 會 會 會 會同 入會
畫 그림 화	畫 畫 畫 畫 畫家 名畫	訓 가르칠 훈	訓 訓 訓 訓 訓育 敎訓

5급 배정한자

價 값 가	價 價 價 價 價格 物價	見 볼 견/뵐 현	見 見 見 見 謁見 意見
可 옳을 가	可 可 可 可 可決 可能	決 결단할 결	決 決 決 決 決心 決定
加 더할 가	加 加 加 加 加減 加速	結 맺을 결	結 結 結 結 結實 團結
改 고칠 개	改 改 改 改 改刊 改善	敬 공경 경	敬 敬 敬 敬 敬禮 恭敬
客 손 객	客 客 客 客 客觀 主客	景 볕 경	景 景 景 景 景觀 雪景
擧 들 거	擧 擧 擧 擧 擧手 擧行	輕 가벼울 경	輕 輕 輕 輕 輕量 輕重
去 갈 거	去 去 去 去 除去 過去	競 다툴 경	競 競 競 競 競技 競合
建 세울 건	建 建 建 建 建設 建議	告 알릴 고	告 告 告 告 告白 忠告
件 물건 건	件 件 件 件 事件 條件	考 생각할 고	考 考 考 考 考慮 考案
健 튼튼할 건	健 健 健 健 健實 健在	固 굳을 고	固 固 固 固 固有 固定
格 격식 격	格 格 格 格 資格 性格	曲 굽을 곡	曲 曲 曲 曲 曲線 曲直

한자	쓰기 연습	한자	쓰기 연습
課 과정 과	課 課 課 課 課目 課題	技 재주 기	技 技 技 技 技巧 技術
過 지날 과	過 過 過 過 過去 通過	汽 김 기	汽 汽 汽 汽 汽船 汽車
關 관계할 관	關 關 關 關 關係 關心	期 기약할 기	期 期 期 期 期限 期約
觀 볼 관	觀 觀 觀 觀 觀客 觀察	吉 길할 길	吉 吉 吉 吉 吉夢 吉凶
廣 넓을 광	廣 廣 廣 廣 廣告 廣野	念 생각 념	念 念 念 念 念頭 念願
橋 다리 교	橋 橋 橋 橋 橋脚 架橋	能 능할 능	能 能 能 能 能力 能通
舊 예 구	舊 舊 舊 舊 舊正 親舊	團 둥글 단	團 團 團 團 團結 團體
具 갖출 구	具 具 具 具 具備 道具	壇 단 단	壇 壇 壇 壇 壇上 基壇
救 구원할 구	救 救 救 救 救命 救出	談 말씀 담	談 談 談 談 對談 談笑
局 판 국	局 局 局 局 局面 局部	當 마땅할 당	當 當 當 當 當時 當然
貴 귀할 귀	貴 貴 貴 貴 貴賤 尊貴	德 덕 덕	德 德 德 德 德談 德望
規 법 규	規 規 規 規 規格 規範	到 이를 도	到 到 到 到 到達 到着
給 줄 급	給 給 給 給 給料 供給	島 섬 도	島 島 島 島 獨島 半島
己 몸 기	己 己 己 己 己未 自己	都 도읍 도	都 都 都 都 都市 首都
基 터 기	基 基 基 基 基本 基地	獨 홀로 독	獨 獨 獨 獨 獨立 獨唱

2급 쓰기 배정한자

● 다음 8~3급 한자가 2급의 쓰기 배정 한자 입니다.

한자	연습	한자	연습
落 (떨어질 락)	落 落 落 落 落膽 洛花	馬 (말 마)	馬 馬 馬 馬 馬車 競馬
朗 (밝을 랑)	朗 朗 朗 朗 朗讀 朗報	末 (끝 말)	末 末 末 末 末端 終末
冷 (찰 랭)	冷 冷 冷 冷 冷淡 冷酷	望 (바랄 망)	望 望 望 望 希望 野望
良 (어질 량)	良 良 良 良 良識 良心	亡 (망할 망)	亡 亡 亡 亡 亡國 亡靈
量 (헤아릴 량)	量 量 量 量 數量 分量	賣 (팔 매)	賣 賣 賣 賣 賣買 賣店
旅 (나그네 려)	旅 旅 旅 旅 旅客 旅行	買 (살 매)	買 買 買 買 買入 購買
歷 (지날 력)	歷 歷 歷 歷 歷史 學歷	無 (없을 무)	無 無 無 無 無能 無識
練 (익힐 련)	練 練 練 練 練磨 練習	倍 (곱 배)	倍 倍 倍 倍 倍加 倍數
領 (거느릴 령)	領 領 領 領 領域 首領	法 (법 법)	法 法 法 法 法律 法治
令 (하여금 령)	令 令 令 令 令愛 號令	變 (변할 변)	變 變 變 變 變更 變質
勞 (일할 로)	勞 勞 勞 勞 勞苦 勞使	兵 (군사 병)	兵 兵 兵 兵 兵器 兵法
料 (헤아릴 료)	料 料 料 料 料金 料量	福 (복 복)	福 福 福 福 福祉 幸福
類 (무리 류)	類 類 類 類 類別 種類	奉 (받들 봉)	奉 奉 奉 奉 奉仕 奉養
流 (흐를 류)	流 流 流 流 流動 流通	比 (견줄 비)	比 比 比 比 比肩 比較
陸 (뭍 륙)	陸 陸 陸 陸 陸橋 陸地	鼻 (코 비)	鼻 鼻 鼻 鼻 鼻炎 鼻音

한자	훈음	예시	한자	훈음	예시
費	쓸 비	費費費費 費用 費錢	善	착할 선	善善善善 善惡 善心
氷	얼음 빙	氷氷氷氷 氷河 氷板	選	가릴 선	選選選選 選拔 選出
仕	섬길 사	仕仕仕仕 仕官 奉仕	鮮	고울 선	鮮鮮鮮鮮 新鮮 鮮明
士	선비 사	士士士士 士氣 壯士	說	말씀 설/세/열	說說說說 說明 說客
史	사기 사	史史史史 史觀 歷史	性	성품 성	性性性性 性能 天性
思	생각할 사	思思思思 思考 思慮	歲	해 세	歲歲歲歲 歲月 萬歲
寫	베낄 사	寫寫寫寫 寫眞 複寫	洗	씻을 세	洗洗洗洗 洗練 洗手
査	조사할 사	査査査査 査定 調査	束	묶을 속	束束束束 束縛 拘束
産	낳을 산	産産産産 産業 財産	首	머리 수	首首首首 首都 部首
相	서로 상	相相相相 相對 眞相	宿	잘 숙/수	宿宿宿宿 宿泊 星宿
商	장사 상	商商商商 商術 商店	順	순할 순	順順順順 順應 逆順
賞	상줄 상	賞賞賞賞 賞罰 賞春	示	보일 시	示示示示 示範 指示
序	차례 서	序序序序 序文 順序	識	알 식/지	識識識識 識者 標識
仙	신선 선	仙仙仙仙 仙境 神仙	臣	신하 신	臣臣臣臣 臣下 忠臣
船	배 선	船船船船 船員 商船	實	열매 실	實實實實 實務 事實

2급 쓰기 배정 한자

● 다음 8~3급 한자가 2급의 쓰기 배정 한자 입니다.

한자	연습	한자	연습
兒 아이 아	兒 兒 兒 兒 兒童 南兒	友 벗 우	友 友 友 友 友情 學友
惡 악할 악/오	惡 惡 惡 惡 惡意 憎惡	牛 소 우	牛 牛 牛 牛 牛馬 牛乳
案 책상 안	案 案 案 案 案內 提案	雨 비 우	雨 雨 雨 雨 雨期 雨天
約 대략 약	約 約 約 約 約束 言約	雲 구름 운	雲 雲 雲 雲 雲霧 雲集
養 기를 양	養 養 養 養 養成 敎養	雄 수컷 웅	雄 雄 雄 雄 雄飛 英雄
魚 고기 어	魚 魚 魚 魚 魚族 魚類	元 으뜸 원	元 元 元 元 元氣 元祖
漁 고기잡을 어	漁 漁 漁 漁 銀漁 漁船	原 언덕 원	原 原 原 原 原稿 原因
億 억 억	億 億 億 億 億劫 億臺	院 집 원	院 院 院 院 院長 學院
熱 더울 열	熱 熱 熱 熱 熱氣 熱望	願 원할 원	願 願 願 願 願望 念願
葉 잎 엽	葉 葉 葉 葉 葉書 葉茶	位 자리 위	位 位 位 位 位階 位置
屋 집 옥	屋 屋 屋 屋 屋舍 韓屋	偉 위대할 위	偉 偉 偉 偉 偉大 偉力
完 완전할 완	完 完 完 完 完備 完遂	以 써 이	以 以 以 以 以來 以下
要 요긴할 요	要 要 要 要 要綱 重要	耳 귀 이	耳 耳 耳 耳 耳目 耳順
曜 빛날 요	曜 曜 曜 曜 曜日 月曜病	因 인할 인	因 因 因 因 因果 因習
浴 목욕할 욕	浴 浴 浴 浴 浴室 沐浴	任 맡길 임	任 任 任 任 任期 責任

再 두 재	再 再 再 再 再建 再考	情 뜻 정	情 情 情 情 情勢 心情
材 재목 재	材 材 材 材 材料 材木	調 고를 조	調 調 調 調 調味 調節
災 재앙 재	災 災 災 災 災害 人災	操 잡을 조	操 操 操 操 操心 操作
財 재물 재	財 財 財 財 財團 財物	卒 군사 졸	卒 卒 卒 卒 卒倒 卒業
爭 다툴 쟁	爭 爭 爭 爭 戰爭 爭論	種 씨 종	種 種 種 種 種類 種別
貯 쌓을 저	貯 貯 貯 貯 貯金 貯藏	終 마칠 종	終 終 終 終 最終 終身
的 고녁 적	的 的 的 的 的實 目的	罪 허물 죄	罪 罪 罪 罪 罪狀 罪人
赤 붉을 적	赤 赤 赤 赤 赤色 赤手	州 고을 주	州 州 州 州 州境 慶州
典 법 전	典 典 典 典 典範 典型	週 주일 주	週 週 週 週 週期 週日
傳 전할 전	傳 傳 傳 傳 傳說 傳來	止 그칠 지	止 止 止 止 止揚 終止
展 펼 전	展 展 展 展 展開 展示	知 알 지	知 知 知 知 知性 知識
切 끊을 절/체	切 切 切 切 切斷 一切	質 바탕 질	質 質 質 質 質問 本質
節 마디 절	節 節 節 節 節約 節次	着 붙을 착	着 着 着 着 着想 着眼
店 가게 점	店 店 店 店 店員 店鋪	參 참여할 참/삼	參 參 參 參 參拾 參與
停 머무를 정	停 停 停 停 停留 休停	唱 부를 창	唱 唱 唱 唱 奉唱 主唱

2급 쓰기 배정한자

● 다음 8~3급 한자가 2급의 쓰기 배정 한자 입니다.

責	꾸짖을 책	責 責 責 責 責務 問責	敗	패할 패	敗 敗 敗 敗 敗因 腐敗
鐵	쇠 철	鐵 鐵 鐵 鐵 鐵則 鐵鋼	品	물건 품	品 品 品 品 品位 性品
初	처음 초	初 初 初 初 初步 初選	必	반드시 필	必 必 必 必 必讀 必要
最	가장 최	最 最 最 最 最新 最終	筆	붓 필	筆 筆 筆 筆 筆者 達筆
祝	빌 축	祝 祝 祝 祝 祝願 祝典	河	물 하	河 河 河 河 氷河 運河
充	채울 충	充 充 充 充 充實 補充	寒	찰 한	寒 寒 寒 寒 寒氣 惡寒
致	이를 치	致 致 致 致 致命 合致	害	해할 해	害 害 害 害 利害 障害
則	법칙 칙/즉	則 則 則 則 校則 規則	許	허락할 허	許 許 許 許 許容 許諾
打	칠 타	打 打 打 打 打球 長打	湖	호수 호	湖 湖 湖 湖 湖水 江湖
他	다를 타	他 他 他 他 他種 他人	化	화할 화	化 化 化 化 化石 化合
卓	높을 탁	卓 卓 卓 卓 卓見 卓子	患	근심 환	患 患 患 患 患者 憂患
炭	숯 탄	炭 炭 炭 炭 炭素 塗炭	效	본받을 효	效 效 效 效 效力 效用
宅	집 택/댁	宅 宅 宅 宅 宅配 宅內	凶	흉할 흉	凶 凶 凶 凶 凶計 凶年
板	널 판	板 板 板 板 板子 鐵板	黑	검을 흑	黑 黑 黑 黑 黑白 暗黑

4급 II 배정한자

假 거짓 가	假令 假名	係 맬 계	係數 關係
街 거리 가	商街 街頭	故 까닭 고	故鄕 故障
監 볼·살필 감	監査 監視	攻 칠 공	攻勢 侵攻
減 덜 감	減點 減退	官 벼슬 관	次官 官僚
康 편안할 강	健康 康寧	求 구할 구	求道 求職
講 익힐 강/구	講習 講座	句 글귀 구	句節 名句
個 낱 개	個別 個體	究 궁구할 구	究明 探究
檢 조사할 검	檢定 檢印	宮 집 궁	宮合 宮中
潔 깨끗할 결	簡潔 高潔	權 권세 권	權力 人權
缺 이지러질 결	缺席 缺員	極 지극할 극	極力 北極
經 지날 경	經過 經驗	禁 금할 금	禁忌 禁止
境 지경 경	境內 逆境	器 그릇 기	器量 土器
慶 경사 경	慶事 慶祝	起 일어날 기	起立 起動
警 경계할 경	警戒 軍警	暖 따뜻할 난	溫暖 寒暖

2급 쓰기 배정 한자

● 다음 8~3급 한자가 2급의 쓰기 배정 한자 입니다.

難 어려울 난	難 難 難 難 難民 患難	銅 구리 동	銅 銅 銅 銅 銅錢 青銅
努 힘쓸 노	努 努 努 努 努力 努目	豆 콩 두	豆 豆 豆 豆 豆腐 綠豆
怒 성낼 노	怒 怒 怒 怒 憤怒 激怒	斗 말 두	斗 斗 斗 斗 斗量 泰斗
斷 끊을 단	斷 斷 斷 斷 斷面 中斷	得 얻을 득	得 得 得 得 得道 習得
端 끝·바를 단	端 端 端 端 端午 末端	燈 등잔 등	燈 燈 燈 燈 燈火 點燈
單 홑 단	單 單 單 單 單獨 單純	羅 벌일·돌 라	羅 羅 羅 羅 羅列 網羅
檀 박달나무 단	檀 檀 檀 檀 檀君 檀紀	兩 두 량/양 냥	兩 兩 兩 兩 兩家 兩立
達 통달할 달	達 達 達 達 達觀 達成	麗 고울 려	麗 麗 麗 麗 麗色 華麗
擔 맡을 담	擔 擔 擔 擔 擔當 擔任	連 이을 련	連 連 連 連 連結 連續
黨 무리 당	黨 黨 黨 黨 黨論 野黨	列 벌일 렬	列 列 列 列 列傳 序列
帶 띠 대	帶 帶 帶 帶 帶同 寒帶	錄 기록할 록	錄 錄 錄 錄 記錄 目錄
隊 무리 대	隊 隊 隊 隊 隊員 入隊	論 논의할 론	論 論 論 論 論文 討論
導 이끌 도	導 導 導 導 導入 引導	留 머무를 류	留 留 留 留 留意 留置
督 살펴볼 독	督 督 督 督 督戰 監督	律 법 률	律 律 律 律 規律 法律
毒 독할 독	毒 毒 毒 毒 毒性 解毒	滿 찰 만	滿 滿 滿 滿 滿開 充滿

脈 맥 맥	脈 脈 脈 脈 脈搏 山脈	伐 칠 벌	伐 伐 伐 伐 伐草 征伐
毛 털 모	毛 毛 毛 毛 毛織 毛皮	罰 벌 벌	罰 罰 罰 罰 罰酒 賞罰
牧 칠 목	牧 牧 牧 牧 牧畜 放牧	壁 벽 벽	壁 壁 壁 壁 壁報 外壁
武 호반 무	武 武 武 武 武功 武德	邊 가 변	邊 邊 邊 邊 邊境 江邊
務 힘쓸 무	務 務 務 務 業務 任務	保 지킬 보	保 保 保 保 保證 保護
味 맛 미	味 味 味 味 味覺 吟味	寶 보배 보	寶 寶 寶 寶 寶物 家寶
未 아닐 미	未 未 未 未 未決 未滿	報 갚을 보	報 報 報 報 報答 情報
密 빽빽할 밀	密 密 密 密 密談 密約	步 걸음 보	步 步 步 步 步道 進步
博 넓을 박	博 博 博 博 博愛 名博	婦 며느리 부	婦 婦 婦 婦 婦德 主婦
房 방 방	房 房 房 房 房門 山房	副 버금 부	副 副 副 副 副賞 正副
防 막을·둑 방	防 防 防 防 防止 攻防	富 가멸 부	富 富 富 富 富强 富貴
訪 찾을 방	訪 訪 訪 訪 訪問 探訪	復 다시 부/복	復 復 復 復 復活 復習
拜 절 배	拜 拜 拜 拜 拜謁 崇拜	府 마을 부	府 府 府 府 府庫 政府
背 등 배	背 背 背 背 背反 背信	佛 부처 불	佛 佛 佛 佛 佛供 成佛
配 짝 배	配 配 配 配 配達 支配	備 갖출 비	備 備 備 備 備蓄 具備

2급 쓰기 배정한자

● 다음 8~3급 한자가 2급의 쓰기 배정 한자 입니다.

한자	연습	한자	연습
悲 슬플 비	悲 悲 悲 悲 悲觀 喜悲	星 별 성	星 星 星 星 星座 星霜
非 아닐 비	非 非 非 非 非難 非理	盛 성할 성	盛 盛 盛 盛 盛德 盛行
飛 날 비	飛 飛 飛 飛 飛報 飛躍	聖 성인 성	聖 聖 聖 聖 聖火 聖經
貧 가난할 빈	貧 貧 貧 貧 貧困 貧富	聲 소리 성	聲 聲 聲 聲 聲明 聲樂
寺 절 사/시	寺 寺 寺 寺 寺刹 本寺	誠 정성 성	誠 誠 誠 誠 誠心 誠意
師 스승 사	師 師 師 師 師表 醫師	勢 기세 세	勢 勢 勢 勢 勢道 大勢
舍 집 사	舍 舍 舍 舍 客舍 廳舍	稅 구실 세	稅 稅 稅 稅 稅務 課稅
謝 사례할 사	謝 謝 謝 謝 謝過 感謝	細 가늘 세	細 細 細 細 細心 詳細
殺 죽일 살/쇄	殺 殺 殺 殺 殺氣 相殺	掃 쓸 소	掃 掃 掃 掃 掃滅 清掃
常 항상 상	常 常 常 常 常綠 常識	笑 웃을 소	笑 笑 笑 笑 談笑 微笑
床 평상 상	床 床 床 床 床石 平床	素 흴 소	素 素 素 素 素養 素質
狀 형상 상/장	狀 狀 狀 狀 狀態 行狀	俗 풍속 속	俗 俗 俗 俗 俗語 民俗
想 생각할 상	想 想 想 想 想起 想念	續 이을 속	續 續 續 續 續開 接續
設 베풀 설	設 設 設 設 設置 設立	送 보낼 송	送 送 送 送 送年 發送
城 성 성	城 城 城 城 城門 山城	修 닦을 수	修 修 修 修 修業 研修

한자	훈음	예시	한자	훈음	예시
受	받을 수	受業 傳受	暗	어두울 암	暗記 明暗
守	지킬 수	死守 嚴守	壓	누를 압	外壓 暴壓
收	거둘·걸을 수	收拾 接收	液	진 액	液體 血液
授	줄 수	授業 授與	羊	양 양	羊毛 牛羊
純	순수할 순	純金 純朴	餘	남을 여	餘談 餘白
承	이을 승	承繼 承諾	如	같을 여	如何 缺如
視	볼 시	視覺 視線	逆	거스를 역	逆流 逆說
試	시험할 시	試合 試驗	煙	연기 연	禁煙 煤煙
詩	시 시	詩歌 詩興	演	펼 연	演劇 演出
施	베풀 시/이	施賞 施行	硏	갈·벼루 연	硏究 硏磨
是	옳을 시	是非 是正	榮	영화 영	榮光 榮樂
息	숨쉴 식	息錢 休息	藝	재주 예	藝能 武藝
申	납·펼 신	申告 申報	誤	그르칠 오	誤算 誤審
深	깊을 심	深刻 水深	玉	구슬 옥	玉稿 珠玉
眼	눈 안	眼鏡 血眼	往	갈·향할 왕	往年 往復

2급 쓰기 배정 한자

● 다음 8~3급 한자가 2급의 쓰기 배정 한자 입니다.

謠 노래 요	謠 謠 謠 謠 童謠 民謠	引 끌 인	引 引 引 引 引導 誘引
容 얼굴 용	容 容 容 容 容納 容易	認 인정할 인	認 認 認 認 認可 認定
員 인원 원	員 員 員 員 議員 會員	將 장수 장	將 將 將 將 名將 武將
圓 둥글 원	圓 圓 圓 圓 圓滿 圓滑	障 막을 장	障 障 障 障 障壁 障害
爲 할·위할 위	爲 爲 爲 爲 所爲 營爲	低 낮을 저	低 低 低 低 低速 低價
衛 지킬 위	衛 衛 衛 衛 衛星 護衛	敵 원수 적	敵 敵 敵 敵 公敵 政敵
肉 고기 육	肉 肉 肉 肉 肉類 肉身	田 밭 전	田 田 田 田 田畓 田園
恩 은혜 은	恩 恩 恩 恩 恩師 恩惠	絶 끊을 절	絶 絶 絶 絶 絶對 絶頂
陰 그늘 음	陰 陰 陰 陰 陰德 陰謀	接 사귈 접	接 接 接 接 接待 接受
應 응할 응	應 應 應 應 應答 應用	政 정사 정	政 政 政 政 國政 仁政
義 옳을 의	義 義 義 義 義務 意義	程 길·법도 정	程 程 程 程 工程 規程
議 의논할 의	議 議 議 議 議決 論議	精 정밀할 정	精 精 精 精 精誠 精神
移 옮길 이	移 移 移 移 移任 轉移	制 마를·법도 제	制 制 制 制 制止 抑制
益 더할 익	益 益 益 益 公益 利益	提 끌 제	提 提 提 提 提起 提案
印 도장 인	印 印 印 印 印章 印鑑	祭 제사 제	祭 祭 祭 祭 祭典 祝祭

製 지을 제	製 製 製 製 製造 調製	至 이를 지	至 至 至 至 至尊 至極
濟 건널 제	濟 濟 濟 濟 經濟 救濟	志 뜻 지	志 志 志 志 志願 志向
際 사이 제	際 際 際 際 際限 國際	支 가지 지	支 支 支 支 支給 支援
除 덜 제	除 除 除 除 除去 控除	指 가리킬 지	指 指 指 指 指導 指示
助 도울 조	助 助 助 助 助長 補助	職 벼슬 직	職 職 職 職 職責 就職
早 이를 조	早 早 早 早 早急 早期	眞 참 진	眞 眞 眞 眞 眞談 眞理
造 지을 조	造 造 造 造 造景 改造	進 나아갈 진	進 進 進 進 進路 進學
鳥 새 조	鳥 鳥 鳥 鳥 白鳥 花鳥	次 버금 차	次 次 次 次 目次 漸次
尊 높을 존/준	尊 尊 尊 尊 尊貴 尊嚴	察 살필 찰	察 察 察 察 觀察 視察
宗 마루 종	宗 宗 宗 宗 宗敎 宗親	創 비롯할 창	創 創 創 創 創刊 創造
走 달릴 주	走 走 走 走 走力 走行	處 곳 처	處 處 處 處 處世 居處
竹 대 죽	竹 竹 竹 竹 爆竹 竹簡	請 청할 청	請 請 請 請 請託 要請
準 준할 준	準 準 準 準 準據 基準	銃 총 총	銃 銃 銃 銃 銃口 拳銃
衆 무리 중	衆 衆 衆 衆 衆論 衆智	總 거느릴 총	總 總 總 總 總理 總計
增 더할 증	增 增 增 增 增加 增減	築 쌓을 축	築 築 築 築 築造 建築

2급 쓰기 배정 한자

● 다음 8~3급 한자가 2급의 쓰기 배정 한자 입니다.

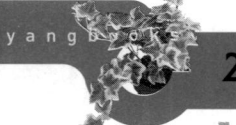

蓄 쌓을 축	蓄 蓄 蓄 蓄 蓄積 貯蓄	包 쌀 포	包 包 包 包 包括 包含
蟲 벌레 충	蟲 蟲 蟲 蟲 蟲齒 害蟲	布 베·펼 포	布 布 布 布 布告 公布
忠 충성 충	忠 忠 忠 忠 忠誠 忠直	砲 대포 포	砲 砲 砲 砲 砲擊 砲彈
取 취할 취	取 取 取 取 取扱 取得	暴 사나울 포/폭	暴 暴 暴 暴 暴動 暴惡
測 잴 측	測 測 測 測 測候 推測	票 쪽지 표	票 票 票 票 得票 投票
置 둘 치	置 置 置 置 置重 置換	豊 풍년 풍	豊 豊 豊 豊 豊年 豊富
齒 이 치	齒 齒 齒 齒 齒科 齒痛	限 한정 한	限 限 限 限 限度 期限
治 다스릴 치	治 治 治 治 治世 治安	港 항구 항	港 港 港 港 港口 空港
侵 침노할 침	侵 侵 侵 侵 侵犯 侵略	航 건널 항	航 航 航 航 航空 出航
快 쾌할 쾌	快 快 快 快 快擧 快樂	解 풀 해	解 解 解 解 解決 解答
態 모양 태	態 態 態 態 態度 形態	香 향기 향	香 香 香 香 香料 香氣
統 거느릴 통	統 統 統 統 統計 傳統	鄕 시골 향	鄕 鄕 鄕 鄕 鄕愁 故鄕
退 물러날 퇴	退 退 退 退 退却 後退	虛 빌 허	虛 虛 虛 虛 謙虛 虛空
波 물결 파	波 波 波 波 波動 波瀾	驗 증험할 험	驗 驗 驗 驗 經驗 試驗
破 깨뜨릴 파	破 破 破 破 破鏡 破産	賢 어질 현	賢 賢 賢 賢 賢明 聖賢

血 피 혈	血 血 血 血 血氣 出血	貨 재화 화	貨 貨 貨 貨 貨物 財貨
協 화할 협	協 協 協 協 協贊 妥協	確 굳을 확	確 確 確 確 確信 確認
惠 은혜 혜	惠 惠 惠 惠 惠澤 恩惠	回 돌아올 회	回 回 回 回 回顧 回送
呼 부를 호	呼 呼 呼 呼 呼吸 歡呼	吸 숨들이쉴 흡	吸 吸 吸 吸 吸煙 吸着
戶 지게 호	戶 戶 戶 戶 戶口 戶別	興 일 흥	興 興 興 興 興味 復興
護 보호할 호	護 護 護 護 救護 保護	希 바랄 희	希 希 希 希 希望 希幾

4급 배정한자

暇 겨를 가	暇 暇 暇 暇 閑暇 休暇	甲 갑옷 갑	甲 甲 甲 甲 甲富 甲板
刻 새길 각	刻 刻 刻 刻 刻薄 刻苦	降 내릴 강/항	降 降 降 降 降雨 降服
覺 깨달을 각	覺 覺 覺 覺 覺悟 視覺	巨 클 거	巨 巨 巨 巨 巨物 巨匠
干 방패 간	干 干 干 干 干滿 干涉	拒 막을 거	拒 拒 拒 拒 拒否 抗拒
看 볼 간	看 看 看 看 看過 看護	據 근거 거	據 據 據 據 依據 占據
簡 편지 간	簡 簡 簡 簡 簡易 簡單	居 살 거	居 居 居 居 居留 居住
甘 달 감	甘 甘 甘 甘 甘味 甘草	傑 뛰어날 걸	傑 傑 傑 傑 傑出 豪傑
敢 감히 감	敢 敢 敢 敢 敢行 勇敢	儉 검소할 검	儉 儉 儉 儉 儉約 勤儉

2급 쓰기 배정한자

● 다음 8~3급 한자가 2급의 쓰기 배정 한자 입니다.

한자	연습	한자	연습
擊 칠 격	擊 擊 擊 擊 擊沈 攻擊	庫 곳집 고	庫 庫 庫 庫 庫舍 倉庫
激 격할 격	激 激 激 激 激動 激勵	穀 곡식 곡	穀 穀 穀 穀 穀食 穀類
堅 굳을 견	堅 堅 堅 堅 堅固 堅實	困 곤할 곤	困 困 困 困 困辱 疲困
犬 개 견	犬 犬 犬 犬 狂犬 愛犬	骨 뼈 골	骨 骨 骨 骨 骨格 骨子
傾 기울 경	傾 傾 傾 傾 傾倒 傾向	孔 구멍 공	孔 孔 孔 孔 孔門 方孔
更 고칠 경/갱	更 更 更 更 更正 更新	管 대롱·집 관	管 管 管 管 管守 管制
鏡 거울 경	鏡 鏡 鏡 鏡 鏡臺 眼鏡	鑛 쇳돌 광	鑛 鑛 鑛 鑛 鑛山 金鑛
驚 놀랄 경	驚 驚 驚 驚 驚歎 驚異	構 얽을 구	構 構 構 構 構想 虛構
系 이을 계	系 系 系 系 系列 體系	君 임금 군	君 君 君 君 君子 聖君
季 끝·계절 계	季 季 季 季 季節 夏季	群 무리 군	群 群 群 群 群衆 群島
戒 경계할 계	戒 戒 戒 戒 破戒 訓戒	屈 굽을 굴	屈 屈 屈 屈 屈伸 屈折
階 섬돌 계	階 階 階 階 階段 段階	窮 다할 궁	窮 窮 窮 窮 窮極 窮乏
繼 이을 계	繼 繼 繼 繼 繼續 後繼	券 문서 권	券 券 券 券 券帖 株券
鷄 닭 계	鷄 鷄 鷄 鷄 養鷄 鷄卵	卷 책 권	卷 卷 卷 卷 卷煙 席卷
孤 외로울 고	孤 孤 孤 孤 孤獨 孤島	勸 권할 권	勸 勸 勸 勸 勸戒 勸勉

歸 돌아갈 귀	歸 歸 歸 歸 歸結 復歸	卵 알 란	卵 卵 卵 卵 産卵 魚卵
均 고를 균	均 均 均 均 均衡 平均	覽 볼 람	覽 覽 覽 覽 觀覽 便覽
劇 심할 극	劇 劇 劇 劇 演劇 戱劇	略 간략할 략	略 略 略 略 略式 省略
筋 힘줄 근	筋 筋 筋 筋 筋力 鐵筋	糧 양식 량	糧 糧 糧 糧 糧米 軍糧
勤 부지런할 근	勤 勤 勤 勤 勤勉 退勤	慮 생각할 려	慮 慮 慮 慮 念慮 憂慮
奇 기이할 기	奇 奇 奇 奇 奇人 奇妙	烈 세찰 렬	烈 烈 烈 烈 烈火 熱烈
機 틀 기	機 機 機 機 機密 機會	龍 용 룡	龍 龍 龍 龍 臥龍 龍顏
紀 벼리 기	紀 紀 紀 紀 紀念 軍紀	柳 버들 류	柳 柳 柳 柳 楊柳 花柳
寄 부칠 기	寄 寄 寄 寄 寄生 寄與	輪 바퀴 륜	輪 輪 輪 輪 輪轉 輪廻
納 들일 납	納 納 納 納 納入 出納	離 떠날 리	離 離 離 離 離別 分離
段 층계 단	段 段 段 段 分段 手段	妹 손아랫누이 매	妹 妹 妹 妹 妹兄 男妹
徒 무리 도	徒 徒 徒 徒 信徒 徒步	勉 힘쓸 면	勉 勉 勉 勉 勤勉 勸勉
盜 도둑 도	盜 盜 盜 盜 盜用 強盜	鳴 울 명	鳴 鳴 鳴 鳴 鷄鳴 悲鳴
逃 달아날 도	逃 逃 逃 逃 逃亡 逃走	模 법 모	模 模 模 模 模造 規模
亂 어지러울 란	亂 亂 亂 亂 亂局 混亂	妙 묘할 묘	妙 妙 妙 妙 妙案 妙味

2급 쓰기 배정 한자

● 다음 8~3급 한자가 2급의 쓰기 배정 한자 입니다.

墓	무덤 묘	墓 墓 墓 墓 墓碑 省墓
舞	춤출 무	舞 舞 舞 舞 舞臺 舞踊
拍	칠 박	拍 拍 拍 拍 拍手 拍車
髮	터럭 발	髮 髮 髮 髮 毛髮 理髮
妨	방해할 방	妨 妨 妨 妨 妨害 無妨
犯	범할 범	犯 犯 犯 犯 犯行 防犯
範	법 범	範 範 範 範 範圍 示範
辯	말잘할 변	辯 辯 辯 辯 辯士 達辯
普	넓을 보	普 普 普 普 普選 普遍
伏	엎드릴 복	伏 伏 伏 伏 屈伏 降伏
複	겹칠 복	複 複 複 複 複式 複雜
否	아닐 부/막힐 비	否 否 否 否 否決 否塞
負	짐질 부	負 負 負 負 負傷 勝負
憤	분할 분	憤 憤 憤 憤 憤怒 憤敗
粉	가루 분	粉 粉 粉 粉 粉塵 花粉
批	비평할 비	批 批 批 批 批判 批評
秘	숨길 비	秘 秘 秘 秘 秘訣 秘境
碑	비석 비	碑 碑 碑 碑 碑文 口碑
射	쏠 사	射 射 射 射 射擊 發射
私	사사로울 사	私 私 私 私 公私 私立
絲	실 사	絲 絲 絲 絲 絲笠 鐵絲
辭	말·말씀 사	辭 辭 辭 辭 辭典 辭職
散	흩어질 산	散 散 散 散 散漫 散策
象	코끼리 상	象 象 象 象 現象 對象
傷	다칠 상	傷 傷 傷 傷 傷處 損傷
宣	베풀 선	宣 宣 宣 宣 宣敎 宣布
舌	혀 설	舌 舌 舌 舌 毒舌 舌戰
屬	붙을 속/촉	屬 屬 屬 屬 附屬 屬望
損	덜 손	損 損 損 損 損害 破損
松	소나무 송	松 松 松 松 松竹 老松

한자	훈음	예시	한자	훈음	예시
頌	칭송할 송	頌德 稱頌	燃	사를 연	燃料 燃燒
秀	빼어날 수	秀麗 特秀	營	경영할 영	經營 野營
叔	아재비 숙	叔父 堂叔	迎	맞을 영	迎接 歡迎
肅	엄숙할 숙	肅然 靜肅	映	비칠 영	映像 反映
崇	높을 숭	崇高 崇仰	豫	미리 예	豫備 豫約
氏	각시 씨/지	氏族 宗氏	優	넉넉할 우	優待 優等
額	이마 액	額數 額子	遇	만날 우	奇遇 待遇
樣	모양 양	樣相 貌樣	郵	우편 우	郵送 郵票
嚴	엄할 엄	嚴肅 峻嚴	怨	원망할 원	怨恨 宿怨
與	줄 여	與件 與否	援	도울 원	援助 救援
易	바꿀 역/이	易理 平易	源	근원 원	根源 起源
域	지경 역	域內 區域	危	위태할 위	危急 危殆
延	늘일 연	延命 延着	圍	둘레 위	範圍 包圍
緣	인연 연	緣分 因緣	委	맡길 위	委任 委託
鉛	납 연	鉛筆 亞鉛	威	위엄 위	威勢 威脅

2급 쓰기 배정한자

● 다음 8~3급 한자가 2급의 쓰기 배정 한자 입니다.

慰 위로할 위	慰 慰 慰 慰 慰勞 慰問	雜 섞일 잡	雜 雜 雜 雜 雜念 雜談
乳 젖 유	乳 乳 乳 乳 乳菓 乳兒	壯 씩씩할 장	壯 壯 壯 壯 壯觀 壯士
遊 놀 유	遊 遊 遊 遊 遊離 遊戲	奬 권면할 장	奬 奬 奬 奬 勸奬 奬學
遺 남길 유	遺 遺 遺 遺 遺物 遺傳	帳 휘장 장	帳 帳 帳 帳 帳簿 記帳
儒 선비 유	儒 儒 儒 儒 儒生 儒林	張 베풀 장	張 張 張 張 擴張 緊張
隱 숨을 은	隱 隱 隱 隱 隱匿 隱退	腸 창자 장	腸 腸 腸 腸 盲腸 脫腸
依 의지할 의	依 依 依 依 依支 歸依	裝 꾸밀 장	裝 裝 裝 裝 裝着 端裝
儀 거동 의	儀 儀 儀 儀 儀式 儀典	底 밑 저	底 底 底 底 底意 徹底
疑 의심할 의	疑 疑 疑 疑 疑問 懷疑	積 쌓을 적	積 積 積 積 積立 蓄積
異 다를 이	異 異 異 異 異常 異論	籍 문서 적	籍 籍 籍 籍 國籍 戶籍
仁 어질 인	仁 仁 仁 仁 仁政 仁德	績 길쌈 적	績 績 績 績 業績 治績
姉 손위누이 자	姉 姉 姉 姉 姉兄 姉妹	賊 도둑 적	賊 賊 賊 賊 賊地 逆賊
姿 맵시 자	姿 姿 姿 姿 姿勢 姿質	適 맞을 적	適 適 適 適 適當 適切
資 재물 자	資 資 資 資 資格 資本	專 오로지 전	專 專 專 專 專決 專用
殘 남을 잔	殘 殘 殘 殘 殘餘 消殘	轉 구를·돌릴 전	轉 轉 轉 轉 轉流 轉送

錢 돈 전	錢 錢 錢 錢 金錢 銅錢	周 두루 주	周 周 周 周 周圍 周旋
折 꺾을 절	折 折 折 折 折半 挫折	朱 붉을 주	朱 朱 朱 朱 朱色 印朱
點 점 점	點 點 點 點 點檢 短點	酒 술 주	酒 酒 酒 酒 酒客 酒量
占 차지할 점	占 占 占 占 占領 占有	證 증거 증	證 證 證 證 證券 反證
丁 넷째 천간 정	丁 丁 丁 丁 丁巳 壯丁	智 슬기 지	智 智 智 智 智慧 機智
整 가지런할 정	整 整 整 整 整頓 調整	持 가질 지	持 持 持 持 持論 維持
靜 고요할 정	靜 靜 靜 靜 靜肅 靜寂	誌 기록할 지	誌 誌 誌 誌 雜誌 會誌
帝 임금 제	帝 帝 帝 帝 帝國 帝王	織 짤 직	織 織 織 織 紡織 組織
條 가지 조	條 條 條 條 條例 約條	盡 다할 진	盡 盡 盡 盡 盡言 盡心
組 짤 조	組 組 組 組 組織 組合	珍 보배 진	珍 珍 珍 珍 珍貴 珍味
潮 조수 조	潮 潮 潮 潮 潮流 潮水	陣 진칠 진	陣 陣 陣 陣 陣營 陣容
存 있을 존	存 存 存 存 存廢 共存	差 다를 차	差 差 差 差 差減 差異
從 좇을 종	從 從 從 從 從來 從事	讚 기릴 찬	讚 讚 讚 讚 讚揚 稱讚
鐘 쇠북 종	鐘 鐘 鐘 鐘 警鐘 打鐘	採 캘 채	採 採 採 採 採用 採擇
座 자리 좌	座 座 座 座 座標 座談	冊 책 책	冊 冊 冊 冊 冊欌 書冊

2급 쓰기 배정 한자

● 다음 8~3급 한자가 2급의 쓰기 배정 한자 입니다.

泉 샘 천	泉 泉 泉 泉 泉水 源泉	探 찾을 탐	探 探 探 探 探問 探索
聽 들을 청	聽 聽 聽 聽 聽覺 聽衆	擇 가릴 택	擇 擇 擇 擇 採擇 擇日
廳 관청 청	廳 廳 廳 大廳 官廳	討 칠 토	討 討 討 討 討滅 討議
招 부를 초	招 招 招 招 招來 招聘	痛 아플 통	痛 痛 痛 痛 痛快 哀痛
推 옮을 추/퇴	推 推 推 推 推測 推敲	鬪 싸움 투	鬪 鬪 鬪 鬪 鬪牛 決鬪
縮 오그라들 축	縮 縮 縮 縮 縮圖 收縮	投 던질 투	投 投 投 投 投影 投合
就 이룰 취	就 就 就 就 就任 成就	派 물갈래 파	派 派 派 派 派遣 派兵
趣 달릴 취	趣 趣 趣 趣 趣味 情趣	判 판단할 판	判 判 判 判 判斷 決判
層 층 층	層 層 層 層 層階 單層	篇 책 편	篇 篇 篇 篇 長篇 玉篇
寢 잠잘 침	寢 寢 寢 寢 寢臺 寢具	評 평할 평	評 評 評 評 評議 評判
針 바늘 침	針 針 針 針 檢針 方針	閉 닫을 폐	閉 閉 閉 閉 閉幕 開閉
稱 일컬을 칭	稱 稱 稱 稱 稱號 總稱	胞 태보 포	胞 胞 胞 胞 胞衣 細胞
彈 탄알 탄	彈 彈 彈 彈 彈皮 彈壓	爆 터질 폭	爆 爆 爆 爆 爆發 爆笑
歎 탄식할 탄	歎 歎 歎 歎 歎息 痛歎	標 표할 표	標 標 標 標 標示 目標
脫 벗을 탈	脫 脫 脫 脫 脫退 逸脫	疲 피곤할 피	疲 疲 疲 疲 疲困 疲勞

避 피할 피	避 避 避 避 避亂 忌避	混 섞을 혼	混 混 混 混 混用 混合
恨 한할 한	恨 恨 恨 恨 哀恨 悔恨	婚 혼인할 혼	婚 婚 婚 婚 婚禮 約婚
閑 한가할 한	閑 閑 閑 閑 閑暇 閑散	紅 붉을 홍	紅 紅 紅 紅 紅玉 紅潮
抗 막을 항	抗 抗 抗 抗 抗告 對抗	華 빛날 화	華 華 華 華 華麗 華奢
核 씨 핵	核 核 核 核 核心 結核	環 고리 환	環 環 環 環 環境 環狀
憲 법 헌	憲 憲 憲 憲 憲章 制憲	歡 기뻐할 환	歡 歡 歡 歡 歡談 歡喜
險 험할 험	險 險 險 險 險惡 險峻	況 하물며 황	況 況 況 況 狀況 好況
革 가죽 혁	革 革 革 革 革帶 改革	灰 재 회	灰 灰 灰 灰 石灰 灰色
顯 나타날 현	顯 顯 顯 顯 顯明 顯著	候 철 후	候 候 候 候 問候 徵候
刑 형벌 형	刑 刑 刑 刑 刑罰 刑事	厚 두터울 후	厚 厚 厚 厚 厚德 濃厚
好 좋을 호	好 好 好 好 好感 愛好	揮 휘두를 휘	揮 揮 揮 揮 揮帳 發揮
或 혹 혹	或 或 或 或 間或 或者	喜 기쁠 희	喜 喜 喜 喜 喜悲 喜消

3급Ⅱ 배정한자

佳 아름다울 가	佳 佳 佳 佳 佳客 佳話	閣 집 각	閣 閣 閣 閣 改閣 內閣
脚 다리 각	脚 脚 脚 脚 脚光 脚本	刊 새길 간	刊 刊 刊 刊 刊行 創刊

2급 쓰기 배정 한자

● 다음 8~3급 한자가 2급의 쓰기 배정 한자 입니다.

肝 간 간	肝 肝 肝 肝 肝腸 肝炎	頃 이랑 경	頃 頃 頃 頃 頃刻 頃田
幹 줄기 간	幹 幹 幹 幹 幹部 根幹	契 맺을 계	契 契 契 契 契機 契約
懇 간절할 간	懇 懇 懇 懇 懇曲 懇切	啓 열 계	啓 啓 啓 啓 啓發 啓蒙
鑑 거울 감	鑑 鑑 鑑 鑑 鑑別 鑑賞	械 형틀 계	械 械 械 械 械器 器械
剛 굳셀 강	剛 剛 剛 剛 剛健 剛直	溪 시내 계	溪 溪 溪 溪 溪谷 碧溪
綱 벼리 강	綱 綱 綱 綱 綱領 要綱	姑 시어머니 고	姑 姑 姑 姑 姑婦 姑母
介 끼일 개	介 介 介 介 紹介 媒介	鼓 북 고	鼓 鼓 鼓 鼓 鼓舞 鼓手
概 대개 개	概 概 概 概 概觀 概念	稿 볏짚 고	稿 稿 稿 稿 原稿 脫稿
距 떨어질 거	距 距 距 距 距離 距躍	谷 골 곡	谷 谷 谷 谷 幽谷 溪谷
乾 하늘 건	乾 乾 乾 乾 乾燥 乾草	哭 울 곡	哭 哭 哭 哭 哭聲 哭泣
劍 칼 검	劍 劍 劍 劍 劍客 劍舞	供 이바지할 공	供 供 供 供 供給 供養
訣 헤어질 결	訣 訣 訣 訣 訣別 訣要	恭 공손할 공	恭 恭 恭 恭 恭敬 恭待
兼 겸할 겸	兼 兼 兼 兼 兼用 兼任	貢 바칠 공	貢 貢 貢 貢 貢納 貢獻
謙 겸손할 겸	謙 謙 謙 謙 謙讓 謙虛	恐 두려울 공	恐 恐 恐 恐 恐怖 可恐
耕 밭갈 경	耕 耕 耕 耕 耕作 農耕	誇 자랑할 과	誇 誇 誇 誇 誇大 誇張

寡 적을 과	寡 寡 寡 寡 寡默 寡婦	鬼 귀신 귀	鬼 鬼 鬼 鬼 鬼神 鬼才
冠 갓 관	冠 冠 冠 冠 冠帶 冠婚	克 이길 극	克 克 克 克 克己 克服
貫 꿸 관	貫 貫 貫 貫 貫徹 貫通	禽 날짐승 금	禽 禽 禽 禽 禽獸 家禽
寬 너그러울 관	寬 寬 寬 寬 寬大 寬容	琴 거문고 금	琴 琴 琴 琴 風琴 心琴
慣 버릇 관	慣 慣 慣 慣 慣例 慣行	錦 비단 금	錦 錦 錦 錦 錦上添花
館 객사 관	館 館 館 館 館舍 別館	及 미칠 급	及 及 及 及 及第 言及
怪 괴이할 괴	怪 怪 怪 怪 怪奇 怪談	企 꾀할 기	企 企 企 企 企待 企劃
壞 무너질 괴	壞 壞 壞 壞 崩壞 破壞	其 그 기	其 其 其 其 其間 其他
巧 공교할 교	巧 巧 巧 巧 技巧 精巧	祈 빌 기	祈 祈 祈 祈 祈年 祈願
較 견줄 교	較 較 較 較 比較 較差	畿 경기 기	畿 畿 畿 畿 畿內 畿湖
久 오랠 구	久 久 久 久 久遠 永久	緊 급할 긴	緊 緊 緊 緊 緊急 緊迫
拘 잡을 구	拘 拘 拘 拘 拘禁 拘束	諾 허락할 낙	諾 諾 諾 諾 受諾 承諾
菊 국화 국	菊 菊 菊 菊 秋菊 菊花	娘 소녀 낭	娘 娘 娘 娘 娘子 娘娘
弓 활 궁	弓 弓 弓 弓 弓手 洋弓	耐 견딜 내	耐 耐 耐 耐 堪耐 忍耐
拳 주먹 권	拳 拳 拳 拳 拳銃 空拳	寧 편안 녕	寧 寧 寧 寧 安寧 丁寧

2급 쓰기 배정 한자

● 다음 8~3급 한자가 2급의 쓰기 배정 한자 입니다.

한자	연습	한자	연습
奴 종 노	奴 奴 奴 奴 奴婢 奴役	欄 난간 란	欄 欄 欄 欄 欄千 空欄
腦 골 뇌	腦 腦 腦 腦 腦裏 首腦	蘭 난초 란	蘭 蘭 蘭 蘭 蘭香 蘭草
茶 차 다/차	茶 茶 茶 茶 茶菓 綠茶	浪 물결 랑	浪 浪 浪 浪 激浪 浪費
丹 붉을 단	丹 丹 丹 丹 丹田 丹靑	郞 사내 랑	郞 郞 郞 郞 郞君 郞子
旦 아침 단	旦 旦 旦 旦 元旦 旦暮	廊 복도 랑	廊 廊 廊 廊 畫廊 回廊
但 다만 단	但 但 但 但 但只 非但	凉 서늘할 량	凉 凉 凉 凉 納凉 淸凉
淡 싱거울 담	淡 淡 淡 淡 淡淡 淡白	勵 힘쓸 려	勵 勵 勵 勵 激勵 督勵
踏 밟을 답	踏 踏 踏 踏 踏步 踏査	曆 책력 력	曆 曆 曆 曆 曆法 曆學
唐 당나라 당	唐 唐 唐 唐 唐詩 唐絲	戀 사모할 련	戀 戀 戀 戀 戀慕 悲戀
臺 대 대	臺 臺 臺 臺 臺灣 舞臺	鍊 불릴 련	鍊 鍊 鍊 鍊 鍊磨 修鍊
刀 칼 도	刀 刀 刀 刀 果刀 軍刀	聯 잇달 련	聯 聯 聯 聯 聯盟 聯想
途 길 도	途 途 途 途 方途 途中	嶺 재 령	嶺 嶺 嶺 嶺 嶺上 竹嶺
陶 질그릇 도/요	陶 陶 陶 陶 陶器 陶醉	靈 신령 령	靈 靈 靈 靈 靈物 靈魂
突 부딪칠 돌	突 突 突 突 突擊 突破	露 이슬 로	露 露 露 露 露宿 露天
絡 이을·얽을 락	絡 絡 絡 絡 經絡 連絡	爐 화로 로	爐 爐 爐 爐 煖爐 火爐

弄 희롱할 롱	弄 弄 弄 弄 弄奸 戲弄	妄 망녕될 망	妄 妄 妄 妄 妄念 妄發
賴 힘입을 뢰	賴 賴 賴 賴 信賴 依賴	梅 매화나무 매	梅 梅 梅 梅 梅實 梅花
樓 다락 루	樓 樓 樓 樓 樓閣 望樓	孟 맏 맹	孟 孟 孟 孟 孟浪 四孟
倫 인륜 륜	倫 倫 倫 倫 倫理 人倫	盟 맹세할 맹	盟 盟 盟 盟 盟約 同盟
栗 밤나무 률	栗 栗 栗 栗 栗谷 生栗	猛 사나울 맹	猛 猛 猛 猛 猛烈 猛威
率 비율률/거느릴 솔	率 率 率 率 率先 利率	盲 소경 맹	盲 盲 盲 盲 盲信 盲從
隆 클 륭	隆 隆 隆 隆 隆起 隆盛	綿 솜 면	綿 綿 綿 綿 綿密 綿絲
陵 큰언덕 릉	陵 陵 陵 陵 陵墓 陵碑	眠 잠잘 면	眠 眠 眠 眠 眠食 休眠
吏 벼슬아치 리	吏 吏 吏 吏 吏讀 官吏	滅 멸망할 멸	滅 滅 滅 滅 滅種 滅亡
履 신 리	履 履 履 履 履歷 履修	銘 새길 명	銘 銘 銘 銘 銘心 感銘
裏 속 리	裏 裏 裏 裏 裏面 腦裏	慕 그리워할 모	慕 慕 慕 慕 追慕 思慕
臨 임할 림	臨 臨 臨 臨 臨床 臨迫	謀 꾀 모	謀 謀 謀 謀 謀略 謀事
漠 사막 막	漠 漠 漠 漠 漠漠 漠然	貌 얼굴 모	貌 貌 貌 貌 貌樣 面貌
莫 없을 막	莫 莫 莫 莫 莫論 莫逆	睦 화목할 목	睦 睦 睦 睦 親睦 和睦
幕 장막 막	幕 幕 幕 幕 幕舍 開幕	沒 가라앉을 몰	沒 沒 沒 沒 沒頭 沒殺

2급 쓰기 배정한자

● 다음 8~3급 한자가 2급의 쓰기 배정 한자 입니다.

夢 꿈 몽	夢 夢 夢 夢 夢想 吉夢	伯 맏 백	伯 伯 伯 伯 伯叔 伯仲
蒙 어두울 몽	蒙 蒙 蒙 蒙 蒙古 啓蒙	繁 많을 번	繁 繁 繁 繁 繁盛 繁榮
茂 우거질 무	茂 茂 茂 茂 茂林 茂盛	凡 무릇 범	凡 凡 凡 凡 凡事 凡常
貿 바꿀 무	貿 貿 貿 貿 貿易 貿易商	碧 푸를 벽	碧 碧 碧 碧 碧空 碧桃
默 묵묵할 묵	默 默 默 默 默過 默念	丙 셋째 천간 병	丙 丙 丙 丙 丙方 丙子
紋 무늬 문	紋 紋 紋 紋 紋樣 指紋	補 기울 보	補 補 補 補 補給 補償
勿 말 물	勿 勿 勿 勿 勿論 四勿	腹 배 복	腹 腹 腹 腹 腹膜 腹中
微 작을 미	微 微 微 微 微動 微妙	峯 산봉우리 봉	峯 峯 峯 峯 連峯 雲峯
薄 얇을 박	薄 薄 薄 薄 薄情 薄待	封 봉할 봉	封 封 封 封 封建 封鎖
迫 닥칠 박	迫 迫 迫 迫 迫力 迫害	逢 만날 봉	逢 逢 逢 逢 逢變 相逢
般 돌 반	般 般 般 般 全般 一般	扶 도울 부	扶 扶 扶 扶 扶養 扶助
飯 밥 반	飯 飯 飯 飯 茶飯 素飯	浮 뜰 부	浮 浮 浮 浮 浮動 浮力
輩 무리 배	輩 輩 輩 輩 輩出 年輩	簿 장부 부	簿 簿 簿 簿 名簿 帳簿
排 밀칠 배	排 排 排 排 排擊 排置	付 줄 부	付 付 付 付 付着 付託
培 북돋울 배	培 培 培 培 培養 栽培	符 부신 부	符 符 符 符 符同 符籍

한자	훈음	예시	한자	훈음	예시
附	붙을 부	附設 附隨	尙	오히려 상	尙古 尙武
奔	달릴 분	奔走 狂奔	霜	서리 상	霜降 霜露
奮	떨칠 분	奮起 奮發	喪	죽을 상	喪心 喪妻
紛	어지러울 분	紛糾 紛爭	詳	자세할 상	詳細 詳述
婢	계집종 비	侍婢 奴婢	裳	치마 상	衣裳 紅裳
卑	낮을 비	卑怯 卑屈	索	찾을 색/삭	索引 索莫
肥	살찔 비	肥大 肥肉	署	관청 서	署名 官署
妃	왕비 비	大妃 王妃	緖	실마리 서	緖論 端緖
邪	간사할 사/야	邪念 邪心	恕	용서할 서	寬恕 容恕
詞	말·글 사	歌詞 品詞	徐	천천할 서	緩徐 執徐
司	맡을 사	司令 司會	惜	아낄 석	惜別 哀惜
沙	모래 사	沙門 沙塵	釋	풀 석	釋放 註釋
祀	제사 사	祭祀 告祀	旋	돌 선	旋回 回旋
森	나무빽빽할 삼	森林 森嚴	疏	트일 소	疏通 疏忽
像	꼴 상	假像 群像	蘇	깨어날 소	蘇復 蘇生

2급 쓰기 배정 한자

● 다음 8~3급 한자가 2급의 쓰기 배정 한자 입니다.

訴 송사할 소	訴 訴 訴 訴 公訴 呼訴	旬 열흘 순	旬 旬 旬 旬 旬葬 上旬
刷 닦을 쇄	刷 刷 刷 刷 刷新 印刷	述 말할 술	述 述 述 述 述懷 論述
衰 쇠할 쇠	衰 衰 衰 衰 衰亡 衰殘	拾 열 십/습	拾 拾 拾 拾 四拾 收拾
愁 근심 수	愁 愁 愁 愁 愁心 憂愁	襲 엄습할 습	襲 襲 襲 襲 襲擊 攻襲
殊 다를 수	殊 殊 殊 殊 殊常 殊品	昇 오를 승	昇 昇 昇 昇 昇降 昇華
隨 따를 수	隨 隨 隨 隨 隨伴 隨想	僧 중 승	僧 僧 僧 僧 僧侶 僧舞
壽 목숨 수	壽 壽 壽 壽 壽命 減壽	乘 탈 승	乘 乘 乘 乘 乘客 乘馬
輸 보낼 수	輸 輸 輸 輸 輸出 輸血	侍 모실 시	侍 侍 侍 侍 侍女 侍從
需 구할 수	需 需 需 需 需給 內需	飾 꾸밀 식	飾 飾 飾 飾 飾言 服飾
帥 장수 수	帥 帥 帥 帥 元帥 總帥	愼 삼갈 신	愼 愼 愼 愼 愼慮 愼言
獸 짐승 수	獸 獸 獸 獸 怪獸 猛獸	審 살필 심	審 審 審 審 審問 審查
淑 맑을 숙	淑 淑 淑 淑 淑女 貞淑	甚 심할 심	甚 甚 甚 甚 甚難 激甚
熟 익을 숙	熟 熟 熟 熟 熟練 熟成	雙 쌍 쌍	雙 雙 雙 雙 雙方 雙手
瞬 눈깜짝일 순	瞬 瞬 瞬 瞬 瞬間 一瞬	我 나 아	我 我 我 我 我軍 我執
巡 돌·순행할 순	巡 巡 巡 巡 巡訪 巡察	雅 맑을 아	雅 雅 雅 雅 雅澹 雅量

亞 버금 아	亞 亞 亞 亞 亞流 亞聖	亦 또 역	亦 亦 亦 亦 亦是 亦然
阿 언덕 아	阿 阿 阿 阿 阿附 阿片	譯 번역할 역	譯 譯 譯 譯 譯書 譯者
顔 얼굴 안	顔 顔 顔 顔 顔面 顔色	役 부릴 역	役 役 役 役 役軍 役割
岸 언덕 안	岸 岸 岸 岸 岸壁 沿岸	驛 역말 역	驛 驛 驛 驛 驛馬 驛使
巖 바위 암	巖 巖 巖 巖 巖壁 熔巖	沿 물따를 연	沿 沿 沿 沿 沿邊 沿岸
央 가운데 앙	央 央 央 央 中央統制	軟 연할 연	軟 軟 軟 軟 軟骨 軟弱
仰 우러를 앙	仰 仰 仰 仰 仰角 仰祝	宴 잔치 연	宴 宴 宴 宴 宴席 宴會
哀 슬퍼할 애	哀 哀 哀 哀 哀慕 哀願	悅 기쁠 열	悅 悅 悅 悅 悟悅 喜悅
若 반야 야/약	若 若 若 若 若干 若年	染 물들일 염	染 染 染 染 染料 染色
揚 날릴 양	揚 揚 揚 揚 揚名 高揚	影 그림자 영	影 影 影 影 影像 影響
讓 사양할 양	讓 讓 讓 讓 讓渡 讓步	譽 기릴 예	譽 譽 譽 譽 譽言 名譽
壤 흙 양	壤 壤 壤 壤 壤土 土壤	烏 까마귀 오	烏 烏 烏 烏 烏梅 烏竹
御 도실 어	御 御 御 御 御命 御史	悟 깨달을 오	悟 悟 悟 悟 悟道 悟悅
抑 누를 억	抑 抑 抑 抑 抑留 抑壓	獄 우리 옥	獄 獄 獄 獄 獄苦 投獄
憶 생각할 억	憶 憶 憶 憶 記憶 追憶	辱 욕될 욕	辱 辱 辱 辱 辱說 屈辱

2급 쓰기 배정한자

다음 8~3급 한자가 2급의 쓰기 배정 한자 입니다.

慾 욕심 욕	慾 慾 慾 慾 過慾 貪慾	幼 어릴 유	幼 幼 幼 幼 幼年 幼兒
欲 하고자할 욕	欲 欲 欲 欲 欲求 欲心	猶 오히려 유	猶 猶 猶 猶 猶孫 猶豫
憂 근심 우	憂 憂 憂 憂 憂慮 憂愁	潤 윤택할 윤	潤 潤 潤 潤 潤氣 潤澤
愚 어리석을 우	愚 愚 愚 愚 愚見 愚鈍	乙 새 을	乙 乙 乙 乙 乙科 乙方
宇 집 우	宇 宇 宇 宇 宇宙 氣宇	已 이미 이	已 已 已 已 已甚 已往
偶 짝 우	偶 偶 偶 偶 偶像 偶數	翼 날개 익	翼 翼 翼 翼 羽翼 鳥翼
韻 음운 운	韻 韻 韻 韻 韻文 韻律	忍 참을 인	忍 忍 忍 忍 忍苦 忍耐
越 넘을 월	越 越 越 越 越冬 越等	逸 편안할 일	逸 逸 逸 逸 逸居 逸脫
謂 이를 위	謂 謂 謂 謂 所謂 云謂	壬 북방 임	壬 壬 壬 壬 壬方 壬寅
幽 그윽할 유	幽 幽 幽 幽 幽谷 幽靈	慈 사랑 자	慈 慈 慈 慈 慈堂 慈悲
誘 꾈 유	誘 誘 誘 誘 誘發 誘引	潛 잠길 잠	潛 潛 潛 潛 潛伏 潛水
裕 넉넉할 유	裕 裕 裕 裕 裕福 富裕	暫 잠시 잠	暫 暫 暫 暫 暫時 暫定
悠 멀 유	悠 悠 悠 悠 悠久 悠然	藏 감출 장	藏 藏 藏 藏 藏書 所藏
維 벼리 유	維 維 維 維 維新 維持	粧 꾸밀 장	粧 粧 粧 粧 粧飾 治粧
柔 부드러울 유	柔 柔 柔 柔 柔道 柔順	掌 손바닥 장	掌 掌 掌 掌 掌握 管掌

莊 씩씩할 장	莊 莊 莊 莊嚴 莊重	貞 곧을 정	貞 貞 貞 貞 貞潔 貞淑
丈 어른 장	丈 丈 丈 丈 丈夫 老丈	淨 깨끗할 정	淨 淨 淨 淨 淨潔 淨水
臟 오장 장	臟 臟 臟 臟 臟器 內臟	井 우물 정	井 井 井 井 管井 天井
葬 장사지낼 장	葬 葬 葬 葬 葬禮 葬地	頂 정수리 정	頂 頂 頂 頂 頂門 頂上
載 실을 재	載 載 載 載 載積 揭載	亭 정자 정	亭 亭 亭 亭 亭子 亭亭
栽 심을 재	栽 栽 栽 栽 栽培 栽植	廷 조정 정	廷 廷 廷 廷 廷論 宮廷
裁 마를 재	裁 裁 裁 裁 裁斷 裁量	征 칠 정	征 征 征 征 征伐 征服
著 나타날 저	著 著 著 著 著名 著書	齊 가지런할 제	齊 齊 齊 齊 齊家 齊唱
抵 닿을 저	抵 抵 抵 抵 抵當 抵觸	諸 고두 제	諸 諸 諸 諸 諸君 諸島
寂 고요할 적	寂 寂 寂 寂 寂寞 寂寂	照 비칠 조	照 照 照 照 照鑑 照明
摘 딸 적	摘 摘 摘 摘 摘發 摘載	兆 억조 조	兆 兆 兆 兆 吉兆 前兆
跡 발자취 적	跡 跡 跡 跡 遺跡 追跡	縱 세로 종	縱 縱 縱 縱 縱斷 縱列
蹟 자취 적	蹟 蹟 蹟 蹟 奇蹟 行蹟	坐 앉을 좌	坐 坐 坐 坐 坐骨 坐定
笛 피리 적	笛 笛 笛 笛 警笛 汽笛	柱 기둥 주	柱 柱 柱 柱 柱石 電柱
漸 차차 점	漸 漸 漸 漸 漸移 漸漸	洲 도래톱 주	洲 洲 洲 洲 滿洲 砂洲

2급 쓰기배정한자

● 다음 8~3급 한자가 2급의 쓰기 배정 한자 입니다.

宙	집 주	宙 宙 宙 宙 宙 小宇宙	徵	부를 징	徵 徵 徵 徵 徵兵 徵候
卽	곧 즉	卽 卽 卽 卽 卽刻 卽決	此	이 차	此 此 此 此 此後 彼此
憎	미워할 증	憎 憎 憎 憎 憎惡 可憎	贊	도울 찬	贊 贊 贊 贊 贊同 贊成
曾	일찍 증	曾 曾 曾 曾 曾孫 曾祖	倉	곳집 창	倉 倉 倉 倉 倉庫 官倉
症	증세 증	症 症 症 症 症狀 渴症	昌	창성할 창	昌 昌 昌 昌 昌盛 繁昌
蒸	찔 증	蒸 蒸 蒸 蒸 蒸氣 蒸發	蒼	푸를 창	蒼 蒼 蒼 蒼 蒼空 蒼白
之	갈 지	之 之 之 之 水魚之交	菜	나물 채	菜 菜 菜 菜 菜食 山菜
池	못 지	池 池 池 池 城池 電池	彩	무늬 채	彩 彩 彩 彩 彩色 色彩
振	떨칠 진	振 振 振 振 振動 振幅	策	꾀 책	策 策 策 策 策動 對策
陳	베풀 진	陳 陳 陳 陳 陳腐 陳述	妻	아내 처	妻 妻 妻 妻 妻家 妻兄
辰	별 진/때 신	辰 辰 辰 辰 辰星 生辰	拓	넓힐 척	拓 拓 拓 拓 干拓 開拓
鎭	누를 진	鎭 鎭 鎭 鎭 鎭壓 鎭靜	尺	자 척	尺 尺 尺 尺 尺度 越尺
疾	병 질	疾 疾 疾 疾 疾病 疾走	戚	겨레 척	戚 戚 戚 戚 外戚 親戚
秩	차례 질	秩 秩 秩 秩 秩序 品秩	踐	밟을 천	踐 踐 踐 踐 踐履 實踐
執	잡을 집	執 執 執 執 執權 執念	淺	얕을 천	淺 淺 淺 淺 淺見 淺近

賤	천할 천	賤 賤 賤 賤 賤待 賤民	恥	부끄러울 치	恥 恥 恥 恥 恥部 羞恥
哲	밝을 철	哲 哲 哲 哲 哲學 明哲	稚	어릴 치	稚 稚 稚 稚 稚氣 稚魚
徹	뚫을 철	徹 徹 徹 徹 徹夜 觀徹	沈	잠길 침	沈 沈 沈 沈 沈沒 沈着
肖	닮을 초	肖 肖 肖 肖 肖像 不肖	塔	탑 탑	塔 塔 塔 塔 石塔 寺塔
超	뛰어넘을 초	超 超 超 超 超過 超越	殆	위태로울 태	殆 殆 殆 殆 殆半 危殆
礎	주춧돌 초	礎 礎 礎 礎 礎石 礎業	泰	클 태	泰 泰 泰 泰 泰斗 泰山
促	재촉할 촉	促 促 促 促 促求 促進	澤	못 택	澤 澤 澤 澤 光澤 德澤
觸	닿을 촉	觸 觸 觸 觸 觸覺 觸媒	兎	토끼 토	兎 兎 兎 兎 兎影 玉兎
催	재촉할 최	催 催 催 催 催眠 開催	版	찍을 판	版 版 版 版 版權 版畫
追	쫓을·따를 추	追 追 追 追 追加 追求	片	조각 편	片 片 片 片 斷片 破片
衝	부딪칠 충	衝 衝 衝 衝 衝擊 衝突	弊	폐단·해질 폐	弊 弊 弊 弊 弊端 弊習
吹	불 취	吹 吹 吹 吹 吹笛 鼓吹	肺	허파 폐	肺 肺 肺 肺 肺炎 心肺
醉	취할 취	醉 醉 醉 醉 醉氣 滿醉	浦	물가 포	浦 浦 浦 浦 浦口 浦港
側	곁 측	側 側 側 側 側近 側面	楓	단풍나무 풍	楓 楓 楓 楓 楓林 丹楓
値	값 치	値 値 値 値 價値 數値	皮	가죽 피	皮 皮 皮 皮 皮相 脫皮

2급 쓰기배정한자

● 다음 8~3급 한자가 2급의 쓰기 배정 한자 입니다.

被 입을 피	被 被 被 被 被告 被害	脅 옆구리 협	脅 脅 脅 脅 脅迫 脅約
彼 저 피	彼 彼 彼 彼 彼我 彼此	慧 슬기로울 혜	慧 慧 慧 慧 慧眼 智慧
畢 마칠 필	畢 畢 畢 畢 畢竟 未畢	浩 넓을 호	浩 浩 浩 浩 浩氣 浩然
何 어찌 하	何 何 何 何 何等 何必	胡 오랑캐 호	胡 胡 胡 胡 胡瓜 胡桃
賀 하례할 하	賀 賀 賀 賀 賀客 賀禮	虎 범 호	虎 虎 虎 虎 虎口 猛虎
鶴 학 학	鶴 鶴 鶴 鶴 鶴舞 仙鶴	豪 호걸 호	豪 豪 豪 豪 豪雨 豪華
割 나눌 할	割 割 割 割 割當 役割	惑 미혹할 혹	惑 惑 惑 惑 惑星 迷惑
含 머금을 함	含 含 含 含 含量 含有	魂 넋 혼	魂 魂 魂 魂 魂靈 鎭魂
陷 빠질 함	陷 陷 陷 陷 陷落 缺陷	忽 문득 홀	忽 忽 忽 忽 忽待 忽然
項 목 항	項 項 項 項 項目 事項	洪 넓을 홍	洪 洪 洪 洪 洪量 洪水
恒 항상 항	恒 恒 恒 恒 恒心 恒常	禍 재화 화	禍 禍 禍 禍 禍根 災禍
響 울릴 향	響 響 響 響 響應 反響	還 돌아올 환	還 還 還 還 還給 返還
獻 드릴 헌	獻 獻 獻 獻 獻金 獻納	換 바꿀 환	換 換 換 換 換算 換言
玄 검을 현	玄 玄 玄 玄 玄關 玄德	皇 임금 황	皇 皇 皇 皇 皇妃 敎皇
懸 달 현	懸 懸 懸 懸 懸隔 懸案	悔 뉘우칠 회	悔 悔 悔 悔 悔改 悔恨

懷 품을 회	懷 懷 懷 懷 懷古 懷疑	橫 가로 횡	橫 橫 橫 橫 橫斷 橫領
劃 그을 획	劃 劃 劃 劃 劃一 計劃	戲 놀이 희	戲 戲 戲 戲 戲曲 戲畫
獲 얻을 획	獲 獲 獲 獲 獲得 漁獲	稀 드물 희	稀 稀 稀 稀 稀薄 稀少

3급 배정한자

★표시된 한자는 3급Ⅱ 배정한자입니다.

★架 시렁 가	架 架 架 架 架空 架橋	絹 비단 견	絹 絹 絹 絹 絹絲 生絹
却 물리칠 각	却 却 却 却 却說 棄却	肩 어깨 견	肩 肩 肩 肩 肩章 比肩
姦 간사할 간	姦 姦 姦 姦 姦通 强姦	牽 끌 견	牽 牽 牽 牽 牽引 牽制
渴 목마를 갈	渴 渴 渴 渴 渴求 渴望	★硬 굳을 경	硬 硬 硬 硬 硬度 硬直
★鋼 강철 강	鋼 鋼 鋼 鋼 鋼鐵 鋼板	竟 마침내 경	竟 竟 竟 竟 究竟 畢竟
皆 다 개	皆 皆 皆 皆 皆勤 擧皆	卿 벼슬 경	卿 卿 卿 卿 九卿 上卿
蓋 덮을 개	蓋 蓋 蓋 蓋 蓋然 大蓋	庚 일곱째 천간 경	庚 庚 庚 庚 庚癸 庚時
慨 분개할 개	慨 慨 慨 慨 慨嘆 感慨	★徑 지름길·길 경	徑 徑 徑 徑 徑道 徑路
乞 빌 걸	乞 乞 乞 乞 乞客 乞人	★桂 계수나무 계	桂 桂 桂 桂 桂林 桂皮
★隔 사이뜰 격	隔 隔 隔 隔 隔離 隔世	癸 열째 천간 계	癸 癸 癸 癸 癸方 癸時
遣 보낼 견	遣 遣 遣 遣 發遣 派遣	繫 맬 계	繫 繫 繫 繫 繫留 繫辭

2급 쓰기 배정한자

●다음 8~3급 한자가 2급의 쓰기 배정 한자 입니다.

★표시된 한자는 3급Ⅱ배정한자입니다.

한자	예시	한자	예시
顧 돌아볼 고	顧 顧 顧 顧客 顧慮	俱 함께 구	俱 俱 俱 俱 俱沒 俱全
枯 마를 고	枯 枯 枯 枯 枯渴 枯淡	龜 거북 귀(구)/균	龜 龜 龜 龜 龜鑑 龜裂
坤 땅 곤	坤 坤 坤 坤 坤宮 乾坤	厥 그 궐	厥 厥 厥 厥 厥女 厥後
郭 성곽 곽	郭 郭 郭 郭 輪郭 城郭	軌 바퀴자국 궤	軌 軌 軌 軌 軌範 軌跡
★狂 미칠 광	狂 狂 狂 狂 狂氣 狂亂	叫 부르짖을 규	叫 叫 叫 叫 絶叫 叫聲
掛 걸 괘	掛 掛 掛 掛 掛念 掛鐘	糾 얽힐 규	糾 糾 糾 糾 糾彈 糾合
愧 부끄러워할 괴	愧 愧 愧 愧 愧色 愧心	★菌 버섯 균	菌 菌 菌 菌 菌根 殺菌
塊 흙덩이 괴	塊 塊 塊 塊 塊根 塊石	僅 겨우 근	僅 僅 僅 僅 僅僅 僅少
郊 성밖 교	郊 郊 郊 郊 郊外 近郊	斤 도끼 근	斤 斤 斤 斤 斤量 斤秤
矯 바로잡을 교	矯 矯 矯 矯 矯殺 矯衛	謹 삼갈 근	謹 謹 謹 謹 謹啓 謹嚴
鷗 갈매기 구	鷗 鷗 鷗 鷗 白鷗 海鷗	肯 옳이여길 긍	肯 肯 肯 肯 肯定 肯志
狗 개 구	狗 狗 狗 狗 狗盜 狗吠	忌 꺼릴 기	忌 忌 忌 忌 忌日 忌憚
苟 구차할 구	苟 苟 苟 苟 苟安 苟且	★騎 말탈 기	騎 騎 騎 騎 騎士 騎手
懼 두려워할 구	懼 懼 懼 懼 敬懼 恐懼	幾 몇 기	幾 幾 幾 幾 幾微 幾日
★丘 언덕 구	丘 丘 丘 丘 丘陵 丘木	棄 버릴 기	棄 棄 棄 棄 棄却 棄權

★표시된 한자는 3급Ⅱ배정한자입니다.

欺 속일 기		挑 돋울 도/조
豈 어찌 기/이길 개		跳 뛸 도
旣 이미 기		稻 벼 도
飢 주릴 기		★桃 복숭아나무 도
那 어찌 나		篤 도타울 독
乃 이에 내		豚 돼지 돈
奈 어찌 내/나라 나		敦 도타울 돈
惱 괴로워할 뇌		★凍 얼 동
★泥 진흙 니		屯 진칠 둔
畓 논 답		鈍 무딜 둔
★糖 사탕 당		騰 오를 등
貸 빌릴 대		濫 넘칠 람
★渡 건널 도		掠 노략질할 략
★倒 넘어질 도		★梁 들보·돌다리 량
塗 칠할 도		諒 살필 량

2급 쓰기배정한자

● 다음 8~3급 한자가 2급의 쓰기 배정 한자 입니다.

★표시된 한자는 3급Ⅱ 배정한자입니다.

憐 불쌍히여길 련	憐 憐 憐 憐 憐憫 可憐	屢 자주 루	屢 屢 屢 屢 屢屢 屢報
★蓮 연꽃 련	蓮 蓮 蓮 蓮 蓮莖 蓮池	★漏 샐 루	漏 漏 漏 漏 漏落 漏水
劣 못할 렬	劣 劣 劣 劣 劣等 優劣	梨 배나무 리	梨 梨 梨 梨 梨花 山梨
★裂 찢어질 렬	裂 裂 裂 裂 裂傷 分裂	隣 이웃 린	隣 隣 隣 隣 隣近 隣接
廉 청렴할 렴	廉 廉 廉 廉 廉價 廉賣	★磨 갈 마	磨 磨 磨 磨 磨滅 研磨
獵 사냥 렵	獵 獵 獵 獵 獵銃 狩獵	★麻 삼 마	麻 麻 麻 麻 麻藥 麻雀
零 떨어질 령	零 零 零 零 零落 零下	★晚 늦을 만	晚 晚 晚 晚 晚年 晚學
隸 종 례	隸 隸 隸 隸 隸屬 奴隸	慢 게으를 만	慢 慢 慢 慢 自慢 怠慢
★祿 녹 록	祿 祿 祿 祿 祿俸 福祿	漫 질펀할 만	漫 漫 漫 漫 漫談 漫然
鹿 사슴 록	鹿 鹿 鹿 鹿 鹿角 鹿茸	茫 아득할 망	茫 茫 茫 茫 茫漠 滄茫
★雷 우레 뢰	雷 雷 雷 雷 雷管 落雷	忙 바쁠 망	忙 忙 忙 忙 慌忙 奔忙
了 마칠 료	了 了 了 了 修了 終了	罔 그물 망	罔 罔 罔 罔 罔極 罔測
僚 동료 료	僚 僚 僚 僚 閣僚 官僚	忘 잊을 망	忘 忘 忘 忘 忘却 難忘
淚 눈물 루	淚 淚 淚 淚 落淚 血淚	埋 묻을 매	埋 埋 埋 埋 埋立 埋沒
★累 포갤 루	累 累 累 累 累計 累積	★媒 중매 매	媒 媒 媒 媒 媒介 溶媒

★표시된 한자는 3급Ⅱ 배정한자입니다.

麥 보리 맥		眉 눈썹 미	
★免 면할 면		迷 헤맬 미	
冥 어두울 명		憫 근심할 민	
慕 그릴 모		敏 민첩할 민	
某 아무 모		蜜 꿀 밀	
侮 업신여길 모		泊 배댈 박	
冒 무릅쓸 모		返 돌이킬 반	
暮 저물 모		伴 짝 반	
苗 모 묘		叛 배반할 반	
廟 사당 묘		★盤 소반 반	
卯 넷째 지지 묘		★拔 뽑을 발	
霧 안개 무		傍 곁 방	
戊 다섯째 천간 무		★芳 꽃다울 방	
★墨 먹 묵		邦 나라 방	
★尾 꼬리 미		倣 본뜰 방	

2급 쓰기 배정한자

● 다음 8~3급 한자가 2급의 쓰기 배정 한자 입니다.

★표시된 한자는 3급Ⅱ 배정한자입니다.

杯 잔 배	杯 杯 杯 杯 乾杯 祝杯	★拂 떨칠 불	拂 拂 拂 拂 拂逆 拂入
煩 번거로울 번	煩 煩 煩 煩 煩惱 煩悶	崩 무너질 붕	崩 崩 崩 崩 崩壞 崩落
飜 날 번	飜 飜 飜 飜 飜覆 飜譯	朋 벗 붕	朋 朋 朋 朋 朋黨 朋僚
辨 분별할 변	辨 辨 辨 辨 辨明 辨別	賓 손님 빈	賓 賓 賓 賓 賓客 內賓
竝 나란히 병	竝 竝 竝 竝 竝記 竝列	頻 자주 빈	頻 頻 頻 頻 頻度 頻繁
屛 병풍 병	屛 屛 屛 屛 屛居 屛風	聘 부를 빙	聘 聘 聘 聘 聘母 招聘
★譜 적을 보	譜 譜 譜 譜 系譜 樂譜	★蛇 뱀 사	蛇 蛇 蛇 蛇 蛇足 毒蛇
卜 점 복	卜 卜 卜 卜 卜居 卜債	似 닮을 사	似 似 似 似 近似 類似
蜂 벌 봉	蜂 蜂 蜂 蜂 蜂起 養蜂	巳 여섯째 지지 사	巳 巳 巳 巳 巳時 巳方
★鳳 새 봉	鳳 鳳 鳳 鳳 鳳枕 鳳凰	捨 버릴 사	捨 捨 捨 捨 取捨 喜捨
赴 달릴 부	赴 赴 赴 赴 赴援 赴任	★斜 비낄 사	斜 斜 斜 斜 斜線 斜陽
★賦 줄 부	賦 賦 賦 賦 賦課 賦役	詐 속일 사	詐 詐 詐 詐 詐取 奸詐
★腐 썩을 부	腐 腐 腐 腐 腐木 腐蝕	斯 이 사	斯 斯 斯 斯 斯學 如斯
★覆 덮을 부/엎어질 복	覆 覆 覆 覆 覆載 覆蓋	賜 줄 사	賜 賜 賜 賜 下賜 賜額
墳 무덤 분	墳 墳 墳 墳 墳墓 古墳	★削 깎을 삭	削 削 削 削 削減 削髮

★표시된 한자는 3급Ⅱ 배정한자입니다.

朔 초하루 삭	朔 朔 朔 朔 朔方 朔月	攝 다스릴·잡을 섭	攝 攝 攝 攝 攝理 攝氏
★償 갚을 상	償 償 償 償 償金 償還	蔬 푸성귀 소	蔬 蔬 蔬 蔬 蔬飯 菜蔬
嘗 맛볼 상	嘗 嘗 嘗 嘗 嘗味 臥嘗	騷 떠들 소	騷 騷 騷 騷 騷動 騷亂
★桑 뽕나무 상	桑 桑 桑 桑 桑田 扶桑	昭 밝을 소	昭 昭 昭 昭 昭光 昭明
祥 상서로울 상	祥 祥 祥 祥 祥氣 祥雲	召 부를 소	召 召 召 召 召命 召還
★塞 막을 색/변방 새	塞 塞 塞 塞 塞源 要塞	★燒 사를 소	燒 燒 燒 燒 燒却 燃燒
暑 더울 서	暑 暑 暑 暑 暑中 避暑	粟 조 속	粟 粟 粟 粟 粟粒 米粟
庶 여러 서	庶 庶 庶 庶 庶女 庶民	★訟 송사할 송	訟 訟 訟 訟 訟事 訴訟
敍 펼 서	敍 敍 敍 敍 敍事 敍述	誦 욀 송	誦 誦 誦 誦 誦詠 暗誦
逝 갈 서	逝 逝 逝 逝 逝去 急逝	★鎖 쇠사슬 쇄	鎖 鎖 鎖 鎖 鎖骨 封鎖
誓 맹세할 서	誓 誓 誓 誓 誓文 誓言	搜 찾을 수	搜 搜 搜 搜 搜査 搜索
昔 예 석	昔 昔 昔 昔 昔日 今昔	★垂 드리울 수	垂 垂 垂 垂 垂楊 垂訓
析 쪼갤 석	析 析 析 析 剖析 分析	囚 가둘 수	囚 囚 囚 囚 囚衣 罪囚
禪 선 선	禪 禪 禪 禪 禪房 禪宗	誰 누구 수	誰 誰 誰 誰 誰某 誰何
涉 건널 섭	涉 涉 涉 涉 涉外 干涉	遂 이룰 수	遂 遂 遂 遂 遂成 遂行

2급 쓰기 배정 한자

● 다음 8~3급 한자가 2급의 쓰기 배정 한자 입니다.

★표시된 한자는 3급Ⅱ배정한자입니다.

한자	쓰기 연습	한자	쓰기 연습
須 모름지기 수	須 須 須 須 須知 必須	★牙 어금니 아	牙 牙 牙 牙 牙城 牙籌
雖 비록 수	雖 雖 雖 雖 雖 雖 雖然	餓 주릴 아	餓 餓 餓 餓 餓鬼 餓死
睡 잘 수	睡 睡 睡 睡 睡魔 睡眠	岳 큰산 악	岳 岳 岳 岳 岳頭 山岳
孰 누구 숙	孰 孰 孰 孰 孰誰 孰若	雁 기러기 안	雁 雁 雁 雁 雁夫 孤雁
循 돌 순	循 循 循 循 循行 循環	謁 뵐 알	謁 謁 謁 謁 謁見 拜謁
殉 따라죽을 순	殉 殉 殉 殉 殉敎 殉國	押 누를 압	押 押 押 押 押收 押留
脣 입술 순	脣 脣 脣 脣 脣音 脣齒	殃 재앙 앙	殃 殃 殃 殃 殃禍 災殃
戌 열한번째 지지 술	戌 戌 戌 戌 戌方 戌時	涯 물가 애	涯 涯 涯 涯 涯岸 生涯
★濕 축축할 습	濕 濕 濕 濕 濕氣 濕地	厄 액 액	厄 厄 厄 厄 厄年 災厄
矢 화살 시	矢 矢 矢 矢 矢心 弓矢	也 이끼/어조사 야	也 也 也 也 獨也靑靑
辛 매울 신	辛 辛 辛 辛 辛苦 辛辣	耶 어조사 야	耶 耶 耶 耶 有耶無耶
晨 새벽 신	晨 晨 晨 晨 晨星 晨鐘	躍 뛸 약	躍 躍 躍 躍 躍動 躍進
伸 펼 신	伸 伸 伸 伸 伸張 伸縮	楊 버들 양	楊 楊 楊 楊 楊枝 水楊
尋 찾을 심	尋 尋 尋 尋 尋訪 尋常	於 어조사 어/오	於 於 於 於 於此彼 於乎
★芽 싹 아	芽 芽 芽 芽 麥芽 發芽	焉 어찌 언	焉 焉 焉 焉 焉敢 終焉

★표시된 한자는 3급Ⅱ 배정한자입니다.

予 줄 여		嗚 슬플 오	
余 나 여		娛 즐길 오	
汝 너 여		擁 안을 옹	
輿 수레 여		翁 늙은이 옹	
疫 염병 역		★瓦 기와 와	
燕 제비 연		臥 누울 와	
閱 준열할 열		★緩 느릴 완	
★炎 불꽃 염		曰 가로 왈	
★鹽 소금 염		畏 두려워할 외	
詠 읊을 영		遙 멀 요	
泳 헤엄칠 영		腰 허리 요	
銳 날카로울 예		搖 흔들 요	
傲 거만할 오		庸 떳떳할 용	
吾 나 오		★羽 깃 우	
汚 더러울 오		尤 더욱 우	

2급 쓰기배정한자

● 다음 8~3급 한자가 2급의 쓰기 배정 한자 입니다.

★표시된 한자는 3급Ⅱ 배정한자입니다.

한자	연습	한자	연습
又 또 우	又 又 又 又 又況 一又	凝 엉길 응	凝 凝 凝 凝 凝結 凝固
于 어조사 우	于 于 于 于 于今 于先	宜 마땅 의	宜 宜 宜 宜 宜當 宜乎
云 이를 운	云 云 云 云 云云 云謂	矣 어조사 의	矣 矣 矣 矣 萬事休矣
★僞 거짓 위	僞 僞 僞 僞 僞計 僞善	而 말이을 이	而 而 而 而 而今以後
★胃 밥통 위	胃 胃 胃 胃 胃酸 胃液	夷 오랑캐 이	夷 夷 夷 夷 夷滅 東夷
緯 씨 위	緯 緯 緯 緯 緯度 經緯	寅 셋째 지지 인	寅 寅 寅 寅 寅方 寅時
違 어긋날 위	違 違 違 違 違反 違法	姻 혼인할 인	姻 姻 姻 姻 姻家 婚姻
愈 더욱 유	愈 愈 愈 愈 快愈 愈愈	★賃 품삯이할 임	賃 賃 賃 賃 賃金 運賃
酉 열번째 지지 유	酉 酉 酉 酉 酉方 酉時	恣 방자할 자	恣 恣 恣 恣 恣意 放恣
惟 생각할 유	惟 惟 惟 惟 惟獨 惟一	茲 이 자/검을 현	茲 茲 茲 茲 今茲 來茲
唯 오직 유	唯 唯 唯 唯 唯我獨尊	★紫 자주빛 자	紫 紫 紫 紫 紫色 紫朱
閏 윤달 윤	閏 閏 閏 閏 閏年 閏月	★刺 찌를 자/척	刺 刺 刺 刺 刺客 刺殺
吟 읊을 음	吟 吟 吟 吟 吟味 吟遊	爵 벼슬 작	爵 爵 爵 爵 爵位 公爵
★淫 음란할 음	淫 淫 淫 淫 淫亂 姦淫	酌 따를 작	酌 酌 酌 酌 酌定 斟酌
泣 울 읍	泣 泣 泣 泣 泣哭 泣訴	墻 담 장	墻 墻 墻 墻 墻垣 墻壁

★표시된 한자는 3급 Ⅱ 배정한자입니다.

宰 재상 재	宰 宰 宰 宰 守宰 主宰	★珠 구슬 주	珠 珠 珠 珠 珠簾 朱玉
哉 어조사 재	哉 哉 哉 哉 哀哉 快哉	舟 배 주	舟 舟 舟 舟 舟遊 方舟
滴 물방울 적	滴 滴 滴 滴 粘滴 水滴	★鑄 부어만들 주	鑄 鑄 鑄 鑄 鑄物 鑄型
★殿 큰집 전	殿 殿 殿 殿 殿堂 殿下	遵 좇을 준	遵 遵 遵 遵 遵據 遵法
竊 훔칠 절	竊 竊 竊 竊 竊盜 竊聽	俊 준걸 준	俊 俊 俊 俊 俊傑 俊秀
蝶 나비 접	蝶 蝶 蝶 蝶 蝶舞 蝶泳	★仲 버금 중	仲 仲 仲 仲 仲介 仲媒
訂 바로잡을 정	訂 訂 訂 訂 訂正 訂定	贈 줄 증	贈 贈 贈 贈 贈答 贈與
堤 둑 제	堤 堤 堤 堤 防波堤	★枝 가지 지	枝 枝 枝 枝 枝葉 竹枝
弔 조문할 조	弔 弔 弔 弔 弔客 弔文	只 다만 지	只 只 只 只 只今 但只
★租 조세 조	租 租 租 租 租稅 租借	遲 늦을 지	遲 遲 遲 遲 遲刻 遲延
燥 마를 조	燥 燥 燥 燥 燥症 乾燥	★震 우레 진	震 震 震 震 震怒 震動
拙 졸할 졸	拙 拙 拙 拙 拙劣 拙速	姪 조카 질	姪 姪 姪 姪 姪婦 姪壻
佐 도울 좌	佐 佐 佐 佐 補佐 上佐	懲 징계할 징	懲 懲 懲 懲 懲戒 懲罰
★奏 아뢸 주	奏 奏 奏 奏 奏樂 奏請	且 또 차	且 且 且 且 且月 苟且
★株 그루터기 주	株 株 株 株 株價 株券	★借 빌 차	借 借 借 借 借款 借名

2급 쓰기배정한자

● 다음 8~3급 한자가 2급의 쓰기 배정 한자 입니다.

★표시된 한자는 3급Ⅱ 배정한자입니다.

★錯 어긋날 착	錯 錯 錯 錯 錯覺 錯亂	逮 잡을 체	逮 逮 逮 逮 逮繫 逮捕
捉 잡을 착	捉 捉 捉 捉 捕捉 把捉	遞 갈릴 체	遞 遞 遞 遞 遞信 郵遞
慙 부끄러울 참	慙 慙 慙 慙 慙愧 慙悔	抄 뽑을 초	抄 抄 抄 抄 抄錄 抄本
慘 참혹할 참	慘 慘 慘 慘 慘劇 慘變	秒 단위 초	秒 秒 秒 秒 秒速 秒針
暢 화창할 창	暢 暢 暢 暢 暢達 流暢	燭 촛불 촉	燭 燭 燭 燭 燭淚 燈燭
★債 빚 채	債 債 債 債 債務 公債	聰 귀밝을 총	聰 聰 聰 聰 聰氣 聰明
斥 물리칠 척	斥 斥 斥 斥 斥賣 排斥	抽 뽑을 추	抽 抽 抽 抽 抽象 抽出
★遷 옮길 천	遷 遷 遷 遷 遷客 遷都	醜 추할 추	醜 醜 醜 醜 醜聞 美醜
薦 천거할 천	薦 薦 薦 薦 薦擧 公薦	丑 소 축	丑 丑 丑 丑 丑方 丑時
添 더할 첨	添 添 添 添 添加 添附	畜 짐승 축	畜 畜 畜 畜 畜舍 畜産
尖 뾰족할 첨	尖 尖 尖 尖 尖端 尖兵	逐 쫓을 축	逐 逐 逐 逐 逐年 角逐
妾 첩 첩	妾 妾 妾 妾 妾室 妾子	臭 냄새 취	臭 臭 臭 臭 口臭 惡臭
晴 갤 청	晴 晴 晴 晴 晴天 快晴	★漆 옻 칠	漆 漆 漆 漆 漆工 漆器
替 바꿀 체	替 替 替 替 交替 代替	枕 베개 침	枕 枕 枕 枕 枕木 枕上
★滯 막힐 체	滯 滯 滯 滯 滯症 遲滯	★浸 잠길 침	浸 浸 浸 浸 浸水 浸濕

★표시된 한자는 3급Ⅱ 배정한자입니다.

墮	떨어질 타		頗	자못 파
妥	온당할 타		販	팔 판
托	맡길 탁		貝	조개 패
濯	씻을 탁		★偏	치우칠 편
濁	흐릴 탁		編	엮을 편
誕	낳을·거짓 탄		★遍	두루 편
★奪	빼앗을 탈		蔽	덮을 폐
貪	탐낼 탐		★廢	폐할·버릴 폐
★湯	끓을 탕		幣	화폐 폐
怠	게으를 태		飽	배부를 포
★吐	토할 토		抱	안을 포
★透	사무칠 투		★捕	잡을 포
把	잡을 파		幅	폭 폭
罷	마칠 파		漂	떠다닐 표
播	뿌릴 파		匹	짝 필

2급 쓰기 배정한자

● 다음 8~3급 한자가 2급의 쓰기 배정 한자 입니다.

★표시된 한자는 3급 Ⅱ 배정한자입니다.

한자	예시	한자	예시
荷 멜 하	荷 荷 荷 荷 荷役 荷重	亨 형통할 형	亨 亨 亨 亨 萬事亨通
旱 가물 한	旱 旱 旱 旱 旱害 旱災	★衡 저울대 형	衡 衡 衡 衡 均衡 衡平
★汗 땀 한	汗 汗 汗 汗 發汗 冷汗	兮 어조사 혜	兮 兮 兮 兮 兮呀 兮呀
咸 다 함	咸 咸 咸 咸 咸池 咸氏	乎 어조사 호	乎 乎 乎 乎 乎哉 斷乎
巷 거리 항	巷 巷 巷 巷 巷間 巷說	互 서로 호	互 互 互 互 互流 互惠
該 갖출·마땅 해	該 該 該 該 該當 該博	毫 터럭 호	毫 毫 毫 毫 毫髮 秋毫
亥 돼지 해	亥 亥 亥 亥 亥方 亥時	昏 어두울 혼	昏 昏 昏 昏 昏倒 昏迷
奚 어찌 해	奚 奚 奚 奚 奚琴 小奚	鴻 기러기 홍	鴻 鴻 鴻 鴻 鴻圖 鴻雁
享 누릴 향	享 享 享 享 享年 享樂	弘 넓을 홍	弘 弘 弘 弘 弘大 弘報
軒 집 헌	軒 軒 軒 軒 軒擧 軒燈	禾 벼 화	禾 禾 禾 禾 禾穀 嘉禾
縣 고을·매달 현	縣 縣 縣 縣 縣監 郡縣	穫 거둘 확	穫 穫 穫 穫 耕穫 收穫
絃 줄 현	絃 絃 絃 絃 絃樂 管絃	擴 넓힐 확	擴 擴 擴 擴 擴大 擴充
★穴 굴 혈	穴 穴 穴 穴 穴居 孔穴	丸 둥글 환	丸 丸 丸 丸 丸藥 丸劑
嫌 싫어할 혐	嫌 嫌 嫌 嫌 嫌忌 嫌惡	★荒 거칠 황	荒 荒 荒 荒 荒凉 荒野
螢 반딧불 형	螢 螢 螢 螢 螢光 螢火	曉 새벽 효	曉 曉 曉 曉 曉鷄 曉達

★표시된 한자는 3급Ⅱ배정한자입니다.

侯 제후 후	侯 侯 侯 侯 侯爵 君侯
毁 헐 훼	毁 毁 毁 毁 毁事 毁損
輝 빛날 휘	輝 輝 輝 輝 輝煌 光輝
携 이끌 휴	携 携 携 携 携帶 提携
★胸 가슴 흉	胸 胸 胸 胸 胸背 胸部

(^-^)*

실전
모의
테스트
TEST

◆ 漢字能力檢定試驗 2級 問題紙 ◆

모의테스트 1회

1 다음 漢字語의 讀音을 쓰시오. (1-45)

(1) 折衷 (　　　)　(2) 牟利 (　　　)
(3) 傲慢 (　　　)　(4) 波汶 (　　　)
(5) 謀訓 (　　　)　(6) 艮坐 (　　　)
(7) 急湍 (　　　)　(8) 臺灣 (　　　)
(9) 碩座 (　　　)　(10) 竊盜 (　　　)
(11) 揷畵 (　　　)　(12) 措置 (　　　)
(13) 埋沒 (　　　)　(14) 濠洲 (　　　)
(15) 炫惑 (　　　)　(16) 耆老 (　　　)
(17) 膠着 (　　　)　(18) 技巧 (　　　)
(19) 示唆 (　　　)　(20) 鞠鞫 (　　　)
(21) 托鉢 (　　　)　(22) 被拉 (　　　)
(23) 播遷 (　　　)　(24) 添削 (　　　)
(25) 專貰 (　　　)　(26) 硯滴 (　　　)
(27) 敎唆 (　　　)　(28) 表彰 (　　　)
(29) 幻影 (　　　)　(30) 釣針 (　　　)
(31) 慘酷 (　　　)　(32) 妊婦 (　　　)
(33) 赦免 (　　　)　(34) 沒溺 (　　　)
(35) 塵埃 (　　　)　(36) 蠶桑 (　　　)
(37) 郵遞 (　　　)　(38) 牽引 (　　　)
(39) 匪賊 (　　　)　(40) 搜索 (　　　)
(41) 惹起 (　　　)　(42) 高敞 (　　　)
(43) 涉獵 (　　　)　(44) 侮蔑 (　　　)
(45) 尖銳 (　　　)

2 다음 漢字의 訓과 音을 쓰시오. (46-72)

(46) 覇 (　　　)　(47) 壹 (　　　)
(48) 圈 (　　　)　(49) 藤 (　　　)
(50) 熔 (　　　)　(51) 焦 (　　　)
(52) 彰 (　　　)　(53) 坪 (　　　)
(54) 濠 (　　　)　(55) 膠 (　　　)
(56) 桐 (　　　)　(57) 隻 (　　　)
(58) 縫 (　　　)　(59) 籠 (　　　)
(60) 摩 (　　　)　(61) 溺 (　　　)
(62) 蠻 (　　　)　(63) 雇 (　　　)
(64) 屍 (　　　)　(65) 倻 (　　　)
(66) 歐 (　　　)　(67) 煉 (　　　)
(68) 硫 (　　　)　(69) 偵 (　　　)
(70) 准 (　　　)　(71) 餐 (　　　)
(72) 碍 (　　　)

◆ 漢字能力檢定試驗 2級 問題紙 ◆

모의테스트 1회

3 다음에서 첫 음절이 장음으로 발음되는 것을 골라 그 기호를 쓰시오. (73-77)

(73) ① 保佑 ② 伽倻 ③ 倭寇 ④ 冀望

(74) ① 塵埃 ② 短文 ③ 長短 ④ 每日

(75) ① 商賈 ② 托鉢 ③ 鞠躬 ④ 駐屯

(76) ① 駿馬 ② 乖僻 ③ 認准 ④ 峽谷

(77) ① 放學 ② 非難 ③ 絞殺 ④ 飛報

4 다음 漢字語의 反意語를 漢字로 쓰시오. (78-80)

(78) 個別 ↔ (　　)

(79) 樂觀 ↔ (　　)

(80) 老鍊 ↔ (　　)

5 다음 각 漢字와 意味上 反對 또는 對立關係에 있는 漢字를 적어 單語를 完成하시오. (81-85)

(81) (　　)落　　(82) 班(　　)

(83) 盛(　　)　　(84) (　　)降

(85) 虛(　　)

6 다음 각 글자와 뜻이 비슷한 漢字를 적어 單語를 完成하시오. (86-90)

(86) 侮(　　)　　(87) (　　)偶

(88) 飢(　　)　　(89) (　　)慮

(90) 極(　　)

7 다음 故事成語가 完成되도록 괄호 속에 알맞은 漢字를 完成하시오. (91-95)

(91)　累卵之(　　)

(92)　堂(　　)風月

(93)　寸(　　)殺人

(94)　換骨(　　)胎

(95)　一觸(　　)發

◆ 漢字能力檢定試驗 2級 問題紙 ◆

모의테스트 1회

8 다음 漢字語의 장단음에 관계없이 同音異義語를 하나만 漢字로 쓰시오. (96-100)

(96) 赦免 (　　　)

(97) 雌性 (　　　)

(98) 謄記 (　　　)

(99) 踏査 (　　　)

(100) 魔術 (　　　)

9 다음 각 漢字의 부수를 쓰시오. (101-105)

(101) 惑 (　　) 　　(102) 豊 (　　)

(103) 越 (　　) 　　(104) 閏 (　　)

(105) 衛 (　　)

10 다음 一字多音語의 用例가 되는 단어를 하나씩만 漢字로 쓰시오. (106-109)

(106-107) 識　알 식　(　　　)

　　　　　　　기록할지 (　　　)

(108-109) 洞　고을 동 (　　　)

　　　　　　　밝을 통　(　　　)

11 다음의 뜻을 지닌 2音節의 漢字語를 반드시 漢字로 쓰시오. (110-114)

(110) 배려: 여러모로 자상하게 마음을 씀.
(　　　　)

(111) 천거: 어떤 일을 맡아 할 수 있는 사람을 추천함. (　　　　)

(112) 조사: 죽은 이를 조문하는 말이나 글.
(　　　　)

(113) 초탈: 세속적인 것이나 일반적인 것을 벗어남. (　　　　)

(114) 기발: 유달리 재치 있게 뛰어남.
(　　　　)

12 다음 漢字를 通用되는 略字로 쓰시오. (115-117)

(115) 舊 (　　　)

(116) 拜 (　　　)

(117) 寫 (　　　)

◆ 漢字能力檢定試驗 2級 問題紙 ◆

모의테스트 1회

13 다음 訓音을 지닌 漢字를 쓰시오.
(118-142)

(118) 재촉할 최 (   )   (119) 진압할 진 (   )
(120) 부끄러울 참 (   ) (121) 단 단 (   )
(122) 변할 변 (   )   (123) 쏠 비 (   )
(124) 뛰어날 걸 (   )   (125) 이지러질 결 (   )
(126) 멜 담 (   )   (127) 다할 궁 (   )
(128) 말씀 사 (   )   (129) 분할 분 (   )
(130) 위로할 위 (   )   (131) 쇠북 종 (   )
(132) 세포 포 (   )   (133) 벌레 충 (   )
(134) 빛날 화 (   )   (135) 간절할 간 (   )
(136) 적을 과 (   )   (137) 두려워할 구 (   )
(138) 맺을 계 (   )   (139) 점점 점 (   )
(140) 슬퍼할 처 (   )   (141) 그리워할 련 (   )
(142) 오랑캐 만 (   )

14 다음 故事成語가 完成되도록 괄호 속의 말을 漢字로 쓰시오. (143-145)

(143) (삼강)五倫
(144) 朝令(모개)
(145) 守株(대토)

15 다음 글에서 밑줄 친 단어를 漢字로 고쳐 쓰시오. (146-150)

(146)전통적으로 우리는 (147)기록을 중시하는 민족이었다. 대표적인 예가 1997년 유네스코로부터 세계기록(148)유산으로 인정받은 (149)조선왕조실록이다. 태조부터 철종에 이르는 조선조 25대 472년간의 역사적 사실을 연, 월, 일 순서에 따라 (150)편년체로 기록되어 있다. 또한 왕의 행차나 왕실의 경사 등을 그림을 곁들여 상세히 적어 놓았다.

[동아일보 횡설수설]

◆ 漢字能力檢定試驗 2級 問題紙 ◆

모의테스트 2회

1 다음 漢字語의 讀音을 쓰시오. (1-45)

(1) 落款 (   )   (2) 抛棄 (   )
(3) 伽倻 (   )   (4) 祥瑞 (   )
(5) 酷評 (   )   (6) 布施 (   )
(7) 拘碍 (   )   (8) 峽谷 (   )
(9) 免賤 (   )   (10) 拙速 (   )
(11) 凝縮 (   )   (12) 揭示 (   )
(13) 遮日 (   )   (14) 陳腐 (   )
(15) 酸素 (   )   (16) 憎惡 (   )
(17) 瀋陽 (   )   (18) 陝西 (   )
(19) 堯舜 (   )   (20) 藍碧 (   )
(21) 糖尿 (   )   (22) 磨滅 (   )
(23) 舞鶴 (   )   (24) 彌滿 (   )
(25) 揷架 (   )   (26) 洗沐 (   )
(27) 燒却 (   )   (28) 濕潤 (   )
(29) 腎臟 (   )   (30) 陽傘 (   )
(31) 沿岸 (   )   (32) 庸劣 (   )
(33) 雲霧 (   )   (34) 違背 (   )
(35) 隱蔽 (   )   (36) 刹那 (   )
(37) 慙愧 (   )   (38) 尖端 (   )
(39) 薦擧 (   )   (40) 打球 (   )
(41) 透徹 (   )   (42) 霸王 (   )
(43) 彭祖 (   )   (44) 畢竟 (   )
(45) 被襲 (   )

2 다음 漢字의 訓과 音을 쓰시오. (46-72)

(46) 梧 (   )   (47) 柏 (   )
(48) 戴 (   )   (49) 揭 (   )
(50) 棋 (   )   (51) 魅 (   )
(52) 僻 (   )   (53) 窒 (   )
(54) 蠻 (   )   (55) 熙 (   )
(56) 虐 (   )   (57) 鬱 (   )
(58) 坑 (   )   (59) 噫 (   )
(60) 款 (   )   (61) 纖 (   )
(62) 洛 (   )   (63) 允 (   )
(64) 彦 (   )   (65) 紊 (   )
(66) 遮 (   )   (67) 融 (   )
(68) 衷 (   )   (69) 峽 (   )
(70) 俳 (   )   (71) 碩 (   )
(72) 燉 (   )

◆ 漢字能力檢定試驗 2級 問題紙 ◆

모의테스트 2회

3 다음 訓音을 지닌 漢字를 쓰시오.(73-92)

(73) 볼 열 (　)　　(74) 따라죽을 순 (　)

(75) 초하루 삭 (　)(76) 꿀 밀 (　)

(77) 희롱할 롱 (　)(78) 도울 부 (　)

(79) 어찌 나 (　)　(80) 골 곡 (　)

(81) 흙 양 (　)　　(82) 나물 소 (　)

(83) 두 쌍 (　)　　(84) 무릎쓸 모 (　)

(85) 무늬 문 (　)　(86) 겹칠 복 (　)

(87) 다다를 부 (　)(88) 번역할 번 (　)

(89) 진칠 둔 (　)　(90) 바퀴자국 궤 (　)

(91) 빛날 찬 (　)　(92) 해길 창 (　)

4 다음 밑줄 친 漢字語를 漢字로 쓰시오.
(93-102)

(93) 1905년 을사조약이 체결되었다.

(94) 모든 학문은 기초가 중요하다.

(95) 가야시대의 새로운 유물이 발굴되었다.

(96) 장애인에 대한 편견을 버려야 한다.

(97) 그는 청렴결백한 인물이다.

(98) 태풍 사라의 피해는 말할 수 없이 컸다.

(99) 공휴일이라 거리가 혼잡하다.

(100) 이것은 활용도가 높은 사전이다.

(101) 폭발적인 인기를 얻고 있는 배우이다.

(102) 그녀는 너무 예민하다.

5 다음에서 첫 음절이 장음으로 발음되는 것을 골라 그 기호를 쓰시오. (103-106)

(103) ①駐在 ②强者 ③閨秀 ④復元

(104) ①膽記 ②購讀 ③苛酷 ④放出

(105) ①連覇 ②偶然 ③葛根 ④野蠻

(106) ①腎臟 ②痲醉 ③平穩 ④圓滑

◆ 漢字能力檢定試驗 2級 問題紙 ◆

모의테스트 2회

6 다음 漢字語의 反意語를 漢字로 쓰시오.
(107-109)

(107) 濫用↔(　　　)
(108) 埋沒↔(　　　)
(109) 詳述↔(　　　)

7 다음 각 漢字와 意味上 反對 또는 對立關係에 있는 漢字를 적어 單語를 完成하시오.
(110-114)

(110) (　)亡　　(111) 損(　)
(112) (　)怠　　(113) (　)非
(114) 添(　)

8 다음 각 글자와 뜻이 비슷한 漢字를 적어 單語를 完成하시오. (115-119)

(115) 功(　)　　(116) 純(　)
(117) 至(　)　　(118) 嫌(　)
(119) 希(　)

9 다음 故事成語가 完成되도록 괄호 속에 알맞은 漢字를 完成하시오. (120-124)

(120) 雲(　)之差
(121) 緣木(　)魚
(122) 會者定(　)
(123) 衆(　)不敵
(124) 指(　)爲馬

10 다음 一字多音語의 用例가 되는 단어를 하나씩만 한자로 쓰시오. (125-128)

(125-126) 拓　넓힐 척 (　　)
　　　　　　 박을 탁 (　　)
(127-128) 著　지을 저 (　　)
　　　　　　 붙을 착 (　　)

11 다음 漢字의 部首를 쓰시오. (129-133)

(129) 滯 (　　)　(130) 戚 (　　)
(131) 腸 (　　)　(132) 焉 (　　)
(133) 蘇 (　　)

◆ 漢字能力檢定試驗 2級 問題紙 ◆

모의테스트 2회

12 다음 漢字語의 뜻과 같은 우리말을 쓰시오. (134-137)

(134) 多樣

(135) 紡織

(136) 近者

(137) 期限

13 다음 漢字語의 장단음에 관계없이 同音異義語를 하나만 漢字로 쓰시오. (138-142)

(138) 惹起 (　　　)

(139) 沙器 (　　　)

(140) 燃燒 (　　　)

(141) 臺詞 (　　　)

(142) 釣魚 (　　　)

14 다음 漢字의 뜻에 해당하는 예를 골라 그 번호로 답하시오. (143-147)

(143) 彰 (　　) 　　(144) 撤 (　　)

(145) 葛 (　　) 　　(146) 翰 (　　)

(147) 診 (　　)

〈例〉 ①등나무 ②편지 ③부탁하다 ④묻다 ⑤드러나다
　　　⑥침 ⑦진찰하다 ⑧거두다 ⑨새기다 ⑩밀다

15 다음 漢字를 略字로 쓰시오. (148-150)

(148) 顯 (　　　)

(149) 壹 (　　　)

(150) 稱 (　　　)

◆ 漢字能力檢定試驗 2級 問題紙 ◆

모의테스트 3회

1 다음 漢字語의 讀音을 쓰시오. (1-45)

(1) 膠漆 (   )   (2) 嫌厭 (   )
(3) 沮喪 (   )   (4) 瓊姿 (   )
(5) 擬固 (   )   (6) 弁韓 (   )
(7) 掛念 (   )   (8) 蟾彩 (   )
(9) 奪掠 (   )   (10) 惇敍 (   )
(11) 東軒 (   ) (12) 嫌畏 (   )
(13) 奏請 (   ) (14) 跳躍 (   )
(15) 原型 (   ) (16) 抑鬱 (   )
(17) 渴症 (   ) (18) 燕岐郡 (   )
(19) 旋善 (   ) (20) 麒麟 (   )
(21) 肝癌 (   ) (22) 葛藤 (   )
(23) 坑夫 (   ) (24) 拉致 (   )
(25) 瑞光 (   ) (26) 步哨 (   )
(27) 分娩 (   ) (28) 胎生 (   )
(29) 艦長 (   ) (30) 塹濠 (   )
(31) 妖艶 (   ) (32) 洞窟 (   )
(33) 穩話 (   ) (34) 匪賊 (   )
(35) 雇傭 (   ) (36) 干戈 (   )
(37) 私憾 (   ) (38) 茶菓 (   )
(39) 閨閤 (   ) (40) 棋聖 (   )
(41) 濃淡 (   ) (42) 令孃 (   )
(43) 摩天樓 (   ) (44) 粘膜 (   )
(45) 着帽 (   )

2 다음 漢字의 訓과 音을 쓰시오. (46-72)

(46) 灣 (   )   (47) 惹 (   )
(48) 綜 (   )   (49) 俑 (   )
(50) 措 (   )   (51) 虐 (   )
(52) 掘 (   )   (53) 餐 (   )
(54) 唆 (   )   (55) 歪 (   )
(56) 窒 (   )   (57) 拉 (   )
(58) 閨 (   )   (59) 搬 (   )
(60) 握 (   )   (61) 購 (   )
(62) 琢 (   )   (63) 酷 (   )
(64) 趨 (   )   (65) 勳 (   )
(66) 翰 (   )   (67) 艦 (   )
(68) 葛 (   )   (69) 升 (   )
(70) 膜 (   )   (71) 繕 (   )
(72) 輯 (   )

◆ 漢字能力檢定試驗 2級 問題紙 ◆

모의테스트 3회

3 다음에서 첫 음절이 장음으로 발음되는 것을 골라 그 기호를 쓰시오. (73-77)

(73) ① 弗素 ② 挿畵 ③ 夢想 ④ 弓弦
(74) ① 海峽 ② 枚擧 ③ 側柏 ④ 增殖
(75) ① 斬首 ② 托鉢 ③ 鞠躬 ④ 審問
(76) ① 瓜滿 ② 安穩 ③ 胎敎 ④ 揭示
(77) ① 考案 ② 掌握 ③ 融資 ④ 蔑視

4 다음 漢字語의 反意語를 한자로 쓰시오. (78-80)

(78) 好況 ↔ (　　)
(79) 斬新 ↔ (　　)
(80) 疎遠 ↔ (　　)

5 다음 각 漢字와 意味上 反對 또는 對立關係에 있는 漢字를 적어 單語를 完成하시오. (81-85)

(81) (　　) 不潔
(82) 屈伏 (　　)
(83) 雌 (　　)
(84) (　　) 着
(85) 縱 (　　)

6 다음 각 글자와 뜻이 비슷한 漢字를 적어 單語를 完成하시오. (86-90)

(86) 宇 (　　)　　(87) (　　) 悰
(88) 繁 (　　)　　(89) (　　) 惡
(90) 乾 (　　)

7 다음 故事成語가 完成되도록 괄호 속에 알맞은 漢字를 完成하시오. (91-95)

(91) (　　) 龍點睛
(92) (　　) 和雷同
(93) 百計無 (　　)
(94) 自畵自 (　　)
(95) (　　) 鮑之交

◆ 漢字能力檢定試驗 2級 問題紙 ◆

8 다음 漢字語의 장단음에 관계없이 同音異義語를 하나만 漢字로 쓰시오. (96-100)

(96) 露呈 (　　　)

(97) 環狀 (　　　)

(98) 傭兵 (　　　)

(99) 容忍 (　　　)

(100) 僻地 (　　　)

9 다음 각 漢字의 부수를 쓰시오. (101-105)

(101) 矣 (　　)　　(102) 亨 (　　)

(103) 丑 (　　)　　(104) 卜 (　　)

(105) 摩 (　　)

10 다음 一字多音語의 用例가 되는 단어를 하나씩만 한자로 쓰시오. (106-109)

(106-107) 滑 미끄러울 활　(　　　)
　　　　　　익살스러울 골 (　　　)

(108-109) 殺 죽일 살　　(　　　)
　　　　　　감할 쇄　　　(　　　)

11 다음의 뜻을 지닌 2音節의 漢字語를 반드시 漢字로 쓰시오. (110-114)

(110) 인접: 이웃하여 있음.
　　　　　　　　　　(　　　)

(111) 변혁: 급격하게 바꾸어 아주 달라지게 함. (　　　)

(112) 강골: 단단하고 굽히지 않는 기질.
　　　　　　　　　　(　　　)

(113) 능통: 사물에 환히 통달함.
　　　　　　　　　　(　　　)

(114) 전념: 오직 한 가지 일에만 마음을 씀.
　　　　　　　　　　(　　　)

12 다음 漢字를 通用되는 略字로 쓰시오. (115-117)

(115) 劑 (　　)

(116) 孃 (　　)

(117) 膽 (　　)

13 다음 訓音을 지닌 漢字를 쓰시오. (118-142)

(118) 맬 계 (　) (119) 순행할 순 (　)
(120) 폐단 폐 (　) (121) 살필 량 (　)
(122) 얽힐 규 (　) (123) 어릴 치 (　)
(124) 민망할 민 (　) (125) 찾을 색 (　)
(126) 마칠 필 (　) (127) 나라 방 (　)
(128) 떨칠 분 (　) (129) 편안할 일 (　)
(130) 울 곡 (　) (131) 넉넉할 유 (　)
(132) 빠질 함 (　) (133) 기쁠 열 (　)
(134) 도타울 돈 (　) (135) 엄습할 습 (　)
(136) 버릴 기 (　) (137) 이바지할 공 (　)
(138) 소통할 소 (　) (139) 부릴 역 (　)
(140) 헤엄칠 영 (　) (141) 돌 선 (　)
(142) 아름다울 가 (　)

14 다음 故事成語가 完成되도록 괄호 속의 말을 漢字로 쓰시오. (143-145)

(143) (전전) 兢兢
(144) 內柔 (외강)
(145) (낙락) 長松

15 다음 글에서 밑줄 친 단어를 한자로 고쳐 쓰시오. (146-150)

고려 태조의 조상이 살았다는 개성 오관산(五冠山) 아래 자리잡은 영통사를 두고 (146)이규보가 송도에서 가장 (147)영특하게 아름다운 景觀이라 했고 변계량(卞季良)이 이곳에 와보니 구름의 뿌리가 바로 이 峽谷임을 알았다 읊었으니 알만하다. (148)폐허가 돼 내린 이 구름의 뿌리에 건물들을 북측이 짓고 그 지붕에 일 46만장의 기와를 南側이 댄 남북 합작품으로 (149)영통을 재개하게 됐다는 보도가 있었다. 한국불교 천태종(天台宗)의 발상지로 남측 종단에서 뿌리 찾기로 이룬 재건이긴 하나 남북통일 수단의 이상적 방법으로 (150)상징적 의미를 부각시켜 주목을 끌게 하고 있다.

[조선일보 이규태 코너]

◆ 漢字能力檢定試驗 2級 問題紙 ◆

모의테스트 4회

1 다음 漢字語의 讀音을 쓰시오. (1-45)

(1) 摩尼敎 (   )　(2) 牙山灣 (   )
(3) 旺盛 (   )　(4) 赤裸裸 (   )
(5) 煉丹 (   )　(6) 燈籠 (   )
(7) 網膜 (   )　(8) 惡魔 (   )
(9) 嘉俳 (   )　(10) 松柏 (   )
(11) 汎國民的 (   )　(12) 摩耶夫人 (   )
(13) 落星垈 (   )　(14) 俳優 (   )
(15) 結膜炎 (   )　(16) 汎美 (   )
(17) 僻論 (   )　(18) 大赦 (   )
(19) 瑞雪 (   )　(20) 沐雨 (   )
(21) 興繕 (   )　(22) 房貰 (   )
(23) 硯海 (   )　(24) 大尉 (   )
(25) 融和 (   )　(26) 避妊 (   )
(27) 繕補 (   )　(28) 呈上 (   )
(29) 高紳 (   )　(30) 朔月貰 (   )
(31) 編輯 (   )　(32) 哨戒 (   )
(33) 軸距 (   )　(34) 琢磨 (   )
(35) 虐殺 (   )　(36) 油脂 (   )
(37) 炊事兵 (   )　(38) 下弦 (   )
(39) 原型 (   )　(40) 熊津 (   )
(41) 內濠 (   )　(42) 舊形 (   )
(43) 喉頭 (   )　(44) 諜知 (   )
(45) 芳津 (   )

2 다음 漢字의 訓과 音을 쓰시오. (46-72)

(46) 憾 (   )　(47) 孃 (   )
(48) 彫 (   )　(49) 芬 (   )
(50) 彬 (   )　(51) 隨 (   )
(52) 沃 (   )　(53) 璋 (   )
(54) 闕 (   )　(55) 妖 (   )
(56) 泌 (   )　(57) 貊 (   )
(58) 匈 (   )　(59) 漣 (   )
(60) 渤 (   )　(61) 趙 (   )
(62) 蠻 (   )　(63) 魯 (   )
(64) 禧 (   )　(65) 膚 (   )
(66) 揷 (   )　(67) 貳 (   )
(68) 斬 (   )　(69) 鞨 (   )
(70) 爀 (   )　(71) 串 (   )
(72) 桀 (   )

◆ 漢字能力檢定試驗 2級 問題紙 ◆

모의테스트 4회

3 다음에서 첫 음절이 장음으로 발음되는 것을 골라 그 기호를 쓰시오. (73-77)

(73) ① 秘苑 ② 鬱憤 ③ 伽藍 ④ 倭夷
(74) ① 劉備 ② 匈奴 ③ 養蠶 ④ 柴門
(75) ① 沃土 ② 沖天 ③ 溶媒 ④ 覇王
(76) ① 燦爛 ② 疆界 ③ 耽美 ④ 錫杖
(77) ① 鞠問 ② 進駐 ③ 謄記 ④ 賠償

4 다음 漢字語의 反意語를 漢字로 쓰시오. (78-80)

(78) 富貴 ↔ (   )
(79) 被動 ↔ (   )
(80) 虛僞 ↔ (   )

5 다음 각 漢字와 意味上 反對 또는 對立關係에 있는 漢字를 적어 單語를 完成하시오. (81-85)

(81) (   )淡   (82) 樂勝(   )
(83) 旣決(   ) (84) (   )急進
(85) 昇(   )

6 다음 각 글자와 뜻이 비슷한 漢字를 적어 單語를 完成하시오. (86-90)

(86) 敦(   )   (87) (   )極
(88) 畢(   )   (89) (   )聞
(90) 恒(   )

7 다음 漢字語의 同音異義語를 장단음에 관계없이 하나단 漢字로 쓰시오. (91-95)

(91) 知性(   )
(92) 祀典(   )
(93) 專門(   )
(94) 志願(   )
(95) 始覺(   )

◆ 漢字能力檢定試驗 2級 問題紙 ◆

모의테스트 4회

8 다음 故事成語가 完成되도록 괄호 속에 알맞은 漢字를 完成하시오. (96-100)

(96) (　　) 悠自適

(97) (　　) 草報恩

(98) 錦衣還 (　　)

(99) 風樹之 (　　)

(100) (　　) 三李四

9 다음 각 漢字의 부수를 쓰시오. (101-105)

(101) 孟 (　　)　　(102) 戊 (　　)

(103) 穀 (　　)　　(104) 翁 (　　)

(105) 載 (　　)

10 다음 一字多音語의 用例가 되는 단어를 하나씩만 한자로 쓰시오. (106-109)

(106-107) 推 밀 퇴　(　　)

　　　　　　밀 추　(　　)

(108-109) 惡 악할 악　(　　)

　　　　　　미워할 오　(　　)

11 다음의 뜻을 지닌 2音節의 漢字語를 반드시 漢字로 쓰시오. (110-114)

(110) 두서: 일의 차례나 갈피.
(　　　　)

(111) 방종: 거리낌없이 제멋대로 행동함.
(　　　　)

(112) 분주: 몹시 바쁘게 뛰어다님.
(　　　　)

(113) 숙련: 연습을 많이 해서 능숙하게 익힘.
(　　　　)

(114) 진솔: 진실하고 솔직하다.
(　　　　)

12 다음 漢字를 通用되는 略字로 쓰시오. (115-117)

(115) 無 (　　)

(116) 號 (　　)

(117) 勳 (　　)

◆ 漢字能力檢定試驗 2級 問題紙 ◆

모의테스트 4회

13 다음 訓音을 지닌 漢字를 쓰시오.(118-142)

(118) 물리칠 각 (　)　(119) 굳셀 강 (　)
(120) 갈 서 (　)　(121) 지날 경 (　)
(122) 부를 빙 (　)　(123) 새벽 신 (　)
(124) 걸 괘 (　)　(125) 되돌 소 (　)
(126) 낄 옹 (　)　(127) 사이뜰 격 (　)
(128) 그 궐 (　)　(129) 곡식 곡 (　)
(130) 마를 조 (　)　(131) 가물 한 (　)
(132) 헐 훼 (　)　(133) 술부을 작 (　)
(134) 이 자 (　)　(135) 옻 칠 (　)
(136) 담 장 (　)　(137) 자못 파 (　)
(138) 원망할 원 (　)　(139) 바랄 희 (　)
(140) 흥할 흥 (　)　(141) 쇠 철 (　)
(142) 빛날 요 (　)

14 다음 故事成語가 完成되도록 괄호 속의 말을 漢字로 쓰시오. (143-145)

(143) (고식) 之計
(144) (과유) 不及
(145) 辭讓 (지심)

15 다음 글에서 밑줄 친 단어를 한자로 고쳐 쓰시오. (146-150)

고요할 때 생각이 맑으면 마음의 참바탕을 볼 것이고, 한가할 때에 (146)기상이 조용하면 마음의 본기틀을 알 것이며, (147)담박한 가운데 의취(義趣)가 (148)평온하면 마음의 참다운 맛을 알 것이니, 마음을 (149)성찰하고 도를 (150)증험하는 길이 이 세 가지만한 것이 없느니라.

[채근담]

◆ 漢字能力檢定試驗 2級 問題紙 ◆

모의테스트 5회

1 다음 漢字語의 讀音을 쓰시오. (1-45)

(1) 自虐 (　　)　(2) 殖産 (　　)
(3) 融解 (　　)　(4) 進呈 (　　)
(5) 午餐 (　　)　(6) 彰著 (　　)
(7) 撤軍 (　　)　(8) 特輯 (　　)
(9) 洗劑 (　　)　(10) 岐路 (　　)
(11) 薦紳 (　　)　(12) 津氣 (　　)
(13) 巡哨 (　　)　(14) 趨進 (　　)
(15) 蒸炊 (　　)　(16) 靴型 (　　)
(17) 滑走路 (　　)　(18) 魅了 (　　)
(19) 圓盾 (　　)　(20) 補繕 (　　)
(21) 吉瑞 (　　)　(22) 勳戚 (　　)
(23) 貰家 (　　)　(24) 傭員 (　　)
(25) 魔術 (　　)　(26) 前哨戰 (　　)
(27) 地峽 (　　)　(28) 沐浴 (　　)
(29) 彫像 (　　)　(30) 靑桐 (　　)
(31) 樹脂 (　　)　(32) 鍛冶 (　　)
(33) 潭潭 (　　)　(34) 藤蘿 (　　)
(35) 伽藍 (　　)　(36) 洛誦 (　　)
(37) 煉瓦 (　　)　(38) 蠻行 (　　)
(39) 侮蔑 (　　)　(40) 迷津 (　　)
(41) 間諜 (　　)　(42) 截軸 (　　)
(43) 受託 (　　)　(44) 空弦 (　　)
(45) 繕寫 (　　)

2 다음 漢字의 訓과 音을 쓰시오. (46-72)

(46) 錫 (　　)　(47) 彌 (　　)
(48) 姬 (　　)　(49) 悽 (　　)
(50) 閱 (　　)　(51) 娩 (　　)
(52) 盾 (　　)　(53) 謬 (　　)
(54) 厭 (　　)　(55) 呈 (　　)
(56) 揆 (　　)　(57) 爛 (　　)
(58) 胎 (　　)　(59) 苑 (　　)
(60) 隻 (　　)　(61) 拋 (　　)
(62) 託 (　　)　(63) 滄 (　　)
(64) 皐 (　　)　(65) 旨 (　　)
(66) 僑 (　　)　(67) 酸 (　　)
(68) 刹 (　　)　(69) 紹 (　　)
(70) 汎 (　　)　(71) 棟 (　　)
(72) 哨 (　　)

◆ 漢字能力檢定試驗 2級 問題紙 ◆

도의테스트 5회

3 다음에서 첫 음절이 장음으로 발음되는 것을 골라 그 기호를 쓰시오. (73-77)

(73) ① 隻句 ② 大膽 ③ 閨房 ④ 闕漏
(74) ① 莞爾 ② 沮喪 ③ 硫黃 ④ 焦眉
(75) ① 舊址 ② 書翰 ③ 膠着 ④ 蠻勇
(76) ① 葛巾 ② 水蔘 ③ 寄託 ④ 杏仁
(77) ① 特赦 ② 病魔 ③ 主軸 ④ 遮日

4 다음 漢字語의 反意語를 漢字로 쓰시오. (78-80)

(78) 質疑 ↔ (   )
(79) 好轉 ↔ (   )
(80) 飽食 ↔ (   )

5 다음 각 漢字와 意味上 反對 또는 對立關係에 있는 漢字를 적어 單語를 完成하시오. (81-85)

(81) 袒 (   )   (82) (   ) 約
(83) 引 (   )   (84) (   ) 杯
(85) 疑 (   )

6 다음 각 글자와 뜻이 비슷한 漢字를 적어 單語를 完成하시오. (86-90)

(86) 謀 (   )   (87) (   ) 呈
(88) 俸 (   )   (89) (   ) 命
(90) 收 (   )

7 다음 故事成語가 完成되도록 괄호 속에 알맞은 漢字를 完成하시오. (91-95)

(91) (   ) 入佳境
(92) (   ) 字憂患
(93) 孤掌難 (   )
(94) 破竹之 (   )
(95) (   ) 强附會

◆ 漢字能力檢定試驗 2級 問題紙 ◆

모의테스트 5회

8 다음 漢字語의 장단음에 관계없이 同音異義語를 하나만 漢字로 쓰시오. (96-100)

(96) 脫帽 (　　　)

(97) 脂粉 (　　　)

(98) 祥瑞 (　　　)

(99) 枚數 (　　　)

(100) 雌性 (　　　)

9 다음 각 漢字의 부수를 쓰시오. (101-105)

(101) 帶 (　　) 　　(102) 樓 (　　)

(103) 騎 (　　) 　　(104) 筋 (　　)

(105) 慮 (　　)

10 다음 一字多音語의 用例가 되는 단어를 하나씩만 한자로 쓰시오. (106-109)

(106-107) 率　비율 률 (　　　)

　　　　　　　거느릴 솔 (　　　)

(108-109) 暴　사나울 폭 (　　　)

　　　　　　　모질 포 (　　　)

11 다음의 뜻을 지닌 2音節의 漢字語를 반드시 漢字로 쓰시오. (110-114)

(110) 응급: 급한대로 우선 처리함.
(　　　　)

(111) 기공: 공로를 기념함.
(　　　　)

(112) 환대: 반갑게 맞아 정성껏 후하게 대접함.
(　　　　)

(113) 교유: 서로 사귀어 놀거나 왕래함.
(　　　　)

(114) 칭송: 칭찬하여 일컬음.
(　　　　)

◆ 漢字能力檢定試驗 2級 問題紙 ◆

모의테스트 5회

12 다음 漢字를 通用되는 略字로 쓰시오. (115-117)

(115) 隨 (   )

(116) 倂 (   )

(117) 聲 (   )

13 다음 訓音을 지닌 漢字를 쓰시오. (118-142)

(118) 허파 폐 (   )   (119) 실을 재 (   )
(120) 늦을 만 (   )   (121) 머금을 함 (   )
(122) 찌를 충 (   )   (123) 거만할 오 (   )
(124) 화창할 창 (   ) (125) 슬기로울 혜 (   )
(126) 뇌수 뇌 (   )   (127) 눈물 루 (   )
(128) 말탈 기 (   )   (129) 책력 력 (   )
(130) 머무를 박 (   ) (131) 억 조 (   )
(132) 더욱 우 (   )   (133) 사무칠 투 (   )
(134) 주춧돌 초 (   ) (135) 베풀 진 (   )
(136) 눈깜짝일 순 (   ) (137) 형통할 형 (   )
(138) 나 오 (   )   (139) 욕심 욕 (   )
(140) 일찍 증 (   )   (141) 큰산 악 (   )
(142) 늘일 연 (   )

14 다음 故事成語가 完成되도록 괄호속의 달을 漢字로 쓰시오. (143-145)

(143) 一觸(즉발)

(144) 千態(단상)

(145) (파란)萬丈

15 다음 글에서 밑줄 친 단어를 한자로 고쳐 쓰시오. (146-150)

피아제의 (146)관점에서 보면, 정신적인 (147)성숙은 그 이전에 존재하지 않았던 새로운 정신적인 능력을 습득하는 것이며 지적인 능력이란 개인이 주어진 (148)환경에 효과적으로 적응할 수 있는 능력이다. 따라서 (149)인지 발달을 이해하는 것은 지적인 능력이 환경과의 상호작용을 통하여 변화해 가는 양상을 이해하는 것이라고 할 수 있다. 피아제는 인지 구조를 설명하기 위하여 도식(scheme)이라는 용어를 사용하였는데, 도식은 반복될 수 있는 정신과 행동의 유형으로 조직과 적응의 과정을 통하여 형성되는데 모든 (150)유기체는 이 두 가지의 경향성을 가지고 있다고 한다.

[교육학 논문]

모의테스트 정답

모의테스트 1회

1
(1) 절충 (2) 모리 (3) 오만 (4) 파문 (5) 모훈
(6) 간좌 (7) 급단 (8) 대만 (9) 석좌 (10) 절도
(11) 삽화 (12) 조치 (13) 매몰 (14) 호주 (15) 현혹
(16) 기로 (17) 교착 (18) 기교 (19) 시사 (20) 말갈
(21) 탁발 (22) 피랍 (23) 파천 (24) 첨삭 (25) 전세
(26) 연적 (27) 교사 (28) 표창 (29) 환영 (30) 조침
(31) 참혹 (32) 임부 (33) 사면 (34) 몰닉 (35) 진애
(36) 잠상 (37) 우체 (38) 견인 (39) 비적 (40) 수색
(41) 야기 (42) 고창 (43) 섭렵 (44) 모멸 (45) 첨예

2
(46) 으뜸 패 (47) 한 일 (48) 우리 권 (49) 등나무 등 (50) 녹을 용
(51) 탈 초 (52) 드러날 창 (53) 들 평 (54) 호주 호 (55) 아교 교
(56) 오동나무 동 (57) 외짝 척 (58) 꿰맬 봉 (59) 대나무 롱 (60) 문지를 마
(61) 빠질 닉 (62) 오랑캐 만 (63) 품팔 고 (64) 주검 시 (65) 가야 야
(66) 칠 구 (67) 달굴 련 (68) 유황 류 (69) 염탐할 정 (70) 비준 준
(71) 밥 찬 (72) 거리낄 애

3 (73) ① (74) ② (75) ④ (76) ① (77) ②

4 (78) 全體 (79) 悲觀 (80) 未熟

5 (81) 當 (82) 常 (83) 衰 (84) 着 (85) 實

6 (86) 蔑 (87) 配 (88) 餓 (89) 念 (90) 端

7 (91) 危 (92) 狗 (93) 鐵 (94) 奪 (95) 卽

8 (96) 四面 (97) 自省 (98) 登記 (99) 答辭 (100) 馬術

9 (101) 心 (102) 豆 (103) 走 (104) 門 (105) 行

10 (106) 認識 (107) 標識 (108) 洞里 (109) 洞察

11 (110) 配慮 (111) 薦擧 (112) 弔詞 (113) 超脫 (114) 奇拔

12 (115) 旧 (116) 拝 (117) 写

13 (118) 催 (119) 鎭 (120) 慙 (121) 壇 (122) 變
(123) 費 (124) 傑 (125) 缺 (126) 擔 (127) 窮
(128) 辭 (129) 憤 (130) 慰 (131) 鐘 (132) 胞
(133) 蟲 (134) 華 (135) 懇 (136) 寡 (137) 懼
(138) 契 (139) 漸 (140) 悽 (141) 戀 (142) 蠻

14 (143) 三綱 (144) 暮改 (145) 待兎

15 (146) 傳統的 (147) 記錄 (148) 遺産 (149) 朝鮮王朝實錄 (150) 編年體

모의테스트 2회

1
(1) 낙관　(2) 포기　(3) 가야　(4) 상서　(5) 혹평
(6) 포시　(7) 구애　(8) 협곡　(9) 면천　(10) 졸속
(11) 응축　(12) 게시　(13) 차일　(14) 진부　(15) 산소
(16) 증오　(17) 심양　(18) 섬서　(19) 요순　(20) 남벽
(21) 당뇨　(22) 마멸　(23) 무학　(24) 미만　(25) 삽가
(26) 세목　(27) 소각　(28) 습윤　(29) 신장　(30) 양산
(31) 연안　(32) 용렬　(33) 운무　(34) 위배　(35) 은폐
(36) 찰나　(37) 참괴　(38) 첨단　(39) 천거　(40) 타구
(41) 투철　(42) 패왕　(43) 팽조　(44) 필경　(45) 피습

2
(46) 오동나무 오　(47) 측백 벽　(48) 일 대　(49) 들 게　(50) 바둑 기
(51) 도깨비 매　(52) 치우칠 벽　(53) 막힐 질　(54) 누에 잠　(55) 빛날 희
(56) 모질 학　(57) 답답할 울　(58) 구덩이 갱　(59) 한숨쉴 희　(60) 항목 관
(61) 가늘 섬　(62) 물이름 락　(63) 맏 윤　(64) 선비 언　(65) 어지러울 문
(66) 기릴 차　(67) 녹을 융　(68) 속마음 충　(69) 골짜기 흔　(70) 광대 배
(71) 클 석　(72) 불빛 돈

3
(73) 閲　(74) 殉　(75) 朔　(76) 蜜　(77) 弄
(78) 扶　(79) 那　(80) 谷　(81) 壤　(82) 蔬
(83) 雙　(84) 冒　(85) 紋　(86) 複　(87) 赴
(88) 飜　(89) 屯　(90) 軌　(91) 燦　(92) 昶

4
(93) 締結　(94) 基礎　(95) 遺物　(96) 偏見　(97) 淸廉
(98) 被害　(99) 混雜　(100) 活用　(101) 爆發　(102) 銳敏

5
(103) ①　(104) ④　(105) ④　(106) ①

6
(107) 節約　(108) 發掘　(109) 略述

7
(110) 興　(111) 益　(112) 勤　(113) 是　(114) 削

8
(115) 勳　(116) 潔　(117) 極　(118) 惡　(119) 願

9
(120) 泥　(121) 求　(122) 離　(123) 寡　(124) 鹿

10
(125) 開拓　(126) 拓本　(127) 著書　(128) 著手

11
(129) 水　(130) 戈　(131) 月(肉)　(132) 火　(133) 艹

12
(134) 가지각색　(135) 길쌈　(136) 요즈음　(137) 마감

13
(138) 夜氣　(139) 詐欺　(140) 年少　(141) 大師　(142) 造語

14
(143) ⑤　(144) ⑧　(145) ⑥　(146) ②　(147) ⑦

15
(148) 顕　(149) 壱　(150) 称

모의테스트 정답

모의테스트 3회

1. (1) 교칠 (2) 혐염 (3) 저상 (4) 경자 (5) 의고
   (6) 변한 (7) 괘념 (8) 섬채 (9) 탈락 (10) 돈서
   (11) 동헌 (12) 혐외 (13) 주청 (14) 도약 (15) 원형
   (16) 억울 (17) 갈증 (18) 연기군 (19) 정선 (20) 기린
   (21) 간암 (22) 갈등 (23) 갱부 (24) 납치 (25) 서광
   (26) 보초 (27) 분만 (28) 태생 (29) 함장 (30) 참호
   (31) 요염 (32) 동굴 (33) 온화 (34) 비적 (35) 고용
   (36) 간과 (37) 사감 (38) 다과 (39) 규합 (40) 기성
   (41) 농담 (42) 영양 (43) 마천루 (44) 점막 (45) 착모

2. (46) 물굽이 만 (47) 이끌 야 (48) 모을 종 (49) 품팔이 용 (50) 둘 조
   (51) 모질 학 (52) 팔 굴 (53) 밥 찬 (54) 부추킬 사 (55) 기울 왜
   (56) 막힐 질 (57) 끌 랍 (58) 안방 규 (59) 옮길 반 (60) 쥘 악
   (61) 살 구 (62) 다듬을 탁 (63) 심할 혹 (64) 달릴 추 (65) 공 훈
   (66) 편지 한 (67) 큰배 함 (68) 취 갈 (69) 되 승 (70) 막 막
   (71) 기울 선 (72) 모을 집

3. (73) ③ (74) ① (75) ① (76) ④ (77) ②

4. (78) 不況 (79) 陳腐 (80) 親近

5. (81) 純粹 (82) 抵抗 (83) 雄 (84) 發 (85) 橫

6. (86) 宙 (87) 奇 (88) 盛 (89) 憎 (90) 燥

7. (91) 畵 (92) 附 (93) 策 (94) 讚 (95) 管

8. (96) 路程 (97) 幻想 (98) 勇兵 (99) 傭人 (100) 壁紙

9. (101) 矢 (102) 一 (103) 一 (104) 卜 (105) 手

10. (106) 滑降 (107) 滑稽 (108) 殺菌 (109) 殺到

11. (110) 隣接 (111) 變革 (112) 强骨 (113) 能通 (114) 專念

12. (115) 劑 (116) 孃 (117) 胆

13. (118) 繫 (119) 巡 (120) 弊 (121) 諒 (122) 糾
    (123) 稚 (124) 憫 (125) 索 (126) 畢 (127) 邦
    (128) 奮 (129) 逸 (130) 哭 (131) 裕 (132) 陷
    (133) 悅 (134) 敦 (135) 襲 (136) 棄 (137) 供
    (138) 疏 (139) 役 (140) 泳 (141) 旋 (142) 佳

14. (143) 戰戰 (144) 外剛 (145) 落落

15. (146) 李奎報 (147) 靈驗 (148) 廢墟 (149) 靈通 (150) 象徵

모의테스트 4회

1 (1) 마니교   (2) 아산만   (3) 왕성   (4) 적나라   (5) 연단
   (6) 등롱   (7) 망막   (8) 악마   (9) 가배   (10) 송백
   (11) 범국민적 (12) 마야부인 (13) 낙성대 (14) 배우   (15) 결막염
   (16) 범미   (17) 벽론   (18) 대사   (19) 서설   (20) 목우
   (21) 흥선   (22) 방세   (23) 연해   (24) 대위   (25) 융화
   (26) 피임   (27) 선보   (28) 정상   (29) 고신   (30) 삭월세
   (31) 편집   (32) 초계   (33) 축거   (34) 탁마   (35) 학살
   (36) 유지   (37) 취사병   (38) 하현   (39) 원형   (40) 웅진
   (41) 내호   (42) 구형   (43) 후두   (44) 첩지   (45) 방진

2 (46) 섭섭할 감   (47) 아가씨 냥   (48) 새길 즈   (49) 향기로울 분   (50) 빛날 빈
   (51) 수나라 수   (52) 기름질 옥   (53) 홀 장   (54) 막을 알   (55) 예쁠 요
   (56) 분비할 비   (57) 맥국 맥   (58) 오랑캐 흉   (59) 잔물결 련   (60) 바다이름 발
   (61) 나라 조   (62) 오랑캐 만   (63) 노나라 노   (64) 복 희   (65) 살갗 부
   (66) 꽃을 삽   (67) 두 이   (68) 벨 참   (69) 말갈 말   (70) 불빛 혁
   (71) 펠 관/곳 곳   (72) 왕이름 걸

3 (73) ①   (74) ③   (75) ④   (76) ①   (77) ②

4 (78) 貧賤   (79) 能動   (80) 眞實

5 (81) 濃   (82) 辛勝   (83) 未決   (84) 漸進   (85) 降

6 (86) 篤   (87) 至   (88) 竟   (89) 聽   (90) 常

7 (91) 至性   (92) 事前   (93) 全文   (94) 支院   (95) 視覺

8 (96) 悠   (97) 結   (98) 鄕   (99) 嘆   (100) 張

9 (101) 子   (102) 戈   (103) 禾   (104) 羽   (105) 車

10 (106) 推敲   (107) 推進   (108) 惡行   (109) 憎惡

11 (110) 頭緖   (111) 放縱   (112) 奔走   (113) 熟練   (114) 眞率

12 (115) 无   (116) 号   (117) 勳

13 (118) 却   (119) 强   (120) 逝   (121) 經   (122) 聘
   (123) 晨   (124) 掛   (125) 蔬   (126) 擁   (127) 隔
   (128) 厥   (129) 穀   (130) 燥   (131) 旱   (132) 毁
   (133) 酌   (134) 玆   (135) 漆   (136) 墻   (137) 頗
   (138) 怨   (139) 希   (140) 凶   (141) 鐵   (142) 曜

14 (143) 姑息   (144) 過猶   (145) 之心

15 (146) 氣象   (147) 淡泊   (148) 平穩   (149) 省察   (150) 證驗

모의테스트 정답

모의테스트 5회

1
(1) 자학 (2) 식산 (3) 융해 (4) 진정 (5) 오찬
(6) 창저 (7) 철군 (8) 특집 (9) 세제 (10) 기로
(11) 천신 (12) 진기 (13) 순초 (14) 추진 (15) 증취
(16) 화형 (17) 활주로 (18) 매료 (19) 원순 (20) 보선
(21) 길서 (22) 훈척 (23) 세가 (24) 용원 (25) 마술
(26) 전초전 (27) 지협 (28) 목욕 (29) 조상 (30) 청동
(31) 수지 (32) 단야 (33) 담담 (34) 등라 (35) 가람
(36) 낙송 (37) 연와 (38) 만행 (39) 모멸 (40) 미진
(41) 간첩 (42) 절축 (43) 수탁 (44) 공헌 (45) 선사

2
(46) 주석 석 (47) 미륵 미 (48) 계집 희 (49) 슬퍼할 처 (50) 문벌 벌
(51) 해산할 만 (52) 방패 순 (53) 그릇될 류 (54) 싫을 염 (55) 드릴 정
(56) 헤아릴 규 (57) 빛날 란 (58) 아이밸 태 (59) 나라동산 원 (60) 외짝 척
(61) 던질 포 (62) 부탁할 탁 (63) 큰바다 창 (64) 언덕 고 (65) 뜻 지
(66) 더부살이 교 (67) 실 산 (68) 절 찰 (69) 이을 소 (70) 넓을 범
(71) 나룻대 동 (72) 망볼 초

3 (73) ② (74) ① (75) ① (76) ④ (77) ②

4 (78) 應答 (79) 逆轉 (80) 飢餓

5 (81) 逢 (82) 解 (83) 受 (84) 祝 (85) 刊

6 (86) 略 (87) 贈 (88) 祿 (89) 壽 (90) 拾

7 (91) 漸 (92) 識 (93) 鳴 (94) 勢 (95) 牽

8 (96) 脫毛 (97) 支分 (98) 上書 (99) 買收 (100) 自省

9 (101) 巾 (102) 木 (103) 馬 (104) 竹 (105) 心

10 (106) 比率 (107) 率先 (108) 暴發 (109) 暴棄

11 (110) 應急 (111) 紀功 (112) 歡待 (113) 交遊 (114) 稱頌

12 (115) 隨 (116) 倂 (117) 声

13 (118) 肺 (119) 載 (120) 晩 (121) 含 (122) 衝
(123) 傲 (124) 暢 (125) 慧 (126) 腦 (127) 淚
(128) 騎 (129) 曆 (130) 迫 (131) 兆 (132) 尤
(133) 鬪 (134) 礎 (135) 陳 (136) 瞬 (137) 亨
(138) 吾 (139) 欲 (140) 曾 (141) 岳 (142) 延

14 (143) 卽發 (144) 萬象 (145) 波瀾

15 (146) 觀點 (147) 成熟 (148) 環境 (149) 認知 (150) 有機體

수험번호 ☐☐☐-☐☐-☐☐☐☐ 성명 ☐☐☐☐☐

주민등록번호 ☐☐☐☐☐☐-☐☐☐☐☐☐☐ ※ 유성 싸인펜, 붉은색 필기구 사용 불가.

※ 답안지는 컴퓨터로 처리되므로 구기거나 더럽히지 마시고, 정답 칸 안에만 쓰십시오. 글씨가 채점란으로 들어오면 오답처리가 됩니다.

한자능력검정시험 2급 실전모의테스트 1회 답안지(1)

답안란		채점란		답안란		채점란		답안란		채점란	
번호	정답	1검	2검	번호	정답	1검	2검	번호	정답	1검	2검
1				24				47			
2				25				48			
3				26				49			
4				27				50			
5				28				51			
6				29				52			
7				30				53			
8				31				54			
9				32				55			
10				33				56			
11				34				57			
12				35				58			
13				36				59			
14				37				60			
15				38				61			
16				39				62			
17				40				63			
18				41				64			
19				42				65			
20				43				66			
21				44				67			
22				45				68			
23				46				69			

감독위원	채점위원(1)		채점위원(2)		채점위원(3)	
(서명)	(득점)	(서명)	(득점)	(서명)	(득점)	(서명)

※ 답안지는 컴퓨터로 처리되므로 구기거나 더럽히지 마시고, 정답 칸 안에만 쓰십시오. 글씨가 채점란으로 들어오면 오답처리가 됩니다.

한자능력검정시험 2급 실전모의테스트 1회 답안지(2)

번호	정 답	1검	2검	번호	정 답	1검	2검	번호	정 답	1검	2검
70				97				124			
71				98				125			
72				99				126			
73				100				127			
74				101				128			
75				102				129			
76				103				130			
77				104				131			
78				105				132			
79				106				133			
80				107				134			
81				108				135			
82				109				136			
83				110				137			
84				111				138			
85				112				139			
86				113				140			
87				114				141			
88				115				142			
89				116				143			
90				117				144			
91				118				145			
92				119				146			
93				120				147			
94				121				148			
95				122				149			
96				123				150			

한자능력검정시험 2급 실전모의테스트 2회 답안지(1)

수험번호 □□□-□□-□□□□ 성명 □□□□□
주민등록번호 □□□□□□-□□□□□□□
※ 유성 싸인펜, 붉은색 필기구 사용 불가.

※ 답안지는 컴퓨터로 처리되므로 구기거나 더럽히지 마시고, 정답 칸 안에만 쓰십시오. 글씨가 채점란으로 들어오면 오답처리가 됩니다.

답안란		채점란		답안란		채점란		답안란		채점란	
번호	정답	1검	2검	번호	정답	1검	2검	번호	정답	1검	2검
1				24				47			
2				25				48			
3				26				49			
4				27				50			
5				28				51			
6				29				52			
7				30				53			
8				31				54			
9				32				55			
10				33				56			
11				34				57			
12				35				58			
13				36				59			
14				37				60			
15				38				61			
16				39				62			
17				40				63			
18				41				64			
19				42				65			
20				43				66			
21				44				67			
22				45				68			
23				46				69			

감독위원	채점위원(1)		채점위원(2)		채점위원(3)	
(서명)	(득점)	(서명)	(득점)	(서명)	(득점)	(서명)

※ 답안지는 컴퓨터로 처리되므로 구기거나 더럽히지 마시고, 정답 칸 안에만 쓰십시오. 글씨가 채점란으로 들어오면 오답처리가 됩니다.

한자능력검정시험 2급 실전모의테스트 2회 답안지(2)

번호	정답	1검	2검	번호	정답	1검	2검	번호	정답	1검	2검
70				97				124			
71				98				125			
72				99				126			
73				100				127			
74				101				128			
75				102				129			
76				103				130			
77				104				131			
78				105				132			
79				106				133			
80				107				134			
81				108				135			
82				109				136			
83				110				137			
84				111				138			
85				112				139			
86				113				140			
87				114				141			
88				115				142			
89				116				143			
90				117				144			
91				118				145			
92				119				146			
93				120				147			
94				121				148			
95				122				149			
96				123				150			

수험번호 □□□-□□-□□□□ 성명 □□□□□
주민등록번호 □□□□□□-□□□□□□□
※ 유성 싸인펜, 붉은색 필기구 사용 불가.

※ 답안지는 컴퓨터로 처리되므로 구기거나 더럽히지 마시고, 정답 칸 안에만 쓰십시오. 글씨가 채점란으로 들어오면 오답처리가 됩니다.

한자능력검정시험 2급 실전모의테스트 3회 답안지(1)

번호	답안란 정답	채점란 1검 2검	번호	답안란 정답	채점란 1검 2검	번호	답안란 정답	채점란 1검 2검
1			24			47		
2			25			48		
3			26			49		
4			27			50		
5			28			51		
6			29			52		
7			30			53		
8			31			54		
9			32			55		
10			33			56		
11			34			57		
12			35			58		
13			36			59		
14			37			60		
15			38			61		
16			39			62		
17			40			63		
18			41			64		
19			42			65		
20			43			66		
21			44			67		
22			45			68		
23			46			69		

감독위원	채점위원(1)	채점위원(2)	채점위원(3)
(서명)	(득점) (서명)	(득점) (서명)	(득점) (서명)

※ 답안지는 컴퓨터로 처리되므로 구기거나 더럽히지 마시고, 정답 칸 안에만 쓰십시오. 글씨가 채점란으로 들어오면 오답처리가 됩니다.

한자능력검정시험 2급 실전모의테스트 3회 답안지(2)

번호	정답	1검	2검	번호	정답	1검	2검	번호	정답	1검	2검
70				97				124			
71				98				125			
72				99				126			
73				100				127			
74				101				128			
75				102				129			
76				103				130			
77				104				131			
78				105				132			
79				106				133			
80				107				134			
81				108				135			
82				109				136			
83				110				137			
84				111				138			
85				112				139			
86				113				140			
87				114				141			
88				115				142			
89				116				143			
90				117				144			
91				118				145			
92				119				146			
93				120				147			
94				121				148			
95				122				149			
96				123				150			

한자능력검정시험 2급 실전모의테스트 4회 답안지(1)

번호	정답	1검	2검	번호	정답	1검	2검	번호	정답	1검	2검
1				24				47			
2				25				48			
3				26				49			
4				27				50			
5				28				51			
6				29				52			
7				30				53			
8				31				54			
9				32				55			
10				33				56			
11				34				57			
12				35				58			
13				36				59			
14				37				60			
15				38				61			
16				39				62			
17				40				63			
18				41				64			
19				42				65			
20				43				66			
21				44				67			
22				45				68			
23				46				69			

한자능력검정시험 2급 실전모의테스트 4회 답안지(2)

※ 답안지는 컴퓨터로 처리되므로 구기거나 더럽히지 마시고, 정답 칸 안에만 쓰십시오. 글씨가 채점란으로 들어오면 오답처리가 됩니다.

번호	정답	1검	2검	번호	정답	1검	2검	번호	정답	1검	2검
70				97				124			
71				98				125			
72				99				126			
73				100				127			
74				101				128			
75				102				129			
76				103				130			
77				104				131			
78				105				132			
79				106				133			
80				107				134			
81				108				135			
82				109				136			
83				110				137			
84				111				138			
85				112				139			
86				113				140			
87				114				141			
88				115				142			
89				116				143			
90				117				144			
91				118				145			
92				119				146			
93				120				147			
94				121				148			
95				122				149			
96				123				150			

한자능력검정시험 2급 실전모의테스트 5회 답안지(1)

수험번호 □□□-□□-□□□□ 성명 □□□□□
주민등록번호 □□□□□□-□□□□□□□
※ 유성 싸인펜, 붉은색 필기구 사용 불가.
※ 답안지는 컴퓨터로 처리되므로 구기거나 더럽히지 마시고, 정답 칸 안에만 쓰십시오. 글씨가 채점란으로 들어오면 오답처리가 됩니다.

답안란		채점란		답안란		채점란		답안란		채점란	
번호	정답	1검	2검	번호	정답	1검	2검	번호	정답	1검	2검
1				24				47			
2				25				48			
3				26				49			
4				27				50			
5				28				51			
6				29				52			
7				30				53			
8				31				54			
9				32				55			
10				33				56			
11				34				57			
12				35				58			
13				36				59			
14				37				60			
15				38				61			
16				39				62			
17				40				63			
18				41				64			
19				42				65			
20				43				66			
21				44				67			
22				45				68			
23				46				69			

감독위원	채점위원(1)		채점위원(2)		채점위원(3)	
(서명)	(득점)	(서명)	(득점)	(서명)	(득점)	(서명)

※ 답안지는 컴퓨터로 처리되므로 구기거나 더럽히지 마시고, 정답 칸 안에만 쓰십시오. 글씨가 채점란으로 들어오면 오답처리가 됩니다.

한자능력검정시험 2급 실전모의테스트 5회 답안지(2)

번호	정 답	1검	2검	번호	정 답	1검	2검	번호	정 답	1검	2검
70				97				124			
71				98				125			
72				99				126			
73				100				127			
74				101				128			
75				102				129			
76				103				130			
77				104				131			
78				105				132			
79				106				133			
80				107				134			
81				108				135			
82				109				136			
83				110				137			
84				111				138			
85				112				139			
86				113				140			
87				114				141			
88				115				142			
89				116				143			
90				117				144			
91				118				145			
92				119				146			
93				120				147			
94				121				148			
95				122				149			
96				123				150			